"博学而笃志，切问而近思。"
（《论语》）

博晓古今，可立一家之说；
学贯中西，或成经国之才。

复旦博学·复旦博学·复旦博学·复旦博学·复旦博学·复旦博学

作者简介

马涛，男，汉族，陕西三原人，复旦大学经济学院教授，博士生导师,学术兼职有中国经济思想史学会副会长。主要研究领域为经济思想史、经济哲学、东方管理理论等。代表性论著有《儒家传统与现代市场经济》复旦大学出版社2000年版（中国博士后基金项目）、《新编经济思想史——中外早期经济思想的发展》经济科学出版社2016年版（国家出版基金项目）、《经济学范式的演变》高等教育出版社2017年版（国家哲学社会科学文库）等十余部，在《中国社会科学》等权威刊物发表论文百余篇。获有多项国家和教育部科研奖励，主持多项国家和教育部科研项目。

博学·经济学系列
ECONOMICS SERIES

经济思想史教程（第二版）

马 涛 编著

复旦大学出版社

内容提要

本教程将西方经济思想的发展分为前经济学范式时期、古典经济学范式的形成时期、古典经济学范式的常规发展时期、现代经济学范式的形成时期、现代经济学范式常规发展时期五大阶段，依次对古典经济学产生前的经济思想、古典经济学、历史学派、新古典经济学、当代经济学的流派及发展趋势进行系统性讲授。本教程特点是从经济学范式发展逻辑视角解读西方经济思想的发展及特点，揭示了西方经济思想的发展何以会在不同的历史时期形成不同的学派。读者通过本教程的学习，不仅能掌握西方经济思想发展的基本脉络和知识，还能加深对西方经济思想发展规律的认识，提升经济学理论的素养和创新水平，增强理解分析现实经济问题的能力。为方便读者学习，每章前有内容提要和学习要求，章后附有关键词和思考题。本教程获上海市优秀教材奖、复旦大学精品课程、上海市教委重点课程。本教程有视频课程和延伸读物配套，可作为高等院校财经类专业的教材，也可作为经济理论研究者和党政及经济管理部门工作者学习经济学理论的参考读物。

扫二维码

获本课程配套线上资源

序

尹伯成

摆在读者面前的这本《经济思想史教程》是一部别具一格的外国经济思想史教材。其别具一格之处在于力图从经济学的范式和范式转换的角度阐释西方经济思想的演变和发展。这样阐释和撰写经济思想史,就我所知,至少在国内尚属首创。

作者马涛教授起初是学哲学的,后来进复旦大学经济学院理论经济学方向博士后流动站从事研究,曾钻研许多经济学名著,因此在哲学和经济学方面都有扎实理论功底,因此,从范式转换角度探讨和论述西方经济思想史,决非偶然。

所谓"范式",乃指某一学科内被人们共同接受、使用并作为交流思想的共同的一套概念体系和分析方法。按美国著名科学哲学家汤姆斯·库恩的说法,任何一门科学知识的历史发展过程都是一个演化与革命、积累与创新、连续与间断交替发生的过程,典型的形态是受某个既定的哲学范式支配的积累性常规研究同突破旧范式的创新性非常规研究交替出现的历史进程。本书作者借鉴了库恩的上述概念与理论,努力寻找经济学发展和流派的更替与经济学范式之间的内在关联度,认为一个新的分析范式的产生往往导致一场经济学理论的革命。然而,我们不能因此认为经济思想的革命与发展是来自思想观念演变本身,因为作者的观点是:特定的经济学范式本身是特定的历史时期和特定的历史条件的产物,经济学理论发展,其持续的推动力并不是来自于经济学思想本身,而是来自于客观实际的经济过程的发展和变化。全书各篇各章的内容显示,作者从经济学范式转换角度说明西方经济思想发展,丝毫没有离开把历史进程中发生的经济过程当作是经济学理论建构的实践基础。尽管我本人在哲学领域是个门外汉，对范式及其转换更缺乏研究，但我感到，本书作者这种研究方法还是深深扎根于马克思的历史唯物论的。

这本《经济思想史教程》把一部经济学说史看成一部经济学范式不断革命与完善的发展史，并依据经济分析的范式不同，把西方经济思想的发展分成前经济学时期、古典经济学和现代经济学三大历史时期。前经济学时期是经济学知识的原始时期，那时虽已形成一些关于经济问题的散乱的、零星的观念，但并未出现一套稳定的分析经济问题的范式。古典经济学和现代经济学则是受确定的经济学分析范式支配的时期，都有了系统的经济理论体系。古典经济学历史阶段又可分为古典经济学范式形成时期（从重农学派到亚当·斯密）和古典常规经济学时期（从萨伊、李嘉图到J.S.穆勒）。古典经济学范式的核心是客观价值论。1870年的"边际革命"是经济学范式的一次重要革命，其核心是用主观心理分析的价值论取代古典经济学的客观价值分析，这标志着现代经济学的开端。从"边际革命"开始经过马歇尔再到凯恩斯这60多年是现代经济学范式形成时期。凯恩斯之后，现代经济学则进入了常规发展时期。这本教材按经济学范式转换的上述逻辑发展，把整个西方经济思想史分成前经济学范式时期、古典经济学范式形成时期、古典经济学范式常规发展时期、现代经济学范式形成时期和现代经济学范式常规发展时期这样五篇加以叙述和分析。

显然，这样的划分和结构是别开生面的。众所周知，在马克思眼中，古典经济学在英国开始于配第，经斯密到李嘉图结束，在法国开始于布瓦吉尔贝尔，而终结于西斯蒙第。从马尔萨斯和萨伊开始，西方资产阶级政治经济学就进入了庸俗经济学发展阶段。现代西方宏观经济学奠基人凯恩斯在其代表作《就业、利息和货币通论》中则认为古典学派要纳入那些接受了李嘉图经济学并加以完善化的人，包括J.S.穆勒、马歇尔、埃奇沃思及庇古教授。在目前，西方学者对古典学派的划分和凯恩斯也并不一致。他们认为古典经济学大致终止于J.S.穆勒；而把边际革命以后，包括马歇尔、埃奇沃思、庇古等人在内的西方经济学说称为"新古典学派"。现在，本书作者这样划分和安排结构,究竟是否恰当,是否科学,可以也值得进一步深入讨论,但不管怎样,这本教材的写法,是为经济思想史学界研究和探索西方经济思想演变和发展的脉络和规律开创了一条新路。作者勇于创新的精神是值得称道和发扬的。

另外,从全书内容看,本书从古代一直写到当代,对主要的经济理论都作了概括而系统的阐述,说清了各个流派的观点、产生背景及相互关系,文笔流利,层次清晰,并采用了现代教材的规范体例。尽管此书稿我尚未来得及细读,但粗粗过目已使我觉得,这本《经济思想史教材》写得是成功的,相信它的问世一定会受到广大读者的欢迎。

2001 年 11 月于复旦大学

目　　录

导　论　经济学的历史属性与经济思想发展的历史逻辑 …………… 1
　第一节　经济学的历史属性 ……………………………………… 1
　　　一、经济学历史属性的涵义 ……………………………… 2
　　　二、经济学理论的相对真理性 …………………………… 3
　第二节　经济学发展的历史逻辑 ………………………………… 4
　　　一、范式与经济学范式 …………………………………… 4
　　　二、范式转换与经济学革命 ……………………………… 7
　　　三、经济学范式转换的几种形式 ………………………… 8
　　　四、经济学范式发展的几个历史时期 …………………… 10
　关键词 ……………………………………………………………… 14
　思考题 ……………………………………………………………… 14

第一篇　前经济学范式时期

第一章　早期的经济思想 ……………………………………………… 17
　第一节　从色诺芬到亚里士多德 ………………………………… 17
　　　一、色诺芬的经济思想 …………………………………… 18
　　　二、柏拉图的经济思想 …………………………………… 20
　　　三、亚里士多德的经济思想 ……………………………… 21
　第二节　从西塞罗到罗马法 ……………………………………… 24
　　　一、西塞罗的自然法思想 ………………………………… 24
　　　二、加图的重农思想 ……………………………………… 26
　　　三、古罗马法学家的经济法治化和契约观念 …………… 27

第三节　中世纪的经济思想 …………………………………… 29
　　一、早期基督教的经济思想 ………………………………… 30
　　二、阿奎那的经济思想 ……………………………………… 32
　　三、奥雷斯姆对货币贬值的批判 …………………………… 35
关键词 ……………………………………………………………… 37
思考题 ……………………………………………………………… 38

第二章　重商主义 ……………………………………………… 39
第一节　重商主义在英国的发展 ………………………………… 40
　　一、重商主义发展的两个阶段 ……………………………… 40
　　二、英国重商主义的主要代表人物与观点 ………………… 41
第二节　西欧其他国家的重商主义 ……………………………… 43
　　一、法国的重商主义 ………………………………………… 44
　　二、德奥的官房学 …………………………………………… 45
　　三、对重商主义的评价 ……………………………………… 47
第三节　重商主义向古典经济学的过渡：威廉·配第 ………… 48
　　一、现代统计学的奠基人 …………………………………… 49
　　二、重商主义的观点 ………………………………………… 50
　　三、价值与分配理论 ………………………………………… 52
关键词 ……………………………………………………………… 55
思考题 ……………………………………………………………… 56

第二篇　古典经济学范式的形成时期

第三章　古典经济学中的中国渊源 …………………………… 60
第一节　问题的提出 ……………………………………………… 60
　　一、重农学派是古典经济学的鼻祖 ………………………… 61
　　二、重农学派的中国渊源 …………………………………… 62
第二节　中国古典思想对重农学派的影响 ……………………… 65

　　　　一、魁奈：欧洲的孔子 …………………………………… 66
　　　　二、杜尔哥与其经济学名著 …………………………… 69
　第三节　亚当·斯密与中国 …………………………………… 71
　　　　一、中国古典思想对亚当·斯密的影响 ……………… 71
　　　　二、斯密论中国与启示 ………………………………… 73
　关键词 ……………………………………………………………… 77
　思考题 ……………………………………………………………… 77

第四章　重农学派 ……………………………………………………… 78
　第一节　重农学派产生的历史条件与特点 ………………………… 78
　　　　一、历史条件 …………………………………………… 78
　　　　二、重农主义的先声 …………………………………… 79
　　　　三、重农学派的特点 …………………………………… 81
　第二节　魁奈：重农学派的领袖 ……………………………… 83
　　　　一、纯产品学说 ………………………………………… 84
　　　　二、社会结构理论 ……………………………………… 85
　　　　三、资本理论 …………………………………………… 86
　　　　四、价值与货币理论 …………………………………… 86
　　　　五、《经济表》 …………………………………………… 87
　　　　六、人口思想 …………………………………………… 90
　　　　七、经济政策主张 ……………………………………… 92
　第三节　杜尔哥对重农学派的发展 ………………………… 95
　　　　一、对社会阶级结构理论的发展 ……………………… 96
　　　　二、对纯产品学说的发展 ……………………………… 96
　　　　三、工资和利润理论 …………………………………… 97
　　　　四、价值理论与边际收益递减规律 …………………… 98
　关键词 ……………………………………………………………… 99
　思考题 ……………………………………………………………… 99

第五章　英国古典经济学的形成 …………………………………… 100
　第一节　英国古典经济学产生的历史条件和特点 ……………… 100
　　　　一、经济发展状况 ……………………………………… 100

二、思想理论成果 …………………………………………… 101
　　　三、英国古典经济学的特点 ………………………………… 105
　第二节　亚当·斯密：英国古典经济学的奠立者 ………………… 106
　　　一、斯密的生平 ……………………………………………… 106
　　　二、《国富论》的基本思想和结构 …………………………… 107
　第三节　亚当·斯密的经济学说 …………………………………… 109
　　　一、分工与交换理论 ………………………………………… 109
　　　二、货币理论 ………………………………………………… 111
　　　三、价值与价格理论 ………………………………………… 113
　　　四、分配理论 ………………………………………………… 116
　　　五、资本积累理论 …………………………………………… 120
　　　六、经济增长理论 …………………………………………… 121
　　　七、经济自由主义的政策主张 ……………………………… 123
　　　八、国家职能和赋税原则 …………………………………… 124
　　　九、国际分工理论 …………………………………………… 126
关键词 …………………………………………………………………… 127
思考题 …………………………………………………………………… 127

第三篇　古典经济学范式的常规发展时期

第六章　萨伊和李嘉图：古典经济学的分化 ……………………… 132
　第一节　萨伊对古典经济学的发展 ………………………………… 132
　　　一、政治经济学的对象、任务和方法 ……………………… 134
　　　二、生产三要素论 …………………………………………… 135
　　　三、价值论 …………………………………………………… 136
　　　四、分配论 …………………………………………………… 137
　　　五、萨伊定律 ………………………………………………… 139
　第二节　李嘉图对古典经济学的发展 ……………………………… 142

一、劳动价值理论 …………………………………………… 143
　　二、分配理论 ………………………………………………… 146
　　三、资本积累和资本主义运行机制理论 …………………… 150
　　四、货币理论 ………………………………………………… 151
　　五、自由主义经济政策与自由贸易学说 …………………… 153
　关键词 …………………………………………………………… 154
　思考题 …………………………………………………………… 154

第七章　古典经济学的发展与综合 …………………………… 156
　第一节　李嘉图学派的解体 …………………………………… 157
　　一、詹姆斯·穆勒：李嘉图学派解体的开始 ……………… 157
　　二、麦克库洛赫：李嘉图学派的解体 ……………………… 159
　第二节　巴师夏的"经济和谐论" …………………………… 160
　　一、服务价值论与市场经济 ………………………………… 161
　　二、经济和谐论 ……………………………………………… 162
　第三节　古典经济学的综合与方法论总结 …………………… 163
　　一、西尼尔对古典经济学的初步综合 ……………………… 164
　　二、约翰·穆勒对古典经济学的综合 ……………………… 166
　　三、约翰·穆勒对古典经济学方法论的总结 ……………… 174
　关键词 …………………………………………………………… 177
　思考题 …………………………………………………………… 177

第八章　古典经济学分析范式中的新方向 …………………… 178
　第一节　马尔萨斯的有效需求不足论与人口论 ……………… 178
　　一、有效需求不足的危机理论 ……………………………… 179
　　二、人口原理 ………………………………………………… 181
　第二节　西斯蒙第的新经济理论 ……………………………… 184
　　一、政治经济学对象和方法 ………………………………… 184
　　二、消费先于生产 …………………………………………… 186
　　三、消费不足导致经济危机 ………………………………… 187
　　四、财富和人口理论 ………………………………………… 190
　关键词 …………………………………………………………… 191

思考题 …………………………………………………………… 192

第九章　历史学派对古典经济学的挑战 ……………………… 193
第一节　历史学派的特点与先驱 ……………………………… 193
　　一、历史学派的特点 ………………………………………… 194
　　二、历史学派形成的历史条件 ……………………………… 194
第二节　李斯特：历史学派的先驱 …………………………… 196
　　一、国家经济学理论 ………………………………………… 196
　　二、生产力理论 ……………………………………………… 198
　　三、社会经济发展阶段理论 ………………………………… 200
第三节　历史学派的经济学说 ………………………………… 201
　　一、国民经济学的研究对象与方法 ………………………… 203
　　二、历史学派的基本经济观点 ……………………………… 205
　　三、社会改良理论与政策 …………………………………… 208
　　关键词 ………………………………………………………… 209
　　思考题 ………………………………………………………… 209

第四篇　现代经济学范式的形成时期

第十章　边际效用学派：现代经济学范式的确立 …………… 214
第一节　数理经济学派 ………………………………………… 216
　　一、杰文斯的"最后效用程度价值论"与交换方程式 …… 217
　　二、瓦尔拉斯的一般均衡论 ………………………………… 219
　　三、帕累托对一般均衡论的发展 …………………………… 222
第二节　奥地利学派 …………………………………………… 223
　　一、经济学的方法论 ………………………………………… 224
　　二、效用价值论 ……………………………………………… 226
　　三、时差利息论 ……………………………………………… 228
　　四、市场价格论 ……………………………………………… 230

第三节　奥地利学派的发展 …… 231
一、米塞斯对计划经济的批判 …… 231
二、哈耶克的经济周期理论 …… 234
三、熊彼特对奥地利学派的超越 …… 236

第四节　美国的边际效用学派 …… 238
一、克拉克的边际生产力论 …… 239
二、费雪的资本利息论 …… 241

关键词 …… 243
思考题 …… 243

第十一章　马歇尔与剑桥学派：现代经济学范式的完善 …… 244

第一节　马歇尔"局部均衡"的理论体系 …… 244
一、经济学方法论 …… 245
二、需求理论与供给理论 …… 246
三、均衡价格论 …… 250
四、垄断的价格理论 …… 253
五、收入分配理论 …… 255
六、经济发展观 …… 258

第二节　马歇尔理论的发展 …… 259
一、庇古与福利经济学 …… 259
二、张伯伦、罗宾逊对马歇尔市场理论的发展 …… 263
三、奈特的风险、不确定性和利润分析 …… 267

关键词 …… 268
思考题 …… 269

第十二章　维克塞尔与凯恩斯：新古典经济学范式的修正 …… 270

第一节　维克塞尔的货币经济理论 …… 271
一、对传统货币数量说的批评 …… 272
二、累积过程理论 …… 273
三、对凯恩斯的影响 …… 276

第二节　"凯恩斯革命"与凯恩斯经济理论的发展 …… 278
一、《通论》的特点 …… 278

二、短期比较静态的总量分析方法 ················· 280
　　　三、三个心理规律 ······························· 282
　　　四、边际消费倾向与乘数原理 ····················· 284
　　　五、经济政策观点 ······························· 286
　第三节　凯恩斯经济理论的发展 ························· 289
　　　一、希克斯-汉森综合 ··························· 289
　　　二、"双重决策"假说和非均衡失业理论 ············ 290
关键词 ··· 293
思考题 ··· 294

第五篇　现代经济学范式的常规发展时期

第十三章　现代经济学范式的补充：凡勃伦与加尔布雷思的制度分析 ··· 298
　第一节　凡勃伦与早期制度学派 ························· 298
　　　一、凡勃伦与早期制度学派的特点 ················· 299
　　　二、凡勃伦之后制度学派的发展 ··················· 302
　第二节　加尔布雷思与新制度学派 ······················· 305
　　　一、新制度学派的基本特征 ······················· 307
　　　二、加尔布雷思经济思想的主要内容 ··············· 309
　　　三、循环积累因果联系理论 ······················· 315
关键词 ··· 317
思考题 ··· 318

第十四章　货币学派与供给学派：古典经济学范式的复归 ······· 319
　第一节　货币学派 ····································· 320
　　　一、思想渊源 ··································· 320
　　　二、现代货币数量论 ····························· 322
　　　三、货币分析 ··································· 326

　　　　四、"单一规则"的货币政策理论 ………………………… 327
　第二节　供给学派 …………………………………………………… 331
　　　　一、供给学派的理论和政策 …………………………… 332
　　　　二、"拉弗曲线" ………………………………………… 335
　关键词 ………………………………………………………………… 336
　思考题 ………………………………………………………………… 336

第十五章　新古典与制度研究范式的交汇：新制度经济学 ………… 338
　第一节　新制度经济学派对制度研究传统的继承与发展 ………… 339
　　　　一、制度的内涵与作用 ………………………………… 339
　　　　二、制度的变迁 ………………………………………… 341
　　　　三、制度变迁的模型与路径依赖 ……………………… 342
　第二节　交易费用概念对新古典经济学研究范式的拓展 ………… 345
　　　　一、正交易费用 ………………………………………… 345
　　　　二、科斯定律 …………………………………………… 347
　第三节　用"文化人"对新古典"经济人"行为的修正 ………… 349
　关键词 ………………………………………………………………… 351
　思考题 ………………………………………………………………… 351

第十六章　多元化：现代经济学范式发展的新趋向 ………………… 352
　第一节　学科交叉：行为经济学对传统主流经济学修正与拓展 … 353
　　　　一、行为经济学研究范式的特点与纲领 ……………… 353
　　　　二、行为经济学的决策理论 …………………………… 355
　　　　三、行为经济学的理论贡献 …………………………… 358
　第二节　引入自然科学的方法：实验经济学的研究范式 ………… 359
　　　　一、实验经济学的兴起与范式特点 …………………… 360
　　　　二、实验经济学的主要实验成果 ……………………… 362
　　　　三、实验经济学研究范式的意义与局限 ……………… 364
　第三节　旧范式的推陈出新：演化经济学 ………………………… 365
　　　　一、演化经济学的思想渊源 …………………………… 366
　　　　二、演化经济学的研究范式 …………………………… 368
　　　　三、演化经济学的理论成就 …………………………… 371

关键词 …………………………………………………… 374
　　思考题 …………………………………………………… 374
第十七章　马克思政治经济学的创立、完善与超越 …………… 375
　第一节　马克思政治经济学的创立 ……………………………… 376
　　一、《资本论》的基本内容 ……………………………… 376
　　二、劳动价值理论的创立 ……………………………… 377
　　三、剩余价值论的创立 ………………………………… 379
　　四、资本积累理论的创立 ……………………………… 381
　　五、社会资本再生产学说的创立 ……………………… 382
　　六、经济危机学说的创立 ……………………………… 384
　第二节　恩格斯对马克思政治经济学的发展 …………………… 385
　　一、对政治经济学基本原理的完善 …………………… 386
　　二、恩格斯晚年一个重要观点 ………………………… 387
　第三节　马克思政治经济学对西方经济学范式的超越 ………… 390
　　一、"社会人"对"经济人"的超越 ……………………… 390
　　二、以辩证法分析超越个体边际分析 ………………… 392
　　三、"逻辑-历史分析"超越静态-均衡分析 …………… 395
　　四、马克思政治经济学范式的优越性 ………………… 397
　　关键词 …………………………………………………… 399
　　思考题 …………………………………………………… 399

参考文献 ……………………………………………………………… 400

导 论
经济学的历史属性与经济思想发展的历史逻辑

本章学习要求：经济学是一门历史性的学科，这一历史属性也就决定了经济学是一门永远都在不断创新、不断发展中的学科。经济学发展的历史逻辑具体就表现为经济学范式与范式的转换。本章学习要求掌握：经济学范式的结构；经济学范式发展的几个阶段；经济学范式转换的几种形式；2007年以来世界金融经济危机的爆发引发的对西方主流经济学范式危机的思考以及未来经济学发展的可能趋势。

现代经济学理论的创新依赖于历史的资源，这种历史资源就是经济思想史。知识的积累是一个过程，每一代人都要从上一代人的思想中去学习和吸收一些东西。在讲述经济思想史之前，先要讨论一下经济学的历史属性、经济思想发展的历史逻辑。

第一节 经济学的历史属性

经济学是研究稀缺资源如何配置才有效率的一门科学，但作为财富的生产和分配，任何经济问题与现象都是在确定的社会历史背景下出现的。与其他社会学科一样，经济学的研究离不开具体的历史环境与条件。尽管在具体的经济问题与现象的研究过程中经济学家们会有一些研究方面的假定与超越历史阶段的理论，如逻辑分析、数学模型分析等，但都不能脱离其研究对象特定的历史大前提。事实上，社会、政治和经济环境最终界定了经济学家所提出问题的实质和特定时代经济理论的内容。这正如约翰·肯尼斯·加尔布雷思所言:"思想从本质上说都是保守的。它们不会屈服于其他思想的攻击,却会屈从于它们难以应付的环境的巨大冲击。"①换言之,只有当新的现实使旧的理论明显不能适用时,新的观点才能取代被广泛接受的经济理论。例如,斯密之所以做出了巨大的贡献恰恰是因为他的思想回应了那个时代的要求,被长期坚持的市场经济能够自动产生充分就业的观点并不是让步于凯恩斯《就业、利息与货币通论》所阐述的国家干预的经济思想,而是让步于20世纪30年代的全球性经济大萧条和大规模失业的经济危机。设想一下,如果凯恩斯是在1926年而不是1936年发表他的《就业、利息与货币通论》,其对理论界的吸引力可能会大大减少。经济理论的产生不能脱离其所反映的社会经济环境。可以毫不夸张地说,过去的大多数经济思想家都是名副其实地服务其时代的,即他们思想的形成正是为了适应其时代的特定条件和需要。如17和18世纪重商主义者的理论和政策建议适应了正在兴起的民族国家的需要,而亚当·斯密的市场经济理论则加速了英国的经济增长和工业发展,打开了通向工业革命的道路。

任何经济问题或经济现象的历史存在,也就决定了经济学家理论观点的提出都不能没有历史环境与条件的制约,即都有着明晰可辨的历史属性。经济学家的任何经济理论都必须是对于一定历史时期真实发生的经济问题与经济现象的反映,以及对这种反映的分析与判断。这就决定了经济学在本质上是属于历史性的学科,经济学的研究必然具有历史的属性。

一、经济学历史属性的涵义

经济学的历史属性强调经济学是一门历史发展的学科,经济理论是经常伴随着环境的变化而发展的,它有着一个不断继承、批判和发展的演进过程。从人类经济活动开始一定时期后产生的经济学理论,其中合理的部分会随着人类的延续而累积与更新下来。经济学理论自身的发展过程,没有任何超越历史性质的要素产生,因为任何经济学理论都只能产生于历史发生过的经济问题与经济现象之中。韦斯利·C·米切尔曾表述过如下的思想:"经济学家们倾向于认为他们的作品是对已经逻辑性阐明的问题进行思维加工的产物,他们可能承认他们的观点受到阅读与教育经历的影响,而他们有足够的聪明

---

① John Kenneth Galbraith, *The Affluent Society*, Boston: Houghton Miffin, 1958, p.20.

才智对阅读与教育加以选择;但他们很少意识到:他们成长的环境塑造了他们的思维,他们的意识是社会的产物,以及无论从何种意义上说他们都无法超越他们所处的环境。"①经济学的历史属性提供了评价经济学的基本标准,即属于历史范畴的经济学判断其价值的标准也只能是历史的。这里所说的"历史"有两重含义:一是任何经济学理论与学说,只具有历史的特殊价值,不可能是永恒的"真理",那种试图跨越历史而称为永恒的经济学理论事实上是不存在的;二是以"经济学"冠其名,理论分析演绎着的是历史上思维体系中的世界,它必然受到当时理论思维和认识的限制。

经济学属于历史的属性,也表明经济学的理论功能主要是解释世界,认识世界。经济学是对于确定的历史条件下出现的经济问题与现象的研究,必然是问题与现象出现在前,研究在后。经济学理论不可能超越历史的真实而凭空设计问题和对象,经济学是对历史状况的一种归纳性判断。经济学属于历史的属性,表明它在说明已经发生的事件时,有可能真实;它可以在人类思维分析的基础上预测未来,但不属于未来,永远只能在经济实践"创造未来"的经济活动中产生某种不确定性的启示作用。经济学的历史属性,决定了经济学是一门永远都在不断创新、不断发展中的学科。1859年秋,恩格斯在评论马克思所写的《政治经济学批判》时,曾精辟地指出了经济学作为一种历史科学的特性:"人们在生产和交换时所处的条件,各个国家各不相同,而在每一个国家里,各个时代又各不相同。因此,政治经济学不可能对一切国家和一切历史时代都是一样的。""政治经济学本质上是一门历史的科学。它所涉及的是历史性的即经常变化的材料;它首先研究生产和交换的每一个发展阶段的特殊规律,而且只有在完成这种研究以后,它才能确立为数不多的、适合于一切生产和交换的、最普遍的规律。"②

二、经济学理论的相对真理性

经济学的历史属性表明了任何经济学的理论学说都只具有相对的真理性,这种相对的真理性就根源于经济学理论永远也摆脱不了它由此产生的历

---

① Wesley C. Mitchell, *Types of Economic Theory*, ed. Joseph Dorfman, vol. 1, New York: A. M. Kelley, Publishers, 1967, pp.36—37.

② 恩格斯:"卡尔·马克思《政治经济学批判》",《马克思恩格斯选集》第2卷,人民出版社1972年版,第117页。

史阶段的影响。因此,在一种经济理论中,具体的历史阶段的特征在某种意义上说比经济理论的结论本身更重要。我们不可能找到所谓的某种"永恒正确"的经济理论,而只可能找到一定历史时期内正确地解释了经济世界、赋予了经济实践相对确定性的经济"知识"。

"历史"是属于过去的,属于过去而且由阶段性的"历史"否定了永恒不朽理论学说的存在。属于某个历史阶段的理论,在另一个阶段便不一定还有合理的性质,除非历史出现了完全重复的阶段。因此,任何一种经济学的理论生命都是有限的,它通常只具有历史真理的价值,为经济学说史增加了解释和认识世界的"特殊经验",也为后来的人类社会提供了对于所谓"历史规律"的认识。人类的历史越长,如此的"相对真理"越丰富,人类对于社会发展的规律认识也就会越更为逼近"真理"的发现与总结。当然,这种"真理"也永远只能是相对地"逼近"而不是"穷尽"。一种辉煌的经济学理论,不在于它有没有永恒的价值,而在于它有没有相对真理的历史阶段性的价值。经济思想史的发展充分证明了这一点。

经济学属于历史的,因为人类对于经济社会的认识只能产生于已经发生的经济问题与经济现象中,也只能产生于对已经存在过的经济理论的继承、批判和创新中。从历史的源头出发,任何经济理论的产生都不过是对于经济历史的一种反映和认识,都必然深深地烙有历史的印痕。不论是继承、批判和创新,都不过是一种历史的延续性研究行为,没有任何可以超过历史的永恒的东西。经济学的"永恒价值",也就是经济学的历史价值。据此,我们也就有了对于任何经济理论是否"科学"的判定标准,即只有那些历史地阐释了一定历史条件下的经济问题与经济现象而形成的理论结论,才是科学的。

第二节 经济学发展的历史逻辑

强调经济学理论的发展依附于历史环境的变化,并不意味着否定经济学理论的发展有其内在的历史逻辑性。属于历史的经济学在其历史发展的演进进程中,存在着一个历史的、动态的发展逻辑,这一历史的逻辑具体就表现为经济学范式与范式的转换。

一、范式与经济学范式

最早提出"范式"概念并用来解释科学知识历史演变的是美国科学哲学

家托马斯·库恩。库恩所说的"范式",是指在某一学科内被人们所共同接受、使用并作为交流思想的一套概念体系和分析方法。库恩认为任何一门科学知识的历史发展过程都是一个演化与革命、积累与创新、连续与间断交替发生的过程,典型的形态是受某个既定范式支配的积累性常规研究同突破旧范式的创新性非常规研究交替出现的历史进程。"范式"作为一门系统的科学知识的概念体系和分析的方法,对一门学科的历史发展至少起到以下两个作用。

第一,为一门学科的研究者在相当长的历史时期里提供着某种共同的理论信念,内在地蕴含着独特的研究方法和分析技术。当某个范式在一段历史时期里完全支配着某一学科的时候,这个范式所蕴含着的独特的研究方法和分析技术就贯彻在这门学科的常规研究之中。

第二,范式有一套以自己的信念为背景的概念和文字表达系统,为信奉这一范式的从业人员所理解和使用,是他们共同的学术语言,彼此用这种语言进行学术研究和交流。因此,范式具有组织功能,对一门学科的从业者具有感召力。库恩强调,两个不同科学共同体的成员,由于范式不同,是生活在两个不同的意义和科学世界里的,是不同范式的拥护者和使用者,他们在不同的世界里、在不同的理论指导下从事各自的事业。不同范式的科学家们在不同的世界里从相同的方向看相同的问题,会取得不同的结果。库恩得出的结论是,科学家们工作的世界,不是完全客观外在的世界,而是主观约定的、有特定意义的用共同信念所约定的世界。"范式改变了,科学家们所约定的世界也跟着改变了。"①范式在相当长的历史时期里制约着这门学科的研究方法以及学术语言,如果不存在一个具有号召力的研究范式,这门学科的研究者就不会聚集起来,就会呈现出不同的观点和理论态度,学科的发展也就处在原始化的历史时期。

借鉴库恩的理论,经济学中的"范式"是指经济学家"科学共同体"内部所特有的思维模式和总的概念框架(又称为"学科模子"),它包括经济学核心假设的"硬核"、辅助性假设的保护带以及经济分析的方法等。信仰不同范式体系的经济学家们在从相同的方向看相同的问题时可能取得的结论是不同的。

从系统论的角度看,范式是一个有层次结构的系统,包括观念范式、方法

---

① 托马斯·库恩:《科学革命的结构》,李宝恒、纪树立译,上海科学技术出版社1980年版,第176页。

规则和基础假设三个层面。其中,观念范式是核心,方法规则和基础假设则居于"外围"。与之相应,经济学的范式结构也可分为不同的层次,核心层次由经济学观念范式构成,反映特定历史时期经济学知识体系的价值观念。例如,马克思主义政治经济学的"社会人"观念和西方主流经济学的"理性经济人"观念以及历史制度学派的"文化人"观念,就分别构成了马克思主义经济学、西方经济学内部主流与非主流学派在这一层面的主要区别。外围层面则反映了经济学理论的逻辑空间,由核心层次演绎出的经济学方法论和基础假设的命题组成。例如,马克思政治经济学的辩证分析法、西方经济学的理性演绎的均衡分析法和历史制度学派的历史归纳的演化分析法,马克思主义政治经济学的"劳动价值论"、古典经济学的"效用价值论"和历史制度学派的"生产力"理论,就分别构成了马克思主义政治经济学、西方主流与非主流在核心层面上的主要区别。凯恩斯学派的"需求决定供给"的"有效需求不足原理"与古典学派的"供给自动创造需求"的"萨伊定律",分别构成了西方主流经济学内部在范式外围层面上的主要区别。在经济学的范式结构层次中,核心观念决定着外围的逻辑空间,并构成不同经济学派思想体系演绎的前提。

经济学范式的产生标志着经济学知识的积累性发展时期的到来,此时经济学研究就进入了常规的发展时期。常规发展时期经济学研究有这样一些特点。

第一,分析性经济学问题成为经济学研究的主要内容,缜密的逻辑推理和严密的实证分析成为主流的研究方式。经济学范式这时作为一种理论分析的方法或思想形态,默默地支配着经济学理论的发展方向。并且随着常规经济学研究的持续,经济学体系的逻辑关系变得越来越系统。经济学理论开始作为一个总体的逻辑系统接受现实经济问题和现实经济过程的经验检验。

第二,在共同范式之下也可以有不同的经济学流派,但只要既定范式的逻辑蕴含和方法论原则仍然能够令人满意地提供经济分析手段,解释经济现象,这一过程就会持续下去。即使经济分析的逻辑结果同现实经济过程的经验不一致,以致运用现有范式所提供的方法来解决问题的努力失败时,学者们不是怀疑经济学范式本身有问题,而是怀疑自己对范式的理解不够正确,把握和运用范式的能力存有问题。这时他们通常是讨论和修正自己对范式的理解,直至最终能够将反常的经济现象勉强纳入既定的范式所蕴含的逻辑空间进行分析时为止。

在一个既定范式的支配下,经济学研究最终形成一个对经济问题系统解答的经济学学说体系。在同一历史时期经济学一般只会形成一种对经济问题进行解答的主流经济学学说体系。当然,当一个新的经济学范式在除旧布新的思想运动过程中,或者说在一个新范式取代旧范式的思想逻辑的过程中,会出现一些具有竞争性的学派。在这一时期,经济学知识会存在着新旧两种知识体系过渡性并存的复杂状态。

二、范式转换与经济学革命

随着常规经济学过程的持续,既定范式可被利用的逻辑空间越来越小,可供研究者调整自己观点的余地变得越来越狭窄,就可能出现下面两种情形:一是在经济分析问题研究过程中积累起来的经济学知识对实际经济的解释能力、预测能力日渐衰退;二是实际经济过程的剧烈变革和发展,新的情况、新的问题在原有分析范式的逻辑空间之外不断发生和积累。当人们开始把理论及解释和预测实际经济问题的再三失败归咎于现有的分析范式本身的时候,范式转换的革命时期就到来了。这时,许多相互竞争的信念、观点和理论派别开始产生,"每一个学派都经常不断地分析其他学派的真实的基础",①这就形成了新旧经济学范式进行更替的过渡阶段。

在经济学范式的转换时期,一种新的范式形成并取代旧的范式需要符合以下条件:第一,新范式蕴含的逻辑空间要比原来的旧范式宽阔,也就是说,新的分析范式的逻辑空间能够覆盖比旧范式更加宽阔的现实经济内容,"它能解决旧理论曾处理的一切或几乎一切定量上的疑难";或"可以吸收以前不适合的经验以及大多数或者全部以前已消化的经验"。②"规范的改变使科学家和向他们学习的那些人越来越接近真理。"③第二,新的分析范式必须同经济学知识系统之外的思想形态的主流信仰相吻合,"正是这些信仰指导着使用不同标准的人们。"④第三,同范式转换时期的社会经济发展水平和社会占主导地位的既得利益格局相适应。

在经济学常规发展的历史时期,构成经济学学说演进的动力有两个:一

---

① 托马斯·库恩:《科学革命的结构》,李宝恒、纪树立译,上海科学技术出版社1980年版,第135页。
② 托马斯·库恩:《必要的张力》,范岱年、纪树立等译,北京大学出版社版2004年版,第279、255页。
③ 托马斯·库恩:《科学革命的结构》,李宝恒、纪树立译,上海科学技术出版社1980年版,第142页。
④ 同上书,第252页。

是既存的居垄断地位的经济学范式的演绎逻辑属性;另一个是客观的经济过程对于演绎逻辑的铺展给予的经验事实的确认。没有后者的牵引和引导,任何经济学范式的逻辑蕴含都会陷于无从实现的境地。一旦对应经济学问题系统的思想逻辑演绎过程完成,经济学的常规发展就进入了静止状态。动态的客观经济过程在一定的逻辑空间里会给现有的经济学思想体系提供肯定的经验基础,一旦超出该思想体系逻辑空间的合理性范围,客观经济过程就开始提供否证的经验积累,从而使得原先的推动力转变成不允许现有经济学思想体系继续发展的阻力。这时,经济学的革命就要发生,这一革命的具体表现就是经济学范式的转换。具有更加宽阔的逻辑空间的经济学知识体系会取代旧体系,从而形成经济学思想的历史性发展。客观的经济过程构成了经济学范式转换发展逻辑的动力。

三、经济学范式转换的几种形式

经济学范式的转换有几种常见的形式。一是对已有范式的继承,如西方经济学继承传统"经济人"的核心硬核,调整其"保护带"。古典经济学和新古典经济学就是在坚持"经济人"这一硬核的基础上论证了完全竞争的市场经济是可以实现资源的最优配置的(帕累托最优),张伯伦和罗宾逊则在坚持新古典经济学"经济人"硬核的基础上修改了关于市场充分竞争的前提假定,提出了垄断竞争和不完全竞争的理论。从历史学派向新旧制度学派以及演化经济学的发展过程是始终坚持"文化人"的硬核和历史、制度及演化的分析方法,也印证了经济学范式转换的这一形式。

经济学范式转换的第二形式表现为范式"硬核"的部分调整,使其逐步接近现实的不断完善。如"凯恩斯革命"的本质就是将传统新古典经济学中关于未来是可知的"完全理性"的前提假定调整为未来是不确定的"有限理性"假定,并以此作为其经济学理论体系的前提。凯恩斯经济学的非均衡学派进而调整了传统的"一般均衡"的分析范式,认为经济生活中的绝大多数情况都处于"非瓦尔拉均衡"状态,只能使用以"价格—数量调节机制"为基础的"非均衡"的分析方法。它强调经济过程中的"溢出效应",即一个市场的不均衡情况会传递到其他市场,从而使全部市场的均衡状态发生改变。非均衡学派强调,凯恩斯经济学的本质就是"不均衡性"。20世纪80年代后,新凯恩斯主义经济学理论的发展,就得益于非均衡学派的某些理论观念和方法。

经济学范式转换的第三种形式表现为对经济学科内部不同学派的理论兼收并蓄,用一个统一的新经济学框架体系将各学派的观点融汇其中。在西方经济学近一个半世纪的发展中出现过三次影响重大的"综合",其代表作即约翰·穆勒的《政治经济学原理》、阿尔弗里德·马歇尔的《经济学原理》和保罗·萨缪尔森的《经济学》。穆勒生活的时代资本主义的各种矛盾已达到非常严重的程度,他一方面维护斯密"看不见的手"的市场经济原理,另一方面又试图吸收李嘉图学派和西尼尔的理论成果,提出通过收入再分配的改革来改良资本主义的市场经济。马歇尔试图把当时西方经济学中流行的各种不同理论如供求论、节欲论、生产费用论、边际效用论等融和起来充实到他的理论体系中,形成了以他为领袖的"新古典经济学"。"马歇尔综合"的理论成果对后世的影响之一就表现在古典经济学的客观价值论与边际学派的主观效用价值论成为互补:客观价值论重供给分析,效用价值论偏重于需求分析;前者形成了以生产成本为核心的供给理论,后者形成了以效用分析为中心的需求理论。马歇尔通过将古典经济学和效用学派的价值论"兼收并蓄",发展出了一种现在还作为当代经济理论结构基础的分析框架。"萨缪尔森综合"则试图将近半个世纪以来所形成的不同学派的理论成果融汇到凯恩斯的经济学体系之中,使得凯恩斯宏观经济学与新古典的微观经济学这两个原本互斥的理论范式成为互补。穆勒、马歇尔和萨缪尔森的经济学综合创新的尝试印证了一个道理,即从历史的理论发展看,"综合"本身就是创新,是经济学家构建自己新理论体系的一种重要方法。

经济学范式转换的第四种形式表现为不同学派研究范式的交汇,新制度经济学是这一范式转换的成功案例。以科斯为代表的新制度经济学派是两种范式——新古典的边际分析与制度学派的制度演化分析——相交汇的理论产物。新制度经济学之所以被称其为"新",是因为相对于以凡勃伦和加尔布雷思为代表的制度学派而言,它沿用和承袭了新古典经济学诸如理性人假定、稳定偏好、均衡和最大化分析的核心假定、方法和工具,又汲取了以凡勃伦和加尔布雷思为代表的美国制度学派强调制度研究的传统和演化的分析方法,将两者加以交汇。在这两种研究范式的交汇上,科斯汲取了制度学派康芒斯对于以交易为单位的制度分析中提出的"交易费用"概念,将"交易费用"(交易成本)作为新制度经济学的核心范式,并对其基本内涵进行了系统的阐释。

学科交叉的经济学开放运动,构成了经济学范式转换的第五种形式。这种扩张是经济学范式"自我拓展疆域"的表现,也是半个世纪以来经济学发展史上最显著的特征之一。具体而言,它表现为经济学研究中引入其他学科的方法。经济实践的广泛性、复杂性以及理论的开放性、创新性使学科交叉的经济学开放运动可能成为经济学范式运动的方向。行为经济学、实验经济学和演化经济学等就预示了经济学范式发展的这一多元化趋向。

四、经济学范式发展的几个历史时期

一部经济学说史,就是一部经济学范式不断演变的发展史。研究范式的不断转换,也就推动着经济学理论的不断发展。如果以西方经济思想作为经济学历史路径主线的话,依据经济分析的范式不同,经济学就经历了前经济学、古典经济学和现代经济学三大历史时期。前经济学时期是经济学分析范式没有产生的历史阶段,此时没有形成系统的经济学知识体系。古典经济学和现代经济学则是受确定的经济学分析范式支配的时期,它们都有着系统的经济学理论体系。

前经济学时期可以称作经济学知识的原始时期。这一时期的思想家通常会根据自己经济生活的经验和直觉来对各种经济问题发表意见,形成观念,但缺少一套稳定的分析范式。这些关于经济的观念虽然在某些时候触及到了一些基本的经济学问题,但总体上看是散乱的、零星的、不成系统的。随着社会和历史的变迁,这些观念有些在时间的长河中泯灭了,有些则沉淀为经济生活的经验常识。因为缺少稳定的分析范式,故不能够形成有条理的经济学知识的积累。原始时期是一个相当长的经济思想发展时期,这个时期的结束意味着经济学范式的形成。

古典经济学是经济学范式的形成时期,距今不过三百多年。古典经济学的历史阶段可分为古典经济学范式形成时期和古典经济学常规发展时期。从重农学派到亚当·斯密,是古典经济学范式形成时期;经过萨伊和李嘉图到约翰·斯图亚特·穆勒,是古典经济学的常规发展时期。

以价值判断而论,古典经济学范式的核心是其客观价值论。重农学派认为在一个经济中只有农业才会创造财富,其他经济部门或经济活动都不会创造或形成价值。亚当·斯密不满意重农学派的这种见解,认为这一见解把斯密的时代已经日益重要的工业生产排除在价值形成的过程之外。斯密修正了重农学派的观点,用逻辑外延比"农业生产"宽阔得多的"劳动"概念来定义一个经济价值的形成,提出财富是"劳动"的结果,给出了"劳动价值论"的雏形。以这种经济学价值判断为基础,古典经济学系统的知识体系由此产生。斯密之后,萨伊和李嘉图进一步发展了这种价值论判断。萨伊把劳动区分为生产性劳动和非生产性劳动,主张生产性劳动在土地和资本的协助下共同创造价值,而非生产性劳动不创造价值。李嘉图则认为只有劳动才参与新价值的创造,人类的劳动才是创造价值的唯一源泉。由于对一个经济的财富产生(价值形成)有了清楚的观念,并且观念的基本原则又是当时学者们普遍赞同的公理,因此古典经济学范式就相应地确立起来了。由于经济中的劳动过程或生产过程由土地、劳动和资本这三个基本要素所组成,因此只要肯定价值只能形成于劳动过程或生产过程,则等于是在逻辑上规定了经济学价值实体的生成范围,至于价值或价值实体具体是由某种要素单独形成还是由多种要素共同形成,古典经济学范式在逻辑上预留有意见分歧的空间。

萨伊、李嘉图、马尔萨斯和詹姆斯·穆勒时期,古典经济学进入了常规的发展时期。古典经济学范式的逻辑蕴含如萨伊定律、供给分析、实物经济与货币现象的两分法以及货币数量论等都在这一时期逐步释放出来,并变得系统而完备。在这一时期出现的比较有影响的经济学著作是约翰·穆勒的《政治经济学原理及其在社会哲学上的应用》(1848)。该著作典型地表现了常规经济学研究的特点,即系统、折衷、综合。到了穆勒这里,古典经济学的常规研究走到了尽头。

1870年的"边际革命"是现代经济学的开端,经济学知识经由这次革命实现了古典分析范式到现代分析范式的转换。

"边际革命"的核心是用主观心理分析的价值论取代古典经济学的客观价值分析。"边际分析"的基本思想是认为产品的价值是人对产品效用的主观心理评价,价值取决于物品满足人的最后的亦即最小欲望的那一单位的效用。其分析范式的特点可简括为:第一,从特定的历史和社会中把个人抽象出来,然后把这种抽象人的需要和需要的满足即消费作为分析的出发点。第二,认为经济学研究的应是人和物的关系,即研究个人需要和满足这些需要的手段(即财货)之间的关系。财货和人的需要相比在数量上是有限的(即稀缺的),因而经济学就是研究如何经济地配置稀缺资源的学科。第三,强调心理分析。他们从心理上来说明需要,即以"苦乐心理"(追求享乐和避免痛苦的心理)来寻求经济规律,把一切经济范畴都说成是人们心理上的一种反映和表现。第四,强调"边际增量"分析,把数学方法引入经济分析中。所谓"增量分析"就是假定相互作用的经济因素中都是一种函数的关系,在某种或某些经济因素不变的条件下,来考察另一种或几种因素的变动的限度。如在需求不变的条件下,任何一个生产要素使用量的增加,超过一定的"边际"就会产生递减的报酬规律。他们还把边际增量分析的方法运用到他们的价值论和分配论上,甚至推广到其他经济问题上。这就把数学方法引入经济分析之中了。

"边际革命"经过马歇尔再到凯恩斯的60余年中是现代经济学范式取代古典范式并巩固自身地位的历史时期。"凯恩斯革命"是一次经济分析方法的革命,是"边际革命"之后的经济学范式转换过程的完成。凯恩斯之后,现代经济学进入了常规发展时期,一直持续至今。

"凯恩斯革命"在分析范式上的一个很大贡献是强调经济认识上的有限理性。他认为市场是不确定的,未来是不能完全预期的,经济行为人只能获得市场上的有限信息,从而形成了他的"经济人有限理性"说。在对预期模型的说明上,凯恩斯只肯定"适应性预期",这种预期只适用于过去和将来相似的情况,排除了市场行为者对有关将来信息的利用。他认为行为者不可能用完备的一切信息来达到谋取利益的最大化。在这一分析范式的基础上,凯恩斯强调经济的非均衡分析和比较静态分析。正是在这一分析范式的基础上,凯恩斯提出了有效需求原理和国家干预的宏观经济政策。现代的非均衡学派是在凯恩斯这一分析范式的基础上进一步发展形成的。现代经济学中的信息理论,是在凯恩斯这一分析范式的基础上重点研究了由于获取信息困难而普遍存在于经济活动中的信息不对称问题。他们认为由于信息的不对称,造成了人们的行为与在对称信息下的行为有诸多不同,从而导致了经济运行的独特性。凯恩斯之后,货币学派可以视作是古典经济学货币数量说和凯恩斯流动性偏好说的调和。理性预期学派和新古典宏观经济学则可以看作古典经济学分析范式的现代回归。

2007年以来,美国"次贷"危机及其后资本主义世界金融-经济危机的爆发,引发了对西方主流经济学范式危机的思考。在对危机的反思中,人们发现西方主流经济学已长期坠入了宏观经济学的黑暗年代。因为它坚持脱离现实世界的"经济人"和"完美市场"这两个基本假设,以及在此基础上提出的金融资产的有效市场假设,由此建立的复杂且优美的数学模型,完全排除了发生金融危机和经济危机的可能性,折射出西方主流经济学的逻辑困惑和现实悖论。类似的质疑也困扰着临终前的科斯。2012年12月,他在《哈佛商业评论》发表的题为《从经济学家手中拯救经济学》一文中写道,"20世纪经济学实现了研究范式的转变,逐渐被定为关于节约的理论方法,不再把现实世界作为研究对象。在今天的经济学中,生产被忽视,作为典型问题的资源配置是一个相当静态的命题。经济学家分析企业行为的工具过于抽象和专业化,以至于无法给企业家和管理者提供有价值的指导,告诉他们如何在不断的竞争中以低成本为消费者提供新产品。"[1]西方主流经济学的范式进入了前所未有的混乱期,主流学派内部对其质疑或批判的呼声层出不穷,日益高涨。

综观经济思想史的发展,经济学范式每一次转换的根源都要从其时代所面临的重大问题中去寻找。当代经济世界和经济现象的复杂性提示我们理论经济学的发展必须把心理、法律、地理和演化等作为经济分析的范式方法,而不是硬把它塞入到新古典的均衡分析的框架中。未来经济学发展的趋势,必将打破人为设置的学科壁垒,加强经济学与其他学科之间交流,摒弃传统理性主义封闭的局部性思维,确立开放的综合性的思维方式,顺应复杂科学发展观的新趋势,通过与整个社会文化的复合来开放自己,以适应人类社会的整体发展,这就意味着经济学范式多元化时代的到来。经济学研究范式多元化时代的到来,必然要求经济学研究应"复活"长期被压制的文化、信仰、制度、道德、心理等因素应有的理论地位,将理性分析和制度分析、历史演化分析和心理分析结合起来。行为经济学、实验经济学和演化经济学等,就预示了现代经济学范式多元化时代的到来。人类的社会经济活动是一个十分复杂多样的综合系统,社会经济问题应纳入人类实践的宏大背景中加以考察,科学的经济学体系也应是一个开放的学科体系。

本教程依据西方经济思想发展的内在逻辑,将其分为五篇,即前经济学范式时期、古典经济学范式形成时期、古典经济学范式的常规发展时期、现代经济学范式的形成时期和现代经济学范式常规发展与变革时期。

---

[1] 罗纳德·科斯:"从经济学家手中拯救经济学",《中国社会科学内部文稿》2013年第1期。

关 键 词

经济学历史属性　经济学范式　经济学革命

思 考 题

1. 为什么说经济学本质上是一门历史属性的学科?
2. 简述经济学范式的结构。
3. 在经济学范式的转换时期,一种新的范式取代旧的范式需要符合哪些条件?
4. 评价下面这段话:"以傲慢的态度对待过去的经济学家是极其危险的,但是崇拜他们同样也是危险的。"——马克·布劳格

第一篇

前经济学范式时期

前经济学范式时期是经济学范式和系统的经济学知识尚未出现的历史时期，这个时期也可以称作经济学知识的原始时期。这一时期的思想家通常会根据自己经济生活的经验和直觉来对各种经济问题发表意见和观点，形成零星的经济观念。或者由于区域、国家间的隔绝，或者由于对社会的思想形态的忽略，这些关于经济的观念虽然在某些时候触及一些基本的经济学问题，但在总体上是散乱零星的、不成系统的。随着社会和历史的变迁，这些经济观念有些在经济生活实践的长河中泯灭了，有些则沉淀为经济生活的经验常识，它们最大的逻辑障碍是不能形成经济学的分析范式和有条理的经济学知识的体系。从经济思想发展的逻辑看，前经济学时期的人类经济学知识实际上徘徊在开放的经济学逻辑层次，无法依据一个统一的经济学范式进入封闭的、系统的经济学逻辑空间。原始时期是一个相当长的经济思想发展时期，这个时期的结束意味着经济学范式的形成。

重商主义是这一时期的最后形态。初期重商主义的代表性人物已开始从商人的观点来观察社会经济生活现象，反思古代思想家和中世纪经院哲学家用宗教教义和伦理规范来说明社会经济现象，反对他们维护自然经济而敌视货币财富的观点。他们以总结经济经验为主要的方法，对商业资本家的经验进行总结，把研究的中心放在论证与商品货币关系发展有关的"世俗利益"上，寻求社会经济现象中的联系和因果关系，试图对社会经济现象和经验加以描述与总结。但他们所找到的联系不是经济现象之间的内在联系，而只是经济现象在表面上的联系，其方法是从经验和事实出发，加以归纳和总结，给人以可信的感觉，缺陷在于其研究仅限于流通领域，没有形成核心范式，不能够建立一门独立的经济学学科体系，但它为后来经济学学科的形成准备了条件。

第一章
早期的经济思想

本章学习要求：本章阐述了重商主义出现之前西方早期的经济思想。古希腊罗马时期的经济思想主要研究的是农业经济，但也涉及了商品和货币经济。他们对商品和货币经济的论述对以后经济学的形成和发展产生有一定影响。本章学习要求熟悉从色诺芬到柏拉图和亚里士多德古希腊经济思想的演变，熟悉古罗马从西塞罗、加图到罗马法经济观念的变迁，熟悉早期基督教的经济思想与中世纪思想家阿奎那经济思想的特点，掌握奥雷斯姆在货币理论上的贡献。

本章是经济学的前史，包括西方奴隶社会和封建社会的经济思想。这个时期的经济思想大都从属于哲学、神学、政治学，经济学还没有成为一门独立的学科。经济观点主要反映了奴隶主贵族和封建庄园主的经济思想，只是到了封建社会晚期才产生代表商业资本利益的重商主义学说。重商主义前的思想家们重点研究的是农业庄园的自然经济，也涉及了商品和货币经济。他们对商品和货币经济的论述对以后经济学的形成和发展有着一定影响。重商主义把研究对象转到商品货币经济，特别是对外贸易上，形成了重商主义学说。因其研究仅限于流通领域，还没有能够建立一门独立的经济学学科，但为后来政治经济学的形成准备了理论条件。

第一节 从色诺芬到亚里士多德

公元前8—前6世纪，古希腊奴隶制城邦国家兴起，之后进入奴隶社会的极盛时期。这一时期的一些奴隶主的思想家研究了奴隶主庄园经济，产生了最早的经济思想,主要代表人物有色诺芬、柏拉图和亚里士多德。

一、色诺芬的经济思想

19世纪英国著名经济学家菲利普·威克斯蒂德写道,经济学"可以包括对资源管理的一般原理的研究,不管这种资源管理是个人的、家庭的、企业的还是国家的,包括对在一切管理中发生浪费现象的方式的检查。"①按照这一标准,色诺芬(约公元前427—前355)②应是一位代表性人物。

色诺芬是古希腊哲学家苏格拉底的学生,希腊的历史学家和作家,主要经济著作有《经济论》《雅典的收入》。《经济论》是古希腊流传下来的第一部专门论述经济问题的著作,是在公元前387—前371年色诺芬根据自己管理庄园的经验用记录苏格拉底和别人对话的形式写成的,主要阐述了色诺芬关于农业和财富的观点。在这部著作中最早提出了"经济"(economy)概念,含义是家政管理。古希腊奴隶制是建立在奴隶主对生产资料和奴隶的私有制基础之上的,生产以家庭为单位,由奴隶进行。如何管理家庭经济,就是当时的经济学。《雅典的收入》约写作于公元前355年,是讨论雅典财政问题的著作,阐述了色诺芬的商业、货币观点。还有《居鲁士的教育》和《阿里斯底普斯与苏格拉底之间的对话》,阐述了他的分工观点和主观效用思想。

色诺芬强调,家庭管理应该成为一门学问,这门学问研究的是主人如何管理好自己的财产,使财富不断增加。他提出,财富就是具有使用价值的东西。如在《经济论》对财产管理的讨论中,他注意到同样的东西是财富又不是财富,这要根据人们理解还是不理解如何应用他们而定。例如"一支笛子对于会吹它的人是财富,而对于不会吹它的人,则无异于毫无用处的石头。"③这说明色诺芬已意识到了价值的主观性,了解了物品有使用和交换两种功能。在《阿里斯底普斯与苏格拉底之间的对话》中,色诺芬阐述了他的主观效用的思想。阿里斯底普斯问道:"你认为同样的东西是美的又是丑的吗?"苏格拉底回答:"当然,而且既是好的又是坏的。对于饥饿的人是好的东西对于发烧的人就是坏的东西,对于发烧的人是好的东西,对于饥饿的人就是坏的东西;

---

① P.H.威克斯蒂德(P. H. Wicksteed):《政治经济学常识》,纽约:A·M·凯利出版社1966年版,第17页。
② 一说是约公元前430—前355。
③ 色诺芬:《经济论·雅典的收入》,张伯健、陆大年译,商务印书馆1961年版,第3页。

对于赛跑是美的东西通常对于摔跤是丑的东西,对于摔跤是美的东西对于赛跑便是丑的东西。一切是好的、美的东西同它们完全被接受的那些意图有关,而坏的、丑的东西则同不愿意接受它们的意图有关。"价值来源于由物品产生的快乐而不是物品本身,这一思想在边际革命以后一直是西方经济学效用理论的核心。

在对分工与农业的看法上,他认为一个人不可能精通一切技艺,专门从事一种技艺的人能工作得更好。一个好的管理者应努力使他所监督的任何单位(如家庭、城市、国家)增加经济剩余的数量,而这需要技能、秩序和最基本的分工。色诺芬还讨论到了人口集中和专门技能及产品开发之间的关系,他认为在小城镇中,因为主顾少,一个人单靠一种技艺难以维持生活,而在大城市中就不成问题了:大城市分工比小城市细,产品也更精美。这一观点和亚当·斯密提出的专业化和分工受市场程度限制的观点是相通的。不过,在一切技艺中他最重视的是农业,强调"农业是其他技艺的母亲和保姆"。① 手工业是一种"粗俗的技艺",最好由外邦人和奴隶去做。色诺芬揭示了农业是国民经济发展的基础。在《经济论》中,从耕种到收割,从家务到田间劳动,色诺芬详细地说明了如何管理组织庄园经济的生产。强调庄园经济的管理应"能够继续支付一切开支,并获有盈余使财产不断增加。"② 他主张对奴隶的激励是褒扬有志气的人,用上等的东西奖励较好的仆人,把次等的给不该受赏的人。

色诺芬在《雅典的收入》中从国家角度研究了如何增加收入的问题。他认为,雅典不论在气候、土地、资源、地理位置等方面都具有得天独厚的经济发展条件。他建议给侨居雅典的外国人利益以照顾,以吸引更多人来雅典。这不仅可以增加雅典的收入,还可以使外国人甘心情愿地处于雅典的统治之下:"再制定一种保护外国人的制度,并对那些能够带进最多外国人的人们予以某些奖誉,那么这种办法就能使外国人更甘愿处在我们统治之下,……这样就会增加雅典的公共收入。"③ 他看到雅典是一个最能生利的贸易地,因而主张鼓励商业活动、完善商事法院制度等,大力发展对外贸易。他还主张大力开发银矿,在开矿方面重视奴隶劳动,建议国家购买和拥有奴隶,并把奴隶出租给平民。这样,国库可以充实,国家的财政开支也将减轻。他在讲述开

---

①②③ 色诺芬:《经济论·雅典的收入》,张伯健、陆大年译,商务印书馆1961年版,第18页,第1页,第68页。

发银矿时阐述了他对货币的见解。他认为,人们对白银是不厌其多的,喜欢储藏白银不亚于喜欢使用白银,这是因为白银可以随时买到有用的物品。在这里他已触及货币的流通手段和贮藏手段的职能,并指出了两者之间的联系。

二、柏拉图的经济思想

柏拉图(公元前427—前347)也是苏格拉底的学生,是当时著名的哲学家、伦理学家和政治家。他的著作很多,有关经济问题的著作有《理想国》和《法律论》,阐述了他关于农业、分工、交换和货币的观点。

柏拉图在《理想国》中以对话的形式提出解决当时社会危机的途径。他认为,在雅典的民主制度下,商品经济的发展引起了阶级分化,造成了贫穷、腐化、堕落与不安定。财富和穷困是社会上的两大罪恶,财富是奢侈放纵的父母,穷困是卑鄙龌龊的双亲。这种由富人和穷人组成的国家不是一个国家,而是富人的国家和穷人的国家两个国家,两者放在一起,永无太平之日。为此,他提出"理想国"的设计。

"理想国"由三个等级组成。最高等级是执政的哲学家,他们洞察真理,具有美德,富于知识,应成为执政者。中间等级是战士,平时接受训练,学习武术,战时担负保卫国家的责任。最低等级是农民、手工业者和商人,专门从事经济活动,为其他阶级提供生活资料。奴隶处在三个等级之外,只是会说话的工具。理想国强调分工。一人而为多数之事,不如一人专心一事,人的欲望和需要是多方面的,所以社会应实行分工和互助。他把城市的起源也归因于专业化和分工。他写道:"我们每个人都根据自己的许多欲求,就需要许多人来帮助我们。我们群居在一起,帮来帮去,大家都能从别人身上满足各自的欲求。于是,当这些合伙人和帮手聚居一地,同舟共济的时候,他们所形成的一个整体就可以称之为一个国家了。"① 分工使每人精专一业,产量可增加,物品也精美;互助使人们结成团体,形成国家。在社会分工中,每人应从事的行业和担任的职务是先天决定的,有的人生来适合当统治者,另一些人生来只适于从事生产劳务活动,是天生的被统治者。柏拉图认为,私有财产和家庭的存在,养成了人们利己和贪欲之心,引发了社会的分歧和矛盾。为

---

① 柏拉图:《理想国》,张子菁译,西苑出版社2003年版,第12页。

解决这些矛盾,他主张实行一种统治者的"共产主义",即除最低等级外,战士和哲学家都不应拥有私有财产,由国家每年供给够一年生活之用的收入。为防止私人感情妨碍公共精神建立,还应消灭家庭,平时三餐就餐于公共食堂,实行共妻共子。他认为只有消灭了家庭才能最终消弭争端,使国家永久和平,并可使种族改良,便利公民教育。

他把农业看成理想国的经济基础,也肯定了手工业和商业的必要性。他提出,城邦之间和城邦内部既然存在着分工,因此必须有专司输入和输出、从事购买和售卖的商业和商人。有了市场,就必须有货币。他从分工出发看到了分工、交换、货币和商人之间的关系,认为货币是为交换服务的,是为了便利交换而设计的一种"符号"。他反对使用金银,认为国内货币拿到国外是无用的。货币价值原则上与制造货币的材料无关。熊彼特把他作为货币名目论的"最先为人所知的倡导人"[①]。他肯定商业的必要性,但又对商人采取鄙视的态度,认为商人唯利是图,雅典人不应该从事这种行业,让外国人和奴隶去做,主张国家应制定法律,约束商人只能得到适当的利润。柏拉图反对把货币作为储藏手段,主张禁止放款取息和抵押放债。这些主张的目的是防止商业资本和高利贷资本对自然经济的侵蚀和破坏。

三、亚里士多德的经济思想

亚里士多德(公元前384—前322)是柏拉图的学生,博学多才,对当时各门科学都有精深研究,著述很多。公元前343年被聘为马其顿王子亚历山大的教师。熊彼特对亚里士多德经济思想的内在结构有如下分析:"亚里士多德老老实实把欲望及其满足作为他经济分析的基础,从自给自足的家庭经济出发,接着谈到分工、物物交换以及为了克服直接交换的困难而使用的货币"[②]。亚里士多德的分工、交换和货币等经济思想集中阐述在其《政治学》和《伦理学》中。

亚里士多德在《政治学》中提出了不同于柏拉图理想国的观点,支持一个允许经济激励发挥较大作用的私有制经济。与柏拉图不同,亚里士多德捍卫一切阶级的私有财产,他认为私有财产比公有财产具有更高的生产力。这是因为众人拥有的财产很少受到精心照料,人们倾向于首先考虑自己的利益。

[①] 约瑟夫·熊彼特:《经济分析史》(第一卷),朱泱等译,商务印书馆1996年版,第91、92页。
[②] 同上书,第97页。

当一个人致力于自己的财产时会产生最大的兴趣和关注。财产公有并不能导致社会和谐,这是因为一些人在土地分配中如果苦乐不均,有些人多劳而少得,势必对少劳而多得者发生不平之鸣。人们生活在一起,共同享有事物时,必然会引起困难,尤其是在共同享有财产时。他提出只有私有财产才能给其所有者提供愉快,自然使他和一切人充满了对自我、钱财的热爱:"人们在私有制下就不会互相埋怨,并且他们会获得较大的进展,因为这时人人将关心自己的事业。"①财产私有还能使人们从事慈善事业,使他们训练节制和慷慨的品德:"虽然每个人有他自己的财产,但是有些东西他却愿意交给朋友们随意使用,有些则彼此可以共同使用。……人们为朋友、宾客或伙伴们做件好事或提供点帮助,会感到极大的愉快,而这只有当私有财产存在时才能做到。""当一切事物都归公有时,人们就不会在这方面做出榜样,因为慷慨助人是跟财产的私有分不开的。……实际上我们看到的是,在一切公有体制下争执较多,在私有体制下争执较少。"②如果每一个人的财产用于一切人而不是出于强制,这是在公民中发展善良品格的好机会。亚里士多德也反对限制个人持有私有财产的数量,并描述了这种限制可能面临的种种困难。

他在论述国家的产生发展时提出国家是自然的产物,人类天生是政治动物。国家是从家庭联合发展起来的,家庭是国家整体中的最小分子,但国家比家庭和个人更为重要。他从家庭的管理开始阐述他的经济思想。他把"家政管理"包括在政治学之内,作为政治学的组成部分之一,并比色诺芬更加精确地规定了"家政管理"的研究对象和任务。他认为"家政管理"包括两个内容,一是研究家庭成员中的"主与奴,夫与妻,双亲与子女"的关系,二是研究"生财之道"。进行家政管理要有专门的工具,财产是工具,"奴隶是工具,也是有生命的财产"。奴隶"天生不是属于他自己的,而是属于另一个人的",是一件所有物,因而可以把所有物界说为行为的工具,同所有人分开。在亚里士多德看来,世上有统治者与被统治者区分不仅必要而且有利。他是把奴隶制下的社会分工当作自然分工,用天生的人的差别(性别、种族、生理等)来论证奴隶制度的自然与合理:"因为人一生下来即已注定,有些是被统治者,有些是统治者。"③

亚里士多德提出生财之道有两种:一种是属于家务管理的一部分;一种

---

①②③ 《亚里士多德选集·政治学卷》,颜一编,中国人民大学出版社 1999 年版,第 39 页、第 40 页,第 12 页。

是"货殖",即追求货币增殖。前者是把大自然提供的生活资料安排好,积累对家庭具有使用价值的财富,取得这些财富是为满足消费,人的消费有一定限度,因而这种财富也是有限的,"是必要的,正当的",因为人如果不能获得必需品的供应,他就无法生活。后者的目的是增加货币,"人生的整个意义就在于无休止的积聚钱财",这种财富的追求是无限的,也是违反自然的,"应当受到谴责"。在这类活动中,"尤其可恶的是高利贷","因为这不是对金钱的自然使用,而是从金钱本身博取利得,""在生财的一切方式中,这是最不合乎自然的"。①"他谴责利息——在所有情况下他都看成'高利贷'——的理由是,货币只不过是交易的媒介,转手之间就增值是毫无道理的"②。亚里士多德在阐述"货殖"的产生过程时论述了正确的预期和"垄断"是"生财之道"的有效方法。他在《政治学》卷一中讲述过一个关于米利图斯人塞利兹和他的生财之道的轶事传说:"按照这个故事,说他精于占星术,还在冬季,他即已预知来年橄榄将获得特大丰收,因此把他一点有限的资金作为定钱,付给在奇奥斯和米利图斯地方的所有榨油坊。由于没有人同他竞争,租价很低,等到收获期间,需要榨油的人蜂拥而至,要向他转租。凭他讨什么价都愿照付,于是他满载而归。……他的生财方法是可以普遍运用的,说穿了不过是造成垄断地位。"③但亚里士多德对依靠垄断来获取钱财的方法是反对的。

亚里士多德在《伦理学》中讲到公平这一道德范畴时,还对商品的价值形式发表了天才的见解。他指出,5张床=1间屋和5张床=若干货币没有本质的不同,一种商品的价值可以通过任何别的一种商品(不论是物品或货币)来表现,床和屋之所以可以发生交换,是它们之间具有同一性。据此,他认为金属最适宜作为货币,因为金属货币能使商品成为同类或相等的。马克思认为"亚里士多德在商品的价值表现中发现了等同关系",这是"他的天才光辉"的"闪耀"④。熊彼特也认为亚里士多德是货币史上货币金属论的"最先为人所知的倡导人",与柏拉图的货币符号论代表了两个不同的方向,并予以较高的评价:"这些事实似乎使某些价值理论历史学家感到头痛的问题得到了解决。"⑤在《伦理学》中亚里士多德已把货币看作交换的媒介和价值的尺度,

---

①③ 《亚里士多德选集·政治学卷》,颜一编,中国人民大学出版社1999年版,第23—24页,第25页。
②⑤ 约瑟夫·熊彼特:《经济分析史》(第一卷),朱泱等译,商务印书馆1996年版,第104页,第98页。
④ 《马克思恩格斯全集》,第23卷,人民出版社1972年版,第75页。

"货币是一种媒介物或中间体,它可以衡量万事万物。尤其显著的是,它可以使有余和不足归于平衡,例如,若干双鞋相等于一幢房子或一餐饭。"⑥但对于决定这一价值尺度的标准是什么,他没有论述。他还把货币看作一种价值储藏的手段,认为"货币还有助于实现在将来进行交换的意图。货币对我们说来是一种保障,如果对于事物现在不需要,有了货币,待我们有需要时,就可以取得这一事物。一个人如果拥有货币,他就有权取得他所需要的事物。"熊彼特评论说:"十九世纪的教科书列举的货币的四种传统职能——第四种职能是作为延期支付的标准——有三种都可以追溯到亚里士多德那里。"⑦

第二节 从西塞罗到罗马法

从公元前2世纪到公元2世纪是古罗马的全盛时期。在社会经济形态上处于奴隶制经济时期。在经济思想上,古罗马的思想家们除继承了古希腊的许多经济思想之外,也提出了一些具有价值的经济思想观念,主要有哲学家西塞罗提出的自然法思想、罗马农学家提出的重农思想和提高效率以增加农业剩余的农业管理的思想、罗马法学家提出的经济法治化和契约观念。

一、西塞罗的自然法思想

西塞罗(前106—前43)是古希腊斯多噶学派在古罗马的最大传人,同时也是罗马共和国时期著名的政治家、演说家和哲学家。公元前75年,西塞罗担任西西里岛司法官,曾对时任西西里岛的总督盖尤斯·威勒斯的暴政提起公诉。40岁时担任罗马大法官,43岁时担任罗马执政官,曾居元老院之首。西方学者通常认为西塞罗在思想史上地位和影响在于他是沟通古希腊与欧洲中世纪乃至近代的桥梁。西塞罗的主要著作有《论共和国》《论义务》《论法律》等。

西塞罗在经济思想上的主要贡献是继承古希腊思想家对社会分工的论述,也涉及了国家的起源和财产制度等经济问题。西塞罗曾将色诺芬的《经济论》翻译成拉丁文,流传于罗马,并在自己的著作中重复了色诺芬的许多思想。西塞罗还讨论过商品的价格决定,认为物价的形成与人类的欲望有关,

---

⑥ 《亚里士多德全集》第8卷,苗力田主编,中国人民大学出版社1992年版,第104页。
⑦ 约瑟夫·熊彼特:《经济分析史》(第一卷),朱泱等译,商务印书馆1996年版,第101页。

注意到了价格和欲望、效用有关,认为在商品的交换中效用对交换价值的作用大小和效用的判断取决于人的欲望的强度,对亚当·斯密的经济学理论产生过很大影响的哈奇逊(1694—1764)认为自己的社会分工观点就是来自西塞罗。

西塞罗在经济思想史上的另一重要贡献是对古希腊自然法学说的介绍。西塞罗的思想渊源于古希腊的斯多葛学派。斯多葛学派认为人类社会存在着一种外在的至高无上的自然法,其效力远远超过人类所制定的任何法律。自然法是客观的、永恒的和普遍的。自然法是具有最高权威的总干,而各国法属于它的分支,它们都必须服从自然法的命令。西塞罗从斯多葛学派的自然法观念出发,提出法律就其本质而言,依据的不是某个统治者的专断意志,也不是多数人的意见,而来源于自然,是我们与生俱来,不通过学习就知晓的,它深植于我们的心中①。按照西塞罗的自然法观点,所有人在财产上都是平等的。在自然法观念的影响下,逐渐形成了罗马法。罗马法以个人权利为基础,确认了所有权的绝对性、排他性和永续性。正是基于这一对私有产权肯定的观念,他对当时罗马出现的"取消债务"运动表示了反对,认为投合民意而让债务人免除债务是对国家基础的颠覆,不尊重个人的财产权将会产生社会的混乱,也很不公正。同时,废除债务也是对社会和谐的破坏,是对公平原则的颠覆。西塞罗在《论共和国》中将国家公民间的关系比作家庭成员间的关系,认为家庭是公民政府的基础,首先有家庭关系,家庭扩大后又拆分另立家庭,从中又产生出新的血亲关系,如此代代繁衍和分离出新的家庭,国家才逐渐形成。他提出国家职能之一是保护人民的财产,人民是为数众多的、依据公认的法律和共同利益聚合起来的共同体。强调自由的个人与自然的秩序,这是西塞罗自然法思想对经济学哲学观念的贡献。马歇尔对这一观念对经济制度的深刻影响给予了客观的评价:"我们现在的经济制度中许多好的和坏的方面都可以间接地从罗马,特别是斯多葛派的影响中得到说明。一方面个人在处理自己事务方面的放任自由;另一方面,不容许在法律体系所确立的权利的掩护下有任何一点粗暴,而这是确定不移的,因为它的主要原则是公平合理的。"②熊彼特也给予了同样的评论:"自然法这一理想包含有这

---

① [古罗马]西塞罗:《论共和国 论法律》,王焕生译,中国政法大学出版社1997年版,第120页。
② [英]马歇尔:《经济学原理》(下卷),朱志泰、陈良璧译,商务印书馆1965年版,第381页。

样一个发现,即社会状况方面的事实——在最有利的情形之下唯一地——决定了事情发生的某种先后次序,即逻辑上一致的过程或状态,或者说,如果不干扰社会状态方面的事实,让他们自由发展,它们就会决定事情发生的某种先后次序。这是用现代术语表达自然法概念。"①

二、加图的重农思想

罗马帝国时期(公元前27年—公元395年)的公元前2世纪到公元1世纪间,还出现了许多论述农业问题的著作,主要的代表性人物有加图(公元前234—前149)。马尔库斯·波尔奇乌斯·加图是古罗马时代的政治活动家,又是一个经营农庄的大奴隶主。他的经济思想主要反映在《农业志》②一书中。加图生活在罗马奴隶制兴盛的时代,也是古罗马的军事扩张时期,大量战俘和奴隶被输往罗马,形成了以奴隶制大庄园为特点的奴隶制经济。加图的《农业志》主张农业商品化、专业化,力求实现以精耕细作为中心的集约化,以适应商品经济的要求,同时强调严格管理,监督劳动,减员节支以提高农业经济的效益以及增加农产品剩余诸经济问题,反映了这一时期奴隶制农业的特点。

在古代罗马,农业是经济的主导部门,大多数罗马人都居住在农村。罗马自古也就有崇尚农业的传统,农民在古罗马社会中发挥有重要的作用,他们是农业生产的主要耕作者、财政税收的主要承担者和军队士兵的主要来源。加图的著作就反映了重视农业这一传统。加图强调发展经济应以农为本,农业第一,商业第二,高利贷最不可取。他强调农业应是古罗马人最重要的职业、最纯洁最可靠的职业,能培养出最忠实和最坚强的战士。商人经商虽可赢利,但风险太大。高利贷则是最不光彩的职业,他援引古人的看法,认为"高利贷是比之盗贼尤为恶劣的公民"。为了达到增加收入的目的,加图提出庄园内的生产要使奴隶分别从事不同的业务(农夫、园工、驭夫、牧人、管库等),实行分工协作;在榨油、酿酒的生产过程中采摘工、压榨工、掌勺人、搬运工等要协同作业;庄园内应拥有一整套为生产该产品所必需的设备并使劳动者具备相应的技能和经验,还要保持一定面积的土地和一定数量奴隶之间的

---

① [美]约瑟夫·熊彼特:《经济分析史》(第一卷),朱泱等译,商务印书馆1996年版,第173页。
② On Agriculture,又译《论农业》,载 Loeb Classical Library(洛叶布丛书),中文版载《东北师范大学科学集刊》1957年第2期。以下引文未特别注明出处者,均同于此出。

合理比例。在《农业志》第六十四至六十七章分别描述了榨油过程中协同作业的情景：采摘橄榄、清除脏物、运到压榨场、压榨、舀油、滤渣、装坛、入窖。这一切都在监工的监视下进行。由于庄园经济具有一定的规模性，生产效率明显高于小农经济。加图还讨论了农场管理要注意几个方面：如庄园主要亲自参与管理，巡视庄园，监督并考核各类人员，奖勤罚惰；设立专门的管理人员，明确其职责；按地产规模的大小规定各类人员名额和各种生产资料的数量，以求最大限度地发挥人员和设备的效益；尽量减少开支，规定奴隶衣食的消费标准，裁减冗员，把生产成本减少到最低限度。他告诫说：除降低成本外，主人应乐于多卖而少买。还要注意园内农、林、牧、园艺各部门的合理布局，如路旁可栽植榆树白杨，方便牛羊有叶可食，湿洼地带可种植芦苇以供建筑和编织，芦苇周围可栽种希腊柳，利用其柔韧枝条来捆扎葡萄藤。他还强调要因地制宜地种植不同的作物，还讨论了诸如深耕、施肥、密植、选种、育苗、修剪等要领。这其中，他最强调的耕垦和施肥。加图认为通过以上措施可以提高生产效率，增加农产品的剩余。

随着古罗马商品经济的发展，农学家们开始趋向于把农业产品作为商品生产，进行商品交换。加图已意识到了发展农庄商品生产的必要性，提出要将农庄的地址选择在交通便利和有利于产品运销的地方，庄园内专门生产某一供应市场需要的农产品，在从事农产品的买卖时，出卖只限于剩余的产品，购买只限于本农庄不能生产的产品，还应遵循少买多卖的原则。他的这一思想成为若干世纪之后重商主义的座右铭。这说明他已经意识到了经营农业要把出售产品赚取利润作为出发点和目的。加图强调农庄的选址、确定作物种植种类、安排交通运输、产品加工，都着眼于销售和赢利。他从盈利的角度把地产分为九等，依次为葡萄园、灌溉良好的菜园、柳园、橄榄园、牧场、谷田、木材林地、树木园、橡树林。地产优劣的次序与当时农产品市场价格的高低次序排序一致，说明他是着眼于各种农产品市场价格和赢利能力来考虑的。

三、古罗马法学家的经济法治化和契约观念

罗马法兴起于罗马共和国时期的《十二铜表法》，繁荣于罗马帝国的形成时期。随着罗马奴隶制经济的发展，罗马法的内容也不断得到充实。公元2世纪中叶又确立了皇帝的立法权。在皇帝的立法活动不断加强的过程中，一个法学家派别也随之崛起，并拥有了公开解释法律的特权，大法官也往往充

当皇帝立法的助手。在之后的司法实践中罗马法不断日臻完善,对古罗马社会的商品货币经济的一切重要的法律关系,如买主和卖主、债权人和债务人、契约、债务等都作了明确的规定,并对后世的经济实践产生了重要的影响。例如,罗马法典成了后来特别是中世纪经济分析的出发点。古罗马的财产法和合同法后来还成了西方世界法律体系的主要依据。现代的公司学说也可以追溯到罗马法。

古罗马法学家的创新是确定了法律赋予权利的正式含义以及把法律看作捍卫权利的规则。古罗马法学家在经济思想上的贡献在于提出了私有财产及自由契约的观念,第一次用法的形式确立了私有财产的权利,使之与公有财产相区别。古罗马人早就具有狭义的个人财产的观念,古罗马法学家进一步提出以个人而不是家族为社会的单位,进而规定了个人的财产权利。这就确定了法律的作用在于为公民私人的行为设立了准则,法律除维持社会的秩序外还要保护私人的利益和权利。

在罗马法中提出法人概念是古罗马人的一大理论贡献。法人可以是个人,私人财产就可以从家庭或氏族中分离出来,个人也就可以通过契约的方式自由地处理属于自己的财产。罗马法学家强调"法"的"正义"性质,而所谓"正义是给予每个人他应得的部分的这种坚定而恒久的愿望"①。个人"应得的部分"在罗马法里的表述就是"权利"这一概念。也正是在这一意义上,古罗马法学家把法学定义为是关于神和人的事物的知识,是关于正义和非正义的科学,明确把法定义为正义和权利的规则,这就是说法律的宗旨是确定权利和保护权利,权利是法律所确认和维护的利益。罗马法中所确立的私有财产制度和自由契约制度对之后近现代资本主义市场经济制度有重要的影响。古罗马法学家在此基础上还制定了法人团体的原则,依据这一原则,法人团体的财产必须与个人财产相区别。这样一来,即使法人所有者不断变更,法人团体及其财产可以保持不变。这一思想,成为现代公司制度的重要理论来源。

古罗马法学家还对买卖价格、货币的本质以及利率等经济问题进行了探讨。他们在分析价格时总是以两个交换者的个人的讨价还价作为研究对象,从法律的角度去研究交换参与者是否存在欺诈的意图。罗马法中也提出过

---

① [古罗马]查士丁尼:《法学总论——法学阶梯》,张企泰译,商务印书馆1989年版,第5页。

"公平价格"的概念,意指不受市场变动影响的价格,这个价格也被称为"通行的价格",大多数从事交换的人都是按照这个价格进行买卖交易的,这一观念对后来中世纪公平价格的概念产生有重要的影响。对于货币的本质,他们认为货币主要是由法律创造的,是一种交易的媒介,货币之所以获得它的合理性是因为国家的认可,而不在于它的本质,因而具有一种货币名目论的倾向。他们强调必须把货币与一般财物区分开来,认为货币不是财富,因而在古罗马早期的法律中,贷出货币收取利息是被完全禁止的。但随着商品货币关系的发展,尤其是《十二铜表法》制定之后,利息逐渐被接受,但严禁重利,并以法律的形式加以规定。再往后,随着古罗马领地的扩张和借贷范围的扩大,利息率被允许在一定范围内浮动。

古罗马人法学理论上超越古希腊人的伟大之处是强调法律的权利与公民的利益密不可分。古希腊的政治哲学家虽然也谈法律的理性和正义,但他们仅仅是局限于道德的意义上来揭示理性和正义的内涵,古罗马的法学家则将理性和正义与公民的世俗利益结合了起来,形成了权利的概念。这正如当代美国著名法学家庞德所强调的:"古希腊哲学家们并不议论权利问题,这是事实。他们议论的是,什么是正当的或什么是正义的。但是古罗马人却以法律,即政治组织社会的强力的系统适用,来支持凡是正当的或正义的事情,而这就引到权利的观念上来了。"①市场经济制度的本质就是法制基础上的自由契约的权利的经济。古罗马法学家在这些问题上所提出的观念见解,对后世乃至今天产生有积极的影响。从法制史的角度来说,大陆法系国家和英美法系国家都感受到了古罗马财产权利和契约法律观念的影响,并且成了西方世界一切法律体系的支柱,它至今仍是现代权利概念特别是个人权利概念直接的来源。

第三节 中世纪的经济思想

西欧的封建制度存在于公元 5 世纪到 17 世纪中叶,基督教教会的经济思想占据主导地位。当时整个社会意识形态领域都由宗教神学观点所支配,哲学、政治学、经济思想都有神学性质,其学说均出自"经院学派",由教会垄

---

① [美]罗·庞德:《通过法律的社会控制法律的任务》,沈宗灵等译,商务印书馆 1984 年版,第 44 页。

断。从5—15世纪,即封建社会早期和兴盛时期,经院学派学说占据统治地位。

一、早期基督教的经济思想

基督教形成于公元1世纪上半叶,这个时期也是古罗马晚期从古代向中世纪过渡的时期。

基督教最先出现在当时属于罗马帝国叙利亚行省的巴勒斯坦,创始人是生于巴勒斯坦的拿撒勒人耶稣。基督教因袭了早期犹太教的某些教义,强调一神教"一个上帝"的观念。在早期基督教教会中,教徒绝大部分是奴隶和下层劳动人民。教会主张财产公有、人人平等,强调博爱的价值观,反映了下层劳动人民的利益和愿望,因而得以流行。基督教创立后,很快传播到了罗马帝国的其他地区。公元313年,皇帝君士坦丁发布《米兰敕令》,准许基督教同其他宗教一样享有信仰的自由。公元380年,东罗马帝国狄奥多西皇帝一世(379—395年在位)下令,除基督教外,禁止各种异端教派。公元382年,西罗马皇帝格拉先发布命令,强令帝国西部的宗教事务由罗马主教管辖。从此,基督教成了与罗马帝国政权相结合的官方宗教,取得了意识形态领域的统治地位。

作为基督教经典的《圣经》,由《旧约》和《新约》两部分组成。《旧约》所记的时间约为公元前2500—前1500年,《新约》所记的时间是从耶稣诞生至公元2世纪。《圣经》除神学内容外还记述了诸如对财产、劳动、商业和贸易等的看法,并对此后中世纪经院哲学的经济思想产生有很大的影响。

就经济思想而言,《新约》主张财产公有,永久占有土地为《旧约》所禁止,土地不应被视为私人财产。土地的外姓异化也是被禁止的,除非得到所有家庭成员的同意,否则不允许出卖。早期的基督教作家都强烈谴责财富以及财产的私有,他们把财产的私有描述为是对上帝经济的偏离。上帝的经济规定应共同分享。高利贷也为早期《圣经》所禁止。但随着教会的发展,教会需有自己的组织,也就需要有一定的物质基础来支撑。在《新约》中经济的观念已有所变化,如对经商盈利采取了肯定的态度。《圣经》肯定经商贸易,并对从事贸易的人们之间的行为准则有详尽的规定,但任何形式的欺诈和不诚实则被《圣经》所不允。《圣经》强调度量衡必须符合标准,法规视抬高市价以牟利者与盘剥重利和伪造度量衡者同罪;饥荒年代不允许囤积粮食;要保证市场交易价格的公允。公平价格问题成为之后中世纪教会学者讨论研究最多的课题。《马太福音》和《路加福音》讲的这个仆人穷者更穷、富者更富的故事,已被现代经济学家称之为"马太效应"。

奥古斯丁(354—430)是早期基督教的重要思想家,此时的西罗马帝国已趋近于灭亡,属于后期教父,也是对后世最具权威性的拉丁教父。他的经济思想反映了由奴隶制生产方式向封建制生产方式过渡时期奴隶主和教会的经济利益和要求。

奥古斯丁之前,早期教会作家对私有财产的看法都是因袭《圣经》的观念,主张财富的共有,人作为兄弟应加以均分。私有财产来自人有缺陷的天性,是导致冲突和纷争的根源。私有财产不论获得的手段是否合法,或是继承所得,都应该受到谴责。富人只能将其财产分散给穷人才能得到救赎,否则既伤害了自己,也伤害了他人。奥古斯丁一方面继承早期教会作家的这些看法,强调财富是上帝的礼物,私有财产要为各种罪恶如不和、战争、非正义等负责。信徒应该远离私有财产,至少应该回避对财产的爱恋。但随着罗马晚期奴隶制向封建中世纪的转变以及教会经济利益的需要,他对私有财产的态度有所改变。他虽肯定私有财产有许多缺点,但并不主张废除私有财产制度。对于广大的信徒而言,不是实行公共财产制度,而是需要慷慨和馈赠。在奥古斯丁这里,私有财产开始得到容忍。奥古斯丁在回答抱怨皇帝把他们的财产充公的异教徒时说得很清楚,私有财产是人权的产物,不应被没收:"根据神权,大地及由它产生的一切都是上帝的。"但根据人权,人说这财产是我的,这房子是我的,这仆人是我的。因此,根据人权就是根据帝权。因为上帝是通过世界上的帝王分配给人类的恰恰是这些人权[①]。奥古斯丁在这里所提出的作为人权的财产权依附于神权,是上帝将个人财产的所有权通过现实世界的帝王而分配给人类的经济观念,将神权和人权做了清楚的区分,被中世纪托马斯·阿奎那做了进一步的发展,最终从理论上完成了从基督教教义的角度论证了私有财产的合法性问题。

奥古斯丁还提出过主观价值论和"公平价格"的观念。对于主观价值论,他在《上帝之城》中提出物品的价值和欲望有关,而人的欲望是由每个人决定的,具有很强的主观性:"在每种东西上都有与其应用成比例的不同的价值系列,最

---

① 引自[美]亨利·威廉·斯皮格尔:《经济思想的成长》,晏智杰等译,中国社会科学出版社1999年版,第39页。

常见的情况是一匹马比一个奴隶贵,或者一件珠宝比一个女仆贵。由于每个人都有随自己的意愿形成看法的能力,在一个确实需要某物的人的选择和一个仅仅为了快乐而热切期望获得一物的人的选择之间是极少一致的。"①公平价格这个概念最早出现在罗马法和罗马法学家的著作中,本意是指某个时期内不受市场变动影响的价格,大多数人都是按照这个价格进行买卖交易。公平价格实际上是平均价格,是与价值相符合的价格。奥古斯丁论述公平价格说:我知道有这样的人,"有人卖给他一份手稿,索价远低于手稿应值的价钱,他没有占卖主不懂行的便宜,仍将公道的价钱付给卖主。"②他的这一"公平价格"的观念对后世的基督教神学家托马斯·阿奎那讨论市场价格时有一定的影响。

二、阿奎那的经济思想

托马斯·阿奎那(1225—1274)是经院学派经济思想的代表性人物,作为当时神权政治的代言人,他的思想对后世产生极大的影响。他根据基督教教义和早期教会作家的思想以及亚里士多德的学说创立了自己的神学理论,著有《神学大全》等著作,是中世纪经院学说的集大成者。他的经济思想主要论及了私有财产制度、公平价格、货币、商业、利息等问题,这些问题构成了中世纪经济思想的核心。

阿奎那之前的神学家们一直坚持基督教的早期观点,认为一切来自上帝,只有共同占有财产才是最理想的财产占有形式,财产的私有制是社会不平等的结果。到了阿奎那生活的十三世纪,这是欧洲封建社会的鼎盛时期,也是天主教教会的统治达到的极盛时期。当时自然经济虽占有优势,但随着城市的出现和发展,商业渐趋繁荣,自然经济和商品经济的矛盾已相当突出。例如,随着封建社会经济的发展和商品货币关系的扩大进入市场交换的商品种类越来越多,商业的盈利意识和宗教神学伦理观念必然会发生矛盾和冲突。这种矛盾和冲突具体就表现在:一方面按照基督教教教义把全身心奉献给上帝的人要对他人忠诚,禁止为追求财富利润对他人进行欺骗;但另一方面想要在市场交换中赚取盈利又必须在经营策略上多变以战胜对方,博弈中

---

① 引自[美]小罗伯特·B.埃克伦德等:《经济理论和方法史》,杨玉生等译,中国人民大学出版社 2001 年版,第 21 页。
② [英]蒙哥马利:《奥古斯丁》,于海等译,中国社会科学出版社 1992 年版,第 223 页。

就不可避免地会产生道德的两难,何况教会本身也拥有大量财产。除此之外,诸如财富的分配、商品和货币、价格和价值、利息与高利贷等诸多经济范畴也都需要从宗教神学教义的角度去进行辨惑解疑。阿奎那的理论贡献就是完成了这一任务,站在宗教神学的立场上试图从调和宗教伦理与世俗经济矛盾的角度对上述诸多问题给予解答,立足点是依据基督教神学的教义去辨析经济现象的是非判断,调和两者间的矛盾。

对于私有财产制度,阿奎那认为这是人的理性创造的,出自上帝的意志,并不违背自然法。他说:"正像人生下来本来是赤身露体的,自然没有为他提供衣服,衣服是人自己创造的⋯⋯私有权和地役权也都不是自然所规定的,它们是人类的理性为了人类的生活而采用的办法。在这种情况下,自然法不是有所改变,而是有所增益。"①他提出私有制有利于人们之间的和平相处,公有制则易于诱发人们之间发生纠纷:"只有在那些联合地和共同地占有某种东西的人们中间,往往最容易发生纠纷。"这显然是来自对亚里士多德思想的继承。

阿奎那在财产权问题上一方面认可世俗社会个人应当拥有私有财产权,但同时强调富者应该将财富赠予穷人才是至善的结果,如对饥饿要死的人要给他吃,如你不这样做,他的死亡就是你的罪过。并认为这有助于缓解社会分配的巨大不公。很明显,阿奎那的财富观是着眼于站在维护基督教国家和社会稳定的立场来立论的,并尽可能将自己的思想与传统的基督教教义结合起来。阿奎那的财富观对之后的路德宗教改革产生有重要的影响,并为路德创造的新教继承,为世俗的牟利活动打开了一扇大门。

"公平价格"学说是阿奎那的主要经济思想,也是经院学派的商品价格理论。什么是"公平价格"?"公平价格"一语最早出现于罗马法中,在经济思想史上最早是由早期基督教思想家奥古斯丁提出,后由中世纪著名神学家、阿奎那的老师亚尔贝兹·马格努(1193?—1280)最先作了深入论述。马格努认为"公平价格"是与物品生产上耗费的劳动相等的价格。按照劳动耗费比例进行交换,双方都不吃亏,所以是公平的。他坚持认为,按照经济秩序,产品是依据同劳动的关系来测量的。更一般地讲,他归结为"劳动和花费",同时提到了成本的这两种因素。他注意到如果市场价格低于生产成本,生产最

---

① 托马斯·阿奎那:《神学大全》第 2 部分之 1 第 94 题第 5 条。以下引文未注明出处均引自《神学大全》。

终就会停止。阿奎那接受了这一观点,承认"公平价格"是与劳动耗费量相符合的价格,这就承认劳动耗费是公平交换的依据,可以视作是劳动价值论在历史上的思想渊源之一。但对"公平价格"他又作了许多新的解释。第一,他把"公平价格"同封建等级联系起来,认为公平价格是与卖主的等级地位相应的价格,物品的出卖应使卖主获得"相当于他的等级地位的生活条件",这样的价格才是"公平价格"。因此同一物品由不同等级的人按不同价格出卖也是公平的。第二,阿奎那还把"公平价格"看作一种主观范畴,认为"公平价格"取决于人们从物品所得到的利益大小,这又取决于人们对物品效用的评价:"可售物品的价格并不以它们的自然等级为依据,而是以它们对人的有用性为依据。"由于不同场合人们对物品效用评价不同,因此价格在不同场合高一些、低一些都是公平的。这实际上已提出了效用决定价格的观点,开了以后效用价值论的先河。第三,他还从供求关系来解释"公平价格",认为由于供求数量的变动而决定的价格变动也是公平的。

关于商品货币关系,阿奎那认为货币是由商品交换产生的,是人所发明的工具,人们发明它是为了"供人类使用的物品的价值是用给它定的价格来衡量的。而为了这种目的,货币就被发明出来了"。因此,货币是人们有意识活动的结果。关于货币的价值,阿奎那一方面认为货币的价值可以由人的主观意志决定,统治者有铸造货币和规定货币购买力的权力,所以货币价值可以是一种君主给予的"指定价值";另一方面又认为货币应有确定的重量和稳定的内在价值。据其前一种观点,货币价值纯属想象的,有货币名目论的倾向,能为统治者贬损铸币、降低货币成色辩解;据后一种观点,货币应是一种商品,应成为未来财富的担保,成为衡量物品价值的可靠尺度。货币价值尺度的稳定性一旦丧失,对商业是一种危险。因此,国家在改铸货币量成分时要适度。在商业上,他一方面同意早期教会作家关于商业和赚钱是一种罪恶的说法,把商业看成是卑鄙的行业;另一方面又对商业及其利润进行辩解,认为贱买贵卖的商业活动是合法的,"献身于交换商品的活动是商人的职责",但应诚信经营,认为从事商业活动承受了风险,所以商业利润也是"劳动的报酬",是合理的。对于放债取息,他既认为放债取利是罪恶,但又认为如果借出货币会蒙受损失,冒丧失本金之险,也应取得利息作为报酬,"高利贷是作为遵守法律的一种报酬而被允许的。"

阿奎那允许高利贷存在的思想,到了16世纪时莫利诺斯(1500—1566)

作了进一步的发展。莫利诺斯在1546年发表了《论契约与高利贷》,明确肯定高利贷行为是一种符合《圣经》教义的行为,他说:"事情很清楚,一方答应帮助,从他自己所拥有的资金中给以一笔贷款,另一方则从由此得来的利益中拨出一部分,用以酬报这位协助者,事实上他并没有因此遭受任何损失。因此,作为一个债权人,当他所受的超过他的本金时,他这样做是合理合法的。"①他还从正面论证了放债取息的合理合法之处,认为双方自愿的借贷行为并未违反《圣经》规定的仁爱之旨,反倒是以互爱为出发点的。因为债权人答应帮助债务人,从自身资金中给出一笔贷款供债务人使用,而债务人则答应从使用这笔资金中所获取的收益中拿出一部分酬答债权人,双方均未因此而遭受损失,相反双方尤其是债务人还将获得无此借贷行为便不可能获取的利益。他的结论是:对高利贷要在一定程度上加以容忍和保留,但同时也应当用制度来加以节制或约束。

三、奥雷斯姆对货币贬值的批判

中世纪的后半期,随着商品货币经济的发展,封建君主把货币看成是一种价值计量的符号,是国家法律的创造物,为了弥补财政开支的不足往往通过改变货币重量和成色的办法滥发货币,结果导致了严重的货币贬值。货币贬值一方面损害了社会各阶层的利益;另一方面,也造成了通货膨胀。货币贬值一直困扰了西欧各国达数百年之久。14世纪,这种货币贬值的情况尤以法国为甚。奥雷斯姆(1320—1382)反对货币贬值的思想就是在这一背景下提出来的。

尼科尔·奥雷斯姆是14世纪法国最著名的教士之一,生于卡昂,早年到巴黎求学,1356年获纳瓦尔大学硕士学位,1362年任鲁昂学院院长,1377年任利泽尔地区主教,直至去世。在1360年前后奥雷斯姆完成了一部专论论述货币问题的著作——《论货币的最初发明》,被熊彼特誉为"是第一本专门讨论某一经济问题的专著"②。奥雷斯姆在这本专门讨论货币问题的著作中论述了货币的起源、性质及流通规律,讨论了货币的铸材等问题。奥雷斯姆

---

① [美]A·E·门罗:《早期经济思想——亚当·斯密以前的经济文献选集》,蔡受百等译,商务印书馆1985年版,第94页。
② [美]约瑟夫·熊彼特:《经济分析史》(第一卷),朱泱等译,商务印书馆1996年版,第148—149页。

货币思想的最大特点是历数通货膨胀的危害,严斥国家滥发货币不负责任的行为及其所带来的危害。

奥雷斯姆提出,货币是为了解决物物交换存在的困难逐渐产生发展起来的,"借助于这个手段,对于那些自然财富,彼此之间就可以进行衡量和交换,从而使人们可以极其方便地获得其必需品的供应。"①他强调货币的发明和使用对于现实经济是不可缺少的。货币的职能主要是交换自然财富的一种手段,所以应当便于接受和携带,还要便于使用时只需以其较小的部分就可以购买或交换自然财富的较大数量。符合这一条件要求只有贵金属,因此黄金之类的贵金属是铸造货币最合适的材料。如果黄金数量不够,可用白银。只有在无法获得足够的黄金和白银时,才可以考虑使用其他贵金属和贱金属混杂的合金来铸造货币,但这种货币仅限于小面额,即所谓"贱质币"。这已有些类似于今天的本位币和辅币的概念:用黄金来铸造大面额的本位币,用合金来铸造小面额的辅币。奥雷斯姆的货币理论中已有了货币是商品、是价值尺度的观念。从现今货币理论的观点看,奥雷斯姆的货币理论属于货币金属论的范畴,即认为货币本身是财富,本身应具有的自己的价值。

货币金属论的一大特点是反对不足值货币的铸造和流通。奥雷斯姆在理论上是货币金属论者,他认同亚里士多德的观点,强调关于货币的比率或价格在任何情况下都不容改动。他提出除非货币在流通中磨损过大,或者外国低值货币的流通严重影响了本国的币值时;或者充当货币材料的黄金和白银的相对价值发生了变动时,才可以收回旧币另行铸造新币。但这种改变必须限制在合理的范围之内,还要防止君主通过改变货币制度行使对人民财富的掠夺。他把国王任意改变货币制度的行为分成以下几种形式:在形式和印记上,在各种金属之间的比率上,在价格和名称上,在体积和重量上,或在材料的质量上。为了防止暴君改变货币的材料和重量,他建议应由社团在公共场合一处或多处明白公布标准铸币的标准成分,以防止国王或其他人擅自改变货币的成分。

奥雷斯姆分析说君主从货币贬值中获取的收益恰恰是社会的损失。用不断更改货币制度的办法,君主就能不知不觉地从他的臣民那里抽走几乎所有的财富并把他们变为奴隶。从货币更改或贬值中君主获取的利益是不正

---

① [美]A·E·门罗:《早期经济思想——亚当·斯密以前的经济文献选集》,蔡受百等译,商务印书馆1985年版,第73页。

当的,其危害是严重的。首先,货币贬值一定会损害君主的信誉,"作为一位国王,如果降低附有他自己图像的货币的重量或成色,还有谁信任他?……度量的标准是专用以体现公正这一概念的,如果在这上面弄虚作假,还有什么比此更恶劣的罪行?"①其次,国王通过改革货币以牟利,其后果一定会影响货币职能的实施和货币制度的混乱。因为货币价值的不稳定,人们不愿意使用货币进行交易,货币的交易媒介职能便无法实施。第三,在发生货币贬值的国家,商品买卖会陷于混乱状态,商人和手工业者在彼此之间做交易时将不知如何适从,对外和对内的贸易就会阻塞,一定会影响工商业经济的正常活动。货币贬值还会导致债权人的利益受损,影响货币安全地贷放给他人。货币制度的随意改变或贬值,还会鼓励投机,使得交换货币的人、银行家、金块交易商等投机家有利可图,而其他应得到报偿的社会大众却可能利益受损,更加贫困化,对整个社会团体来说都将是莫大的损害。他揭露了国王往往把其个人的利益冒充为全体人民的利益,表达了对国家通过货币贬值干预经济的愤怒:"专制君主往往会伪称他是用这项所得为大众谋利益,这种说法并不足信;根据同样的理由,他也可以把我的大衣或别的什么拿走,说他需要这个,是为了大众的福利……如果国王有权通过对货币一次单纯的改革而取得利益,他也可以以同样理由来一次更大的改革,取得更大的利益,进而一试再试,从而以多样性的改革取得无穷的利益……于是借助于这个方法,总有一天会吸尽几乎全部的民脂民膏,从而使庶民沦为奴隶状态。"②奥雷斯姆对国家通过货币贬值来掠取民间财富的批判和分析,即使今天看来也是深刻而具有启示意义的。在他对国家通过货币贬值的批判中还透露出一些新的思想萌芽,即国家的货币发行权应该有所监督!货币贬值就是向社会大众征税,这种征税应该有所限制!这些问题都是至今仍在困惑我们的现实问题。

关　键　词

经济论　理想国　自然法　公平价格

---

① [美]A·E·门罗:《早期经济思想——亚当·斯密以前的经济文献选集》,蔡受百等译,商务印书馆1985年版,第82页。
② 同上书,第84页。

思 考 题

1. 简述从色诺芬到亚里士多德经济思想的演变。
2. 简述西塞罗自然法思想的理论贡献。
3. 简述罗马法学家的经济法治化和契约观念及理论贡献。
4. 简述早期经基督教经济思想的主要内容与特点。
5. 托马斯·阿奎那对"公平价格"有哪些说法?
6. 简评托马斯·阿奎那经济思想的特点。
7. 简评奥雷斯姆对货币贬值的批判。

第二章
重商主义

本章学习要求：本章阐述了重商主义在西欧的发展及其基本思想观点。重商主义把研究对象转到商品货币经济，特别是对外贸易上，提出了重商主义的理论。因西欧各国国情不同，重商主义在西欧不同国家又表现出不同特点。本章学习要求掌握重商主义的基本观点，熟悉早期重商主义和晚期重商主义的思想联系与区别，掌握重商主义在英国、法国和德国的不同特点，认识配第在价值理论、分配理论和货币理论等方面的成就以及对古典经济学的影响。

重商主义产生于15世纪末至17世纪中期。重商主义一词在重商主义存在和流行的二百多年间并未出现，最早是由重农学派的米拉波（Mirabeau）在1763年创造的，赋予该名词以确切含义的是亚当·斯密。斯密在他的《国富论》第四篇"论政治经济学体系"的引言中第一次将重商主义作为同重农学派相对照的一种经济思想体系加以批判论述，他当时称重商主义为"商业体系"或"商人体系"。斯密之后，"重商主义"的提法才逐渐流行起来。重商主义是西欧封建制度解体和资本主义生产关系产生时期资产阶级最早的经济思想，代表了资本原始积累时期商业资产阶级的利益。重商主义产生和发展的历史条件，主要是15世纪末、16世纪初的地理大发现，进一步扩大了世界市场，促进了商业、航海业和手工业的发展，加速了资本原始积累，促进了封建生产方式解体和资本主义经济关系的发展，为重商主义的产生、发展奠定了经济基础。在政治上，当时西欧国家处于封建王权和封建领主割据统治下，而商业资本的发展要求建立统一的中央集权国家，消除割据，封建国王为了削弱封建领主的力量，加强自己的权力，维持庞大的军队和豪华的宫廷生活，也需要大量货币和商业资本的支持,因而实行重商主义的政策。重商主义之后逐渐为古典政治经济学所取代。

重商主义在西欧各国各有特点。英国虽然不是最早出现重商主义的国家,但却是重商主义理论最为发达且重商主义政策最为成功的国家。除英国外,重商主义在法国和德国等也有不同程度的发展。

第一节 重商主义在英国的发展

重商主义最早产生于意大利,之后相继出现在西欧其他国家。重商主义在英法两国的发展最为充分。西欧重商主义的发展经历了早期重商主义和晚期重商主义两个阶段。

一、重商主义发展的两个阶段

早期重商主义约从15世纪到16世纪中叶,晚期重商主义从16世纪下半期到17世纪中叶。早期和晚期重商主义的经济思想,都是以流通过程为研究中心,以商业资本的运动为研究对象,其基本观点也是一致的。共同点是:在社会财富观念上,重商主义者一致认为货币(金、银)是最好的财富,把货币的多寡视为衡量财富富裕程度的标准;在财富来源上,认为财富的源泉主要是在流通领域,即认为商业是获得货币财富的唯一源泉,只有对外贸易才能为一国带来真正的利润,强调对外贸易的原则应是少买多卖,实现外贸顺差、出超,金银才能大量不断流入本国;在经济政策上,要使国家富强就必须实行国家干预,包括通过免税手段、配额手段、行政管理以及汇率手段来保护和发展本国的制造业,防止外来制造品的竞争;奖励增加人口,认为人口增加不仅能提供为保护国家荣誉和财富而战斗的士兵和水手,还能够保证劳动力的充足供应从而保持较低的工资水平。因此,他们主张限制人口外流,鼓励外国人口、特别是拥有熟练手艺和科学技术的人才移入本国。

早期和晚期重商主义的区别主要在于对获取货币财富的方法以及对货币的态度、认识不同。在获取货币财富的方法上,早期重商主义主张国家以行政手段禁止货币外流,禁止金银出口,鼓励吸收外国货币,通过对外贸易的少买多卖,使本国货币增加,将货币贮藏于国内;晚期重商主义主张国家应允许货币输出国外,扩大对外国商品的购买,加工后再输出,或发展转口贸易,但必须保证把更多的货币运回国内,即保证外贸出超。早期重商主义主张每一次对外贸易都须出超,晚期重商主义认为只要贸易总额出超,保证本国货币财富的增加,在一定时期或对一定地区出现外贸逆差,也是可以允许的。在对货币的态度上,早期重商主义主要是把货币看作贮藏手段,即以贮藏货币形式积累财富;晚期重商主义则把货币看作在运动中增殖自身的手段,看作货币资本,主张把货币投入流通以带来更多的货币,认为只有把货币投入流通中才能获得货币的增值,把货币贮藏起来不能增加货币。马克思把早期重商主义叫做货币差额论或货币主义,把晚期重商主义叫做贸易差额论或真正的重商主义。早期和晚期重商主义对生产的态度也不同,早期重商主义往往忽视生产,晚期重商主义则比较重视生产,强调发展本国商品生产是发展对外贸易的重要基础,所以晚期重商主义又称为重工主义。

二、英国重商主义的主要代表人物与观点

英国重商主义的早期代表人物是约翰·海尔斯(？—1571)和马林斯(著述全盛时期在1586—1641)。海尔斯是苏格兰的一位绅士,其主要著作《英吉利王国公共福利对话集》(本书被认为是海尔斯和威廉·斯塔福特共同创作出版的),论述了保持和增加英国货币、积累货币财富的措施和主张,提出少输入、多输出,尽量将货币保藏在英国而不使流向国外。此书的写作背景是英国的圈地运动正处于高潮,大量贵金属从美洲流向欧洲。海尔斯对重商主义的理论贡献表现为首次对早期重商主义的基本原则进行了陈述,提出对外贸易中要遵守"向外国人的购买不要多于向他们出售的"的原则,反对金银出口,强调英国应尽量多输出少输入,以增加货币流入。马林斯是一位精明和成功的商人,也是政府在外汇和贸易方面的顾问。他的著述颇丰,代表作有《论英国公共福利的祸根》等。他在重商主义发展史上的地位在于对货币、尤其是外汇管理的关注和论述。他认为17世纪英国经济的混乱和衰退的主要原因是货币、尤其是外汇的管理不当,他提出重金主义的政策,主张国家应禁止金银出口,严格加强对外贸和外汇交易的管理,在借贷、外汇和货物进出口三个领域进行政府干预。马林斯坚持认为应将经营外汇的权力重新全部收回到政府手中,取缔私人经营,依据平衡率原则,依据各国货币的重量、成色和价值来确定外汇率。

英国晚期的重商主义形成于17世纪20年代的大论战,当时在对以马林

斯为代表的重金主义的批评中,提出了他们的贸易差额论,主要代表人物是托马斯·孟(1571—1641)。他出身于商人世家,继承父业成为一名大商人,1615年起出任英国东印度公司董事,同时担任政府贸易委员会成员。主要著作有《论英国与东印度公司的贸易》(1621),1630年他改写此书并更名为《英国得自对外贸易的财富》,1664年在他去世23年后由其子出版。马克思称赞该书是重商主义具有划时代意义的著作,"在100年之内一直是重商主义的福音书"①。

  托马斯·孟所处的年代,英国资本主义经济已有了进一步的发展,对早期重商主义时期国家的货币制度和政策限制,他深感有突破的必要。东印度公司在英国对外贸易中较早地取得了国家的特许,允许该公司每艘船出航一次可以出口一定数量的金银货币,但要求必须在一定时间内再进口相同数量的金银。然而这些做法遭到了早期重商主义者的攻击。托马斯·孟在上述著作中针对当时对东印度公司的抱怨、反对和斥责,进行了驳斥,阐述了晚期重商主义的观点和主张。他首先把早期重商主义的财富观念扩大了,把财富分为自然财富和人为财富,自然财富是指人们能够从自用品和必需品中节省下来而输出到国外的财富,人为财富是指工业品和我们勤勤恳恳用外国商品经营贸易而来的财富,同时强调物质财富与货币财富同样重要,这就与过于重视货币财富的早期重商主义不同。托马斯·孟极力推崇商品贸易尤其是对外贸易的重要意义,强调贸易顺差是国家的致富之路,国家致富必须依靠商人掌握的贸易秘诀才行。《英国得自对外贸易的财富》一书的副标题是"对外贸易是我们富裕的尺度"恰当地表述了全书的核心观点,他写道"对外贸易是增加我们的财富和现金的通常手段,在这一点上我们必须时时谨守着一原则:在价值上,每年卖给外国人的货物,必须比我们消费他们的为多"②。他强调那些极力使出口超过进口,并且尽量少使用外国产品的国家都是这样繁荣起来的。对于像英国这样缺乏金银矿藏的国家,贸易顺差更是国家致富的唯一手段。他详细地阐述了增进贸易顺差的种种手段,包括加工制造国外市场需要的商品、使用英国船只运送出口货物、给使用外国原材料制成的工业品出口免税待遇、降低国内商品出口关税率,等等。他还编制了贸易平衡表,主张从贸易的个别平衡转向普遍的贸易平衡。他反对早期重商主义只强调

---

① 《马克思恩格斯选集》第3卷,人民出版社1995年版,第577页。
② 托马斯·孟:《英国得自对外贸易的财富》,袁南宇译,商务印书馆1965年版,第4页。

每次个别贸易的出超,而强调从贸易全局来考虑贸易的平衡,最终目的是使国家实现整体上的贸易顺差。为此,他反对重金主义,要求政府取消禁止货币输出的早期法令,允许货币输出,提出"货币产生贸易,贸易增多货币"①的货币差额论。他认为,如果将货币保留在国内,就无法较快地扩大对外贸易。一国如果将货币都存储在国内,不仅不会增加财富,还会导致国内物价上涨,从而引起出口衰退。他主张应将货币投放到自然财富和人为财富的生产中去,加速贸易的流转:"有种说法也是不对的,以为金钱就是贸易的生命,好像没有了金钱,贸易就不能存在似的;因为我们知道当世界上还只有少量的钱币在流通的时候,就已有了交换或以货换货的大规模贸易了。意大利和别的一些国家的人们,对于缺乏现金都有补救的办法……他们使用转账的办法……每天就可以毫不费力和满意地将数目非常大的款项转账,同时,在适当的时候,还可以将构成这种信贷的基础的大量现金作为商品,用之于对外贸易……所以我们要促成一种加快和加大的贸易,并不是要将金钱都保存在王国之内,而是要使外国需要和使用我们的货物,同时使我们对于它们的商品的需要能够促进各方的吐出和吸进。"②他还是一个货币金属论者,反对货币贬值,强调铸币的重量和成色不应该随意改变,认为那种用降低货币含金量的来提高货币名义价值的办法既不能增加国家的现金财富,也不能防止现金的输出。从鼓励商品输出的角度出发,他强调增加人口和提高技艺对财富增加和经济增长的重要,强调财富源于"在我们的大自然上加以技艺,在我们的自然资源上施加劳动"③,"在人口众多和技艺高超的地方,一定是商业繁荣和国家富庶的"④。这一重工主义和奖励人口的理论,反映了英国资本主义工场手工业发展的需要。

第二节 西欧其他国家的重商主义

除英国之外,重商主义在西欧其他国家也获得了不同程度的发展,由于各国国情不同,重商主义在各国也表现出不同的特点。在法国,早期重商主

---

① 托马斯·孟:《英国得自对外贸易的财富》,袁南宇译,商务印书馆1965年版,第14页。
② 同上书,第16页。
③ 同上书,第73页。
④ 同上书,第12页。

义的代表是让·博丹(1530—1596)和孟轲列钦(1575—1621),晚期重商主义是柯尔贝尔(1619—1683)。重商主义在德奥被发展成官方学,尤斯蒂是其主要的代表性人物。

一、法国的重商主义

法国重商主义不如英国重商主义的理论色彩浓厚,其明显特点是与国家政权相结合,常以政府经济政策和法令的面貌出现。让·博丹是16世纪法国著名的政治理论家,主要著作有《国家论》(1576)和《研究历史的捷径》(1566)。针对西欧各国16世纪普遍出现的物价上涨,博丹提出物价上涨的主要原因是美洲白银大量流入欧洲导致金银货币数量过多造成的。他说,"我发现,今天物价之所以高涨……其中主要的,或者几乎是唯一的原因(以前没人提过),是黄金和白银的充裕"[①],他进而说明了使法国200年间能拥有大量金银的各种原因,包括与世界各国的贸易通商、长期和平环境以及大银行的设立,等等。博丹因提出了法国的物价上涨是因为货币数量过多的观点,被看作货币理论上货币数量说的最早发现者之一。

孟轲列钦是一位金属器具的制造主,主要著作是《献给国王和王后的政治经济学》(1615),他在经济思想史上第一个提出了"政治经济学"这个术语。孟轲列钦把他的书定名为《政治经济学》,虽然他没有想到把这部著作视为一门新学科的命名并创立政治经济学理论体系,但在此书中他论述的已不是传统的家政管理,而是涉及整个国家的经济问题。如他在书中讨论了工场手工业、商业、航海业和国王的经济政策,明确提出了商业地位十分重要的观点,说明商业是国家活动的基础,国家应该保护商人的利益。他反对外国商人在法国进行商业活动,侵犯法国的利益,还提出了要保护法国自然资源的主张。他还主张国家应该利用政府的权力发展工业经济,仿效外国设立新型工场手工业,增加工业产品的数量,改善工业产品的质量,把外国商品从法国市场排挤出去,成立技工学校对人民实施职业培训。他强调法国应供应自己所需的一切商品,保护国内资源,禁止外国工业品的输入,对原材料的输出课以重税。

重商主义在法国的实践是在柯尔培尔执政时期,柯尔培尔的重商主义政策对法国工商业的发展起了一定的积极作用。柯尔培尔是17世纪法国著名

---

① A·E·门罗:《早期经济思想——亚当·斯密以前的经济文献选集》,蔡受百等译,商务印书馆1985年版,第111页。

政治家和重商主义的实践家,他在1662—1683年任路易十四的财政大臣,实际上是当时法国经济活动的决策者。他没有留下专门的经济著作,经济思想主要是通过日记、公文以及呈给国王的各种备忘录反映出来的。在他执政期间,致力于重建法国经济,推行了一系列的重商主义政策,使法国的重商主义成为欧洲其他国家的典范。因此,法国的重商主义又被称为柯尔培尔主义。柯尔培尔经济思想的出发点是使法国富强,重金主义是柯尔培尔的基本观念。他认为,一国之富强取决于财政,财政有赖于税收,税收又取决于货币的多寡。因此,国家要富强,就必须采取措施吸引市场上的货币到法国来,法国也必须通过贸易顺差来获得金银。为此,他主张实施贸易保护关税政策,鼓励本国商品的出口,限制外国商品的输入,同时鼓励工业原材料的进口,禁止粮食和其他农产品出口。为扩展对外贸易,他积极发展航海业和海军力量,推行对外殖民地扩张政策,为法国带来了巨大的海外利益。动用国家力量鼓励发展工业也是柯尔培尔经济政策的重要方面,如为了扩大出口,他创办了一大批国营手工场,给工场手工业者发放贷款、豁免兵役等优惠条件,限制或禁止法国技术工人外流,重视商品质量和工艺技术的管理。作为法国重商主义的实践者,柯尔培尔凭借手中的权力,在他长期任职期间全面地推行了各项重商主义的经济政策,如他先后主持制定了1664年和1667年关税改革法案,前者宗旨在于对法国北部诸省的进出口关税制定统一简明的制度,后者目的在于调整某些税收,减低进口,鼓励出口。他还兴办国营制造业,鼓励外籍工人把技艺传入法国。他还发起组织了庞大的商船队和海外贸易公司,其中最重要的是1664年创办的法国东印度公司。这些政策推动了法国经济上的统一,为法国带回来了大批的财富和金银,在工商业上成为英国的有力竞争对手,替代荷兰成为英国的劲敌。但由于法国资本主义经济比英、荷落后,加之以牺牲农业来发展经济,使法国农业凋敝,农民破产,破坏了工商业的基础。再加之路易十四连年征战以及巨大的奢侈宫廷开支,最终导致法国财政和经济出现了危机,柯尔培尔也因此下台。

二、德奥的官房学

重商主义在德国和奥地利被发展为"官房学"①,指的是16世纪末在德国

---

① "官房"(Kammer)是拉丁文Camera的同义词,指的是管理财政的机关,"官房学"作为一门科学,最初是指当时一些大学设立的培训备考进入政府机构人员的课程。

开始产生的社会经济思想，其内容是探讨如何使德国走向强盛之路，主张在国家直接干预下强化政治、行政和经济管理，推行以兴商为中心、有利于商、农、工各业发展的政策。同时强调增加人口，主张贸易差额论和保护关税政策，取消国内贸易发展的障碍。"官房学"后来逐渐成为培养政府官吏的必修课程，成为西欧重商主义在德国特殊历史条件下的一种形态，其发展也经历了早期和晚期两个阶段。

早期官房学的代表性人物主要有贝希尔（1635—1682）、霍尼克（1638—1712）和施罗德（1640—1688）等人。贝希尔的代表作是《论基督教联盟》（1668），此书的中心思想是"贸易问题"，旨在"向读者提供一部有关国家福利的各种事务和政治概念的著作"，主要研究商业政策。他认为在构成臣民的农民、手工业者和商人这三大阶层中，商人的地位是最重要的，在从事对外贸易的经济活动中，只有商人能为国家带来货币或必需品，所以国家应该给予积极的支持，同时打破在就业和销售方面的垄断。霍尼克重商主义思想的代表作是《奥地利富强论》（1684），在此著中他提出一国的富强在于它的金银剩余的多少，在于它的生活必需品和方便品剩余的多少，以及它拥有的自然资源的多少。他提出了发展国民经济的九条原则，生动地体现了他的重商主义主张，这其中包括对全国的资源如土地、植物和金银等进行周密调查，商品应在本国进行加工，有效利用人力，应将金银留在国内并投入流通，尽可能使用本国产品，进口外国产品尽可能用本国产品交换避免使用金银，鼓励购进原材料在本国加工出口，尽可能地出口本国成品以换回金银。这其中，霍尼克特别强调凡是能在国内能够生产的商品，就不要从国外输入这一条。施罗德的主要著作是《王国财富和租金收入》（1686），他强调只有货币和黄金才是财富，一个国家拥有了这些才能变得富裕。货币如果离开了一个国家，这个国家就将变得贫穷。他的重商主义政策主张主要包括取消行会垄断，建立手工工场，对进口品执行高关税以及谋求有利可图的对外贸易等。

晚期官房学者中最负盛名的是尤斯蒂（1717—1771），主要著作有《国家经济——经济学与官房科学系统研究》（1758）。在此著中，尤斯蒂提出"官房学"就是研究国家经济事务的科学，是对宏大的国家管理事务所必需的各种措施的概括，具体而言，它包括财富、人口、贸易、税收等各个方面。在财富方面，他同传统的重商主义者一样，把财富等同于金银，认为一国除非拥有大量的金银便不能被看作富国。一个国家财富的多少是通过所拥有的金银货币的数量来衡量的。在财富的来源上,他持典型的重商主义的观点,认为增加财富最好的办法是采用一切手段防止货币从国内流失,要求经济贸易中保持顺差,通过法律手段阻止私人将货币携出国外。他认为增加财富的主要途径有三个:增加人口、对外贸易和采矿。人口众多可以使国家欣欣向荣,人的才能、人口本身就是国家的资源。生活在一国的人口愈多,该国的财产和力量就越大。因此,他鼓励外国技术工人向本国移民,鼓励生育,主张对于本国国民中的独身主义者课以罚金或刑罚。他还用大量的篇幅讨论了有关贸易的问题,核心思想是重商主义的贸易差额论。他反复强调,只有对外贸易才能够增加国家的财富,并提出贸易的原则,即"第一原则是,使流入本国的金银多于流出的金银,第二原则是必须使出口产品价值超过进口外国货价值……我们称为贸易差额"①。为了实现贸易差额,尤斯蒂还详细论述了发展对外贸易的内外条件,如要求扩大出口产品生产,并对出口的种类、部门、质量以及商业精神的教育等都有具体的阐述。他强调建立海外贸易公司的重要性,还具体说明了经营这些公司的各项原则。关于发展采矿业,他提出鼓励人民从事采矿,使采矿方法标准化。他主张国家应给予工商业适度的自由和保障,取消国家对价格的控制,取消垄断、行会以及特权。

三、对重商主义的评价

历史上对重商主义的评价,持否定态度的以亚当·斯密为代表,斯密认为重商主义在整体上错误的,他们不仅在理论上犯了将财富混同于金银,所提倡的商业管制和保护关税不仅不能扩展贸易和制造业,反而通常会带来灾难性的后果,也是与自由竞争的市场原则相背离的。持肯定观点的以施穆勒和凯恩斯为代表。施穆勒从德国历史学派的传统观点出发,高度评价重商主义是广义的国家建设过程的理论和政策,是落后国家从贫困走向富裕的必经之路。凯恩斯也高度评价重商主义,认为重商主义思想和政策的目的在于实现充分就业,并将重商主义看作自己的思想先驱,同时将国家干预的政策主张吸纳到自己的理论思想体系之中。除肯定和否定外,还有第三种看法认为重商主义没有共同的理论体系,也缺乏理论思维和理论概括的能力,这可以熊彼特等人为代表。

---

① 转引自晏智杰:《亚当·斯密以前的经济学》,北京大学出版社1996年版,第82页。

其实,重商主义既是一种理论思潮,又是一种政策体系。重商主义认为货币是唯一财富的表现,这对中世纪的财富观点来说是一个重大的进步。在此之前,中古时代人们普遍的看法是对货币的不信任,他们往往把实物看作真正的财富,以囤积实物(动产和不动产)作为财富和实力的标志。重商主义者认识到货币是财富,这本身就是一种抽象的上升,即由具体的实物上升到抽象的价值符号——货币。重商主义虽然夸大了金银的作用,但是它处于中世纪占支配地位的自给自足经济与现代货币信用经济之间的过渡时期,商业的快速发展需要更多的货币参与流通,而当时银行的发展还无法提供这么多的货币,重商主义者发现贵金属的流入使得货币数量增多,有利于自给自足的家庭越来越多地参与到市场经济中来。同时,流通中金银数量的增加还降低了利率,鼓励了商业的发展。重商主义政策带来的金银流入还增加了国家的税收,增强了一个国家通过战争获取经济利益的能力。重商主义还是经济民族主义的理论代表,也是凯恩斯"国家干预主义"的理论前驱。重商主义不只关心贸易问题,最为关注的是如何有利于保护和培育民族工业的政策环境问题,它直接伴随近代资本主义强大民族国家即经济民族主义的兴起。以英国商人托马斯·孟等为代表的许多重商主义文献都宣称自己的目标是促进民族利益,重商主义的理论与政策达成了他们的使命。重商主义的理论还是经济思想史上迄今为止影响最为深广和长远的国家政策理论。直至今天,重商主义的观点并没有完全消失。在20世纪30年代席卷全球的大萧条时期,许多国家都采取了提高关税、将本币贬值的措施以限制进口和刺激出口。甚至到了20世纪的80年代晚期和90年代早期,许多美国学者对美国国际收支平衡表中庞大的贸易赤字表现出了极大关注,提出了诸如征收关税、强加进口配额,给予出口商补贴,要求一些进口产品必须达到规定的"国内含量",给与美国从事出口业务的公司反托拉斯豁免等措施,都可以看作重商主义思想的影响。重商主义与保护主义理论的实质是必须关注主权国家的国际经济地位,考虑在国家贸易交换中如何为本国本民族谋取最大的利益。重商主义的思想今天仍然存在,并被广泛应用。

第三节 重商主义向古典经济学的过渡:威廉·配第

威廉·配第(1623—1687)在经济思想上属于重商主义向古典经济学之

间过渡性的人物,他的一只脚踩在重商主义的时代,另一只脚踏在即将出现的自由资本主义时代。配第的主要经济学著作有《赋税论》(1622年出版)、《献给英明人士》(1644年写成,1690年出版)、《政治算术》(1672年写成,1690年出版)、《爱尔兰的政治解剖》(1672年写成,1691年出版)、《货币论略》(1682年写成,1695年出版)。他的这些著作并不曾有意识地提出一套完整的经济理论体系,他的许多独到的天才思想,都是为了说明或解决当时某一迫切问题而零星地提出来的。熊彼特认为配第"所有的或大部分的著作,都是在他那个时代和他那个国家实际问题的推动下写成的"①。在价值理论、分配理论和货币理论等方面,配第并没有系统完整的阐述,而是分散在他的书里,但这些观点对古典经济学产生了深远的影响,我们从斯密的《国富论》中,不难发现许多论点都可以从配第的《赋税论》中找到其理论渊源。因此,可以说他是英国古典经济学的先驱。

一、现代统计学的奠基人

配第之所以被称为现代统计分析学科的奠基人,是因为配第最先主张用数字、重量和尺度对客观社会经济现象进行分析和研究以发现其规律,也即他所说的"政治算术"。他在写于1671—1672年的《政治算术》就是应用数理方法来分析社会经济现象的代表作,此书以英国、法国和荷兰为研究对象,就英、法、荷三国的经济情况,列举数字,论证法国和荷兰不如英国之处,积极为英国的追赶献策。他在此书的序言中写道:"和只使用比较级或最高级的词语以及单纯作思维的论证相反,我却采用了这样的方法(作为我很久以来就想建立的政治算术的一个范例),即用数字、重量和尺度的词汇来表达我自己想说的问题,只进行能诉诸人们的感官的论证和考察在性质上有可见的根据的原因。"②使用统计分析是现代经济学的一个重要特征,配第在他的经济分析中就广泛运用了这一统计分析方法。如他从1蒲式耳谷物和1盎司白银的对比中发现了两者存在着共同的同地方,即两者都耗费了人类劳动,由此得出了劳动是一切价值相等和权衡比较的基础这一结论,开创了探讨劳动价值理论的道路。也就是在数量的对比中,他引申出了各种不同物品之间的共同性,从而发现了财富的真实基础。又如他根据一定年数乘年租额推论出地

---

① 约瑟夫·熊彼特:《经济分析史》(第一卷),朱泱等译,商务印书馆1996年版,第321页。
② 《配第经济著作选集·政治算术》,陈冬野等译,商务印书馆1981年版,第8页。

价,从房租推论出房屋价值,由工资推算出人口价值,又依据人口数量和盈余收益计算出国家的财富。他还利用得自教区记录的"死亡统计表册"计算了诸如存活率计算、预防注射对人寿命的影响、婴儿出生的性别比例、配偶平均维持时间的长短与夫妻年龄的关系等人口变化的规律。配第是在人口统计的基础上,通过考察英国人口在当时世界贸易的情况估算了英国的国民收入,从分析英国进口处的各类货物的价值入手,得出英国国家总收入的数据。配第的统计方法包括推算法、分组法,通过这些方法来编制原始的图表,计算一系列的总量指标、相对指标和平均指标,从而为统计学这门学科的性质、任务、对象和方法作了精辟的分析,奠定了统计学的理论基础。可以说,现代国民收入的统计和分析是从配第开始的。熊彼特评论说:"对他们来说,科学实际上就是测量;他们创造出处理数据的分析工具,而从心里鄙视其他任何工具;他们概括出来的规律是数字与推理的联合产物,决不允许把数字与推理分开。这种方法与自然科学的方法——特别是与牛顿从事研究的方法——的关系如此明显。"[1]马克思也正是从这一角度,称赞配第是"最有天才的和最有创见的经济学家"[2],是"政治经济学之父,在某种程度上也可以说是统计学的创始人"[3]。

二、重商主义的观点

配第在解决实际经济问题时反映出来了许多重商主义的立场和观点。如他在《爱尔兰的政治解剖》一书中很重视商业和对外贸易,尤其是海上运输业,他要求解除英国政府加于爱尔兰贸易上的限制。在《赋税论》一书中,他认为自由贸易可以避免大范围的走私活动。他反对禁止出口金银的法律,认为"要禁止货币出口,那几乎是无法实行的。这种措施可以说是徒劳无益"[4]。像其他重商主义者一样,配第赞成国家应该拥有大量的人口。他认为人口稀少是爱尔兰的"最大和最基本的缺点",要求根据重商主义的原则加以解决,并认为人口众多可以增加对政府的收入,促进国家富裕:"人口少是真正的贫困。有八百万人口的国家,要比面积相同而只有四百万人口的国家不仅要富

---

[1] 约瑟夫·熊彼特:《经济分析史》(第一卷),朱泱等译,商务印书馆1996年版,第318页。
[2] 《马克思恩格斯全集》第23卷,人民出版社1972年版,第257页。
[3] 同上书,第302页。
[4] 《配第经济著作选集·赋税论》,陈冬野等译,商务印书馆1981年版,第55页。

第二章 重商主义

裕一倍。"①

配第在价值理论上仍保留有重商主义的残余,如认为金银是最好的财富,货币才是唯一真正的价值形式。在《赋税论》中,配第暗示金银是谷物的等价物,并对货币所以能成为价值尺度的道理作了阐述。在《政治算术》中,配第又进一步指出:"金、银、珠宝不易腐朽,也不像其他物品那样容易变质,它们在任何时候、任何地方都是财富。然而酒品、谷物、鸟肉、兽肉之类的东西尽管很多,它们却只是一时一地的财富。"②他把劳动分成两类:一类是生产金银的劳动;另一类是生产其他普通商品的劳动。他认为不是一切劳动都能生产交换价值,只有生产金银的劳动才能直接生产交换价值。生产普通商品的劳动,只有在这些商品同金银交换时才成为交换价值。他认为货币就是财富,金银也是财富,只有生产货币(贵金属)的劳动才直接创造价值,其他各种劳动只是在它们创造了能够换取货币的商品时才创造价值。这显然都是重商主义的思想观点。

配第支持重商主义的国家干预和充分就业的政策。他主张国家应当合理地干预经济生活,通过提高进口商品的关税等措施促进工商业的发展。他认为按人头征税的办法可以激励人们去工作,从而增加就业:"它会刺激所有的人让他们的子女按其特长从事某种有益的职业,以便子女们用自己的收入来缴纳自己的人头税。"③配第还提出,政府应该雇佣那些失业的人来"修筑公路、建设桥梁和堤道、疏通河流"④,但这一雇佣必须是"无须耗用外国商品的工作。即使叫他们在索耳兹布里平原建筑无用的金字塔,或将斯顿亨奇的石块运到塔山上面去,或做其他类似的工作,都没有关系"⑤。从事上述公共工程如何才能筹措到相应的资金,配第认为可通过征税来解决,"不管租税多么沉重,如果它对所有的人都按适当比例征收的话,则任何人都不致因负担租税而使财富有所损失。因为(如前面所说的)如果人们的财产都减少一半,或是都增加一倍,则每人都仍然同样富有。原因是每人都保持原先的地位、尊严和身份。不仅如此,由于所征收的货币并没有流出国外,所以和别的国家

---

① 《配第经济著作选集·赋税论》,陈冬野等译,商务印书馆1981年版,第32页。
② 《配第经济著作选集·政治算术》,陈冬野等译,商务印书馆1981年版,第24页。
③ 《配第经济著作选集·赋税论》,陈冬野等译,商务印书馆1981年版,第60—61页。
④ 同上书,第30页。
⑤ 同上书,第29页。

比较,本国仍然像原来一样富有。"①这充分反映了他重商主义的思想特点,通过兴建公共工程来解决就业的思想也成了凯恩斯理论的先驱。

三、价值与分配理论

配第的价值理论是在《赋税论》中提出的,他第一次有意识地把商品价值的源泉之一归于劳动和其他生产要素:"土地是财富之母,劳动是财富之父",从而奠定了古典经济学中劳动价值论的基础。配第对商品的自然价格、政治价格也最先进行了区分。他的"自然价格"是与商品价值相一致的价格,也就是与生产商品"实际需要"的劳动数量相一致的价格;"政治价格"是商品价格,是从标准的银币来衡量的,也就是市场价格。配第着重研究商品的自然价格,并把它看作分析其他经济问题的基础。

配第还探讨了关于价值的决定,各种商品价值权衡比较的基础问题。他认为商品价值是由生产商品所需要的劳动量决定的,而各种商品价值权衡的基础就是劳动时间。他在《赋税论》中提出自然价值的高低决定于生产自然必需品所需劳动人手的多少。他举谷物和白银的生产为例:"这种谷物或地租值多少英国货币呢?我认为它值多少货币,就看另一个在同一时间内专门从事货币生产与铸造的人,除去自己费用之外还能剩下多少货币。也就是说,假如这一个人前往生产白银的地方,在那里采掘和提炼白银,然后把它们运到另一个人栽培谷物的地方铸成货币,并假定这一个人在从事这些工作的同时,也能得到生活所必需的食物和衣服。我认为这个人的白银和另一个人的谷物,价值一定相等。假定前者所有的白银为二十盎司,后者所有的谷物为二十蒲式耳,那么,一蒲式耳谷物的价格就等于1盎司白银。"②对于商品的价值量、劳动生产率、劳动分工之间的关系,配第认为单位商品价值量的大小同生产商品的劳动生产率成反比例变化,劳动生产率提高,单位商品价值减少;劳动生产率下降,单位商品价值增加。他在《赋税论》中指出:"自然价值的高低,决定于生产自然必需品所需要人手的多少。谷物的价格,在一个人能生产十人所需的谷物的时候,要比一个人只能生产六人所需的谷物的时候,来得低廉。……一百个农民所能做的工作,如果由两百个农民来做的话,

---

① 《配第经济著作选集·赋税论》,陈冬野等译,商务印书馆1981年版,第30—31页。
② 同上书,第41页。

谷物价格就会上涨一倍。"①他认为劳动生产率的变化是由于劳动分工变化引起的。他以织布为例来说明分工扩大，劳动生产率提高，生产成本降低的情况："比如织布，一人梳清，一人纺纱，另一人织造，又一人拉引，再一人整理，最后又一人将其压平包装，这样分工生产，和只是单独一个人笨拙地负担上述全部操作比起来，所花的成本一定较低。"②熊彼特对此评论说：就"分工问题，我们发现，亚当·斯密所说的，这里全都有了"③。

  配第的分配论分别考察了工资、地租、利息。他认为工资的自然基础是工人为了生存、劳动和传宗接代而必需的生活资料的价值。他提出工资应等于维持工人最低限度生活资料的价值，不能过高，也不能过低。他在《赋税论》中论证说：如果一个工人一天能劳动 12 小时，而维持他一天生活所需要的生活资料只需 6 小时劳动就能创造出来，那么，法律就应该规定他的工资等于 6 小时劳动所创造的价值，而不能给他们 12 个小时的劳动所创造的价值的工资。因为工人只要 6 小时劳动所创造的价值就刚好能够维持他的生活，他也就只去劳动 6 小时，这也就会使社会损失一半的劳动时间。这已包含有了现代经济学中向后弯曲的劳动供给曲线的思想。配第将工资看作维持工人生活所必需的生活资料的价值，奠定了古典经济学中工资理论的基本观点，最低限度理论后来成为整个古典学派分配论的基础之一。

  配第还提出了最早的地租理论。他认为地租是收获量（土地总产品）减去种子（代表全部生产资料）和劳动者的生活资料以后的剩余产品，即农业总产品价值扣除了生产费用后的余额。配第在这里实际上是把地租归结为农业工人生产的全部剩余产品，即全部农产品中扣除工资和种子等生产费用以后余下来的剩余劳动体现的剩余产品。将地租看作土地剩余的分析是经济学思想的一大进步。配第还最先考察了级差地租的两种形态，他不仅分析了由于土地位置距市场远近不同、土地的肥沃程度不同而产生的级差地租的第一形态，也考察了同一块土地由于连续投入的劳动和资本的生产率不同而引起的级差地租的第二形态。如他在《赋税论》中论证说：靠近人口稠密的地方（即为了维持其居民生活而需要很多土地的地方）的土地，比距离远而土质相

---

① 《配第经济著作选集·赋税论》，陈冬野等译，商务印书馆 1981 年版，第 98 页。
② 同上书，第 24 页。
③ 约瑟夫·熊彼特：《经济分析史》（第一卷），朱泱等译，商务印书馆 1996 年版，第 322 页。

同的土地,不仅能产生更多的地租,而且所值的年租总数也更多一些。这就是配第所说因土地位置优越而获得的级差地租。关于因土地肥沃程度不同而引起的级差地租,他是这样说的:优良的土地价值较高,就无疑是说有较多的地租,即有级差地租。配第还看到了在同一块土地上因连续投资而获得的地租也不同。配第已初步认识到由于土地位置不同、丰度不同,以及由于在同一块土地上连续投资多少不同而引起的各种级差地租形式。

配第的利息理论是研究怎样运用货币来增加财富。他提出利息是"货币的租金",是货币所有者在出借货币给别人期间,由于自己不能随便使用货币而向借入者索取的补偿:"这种补偿,我们通常叫做利息。"[①]在利息与地租的关系上,他把土地当作"租金"的一般形态,而把利息当作地租的派生形态来把握,从地租推导出利息。他认为既然出租土地可以收取地租,那么出借货币自然也可以收取利息,他用地租的合理性来说明利息的合理性。影响利息高低的因素,他提出第一个因素是地租的高低,第二个因素是货币的供求关系。配第看到了货币数量和经济活动(生产)水平之间的关系。他把货币看作生产的间接成本,这种成本同体现于货币储藏中的贵金属价值相适应。在货币的本质问题上,配第认为货币价值的实体就是劳动。在他看来,货币(金银)和其他商品一样都是劳动的产物,因此,都凝结有劳动,这就是它们都具有价值的共同基础,货币也因此才成为一切商品的等价物。他还提出,用货币可以在任何时候获得任何商品,而普通商品则不能。

配第极力反对当时广泛流行的铸造不足值货币的做法,认为决定货币价值的不是名称,而是货币的内在价值。他认为货币价值的稳定是它充当价值尺度的前提。配第还初步讨论了一国商品流通中所需的货币量问题。他认为推动一国贸易所必需的货币,有一个限度和比例,多了或少了都对经济的发展不利。配第还认识到一国所需货币量的多少既与商品流通所需支付的货币额有关,也与货币流通速度的快慢有关。假如一个国家支付总额一年为四千英镑,各种支付的周转期间平均为七星期一次,则五百五十万英镑货币就足够了。他还把货币比喻为政治身体的脂肪,过少会发生疾病,过多会有碍于轻便敏捷[②]。配第对货币理论的另一贡献是他应用流通速度的概念来确定货币的最佳数量,正确地把流通速度同制度因素联系起来,同工资、地租和

---

① 《配第经济著作选集·赋税论》,陈冬野等译,商务印书馆1981年版,第45页。
② 《配第经济著作选集·献给英明人士》,陈冬野等译,商务印书馆1981年版,第107—108页。

税收支付时期的长度联系起来,支付的时期越短,流通速度就越快。这说明配第对货币流通量的规律有了初步的认识。

在经济增长问题上,配第把劳动生产率的提高看成是促进国家财富增长的主要因素。他认为促进劳动生产率提高的因素有两个:第一个是分工的水平和规模;第二个是科学和技术的发明。对于第一个因素,他认为分工越细,劳动生产率就愈高,产品成本就越低,从而利润就越大。对于第二个因素,他认为科学和技术发明会使财富得到成倍的增进,因此他提出国家应该重视普及普通教育和选拔技术人才。配第还把从事生产性劳动的人数看作一国财富增长的最重要的因素,认为影响一国财富增进的最重要的因素就在于从事生产性劳动的人数在总人口中所占的比例。他把一国的人口划分为两大类:从事物质财富或对国家具有实际效用和价值的物品的生产者,以及不生产这些东西的人。第一类主要是指在生产和运输领域中从业的人,包括土地耕种者、手工业者和海员。第二类主要指在非生产领域中活动的人,如医生、僧侣、律师乃至政府官员。他提出应尽量减少非生产性的人口,增加在物质生产领域中就业的人数,就能最大限度地增进一国的物质财富。

总之,配第在价值与分工、分配理论、货币理论、经济增长理论等方面都对之后的古典经济学有重要的影响,并被斯密和李嘉图等古典经济学家进一步发展,奠定了古典经济学的基础,"配第在政治经济学的几乎一切领域中所作出的最初的勇敢尝试,都一一为他的英国的后继者所接受,并且作了进一步的研究。在1691年到1752年这段时期,这一过程的痕迹,即便对于最肤浅的观察者来说,也是十分明显的,因为这一时期比较重要的经济著作,无论赞成或者反对配第,总会涉及配第的。因此,这个出现了很多杰出思想家的时期,对研究政治经济学的逐渐产生来说是最重要的时期。"[①]

关　键　词

重商主义　重工主义　货币差额论　官房学

[①] 《马克思恩格斯选集》第3卷,人民出版社1972年版,第277页。

思 考 题

1. 简述重商主义的基本观点。
2. 早期重商主义与晚期重商主义在经济观念上有哪些不同?
3. 比较法国的重商主义与英国的重商主义各有哪些特点。
4. 什么叫"官房学"? 为什么说官房学是重商主义在德奥的变种?
5. 如何评价历史上的重商主义? 谈谈你的看法。
6. 为什么说配第是重商主义和古典经济学之间的过渡性人物?

第二篇

古典经济学范式的形成时期

古典经济学范式的形成时期，代表性人物有重农学派的领袖魁奈、英国古典经济学的创始人亚当·斯密。这一时期初步形成了古典经济学的范式体系，即主张客观价值论与推崇抽象演绎的分析方法。

重农学派认为在一个经济中只有农业才会创造财富，其他经济部门或经济活动都不会创造或形成价值，提出土地是财富的真正源泉。亚当·斯密发展了重农学派的观点，用逻辑外延比"农业生产"宽阔得多的"劳动"概念来定义一个经济的价值形成。斯密提出，凡人类劳动都会创造财富，都会形成价值，所以财富是"劳动"的结果。以这种客观价值判断为基础，一个系统的经济学知识体系就产生了。正是由于对一个经济的财富产生（价值形成）有了清楚的观念，并且观念的基本原则又受到当时学者们的普遍赞同，因此古典经济学的研究范式就确立了。

在经济分析的方法上，古典经济学推崇抽象演绎的方法。重农学派强调自然秩序论，以自然秩序为最高信条。"自然秩序"观念深受中国先秦"天道观念"的影响。魁奈对自然秩序涵义的解释是：自然秩序就是自然法则。自然法则是自然界和人类社会都处于自然法则的统治之下，人们必须根据自然法则来制定人为法则，人为法则具体表现为一定社会的各种经济政策和法律制度。在这里，魁奈实际上已指出社会生活与自然界一样，客观存在着某种规律性，客观规律性是一个国家的政策法律等人为法则所赖以存在的根据。魁奈不仅把物质生成过程看作自然过程，而且把社会经济形式也看作自然的经济形式。根据自然秩序理论，魁奈把财产、安全、自由归结为构成社会秩序的三大要素，认为政府的唯一任务是保障国民的财产、安全和自由，为了保障国民的自由权利，他要求政府放弃对国民经济生活的一切干涉和限制，采取自由放任的政策。也正是依据自然秩序的分析方法，魁奈强调要研究和掌握经济运动的自然规律，其主要方法是理性思维。他十分推崇理性，认为理性的作用就是认识自然的规律，人只有依据理性才能获得自己所必要的知识，只有运用这些知识来指导行动，才能获得自己所必要的财富。在经济学的研究上也是如此。因此，重农学派在经济学的研究中推崇理性演绎法的分析。

　　斯密深受重农学派的影响,也推崇"自然秩序"。斯密以自然秩序作为分析经济问题的依据,探索经济运动过程的规律。他认为,激发人类的利己心是经济行为的动力,追求以利润为中心的经济活动将推动经济发展、财富增长,为社会带来公益。他坚持政府应以不干预的自然法则作为经济政策的依据,提倡经济自由主义。同魁奈一样,在经济分析的方法上他推崇理性演绎法,在论述体系上也是以总体演绎来安排结构。在他的著作中所论述的经济问题,多带有创立经济范畴和建造分析工具的作用。如他把工农业统一起来考察,通过抽象演绎分析,认识到了经济运动中的一些本性的因素,把这些因素概括到一系列的概念中,并确定了最基本的概念——价值。同时把配第、魁奈等人的价值观点——劳动决定价值从萌芽形态发展为理论,初步形成了客观价值论。他从价值概念出发,形成了工资、利润、地租、资本、分工、交换、生产、生产性劳动、非生产性劳动等一系列的概念。斯密是第一个比较系统地运用理性演绎法的人,但他的演绎法还是初步的,主要缺点表现为重分析而轻综合,定义概念也不完善,如经常出现给同一个概念下几个定义,对概念之间联系的论述也不够全面,这就给之后古典经济学的常规发展留下了空间。

第三章
古典经济学中的中国渊源

本章学习要求：西方古典经济学开始形成于法国的重农学派，集大成于英国的亚当·斯密。本章学习要求认识中国古典经济思想对古典经济学形成的影响以及认识过程；掌握斯密对中国古代经济发展现状的认识与启示。

马克思认为西方古典经济学开始形成于法国的重农学派，他说重农学派是"现代政治经济学的真正鼻祖"，"重农主义体系是对资本主义生产的第一个系统的理解"[①]。古典经济学开始于重农学派，形成于英国经济学的大师亚当·斯密。在古典经济学的形成过程中，中国古典思想曾给予了重农学派和亚当·斯密以重要的影响，应视为古典经济学形成的理论渊源之一。

第一节 问题的提出

现代经济学的核心讲的是分工与合作能促进经济的发展。最早完整地提出这一思想的是英国的著名经济学家亚当·斯密。一部西方经济学的发展史，在某种程度上可以说就是围绕着亚当·斯密展开的。"甚至在现代，在这门科学的基本原理已发生了很大变化的时候，也没有一位经济学家能忽视这位苏格兰老作家，而不使自己的科学视野受到很大的局限。"[②]斯密的理论

[①] 马克思：《剩余价值理论》第1卷，人民出版社1975年版，第15页；《资本论》第2卷，人民出版社1972年版，第399页。
[②] 夏尔·季德、夏尔·利斯特：《经济学说史》，徐卓英等译，商务印书馆1986年版，第76页，72页。

并不复杂,整部《国富论》讲的理论可以用几句话来加以概括,就是合作比不合作好,分工是近代经济发展的重要原因,而分工的发展就取决于合作;合作能给当事各方带来增益;而合作的达成又是发端于人的自利本性,因而合作赖以实现的经济社会制度的形成和演进,不是靠人为的设计,而是要取决于自然秩序的力量。

凡是熟悉中国传统经济思想的人,不难发现斯密所"发现"的原理,在两千多年前已经被中国先哲们用另一种语言更为简洁地表述过了:墨子的"兼相爱,交相利",可以看作"合作比不合作好"的另一种表述;老子的"无为而无不为",显然有着比"看不见的手"更为宽泛和深远的涵义;老子的"人法地,地法天,天法道,道法自然",表现的是一种对自然秩序的赞颂与追随;孔子的"听民自利"的经济政策主张,就是现代经济自由主义的另一种表述。斯密的经济思想是西方现代经济学赖以兴起的核心,而中国传统的经济思想首先是通过影响法国重农学派的领袖魁奈,进而影响了斯密,最终影响了西方古典经济学的发展。

一、重农学派是古典经济学的鼻祖

西方经济学家一般公认,法国重农学派是第一个以完整而始终一贯的经济理论作为其指导思想的经济学派。如亨利·希格斯在其《重农学派》中就明确指出,重农学派是"政治经济学的第一个科学学派",是经济学史上"最早且联系最紧密的一个学派"[1]。重农学派的思想影响了亚当·斯密。如早在十八世纪后期斯密《国富论》出版后不久,重农学派的学者杜邦就宣称斯密著作中正确的东西都是从重农学派学者杜尔哥那里剽窃来的。另一位法国人孔多塞也于1786年出版的《杜尔哥传》中,称杜尔哥的经济学名著《关于财富的形成和分配的考察》一书"可以看作斯密那著名的《国富论》的胚芽"。马克思在评价重农学派时,也肯定"亚当·斯密深受重农主义的影响。"[2] 又如亨利·希格斯1896年在伦敦经济学院作讲演时,推崇重农学派是经济学说史上"第一个科学学派",认为找出斯密文章中重农学派影响的段落是"再容易不过的事情"。21世纪初,几部比较有影响的经济学说史专著,都很重视重农

---

[1] 转引自谈敏:《法国重农学派学说的中国渊源》,上海人民出版社1992年4月版,第11页。以下未注明资料出处者,均转引自该书第一章和第三章。

[2] 马克思:《剩余价值理论》第1卷,人民出版社1975年版,第40页。

学派的历史地位。法国经济学家季德和利斯特合著的《经济学说史》,把魁奈及其门徒称作政治经济学的"真正奠基人",认为将这一称号让给亚当·斯密是"非常轻率"的,应当"仍旧把它归还给法国,而且很可能永久地属于法国",其理由是斯密曾从重农学派那里"借用了他们学说中最有代表性和启发性的东西"①。美国学者韩纳在其《经济思想史》一书中,亦称重农学派的经济思想"极有系统",对于世界经济思想史之发达,"厥功甚伟",并论证"斯密学说多得于重农学派"。此后,也有人将重农学派的贡献归结为"把政治经济学从其他科学中独立出来,并第一次试图在一个体系内来把握生产、分配和交换的整个经济过程"。这说明在西方学者中,对斯密的经济学说曾受重农学派的影响的看法是比较一致的。"如果不是魁奈在1774年——《国民财富的性质和原因的研究》出版前两年——逝世,亚当·斯密将会把他的杰作献给他。"②重农学派的一些基本思想和分析方法,经过亚当·斯密和之后一代代经济学家的吸收和消化,已渗透到经济学的各个领域,成为现代经济学的有机组成部分。

　　古典经济学的传统可以用自由主义和自然主义来加以概括。所谓自由主义是指政府要尽可能少地干预人们之间自愿的交易与合作,除非存在着外部性;自然主义则强调自然秩序在经济社会制度的形成和演进中的决定性作用。这两者都是魁奈与其重农主义的经济学家所开创的。在重农主义的理论中,"自然秩序"是一个核心概念,它认定社会运动是自发的而不是人为的,一切社会活动所显示的追求快乐的愿望,不知不觉地使理想国家的形式得到实现,就是强调经济中的个人在追求自己利益的同时,可以导致他不曾想见的社会繁荣,因此得出了经济自由主义的结论。所以毫不奇怪,重农学派是最早提出"自由竞争""自由贸易"和"限制政府干预"的系统经济学理论的。不难看出,斯密正是这种思想传统的直接继承者和发扬光大者。《国富论》的惊人之笔和令人难忘之处,就在于斯密断言,在市场制度条件下每个人追求自己的私利会导致整个社会的繁荣。促成这种结果的市场制度是在自发力量作用下形成的,而自然形成的制度才是最好的制度。

二、重农学派的中国渊源

　　重农学派在创建其学说体系的过程中,立足于本国文化,从十八世纪法

---

① 夏尔·季德、夏尔·利斯特:《经济学说史》,徐卓英等译,商务印书馆1986年版,第14页。
② 同上书,第14—15页。

国的启蒙思想中吸取了许多思想资源，同时也在不同程度上接受那一时期西传的中国古典思想的感染和熏陶，注意从中国传统的经济思想中汲取思想的养料。除重农学派的领袖魁奈和杜尔哥外，其他著名的代表性人物如杜邦等经确认都受到了来华传教士李明《中国现状新志》和耶稣会士编的《中国哲学家孔子》这两部名著的影响。

  关于重农学派学说的形成曾受中国古典思想的影响，中外学术界的研究已持续了一个世纪之久。起初是在十九世纪末期，欧洲大陆兴起了一个研究重农学派的热潮，其中一些学者相继在不同程度上提到重农学派的代表性人物与中国文化之间的关系。亨利·希格斯在《重农学派》"序言"中提到，在1896年英国出版了一部专论重农学派的英文著作中提到重农学派曾受到中国"特别强烈的影响"。到了二十世纪初，法国学者也开始认识到中国文化对重农学派确曾产生过重要的影响。如维吉尔·皮诺于1906—1907年发表了《十八世纪的重农学派与中国》一文，是最早以标题的形式强调重农学派与中国文化之间关系的专题论述。1909年还有《杜尔哥的中国人》一文的发表，也是专门讨论重农学派的代表人物与中国文化之间关系的。在西方享有盛誉的经济学说史的著作中最早注意到这一问题的是夏尔·季德和夏尔·利斯特合作并于1909年出版的法文本著作《经济学说史》。这部著作公开承认重农学派曾从中国古代文化中吸收了若干有益的思想，肯定了重农学派在某些基本概念上吸取了中国文化传统。如该书在51页注[4]中分析"重农学派"的定义时指出："这种定义告诉我们这个学派具有不少中国式的教条主义。"① 到了二十世纪二十年代，涉及这一问题的论著逐渐增多，但仍以法国学者的研究令人瞩目。代表性的作品主要有《中国与法国重农主义体系》(1922)，《中国、重农学派与法国革命》(1929)等，这些论文都把中国当时对于重农学派的影响放在突出的地位。1923年德国学者利奇温在柏林出版的《十八世纪中国与欧洲文化的接触》②中，在论述重农学派体系的思想来源时以十几页的篇幅，来证实重农学派代表性人物对中国古代文献有过密切的接触，进而断言魁奈学说的理论渊源是古代的中国人。

  二十世纪三十年代以后，法国重农学派与中国关系的研究中出现了一批较有影响的英文论著，如1931年杰弗里·赫德森在《欧洲与中国》一书中就

---

① 其中译本于1986年出版。
② 此书的中译本由商务印书馆1962年出版。

考察了远古到1800年欧洲与中国的关系,在"北京的耶稣会士"一章内特辟数页篇幅论及并确信重农学派曾深受中国文化的影响。马里奥·埃儒迪在1938年由美国哈佛大学出版的《重农学派的公正管理学说》中,作者在讨论重农学派,特别是魁奈的一些基本政治概念时明确指出它们来源于对中国制度的研究。而这些政治概念与重农学派的经济观点有着密切的内在联系。美国加利福尼亚大学教授马弗利克1938年在美国《经济学史》杂志上发表的一篇论文中从纯经济学说史的角度,公开提出了"中国对于重农学派的影响"这一论题;该作者得出了一个很有意义的结论:在二十世纪经济学家从法国重农学派那里继承的遗产中,仍保留有来自东方的沉淀物。1940年马弗利克在同一杂志上还发表了题为《中国人与重农学派》的文章,他利用各种旁证材料来说明中国的影响作为一种外部力量,如何对重农学派尤其是魁奈产生了重要的作用。此外,他还在1942年在有关东方研究的专门刊物上发表了《中国对于魁奈和杜尔哥的影响》一文,重申了他以上的观点。马弗利克在这几篇论文研究的基础上于1946年出版了他的名作《中国:欧洲的模范》一书,这部著作现已成为东西方学者研究中国与法国重农学派之间关系的必备参考书,该书在第二部分还介绍并全文转译了魁奈的著作《中国的专制制度》,对于该著在英语世界的传播起了十分重要的作用。

在东方世界,二十世纪三十年代日本学者中也有论及法国重农学派与中国关系内容的著作。其中以泷本诚一1931年出版的著作《欧洲经济学史》中的一个附录最令人注目。这个附录的主标题是"重农学派之根本思想的探源",副标题为"西洋近代经济学渊源在于中国的学说"。作者在文中指出:"现在的一般人,都认为近代意义的经济学是发祥于法国或苏格兰,把其重要的母家祖国的中国完全置之于不顾",认为这是"我们东洋人的一大憾事"。

中国方面,自二十世纪三十年代以来也有一些论及法国重农学派与中国思想渊源方面的论著,但总的来说,这些论著无论是在内容还是观点方面,都未能超出上面论述的范围。值得提出的是,1936年出版了两部国人自撰的较有影响的著作:一部是唐庆增著的《中国经济思想史》上卷,书中专辟一章"中国上古经济思想在西洋各国所生之影响",唐氏结论如下:"中国上古经济思想在西洋各国,确曾产生有相当之影响,尤以对于法国之重农学派为最显著",此影响"远较罗马学说基督教思想《圣经》等为重要,顾中西人士之治西洋经济思想史者,但只知尊视罗马学说等,而置中国上古经济思想于不闻不问之列,诚所谓数典忘祖者矣"①。另一部是李肇义于同年出版了的法文论著《中国古代经济思想的主要流派及其对形成重农学派学说的影响》。这是李氏在法国第戎大学法学院留学时1936年完成的博士论文。其中约用了30余页的篇幅从自然法、专制政治和农业中心论三个方面讨论了中国古代政治经济思想对于重农学派学说的影响。

中国当代学者对这一问题研究的代表作是谈敏教授的《法国重农学派学说的中国渊源》(上海人民出版社1992年版),该著在前人研究成果的基础上,根据国内外经济学者比较一致的意见,先将重农学派的学说体系归纳为几个基本论点,然后逐一考察这些论点的形成,是否曾受到中国古代思想的影响或在什么程度上接受了这一影响。并以重农学派的自然秩序思想、《经济表》、自由放任观念、纯产品学说、土地单一税概念等理论要素作为基本线索,依次考察这些主要观点的思想来源,由此确定中国古代思想的地位和作用。在上述剖析的基础上,得出重农学派的学说渊源于中国古代思想这一结论。

第二节　中国古典思想对重农学派的影响

从十六世纪起,以儒家为代表的先秦各家著作连同宋明理学,以及有关中国典章制度的报告,相继由西方来华的耶稣会教士传入欧洲。到了十七世纪,随着中国文物与特产的大量贩运到欧洲,形成了当时遍及整个欧洲的"中国热",并在十八世纪前半期达到了高潮。"中国热"对于欧洲十八世纪的文艺复兴运动产生了重要影响,如十八世纪法国重要的启蒙思想家伏尔泰、卢梭、孟德斯鸠、狄德罗、霍尔巴赫等,都对中国文化表示了不同程度的倾慕,伏尔泰甚至还提出了"全盘华化论"的论调。伏尔泰把中国看作当时"举世最优美、最古老、最广大、人口最多和治理最好的国家";相信中国的历史比《圣经》创世说的年代要早得多,"当我们还是野蛮人的时候,这个民族已有高度的文明了";他认为中国人"具有完备的道德学,它属于各科学问的首位"。对于孔子所说的"纯粹的道德","只诉之于道德,不宣称神怪",他惊叹不已,认为西方民族无论什么格言或教理,均"无可与此纯粹道德相比拟者"。他以孔子的

---

① 唐庆增:《中国经济思想史》上卷,商务印书馆1936年版,第366页。

格言"己所不欲,勿施于人"和"以直报怨,以德报德"作为座右铭;笃信若实行孔子的仁义道德,地球上就不会有什么战争;在他的眼里,孔子是"惟理性""国人世人俱笃信"的"贤者"师表。他将孔子画像悬挂于家中,敬之若神祇。根据孔子的学说,他确信"在欧洲陷于迷信腐败的时候,中国人已经实行最有道德的纯粹宗教了"。所谓"纯粹宗教",按照他的解释系指"孔子使世人获得对神的最纯真的认识",教人以德,使之遵循普遍的理性以建立起和平幸福的社会,而无须求助于神的启示。面对这种令人憧憬的理想境界,伏尔泰感叹说:"我们不能像中国人一样,这真是大不幸!"这种对中国文化高度推崇的心理,正如后人所概括的那样:"当时许多人的心理,以为法国的得救,全赖于是否能充分吸收中国高尚的精神。"

正是在这一"中国热"的大背景下,重农学派的领袖魁奈和杜尔哥对中国传统的思想文化表示了高度的推崇,在他们创建重农学派的学说中也深受中国传统思想的影响。重农学派的特点就是对农业的高度重视。在魁奈看来,中国就是一个以农为本、高度重视农业的理想国家:"最能代表重农主义者理想的君主也许是中国的皇帝。作为天子,他代表着'自然秩序'即'天命'。作为一个崇尚农业的君王,他每年庄严地亲手扶犁一次。百姓实际上是自己管理自己,就是说,君王按照习俗和礼仪统治他们。"①

一、魁奈:欧洲的孔子

魁奈当时被誉为"欧洲的孔子",他提倡中国哲学,推崇孔子的品德和教诲,以《论语》为圣经,效法儒家学派成立"经济学家"的组织,依照孔子的格言撰成农业国经济统治的一般原则。甚至连他死后由弟子们所致的悼词中,也是用实行孔子的教义来评价他一生的主要功绩的。

魁奈最早接受中国文化的影响是在1749年以御医身份住进凡尔赛宫以后。此时的法国和欧洲正在流行"中国热"。那一时期的欧洲几乎重要的思想家如莱布尼兹、伏尔泰、孟德斯鸠、卢梭、狄德罗、霍尔巴赫等,都曾对中国文化表示出不同程度倾慕。魁奈的保护人法国国王路易十五的情妇庞巴杜夫人也十分迷恋中国文物,这更加激发了他对中国文化的倾慕之情。他曾通过庞巴杜夫人劝说路易十五于1756年模仿中国古代举行"籍田大礼"。此后

---

① 夏尔·季德、夏尔·利斯特:《经济学说史》,徐卓英等译,商务印书馆1986年版,第39页。

他一直以籍田仪式作为理想君主的重要标志,并以中国皇帝的形象来劝导皇太子即后来的法王路易十六,促使这位皇太子于1768年6月15日在凡尔赛王宫举行了籍田典礼。魁奈在他与米拉波合著的《农业哲学》的第一章的页面上,也赫然印制着一幅中国皇帝在耕作队伍中的图案。

魁奈以中国作为理想王国的执著追求强烈地感染了重农学派的其他成员。如作为该学派喉舌的《农业、商业、财政杂志》和《公民日志》上,发表的赞扬中国文明或引用中国典章制度的文句不胜枚举。重农学派的另一位成员杜邦·德·奈德尔于1767年将魁奈及其门徒的论文编辑成专集出版,干脆将其书名、出版地点和年代标明为《重农主义,或最有利于人类的管理的自然体系》,北京,1767年。所谓"重农主义"或"重农学派"一词即源出于此。在这一重要文集中杜邦别出心裁地以"北京"作为它的出版地,可谓别出心裁。有人推论,"无疑是受到一贯强调中国的魁奈的指使"。这说明魁奈及其门徒在采用十分别致的形式来表达他们对中国的崇敬和向往。

魁奈十分地赞赏中国文化的巨人——孔子。他曾专门以《孔子的简史》为题撰写了十余页有关孔子生平的概要,评价"孔子用传授的方式,在他自己的时代形成一群知识界的灿烂明星"。他认为孔子的"荣耀却随着年代的推移而增长,他的学说完全植根于这个世界上最伟大的帝国,而这个帝国的持久与显赫,也正归功于他的学说",对孔子表示了他由衷的敬佩与推崇。除《孔子的简史》外,魁奈还在其《中国的专制制度》第一章第二节中流露出他对孔子的景仰。如称"中国人把孔子看作所有学者中最伟大的人物,是他们国家从其光辉的古代所流传下来的各种法律、道德和宗教的最伟大的革新者";孔子是位"坚贞不渝,忍受着各种非难和压制的著名哲学家";孔子是具有崇高声望,立法明智,要求在人民中树立公正、坦诚和一切文明风尚的"贤明大师";中国人对这位哲学家表达了"最崇高的敬意"。他还说孔子是中国的"第一位教育家和学者",连蒙古皇帝也"对孔子表达了犹如对国君一般的敬意"。魁奈甚至在将孔子的学说与古希腊圣贤的学说对比时,明显地具有褒奖前者而贬抑后者的倾向。如他在评论《论语》时,认为"胜过于希腊七圣之语"。一些西方学者据此认为魁奈著作的渊源,"不是如所宣称的古代希腊人,而是古代中国人";魁奈"对中国哲学的估价高于希腊哲学"。那时在重农学派学者的心目中,不了解孔子就像不了解苏格拉底或柏拉图一样,被看作很大的罪过。如杜邦在回答某人对于重农学派理论的批评时,就反诘说:"你难道不知道孔子吗?"俨然以孔子的卫道士自居。

正因为魁奈对孔子的无限推崇,他在欧洲赢得了"欧洲的孔子"的称号。如重农主义者博德就称呼魁奈为"伟大的立法者,欧洲的孔子";在谈到魁奈的《经济表》时说,这位"欧洲的孔子"已发现了法国的基本秩序。米拉波在给卢梭的信中也写道,"纯产品"的发现我们应当归功于"可敬的欧洲孔子",这一发现将有一天会改变世界的面貌。这种将魁奈比作孔子,或将其视为孔子道统继承人一类的赞词,在魁奈去世时由米拉波所发表的演说更是达到了无以复加的程度。米拉波说:"孔子的整个教义,在于恢复人受之于天,而为无知和私欲所掩蔽的本性的光辉和美丽。因此他劝国人信事上帝,存敬奉戒惧之心,爱邻如已,克已复礼,以理制欲。非理勿为,非理勿念,非理勿言。对这种宗教道德的伟大教言,似乎不可能再有所增补;但最主要的部分还未做到,即行之于大地;这就是我们老师的工作,他以特别聪睿的耳朵,亲自从我们共同的大自然母亲的口中,听到了'纯产品''秘理'。"魁奈享有"欧洲的孔子"的尊号,这表达了他在其门徒心目中的形象和地位。

魁奈深受中国思想影响的另一有说服力的证据是他在1769年发表了《中国的专制制度》一书。这部著作共八章四十九节,除第一章"导言"包括中国的起源、疆域、繁荣状况、社会等级、军事力量等概况的介绍外,其他各章分别讨论了中国的基本法、实在法、租税、权力、行政管理、中国统治上的所谓缺点,以及由此而得出的结论,即最后一章"中国的法律同作为繁荣政府的基础的自然原则相比较"。在这部书里,中国是魁奈用来进一步阐述自然秩序的素材。在魁奈的眼里,中国是一个实行自然法的理想国度。魁奈在这部书里与其说是在谈中国,实际上是在阐述他自己的理论。如在重要的第八章里魁奈极为精彩和简练地叙述了自由主义经济学的基本精神,即遵循自然法、自然秩序的精神。后世的自由主义经济学家也许会在某些细节上超过魁奈,但在核心思想上没有人能逾越他。我们在那些当代自由主义经济学家的著作中,都可以看魁奈的思想,以及语言的影子。在这部书里,魁奈对中国古典思想的理解也基本上是准确的。如他在该书中写道:"根据中国注疏家的解释,天是统辖苍穹的灵魂,他们又把苍穹看作大自然的物主最为完美无瑕的杰作。苍穹的外貌总是令人肃然起敬,使人们看到自然秩序的美妙和卓绝;在那里,造物主的不变法则得到最为清晰的显示。但是,这些法则不应被看成仅仅适用于宇宙万物的某一部分,因为它们是适用于宇宙万物所有部分的普遍法则。"他又说:"如果说在中国,思辨科学没有取得什么进展,而对自然法的演进却已达到了尽善尽美的最高程度,并且,如果说在其他国家,思辨科学得到很好的研究,而自然法却完全被忽略了。"这种理解也基本上与中国古典文化相吻合。如中国文化的主流儒家文化和在中国古代文化中发挥有重大作用的老庄哲学都充满了对自然法则的敬畏,道家的所谓"道法自然",儒家的所谓"天行健"(《周易·乾卦》),表现的都是对自然的敬畏。中国古代帝王的祭天传统,则是这种精神的仪式化表现。另外,中国古代哲人都强调让宇宙法则自然地发挥作用,会使人们得到良性的结果。所谓"道常无为而无不为。侯王若能守之,万物将自化。"(老子《道德经·第三十七章》),认为企图通过人们的主观意志加快达到人类目标的做法,则会使"欲速则不达"(《论语·子路》)。但这种情况却经常会出现,所以孟子叹曰:"天下之不助苗长者寡矣。"有一位法文作者曾撰文《中国与法国的重农主义体系》指出:"魁奈在他的《中国的专制制度》中浸透着中国文明,使人产生一个印象,重农学派的全部理论均是中国哲学的产物。"从思想源流上讲,中国的古典思想对魁奈的自然秩序的思想产生了重要的影响。

二、杜尔哥与其经济学名著

杜尔哥是重农学派理论的另一位重要人物,曾长期担任政府官员,并努力推行重农主义的政策,重农学派也因他而更加显扬。杜尔哥的经济学名著《关于财富的形成和分配的考察》(以下简称《考察》)就是在与两位中国留学生一起研究中国经济的过程中撰写完成的,成为经济学说史上的一段佳话。

杜尔哥的《考察》一书在经济学说史上享有很高的声誉,其英译本的序指出,该书对重农学派的基本概念作了"最扼要、最明晰的表达",特别是"它使亚当·斯密想到了许多他本人永不会想到的问题,同时还给他提供了他本人永不会想到的词汇"[1]。希格斯在其《重农学派》中说当时还有人认为杜尔哥的这部书不仅以明确、引人入胜的形式叙述了重农学派的共同理论,而且是将经济学从法学中分离出来的"社会经济学的第一部论著"。熊彼特也认为杜尔哥此著的理论骨架"即使不谈它比《国富论》在时间上领先,也显然比《国

---

[1] 杜尔哥:《关于财富的形成和分配的考察》,南开大学经济系译,商务印书馆1981年版,"英译本序",第14页。

富论》的理论骨架更高一筹"①。

对《考察》一书，杜尔哥多次公开声明，他的这部经济学著作是写给两位中国学生的②，是为了帮助他们理解他所写的《中国问题集》而作的"序论"。从《考察》与《中国问题集》中，我们不难发现杜尔哥所考察的许多经济理论问题都与他所掌握的中国经济知识有着不同程度的联系，或是期待从中国的实例中得到引证，或是受中国资料的启发而予以发挥，或是直接从中国古代思想中吸取营养。

1763年杜尔哥获悉巴黎有两名中国留学生已完成了他们作为基督教教士的培训学业，正在等候返回中国。素对中国怀有浓厚兴趣的杜尔哥认为这是了解中国真实情况的绝好机会。于是，他说服当时路易十五的执政大臣贝尔坦，以政府的名义邀请这两位中国青年再续留一年，让他们了解法国的科学、农业和工业，以期通过他们将法国的情况带到中国，又让他们收集和理解中国类似的资料，并将这些资料送回法国。在留学延长期内，高、杨二人不仅遵路易十五之命，到法国中部考察了纺织、印染、金属加工等工场，还参加过重农学派每周一次的聚会，受到了魁奈及其朋友们的接待。杜尔哥撰写《考察》的目的就是为了满足这两位中国留学生完成上述任务的理论需要。如杜尔哥本人在写成《考察》后不久，曾致函杜邦说："我已为我向你提过的那两位中国学生拟好了几个问题；为了使他们能够明白这些问题的目的和意义起见，我又在这些问题前面写了一篇关于社会的各种劳动和财富的分配的简略分析。"③此后杜尔哥在给菲克尔的信中，也提《考察》是"应当时在法兰西之两中国人的愿望而使彼等明了关于彼等本国的经济状态及其制度之若干问题而作的"。大约过了近十年，他在给卡亚德的信中，还特别关照此作的德译本序文中必须说明以下情况："此小册子全不是为刊行而作的，而为关于中国经

---

① 约瑟夫·熊彼特：《经济分析史》（第一卷），朱泱等译，商务印书馆1996年版，第375页。

② 这两位中国留学生是高类思(1733—1780)和杨德望(1734—1787)，均出生于北京，父母均系基督教徒。他们曾在北京教会学校读书，后于1751年7月自请赴法国获准，先抵广东、澳门，后于1754年1月乘印度公司轮船赴法。抵法后就学于拉弗莱舍的皇家学院习法文、拉丁文，并研究神学、逻辑学等。经六年学习后于1760年到巴黎请求为修士。1763年耶稣会解散，高、杨二人有赖杜尔哥等人的呼吁，获得政府提供750利弗尔的年金，继续其研究。至1765年1月，高、杨乘船启程回国，先于6月中旬到广州，次年1月抵达北京。此后高氏仍与法国的耶稣会士保持联系，最终卒于北京。杨氏则在江西传教并殁于此地。参见李永霖：《经济学者杜尔哥与中国两青年学者之关系》，载北京大学《社会科学季刊》第1卷，第1号。

③ 引自《考察》中译本第94—95页"附录杜阁书信摘录"。

济状态之问题的序论,以之赠与欲得解答此问题之一般观念的两中国人。"当时杜尔哥为这两位中国留学生写了两个东西,一个是关于研究中国问题的指示,即所谓《中国问题集》,包括 52 个问题,拟让这两位中国学生归国后,在研究本国经济状态即经济制度的基础上予以解答,以资法国人士全面而系统地掌握有关中国的经济资料;另一个就是《考察》。这部著作是为了使这两位中国学生理解上述问题集而作的一个简略分析,杜尔哥将它称为问题集的"序论"。《中国问题集》与《考察》两者是相辅相成的,它们是为中国留学生所作,故其内容也自然为中国留学生所熟悉。

总之,杜尔哥的经济学名著《考察》中的许多经济理论的提出都与研究中国问题有关。《考察》一书的英译本序言也说,此书的撰写是由于"当时的法国经济学家一般都认为中国是开明政治的策源地,人们都希望这两位中国青年能够让他们的欧洲东道主不断地了解中国的内部情况"[1]。这都确切地说明《考察》一书是在当时倾慕中国的时代潮流的推动下应运而生的,同时也证明了杜尔哥对中国思想文化的推崇以及中国传统思想对杜尔哥的影响。

第三节 亚当·斯密与中国

亚当·斯密作为一名知识分子,不可能不受当时在欧洲盛行的崇尚中国运动的影响。这种影响一方面是通过魁奈以及重农学派,另一方面则是他直接感受到的。

一、中国古典思想对亚当·斯密的影响

中国古典思想对亚当·斯密的影响,斯坦利·L·布鲁概括指出,"亚当·斯密赞扬重农学派的体系,包括它所有的缺陷,可能是迄今为止所有公开出版的关于政治经济学这一主题的最接近真理的理论体系。重农学派对重商主义的批评和他们清除贸易壁垒的建议赢得了斯密的尊重。从这些思想家那里他得到了如下主题:财富是社会劳动每年再生产出来的可供消费的商品,希望经济中政府干预最小化,以及生产和分配循环过程的概念。他原

---

[1] 杜尔哥:《关于财富的形成和分配的考察》,南开大学经济系译,商务印书馆 1981 年版,"英译本序",第 10 页。

计划将《国富论》献给魁奈,如果后者能够活到这部著作完成的话。"①法国学者杜邦也认为,"《国富论》中的每一个合理之处都来自重农学派"②,夏尔·季德等著《经济学说史》中也记载,"斯密得到重农学派的很大帮助,……他和魁奈、杜阁(即杜尔哥)等人的经常会晤,有助于他确切了解他们的观点。……那里的思想对他有最大的吸引力。"③《中华帝国的专制制度》一书的英译者也说,1763 年和 1764 年,大卫·休谟和亚当·斯密曾在巴黎或凡尔赛拜访过魁奈。中国古典思想也直接或间接影响到了斯密。在《中国:欧洲的楷模》一书中,作者马弗利克谈到,"孟子有关人的完美性的信条可能会影响到诸如史德温这样的欧洲人,就像他有关仁爱的思想会对斯密写作《道德情操论》有所启发一样。"我们知道,《道德情操论》是《国富论》的前奏。在这本书里,斯密证明人们遵从道德,是出于自利的动机。在《国富论》中,斯密则指出人们追求自己的幸福会导致社会的繁荣。逻辑是一个。为了进一步证明斯密曾受到了中国的直接影响,他引用了斯密在《道德情操论》中的一段话:"一人应对所有人的爱不是外在于这个人,而是这个人本身;他的本性使他爱所有的人,这种情感就和他爱自己一样自然"。他接着说道,"对有关'仁'的讨论能够完整阅读,对于学习斯密伦理学的学生会非常有益。"马歇尔也认为斯密所做的"主要工作就是归并和发展了他的法国和英国同代人和前辈有关价值的思索"④。熊彼特更是强调斯密受"重农学派影响是显而易见的"⑤,甚至认为"不管他实际上从前人那里学到了东西没有,事实都是:《国富论》中所包含的分析思想、分析原则或分析方法,没有一个在 1776 年是全新的。一些人把斯密的著作吹捧为具有划时代意义的开创性著作,这些人心里想到的,当然主要是斯密所鼓吹的各项政策,如自由贸易、自由放任、殖民地政策等。但是,现在读者应该看得很清楚,而且随着讨论的深入,读者会看得更清楚,即使斯密所鼓吹的政策与本书的论题有关,也不会因此而得出与上面不同的结

---

① 斯坦利·L·布鲁:《经济思想史》,焦国华、韩红译,机械工业出版社 2003 年版,第 52—51 页。
② [美]亨利·威廉·斯皮格尔:《经济思想的成长》,晏智杰等译,中国社会科学出版社 1999 年版,第 207 页。
③ 夏尔·季德、夏尔·利斯特:《经济学说史》,徐卓英等译,商务印书馆 1986 年版,第 75 页。
④ A·马歇尔:《原理》第四版,第 58 页。转引自约瑟夫·熊彼特:《经济分析史》(第一卷),朱泱等译,商务印书馆 1996 年版,第 460 页。
⑤ 约瑟夫·熊彼特:《经济分析史》(第一卷),朱泱等译,商务印书馆 1996 年版,第 274 页。

论。"①熊彼特认为自由放任的最早阐述者不是斯密而是魁奈:"19世纪自由主义的全部理论武器度可以追溯到他那里。"斯密只不过是一个善于把前人观点综合协调但自身及其缺乏创意的写作者:"斯密便被授予了'创立者'的称号(没有哪一个与他同时代的人会想到授予他这一称号),而他以前的经济学家则成了所谓'前驱者',但如果抽掉这些前驱者的思想,是否还能剩下斯密的思想,是很值得怀疑的。"②

二、斯密论中国与启示

在斯密《国富论》一书中,有着许多有关中国经济问题的论述。这也从一方面反映了中国对亚当·斯密的影响以及斯密对中国的关注。

在《国富论》中对中国的论述有三十余处。在这三十余处的论述中,他考察了中国当时的经济发展状况,分析了阻碍中国经济发展的因素,提出了发展中国经济的设想。斯密对中国的总体认识可以归纳为两句话:中国曾经是世界上最富有的国家,但现在却停滞不前了。关于中国曾是世界上最富有的国家,斯密在《国富论》中有很多的描述。斯密认为中国的富裕主要表现在:幅员辽阔,自然条件优越,物产丰富;人口众多且最勤劳;土地肥沃且耕种得精细;工艺和制造业进步;有良好的水陆交通体系。如关于交通,斯密介绍说:"中国的公路,尤其是通航水道,有人说比欧洲著名的水道要好得多。"③他认为这主要得益于在中国修建公路及维持通航水道两大任务都是由行政当局担当的,而各省官吏治河修路的勤惰又是朝廷决定其黜陟进退的一大考核标准,中国的官吏们因此也特别重视这些工程的修建。

中国的富有还表现在拥有大量的白银需求并影响了世界白银的价格。斯密在论述以白银衡量商品的真实价格和货币价格时,对广州和伦敦的白银价值曾进行了一番比较,指出在中国广州,用半盎司白银可能支配比在伦敦用一盎司白银所能支配的更多数量的劳动和生活必需品与便利品。在他看来,银价的这种差别,在欧亚初通贸易时,亚洲各国尤其是中国和印度就比欧洲高得多,迄今仍是如此。斯密在这里就中国对白银的大量需求以及白银价值与欧洲相比要高的认识是准确的,他也看到由于这种价差导致了欧洲白银

---

① 约瑟夫·熊彼特:《经济分析史》(第一卷),朱泱等译,商务印书馆1996年版,第279—280页。
② 同上书,第294页。
③ 亚当·斯密:《国富论》,唐日松等译,华夏出版社2005年版,第521页。

大量流往中国的事实。斯密正确地指出，贵金属产量的变化会对世界各地贵金属价格产生影响，如日本铜的价格，会对欧洲铜矿产的铜产生影响；秘鲁银的价格不但对欧洲银矿的银的价格有影响，也会对中国银矿产的银的价格有影响。中国对白银需求的增加与明朝政府实行的财政白银化有关，也是当时商品经济活跃的表现。中国对白银需求增加的结果，就导致了全世界白银价格的变化。

中国虽然富有，但却停滞不前。斯密的论断是在论述怎样增加居民收入和社会资本时提到的，他论述这一观点说："长期以来，中国一直是最富的国家之一，是世界上土地最肥沃、耕种的最好、人们最勤劳和人口最多的国家之一。但是，它似乎长期处于停滞状态。五百多年前访问过中国的马可·波罗所描述的关于其农业、工业和人口众多，与当今的旅行家们所描述的情况完全一致。"①他认为一个国家尽管非常富有，但如果长期陷于停滞状态，我们就不能希望在那里有极高的工资。中国就是这样的一个国家。斯密考察了世界各国的情况，认为当时各国的经济发展存在三种类型：其一是迅速发展，其二是停滞不前，其三是退步。在亚当·斯密看来，经济处于迅速发展状况的典型是北美英领殖民地，经济发展处于退步状况的典型是东印度的孟加拉国及其他若干英领殖民地，而中国则是经济发展处于停滞状况的典型。斯密指出中国经济发展处于停滞状况的主要表现是劳动工资低廉，下层人民生活贫困，人口不增不减，等等。

在《国富论》中，斯密是将中国作为一个参照系来论证他的经济发展理论的。正因为如此，他对中国为什么停滞不前的原因也进行了相当深入的分析。斯密认为是中国政府所推行的"重农抑商"和"闭关锁国"的经济政策是造成中国经济停滞的主要原因，这些政策不仅限制了中国与国外的商业贸易，也失去了学习和模仿他国先进技术的机会。

斯密认为古代中国和古埃及有一个十分相似的地方，就是都强调对农业的重视，而忽视商业的贸易，这导致了中国的对外贸易向来就不发达。中国的剩余产品都是由外国人运到国外去的，而不是中国人自己运出去换回自己所需要的产品。他说："中国人不重视外贸。当俄国公使兰杰来北京商谈通商时，北京的官吏以惯常的口吻对他说：'你们乞食般的贸易！'除了日本，中

---

① 亚当·斯密：《国富论》，唐日松等译，华夏出版社 2005 年版，第 55 页。

国人极少或完全不由自己或以自己船只经营外贸。他们甚至只允许外国船只进入的自己的一两个港口。"①"近代中国人极轻视对外贸易,不给与国外贸易以法律的正当保护。"②斯密对中国"重农抑商"和"闭关锁国"政策导致的消极作用的认识是深刻的,他正确指出在中国的重农抑商政策的导向下,中国人有了积蓄不是作为资本投向工商业,而是要么作为财富窖藏起来,要么投资土地,这极大地影响了工商业的投资,也影响了国民财富的增长。他指出,中国和印度农业劳动者的地位和工资都比大多数技工和制造业工人要高;而在欧洲则相反,大部分工匠的待遇优于农业劳动者。中国政府的重农抑商的政策十分有害,阻碍中国经济的发展。他还正确指出中国的"特别爱护农业"的政策是因为中国君主的全部或大部分收入来自地租和地税的缘故,这是导致中国政府向来不重视对外贸易的原因,而近代欧洲各国经济的迅速发展则根源于制定了有利于制造业及国外贸易发展的经济政策。

斯密还就中国如何发展经济提出了他的建议,即加强分工,扩大市场,改革旧有的法律制度。这些建议,即使今日看来也颇有启发意义,值得珍视。

斯密看到,中国领土辽阔,各地物产丰富,人口众多,各省间的水路交通发达,其航行范围的广阔非尼罗河或恒河所能比拟。中国的国土面积很大,国内市场不小于欧洲的市场。所以,斯密建议中国应该充分地利用本国丰富的自然资源和人力资源,一方面积极开拓广大的国内市场;另一方面也积极对外开放,发展对外贸易,就能促进中国的经济增长。对中国而言,开拓国外市场,除了具有一般的益处外,还能学会外国的先进技术。对外贸易的方式,斯密主张中国应进行自主的对外贸易,就能更好地发展中国的制造业,提高劳动生产力,增加中国的国民财富。联系中国近代及新中国成立以来我国经济建设的经验教训,更能感受到二百多年以前斯密提出这一建议的卓识和远见:中国近代和改革开放前中国经济建设的深刻教训告诉我们,发展经济,中国必须加快融入世界经济的步伐,积极发展外向型的经济,参与世界经济竞争,才是中华民族复兴的正确之路。

斯密提出发展中国经济的另一重要建议是改革中国旧有的法律制度。斯密分析说:"也许早在马可·波罗时代以前,中国已经达到了充分富裕的程

---

① 亚当·斯密:《国富论》,唐日松等译,华夏出版社2005年版,第489页。
② 同上书,第67页。

度。"①"但是或许从来没有哪一个国家曾经达到过这种富裕的程度。中国似乎已长期停滞,早已达到与其法律和制度的性质相吻合的充分富裕的限度。但在其法律和制度下,其土壤、气候和位置所允许的限度或许要比上述限度大得多。"②他认为中国社会经济长期处于停滞状态的原因不是源于土壤、气候等自然禀赋的限制,而是源于中国封建社会政治法律制度的限制。中国之所以在五百年甚至很久以前就停滞了财富的增长,就是源于法律制度的滞后。斯密相信,中国只要摆脱了旧法律制度的束缚,就会改变经济停滞不前的状况,走上迅速发展的道路。斯密把阻碍中国经济发展的深层原因归结为中国封建社会的法律制度,其认识是相当深刻的。由于历史条件的限制,斯密未能进一步就这一问题深入分析下去,但能触及这一问题已属不易。

  斯密是最早注意到制度在经济发展中作用的一位古典经济学家。斯密著名的"看不见的手"的机制,就论述了追求自利的个人在市场竞争中需受到道德的约束,实际上就是能发挥巨大作用的制度系统③。研究制度在经济发展中的作用,中国无疑是一个非常好的案例。直至今天,许多的中外学者还在思考着一个问题:为什么中国在历史上曾经是一个经济十分发达的国家,而在17世纪以后落后了?中国在历史上曾有无数的科技发明,却为什么没有能发展出现代的科学体系?伟大的中国为什么没有能出现英国那样的工业革命,使中世纪的中国自动进入工业社会?这些问题一直促使着人们去不断地思考。而斯密却在二百多年前就已得出了他的结论,那就是因为中国缺少相应的制度变革。现代新制度经济学家D·C·诺斯在经过多年深入的研究,得出在古代中国由于缺乏一定的社会、政治和法律前提,即缺乏一定的制度安排,是未能产生工业革命的原因;古代中国制度发展的不足使技术进步成果的积累和潜在的巨大市场无法发挥其作用的研究结论。阿西莫格鲁和罗宾逊则在诺斯等人研究的基础上进一步分析了制度为什么是重要的、制度影响经济发展和经济增长的机理是什么、不同国家(或地区)的制度差异是什么原因造成的等基本问题④,这些研究和结论其实不过是在重复二百年前斯

---

  ① 亚当·斯密:《国富论》,唐日松等译,华夏出版社2005年版,第56页。
  ② 同上书,第73页。
  ③ 参见柯武刚、史漫飞:《制度经济学:社会秩序与公共政策》,韩朝华译,商务印书馆2000年版,第1章。
  ④ [美]德隆·阿西莫格鲁、詹姆斯·A·罗宾逊:《国家为什么会失败·引言》,李增钢译,湖南科学技术出版社2015年版,第iii页。

密已经得出的论断,但后者的研究和分析要更深入和综合一些。

中国经济的可持续发展有赖于市场、开放和法治,斯密在《国富论》中提出的这三点建议可谓一语中的,弥足珍贵。

关 键 词

重农学派 欧洲的孔子 中国古典思想

思 考 题

1. 最早提出中国古典思想对西方古典经济学影响的是西方人,简述其代表人物与著作。

2. 简述魁奈对中国古典思想的推崇与受其影响的主要方面。

3. 简述杜尔哥的经济学名著《关于财富的形成与分配的考察》形成的过程。

4. 简述亚当·斯密对中国古代经济发展的论述与启示。

第四章
重农学派

本章学习要求：重农学派的特点是以自然秩序为最高信条,视农业为财富的唯一来源和社会一切收入的基础。布阿吉尔贝尔和坎蒂隆是重农主义的先声。重农学派大力提倡经济自由,为资本主义大农业的发展开辟道路,其学说和政策反映了法国封建社会末期新兴资产阶级的利益和要求。本章学习要求掌握重农学派的特点、魁奈经济思想的主要内容以及杜尔哥对重农学派的发展。

重农学派出现在重商主义时代后期的法国,开始于1756年,该年魁奈(1694—1774)在《百科学书》中发表了他的第一篇经济学论文,结束于1776年,该年杜尔哥失去了他在法国政府的高官,同年亚当·斯密出版了他的名著《国富论》。在这20多年的时间里重农学派领导着世界经济思想,并给了亚当·斯密的经济思想以深远的影响。

第一节 重农学派产生的历史条件与特点

一、历史条件

法国重农学派产生的历史条件是,在经济上,18世纪中叶的法国工商业虽有一定程度的发展,但封建主义生产关系仍占据统治地位,法国仍然是一个以农业经济占主导地位的国家。农业中的资本主义生产关系十分薄弱,在农村,封建苛捐杂税以及靠牺牲农业而发展工商业的重商主义政策严重损害了农业的发展和农民的利益,农业处于极度衰落破败的境地,大量土地荒芜,农民濒临破产。农业的凋敝又造成市场狭小,影响到工商业的发展。在政治上,法国正处于资产阶级大革命的准备时期,阶级矛盾非常尖锐,革命风暴一触即发。加之法国连年对外战争失败,巨额的财政赤字使整个国家的财政经济到了崩溃的边缘,进一步加深了国内矛盾。这一切酝酿着反封建的革命风暴。在思想上,当时法国启蒙思想家们无情地批判封建制度,他们推崇中国古典的思想文化,这一切构成了重农学派的思想理论渊源。

在经济政策上,重商主义仍然支配着法国的经济政策。同时,法国统治者为了挽救社会经济危机,接受了英国重商主义者约翰·罗[①]的建议,开设了国家银行,大量发行纸币用来清偿债务。结果导致了严重的通货膨胀,财政崩溃。约翰·罗的计划彻底失败,罗本人也被解职逃出法国。重商主义的彻底失败,导致了经济问题成为法国社会中最重大的问题,也成了思想界讨论的中心。在这种背景下,法国的一些思想家们开始重新探索振兴法国经济的道路,重农学派企图从农业寻找出路,解决法国经济的困难,实际上适应了法国资产阶级发展资本主义生产的要求。

二、重农主义的先声

在上述历史背景下,比埃尔·勒·庇逊德·布阿吉尔贝尔(1646—1714)和理查德·坎蒂隆(1680—1734)呼吁重视农业,反对重商主义,强调国民经济各部门的平衡发展。这些思想影响到了重农学派,成为法国重农主义的先声。

布阿吉尔贝尔出生于法国的贵族家庭,主要著作有《法国详情》(1696)、《论财富、货币和赋税的性质》(1705)、《谷物论》(1706)和《法国的辩护书》(1707)。在这几本书中,贯穿着一个基本思想,即分析和阐述法国贫困的状况和原因,提出增加财富的措施和策略。他认为法国财富减少的根本原因是土地收益的减少,"我们已经证明,法国一切收入的减少,是由于土地的收益不论在产品的售价上还是在产量上都已下降。"[②]土地收益下降的原因,他认

[①] 约翰·罗(1671—1729),英国财政活动家。他的观点是信用本身可以创造货币,纸币是最好的货币,主张以不动产为抵押,建立银行,发行纸币。1715 年他到法国后建议法国开办银行,发行纸币。法国政府采纳了他的建议,开设了国家银行,大量发行纸币,用来清偿债务,结果导致通货膨胀,财政崩溃,其计划彻底破产。后被解职逃出法国。

[②] 《布阿吉尔贝尔选集》,伍纯武、梁守锵译,商务印书馆1984年版,第23页。

为首先是由于政府税收随意且不合理导致分配不公,造成了国内消费的不足:"完全任意配征而无固定的税则,只有一点固定不变,即愈穷者纳税愈重,……愈富的人纳税愈轻"①。其次是政府禁止谷物输出的政策,导致国内粮食过剩,价格下降,造成农民放弃耕种,土地荒芜。而法国政府之所以实施这些错误政策的根源在于信奉重商主义对金银货币的追求。布阿吉尔贝尔批判了重商主义把财富等同于货币的观点,在《谷物论》中提出农产品才是真正的财富,农业才是财富的源泉:"一切的财富都是来源于土地的耕种"②。为了增加财富,他提出必须保持各个生产部门之间的均衡,"使一切事物、一切商品、继续不断地处于平衡状态,并保持一个在商品之间的、按照一定比例的价格,以及使这个价格能够偿付生产商品的费用。"③保持各个行业部门平衡发展的最好办法就是听任大自然的安排,遵循自然规律,听任市场的竞争,政府不要干预。他认为政府干预会导致市场的扭曲。他提出发展法国经济的方案是:第一,改革税收制度,实行普遍公平征税,实行累进税制,富者多缴,贫者少缴,取消一切特权;第二,建立谷物的自由市场,取消对谷物出口的限制。布阿吉尔贝尔认为,只要实行了这些改革措施,就可以使法国摆脱困境。

坎蒂隆虽出生在爱尔兰的贵族家庭,但移居法国后大部分生涯是在法国渡过的,他的经济研究也大都以法国社会为对象。主要著作有《商业性质概论》,约成书于1730—1734年,去世后1755年正式出版。坎蒂隆的经济思想是以考察土地经济关系为中心展开的。在财富的观念上,他反对重商主义把财富等同于金银货币的观点,明确提出:"土地是所有财富由以产生的源泉或质料。人的劳动是生产它的形式:财富自身不是别的,只是维持生活,方便生活和使生活富裕的资料。"④财富的价值也是由土地和劳动决定的:"任何东西的内在价值都可以用在它的生产中所使用的土地的数量以及劳动的数量来度量。"⑤其理论贡献在于明确地把经济学的研究领域从重商主义的流通领域转向了生产领域,肯定了劳动是创造财富的重要源泉,这是一个巨大的理论进步。坎蒂隆的重农主义经济思想主要体现在以下两个方面:第一,强调农业是一国经济的基础,农业劳动和土地产品是一国经济得以运转的根本,其

---

① 《布阿吉尔贝尔选集》,伍纯武、梁守锵译,商务印书馆1984年版,第23—24页。
② 同上书,第215页。
③ 同上书,第164页。
④ 理查德·坎蒂隆:《商业性质概论》,余永定、徐寿冠译,商务印书馆1986年版,第3页。
⑤ 同上书,第21页。

他阶级都必须依靠土地的耕种来维持生活和致富。这一观点为重农学派的纯产品理论提供了直接的思想来源。第二,在经济思想史上第一次系统地考察了农业年产品如何经过流通而在社会各阶级之间进行分配的过程,初步阐述了土地所有者的支出与国民生活的关系,也为魁奈《经济表》的制定提供了启示。如把一国的居民分为租地农场主、城市手工业者和土地所有者三部分,租地农场主的全部农产品也分为三部分,1/3以货币形式支付给土地所有者作为地租,2/3的农产品一半用作补偿成本、支付工人的工资,另一半是租地农场主的经营利润。一般情况下土地所有者将获得相当于土地产品价值1/3的地租与城市手工业者相交换,购买工业消费品;租地农场主保留的2/3农产品中有1/6与城市手工业者相交换。如此一来,全部农产品的一半即3/6得以实现,剩下的全部农产品的另外一半,一部分由租地农场主和农业工人自己消费,另一部分作为种子的补偿。全部农产品的价值得以实现,下一年的再生产可以继续下去①。第三,把农业的重要性同一国人口问题联系起来考察,提出农业年产品决定一国人口的规模和变化。他写道:"如果所有土地都用于为人类生活提供简单的食物,那么,人类的数目就将以某种方式增加到土地所能供养的那个限度。"②他进一步推论,一个国家的居民人数取决于分配给他们的用来维持生活的资料,一国人口的数量也必然要以土地所能提供的年产品数量为限度。这一观点直接影响到了魁奈,也影响到了后来的马尔萨斯。重农学派的魁奈和米拉波都曾宣称他们的某些思想直接得益于坎蒂隆。另外,坎蒂隆所提出的工资应等于最低限度生活资料的价值,货币是充当共同价值的尺度,同其他商品一样也必须具有内在价值,"同在金属生产中所使用的土地和劳动成比例"③,利息是来源于利润等观念,都对之后古典经济学有所影响。

三、重农学派的特点

重农学派的特点表现在以自然秩序为最高信条,视农业为财富的唯一来源和社会一切收入的基础,把农业放在国民经济的首位加以考察,认为保障财产权利和个人经济自由是社会繁荣的必要因素。

"自然秩序"是重农学派思想体系的理论基础。按重农学派的解释,社会有

---

① 理查德·坎蒂隆:《商业性质概论》,余永定、徐寿冠译,商务印书馆1986年版,第22—24页。
② 同上书,第33页。
③ 同上书,第47页。

一个普遍的、固有的、完善的自然秩序,它是至高无上的,人的一切活动,凡符合自然秩序的规律就能得到最大幸福;反之,违反这个自然秩序的规律就要出现糟糕的结果。所以人类最高福利的获得要按自然秩序行事,要遵从自然秩序的统治。因此,重农主义就是一种主张依据自然秩序规划经济生活的学说体系。奈莫尔在为重农主义体系下定义时,也明确地称之为"自然秩序的科学"。"自然秩序"是一种永恒的、不以人们的意志为转移的规律。自然秩序反映在社会经济生活中,就表现为不同时代、不同国度的各种政治、经济制度和法令规章等。重农主义者认为,如果人们认识自然秩序并按其准则来制定人为秩序,这个社会就处于健康状态;反之,如果人为秩序违背了自然秩序,社会就处于疾病状态。他们认为当时的法国就是由于人为社会秩序违反了自然秩序而处于疾病的状态,而他们的任务就是为医治这种疾病提出处方。这一自然秩序的学说第一次确认在人类社会存在着客观规律,从而为政治经济学创立了把社会经济看作一个可以测定的制度的概念。这一概念意味着社会经济受一定客观规律的制约;经济范畴间存在着相互的内在联系;事物的发展具有理论上的可预测性。古典经济学的全部理论和政策主张就是建立在这一概念上的。

  自然秩序的概念来自中国先秦的"天道观念","天道"即自然界客观存在的、规律性的、合理的秩序,它是人类行为的准则。孔子曾描述"天道":"天何言哉?四时行焉,百物生焉,天何言哉?"(《论语·阳货》)魁奈认为中国就是最合乎"自然秩序"的一个稳定、持久和不变的政府的范例,"中华帝国不是由于遵守自然规律而得以年代绵长、疆土辽阔、繁荣不息吗?那些靠人的意志来统治并不得不靠武器来征服人的民族,难道不会被人数众多的中华民族完全有根据地看作野蛮民族吗?这个服从自然秩序的疆土辽阔的帝国,不就是一个稳定而持久不变的政府的范例吗?它证明,有时某些政府的不持久没有别的理由,只是由于人们本身的反复无常。然而难道不能说,中国政府所以能够保持这种幸运的、经久的不变,只是由于这个帝国比别的一些国家较少遭受邻国的侵袭吗?但是它不是也曾经被占领过吗?难道它的辽阔的土地不曾遭到分裂和形成几个国家吗?由此可见,它的政府所以能够维持很长时间,并不是由于局部的情况,而是本质上的稳固的秩序。"[①]中国政府之所以能够克服包括财政支出在内的各种混乱现象,始终保持稳定和持久不变,就在

[①] 《魁奈经济著作选集》,吴斐丹、张草纫译,商务印书馆1981年版,第420页。

于它具有一种内在的自然秩序。

　　重农主义学说重视农业,反对重商主义。重农学派的学者明确提出农业是社会财富的来源,认为只有农业才是一个国家繁荣富强的根本。农业的繁荣昌盛是一切其他等级财富的必要基础,如果农业衰落,其他行业也会受到影响。因为任何国家,必须是农业产品增加了,才能养活律师、医生、演员和各行各业的工作者。一切工业产品的生产随农产品的增减而增减,其理论贡献是把研究的重心放到生产领域,把理论研究从流通领域转入了生产领域。

　　在经济政策上,重农主义学说大力提倡经济自由,反对国家干预经济生活。他们认为政府除了保证最低的、绝对必需的基本保障如保护生命与产权、维护合法的自由等之外,不要对经济生活施加任何干预。重农学派几乎反对一切封建主义、重商主义和各种政府管制,倾向于国内的工商业自由与国外贸易,反映了法国封建社会末期新兴资产阶级的利益和要求。

第二节　魁奈:重农学派的领袖

　　弗朗斯瓦·魁奈(1694—1774),出身于巴黎附近一个地主兼律师的家庭,由于兄弟姐妹多,他少年时未能受到良好的教育。他13岁丧父,16岁时外出谋生和学医,后回乡作外科医生,声誉日隆。他一生研究过多种学科,如化学、植物学、数学和哲学等,特别擅长于医学,曾获博士学位,发表过一些医学和生理学方面的著作。1749年被任命为宫廷御医,并得到路易十五的情妇、声势显赫的侯爵夫人庞巴杜的庇护。由于庞巴杜夫人非常爱好研究中国的文物,使得魁奈对中国文化发生了浓厚的兴趣。他提倡研究中国的哲学,推崇《论语》为圣经,魁奈本人因此被时人誉为"欧洲的孔子"。1752年魁奈因治愈王子的病被封为贵族。

　　魁奈在宫廷内居住期间常同当时法国上流的思想家、哲学家交往和聚会,熟悉法国的社会和经济情况。1753—1756年,他开始研究经济问题,此时他已60岁。为什么他在此时开始对经济问题感兴趣?这是因为当时在路易十五继续推行重商主义政策下,为了工业利益对农产品价格压得很低,加之绝大部分的赋税都压在农民身上,使大量农民破产。社会上一般舆论也开始关心经济问题,尤其是当时最迫切的谷物价格和赋税问题。启蒙学者伏尔泰曾幽默地说道:全国总算谈厌了诗文、喜剧、悲剧、小说、道德观念、神学等问题,到头来讨论面包了。就是在这种形势下,身为贵族的宫廷医生魁奈开始研究经济问题。魁奈研究经济问题最早发表的两篇经济著作,是分别在1756年和1757年为狄德罗主编的《百科全书》写的《农民论》和《谷物论》。他在《农民论》中说明了农村经济恶化的原因,是由于租税沉重和谷物价格低廉。在《谷物论》中,他提出了纯产品的概念。在同一时期,他还为《百科全书》写了《人类论》、《租税论》和《利息论》。在《人类论》中指出,财富增值在先,人口增值在后。这同重商主义者主张人口构成国家财富的说法是针锋相对的。在《租税论》中,他主张实行单一税,课税的全部负担应由生产者转到土地所有者的身上。1758年,他又发表了著名的《经济表》和《经济表的分析》等,其中《经济表》是魁奈的代表作。

一、纯产品学说

纯产品学说是魁奈经济学说的核心和基石。他的社会阶级结构理论、社会资本再生产理论等都是以纯产品学说为基础的。

什么是纯产品?魁奈认为农业中每年生产出来的农产品扣除了生产过程中所耗费的生产资料和农业生产者的生活资料后所剩余的农产品就是"纯产品"。这个纯产品实际就是农业总产品超过生产费用的余额,也就是劳动者生产的剩余产品。在他看来,只有纯产品增加,一国财富才能增加。例如,耕种一百亩土地的农业生产者,每年生产粮食1万斤,而他们在耕种过程中已有2千斤用于种子(生产资料),4千斤粮食用于生活,那么还有4千斤的粮食剩余,成为这一年的纯产品,这也就是该年财富增长的数额。由此可见,魁奈是从农业生产物的使用价值形态或物质形态上来计算纯产品的,是把农业生产者的剩余劳动产品看作纯产品,因此他已从农业生产领域由使用价值形态把纯产品归结为农业劳动者的剩余劳动了。这样,他也就接触到了剩余价值的存在和来源问题。

魁奈认为,只有农业生产才创造纯产品,土地是财富的唯一源泉,只有农业能够增加财富。其他部门,包括工业生产在内都不生产纯产品。这是重农主义的一条基本原理。这是因为农业生产中有自然参加工作,自然在协助劳动进行着新物质的创造,因而能使物质财富增加。其他部门没有自然参加工作,没有新物质的创造,也就不能增加物质财富。他还区分了物质财富的增值(扩大)和物质财富的相加(结合),认为只有农业生产能使财富增值,其他部门只不过是改变原有财富的物质形态，最多不过是原有物质财富的相加。在他看来，自然界是纯产品的源泉，劳动是纯产品的创造者。显然，魁奈对纯产品即剩余产品或剩余价值生产的解释是二重的：一方面把纯产品的生产归结于农业劳动者的剩余劳动；另一方面，又把它看作"自然的恩赐"。

魁奈根据对纯产品的贡献，把劳动区分了生产劳动和非生产劳动，分别称为结果的劳动和不结果的劳动。他认为只有生产纯产品的劳动才是生产劳动，因此只有农业劳动才是生产劳动。这样农业也就成了唯一的生产劳动部门，纯产品也就只表现为剩余农产品。这一看法有一定的狭隘性。但他说只有生产纯产品的劳动，即只有生产剩余价值的劳动才是生产劳动，揭示了资本主义生产方式的内在联系。

既然魁奈认为纯产品是自然力，即土地生产力的产物，因此他认为全部纯产品都应作为地租归土地所有者占有，地租也就成了剩余价值的唯一形态。他把利润看作资本家的较高工资，像劳动者的普通工资一样，加到产品的生产费用中去。

魁奈认为工资是劳动者必需的生活资料，是生产上所必需的支出，这种支出的大小直接影响着纯产品的大小，影响着财富的增值。所以，纯产品的大小同工资成反比，地租量取决于所有者和农业生产者之间的关系。

二、社会结构理论

依据纯产品学说，魁奈论证了重农主义的基本原理，即唯有农业是生产部门，其他部门不是。魁奈根据人们对纯产品的关系和所在生产部门，把国民划分为三个阶级，即生产阶级、土地所有者阶级和不生产阶级。

生产阶级就是从事农业生产，生产纯产品的阶级，包括租地农场和农业工人。这个阶级指导着全部经济运动。土地所有者阶级，是从生产阶级取得收入、占有纯产品的阶级，包括地主及其从属人员、国王、贵族和僧侣，以及所有由国家付给薪俸的官吏。不生产阶级，就是既不生产纯产品，也不占有纯产品的阶级。魁奈又称之为不结果实的阶级，是由从事农业以外的其他工作的人所组成，具体而言，包括从事工业和商业的企业家和工人。魁奈认为这个阶级的劳动只不过把生产阶级提供给他们的使用价值改变形态，他们在生产中加到原料上去的价值只等于他们所消费的生活资料的价值，因而并没有提供纯产品，至于商业从事商品买卖更不提供纯产品了，所以是不生产阶级。

魁奈认为,生产阶级、土地所有者阶级和不生产阶级这三个阶级的排列次序不能颠倒。生产阶级最重要,土地所有者次之,不生产阶级再次之。因为土地所有者占有从事农业生产所必需的土地,农业生产离不开土地,也就离不开土地所有者。

魁奈的贡献在于把阶级划分同生产过程联系了起来,试图从社会经济关系中引申出人们之间的阶级关系。这在历史上是第一次。

三、资本理论

在魁奈看来,资本是物质,就是生产资料和生活资料。他没有提出资本的范畴,而是使用"预付"这个概念。他认为农业上的预付是生产性支出,工业上的预付不是生产性支付,所以只有农业资本才是生产资本,工业资本不是生产资本,商业资本则更不是生产资本,而是进行贱买贵卖、从事商品流通的资本。

他把农业预付即生产预付划分为两部分:"年预付"和"原预付"。年预付是每年预付的资本,如种子、肥料和工人的工资;原预付是购置农业设备的基金,即几年预付一次的部分,如耕畜、农具、库房等。年预付全部加入每年的生产费用,并须由每年的生产物来全部补偿。每年一部分原预付加入生产费用,要多年才能取得完全补偿。实际上,魁奈的年预付就是流动资本,原预付就是固定资本。不过他还没有使用这两个概念,但实际上已区分了流动资本和固定资本。

他认为货币不是资本,它既不是原预付,也不是年预付,只是流通手段,获得预付(资本)的手段。他忽视了资本的货币形态,只注意到资本的生产形态,虽抓住了资本具有决定意义的形态,但是狭隘的。他从生产领域去理解资本的作用和意义,是其贡献。与重商主义把资本的货币形态看作资本的唯一形态相反,魁奈则走向了另一个极端。

四、价值与货币理论

魁奈还就交换的等价性、货币数额及其流通等提出了他的看法。魁奈认为,在自然秩序的情况下,即在完全自由竞争的条件下,只有彼此价值相等的东西才能互相交换。魁奈区别了使用价值和交换价值,而后者是指"出售价值"。他认为使用价值反映了个体的需要与欲望。熊彼特对此予以了高度评价:"他把他的理论坚决地建立在消费者欲望的基础上。这是有一定重要性的,……它直接指向 J·B·萨伊。"[①]但魁奈重点关注的是交换价值,认为只有具有"出售价值"的商品才构成财富。

他在考察一个产品价值是怎样构成的时候,是从生产成本即在生产这种产品所消耗物质材料去判定的,即认为产品的价值决定于生产它所消耗的物质材料,其中既包括所消耗的原材料,也包括劳动者所消耗的生活资料的数量。魁奈所说的劳动者,既包括工人也包括资本家。资本家所消耗的生活资料,就是他的利润;工人所消耗的生活资料,就是他的工资。这样,魁奈又认为工业品的价值就是由它的生产费用决定的。这生产费用包括生产中所消耗的原材料、工人工资和资本家的利润。也就是说,他所说的彼此价值相等的东西,实际是指生产费用相同的商品。只有这样的商品,才能相互交换。魁奈从这一交换的等价性学说出发,认为货币的职能不过就是充作流通的手段,因而他对货币的内在价值持一种否定的态度。他反对重商主义将货币与财富等同看待的观点,明确地将货币财富和一般财富加以区别,认为财富是生活资料和具有使用价值的物品的总和,不是货币的积蓄。货币本身并不具有生活资料或其他商品所具有的使用价值,所以前者不能代替后者。并且,货币完全可以由国家发行的纸币来代替。他认为货币本身如果没有贸易就会变的一无用处,因此一个国家不应当积聚货币。他主张废除金属货币,理由是贵金属的取得是用财富去交换的。贵金属的积累越多,花费的财富愈大,从而国家也就变得愈穷。魁奈的货币观点是一种货币名目论的观点,并占有重要的地位,成为这个学说的先驱者之一。

五、《经济表》

魁奈在经济学说史上的一个杰出贡献,是他在《经济表》中第一次试图说明社会总资本的再生产和流通过程,并对此进行了探索和研究。《经济表》的基本任务就是说明一国每年的总产品怎样在社会各阶级之间进行流通、分配和消费,说明社会简单再生产怎样实现,说明产品的流通、分配和消费又怎样影响一国财富尤其是纯产品的再生产,从而为他发展资本主义租佃农业的经济纲领提供理论基础。

[①] 约瑟夫·熊彼特:《经济分析史》(第一卷),朱泱等译,商务印书馆1996年版,第354页。

《经济表》的前提假设是：(1) 整个社会普遍实行大规模租地农业经济；(2) 社会划分为三个主要阶级，三个阶级间无数买卖行为都合成一次总的交换，货币只在三个阶级之间流通，每个阶级内部的流通略去不谈；(3) 价格不变；(4) 社会再生产假定是简单再生产，以此来说明各经济部门是如何互相制约和互相依存，以及农业如何通过流通滋养整个经济体系；(5) 不考虑对外贸易。

《经济表》流通的出发点是农业上一年生产的总产品，流通开始于生产过程结束之后，从生产过程的结果(收获完毕)出发，基础就是商品资本的循环。在流通的这个出发点上，三个阶级的状况如下：生产阶级在经营农业生产时原预付100亿里弗尔，年预付20亿里弗尔。原预付分10年补偿，每年有10亿里弗尔计入生产费用。年预付全部计入产品价值，每年生产出价值50亿里弗尔的年总产品，这大体与当时法国一年全部农产品价值相当。在这50亿里弗尔总产品中，物质形态上包括40亿里弗尔的粮食，10亿里弗尔的工业原料；价值形态上包括原预付折旧补偿10亿里弗尔，年预付20亿里弗尔，纯产品20亿里弗尔。其中相当于年预付的20亿里弗尔粮食留在生产阶级手中补偿经营资本，不参与流通，实际投入流通的只有30亿里弗尔。这其中，物质形态上为20亿里弗尔的粮食，10亿里弗尔原料；价值形态上为20亿里弗尔纯产品，10亿里弗尔原预付利息(即原预付折旧补偿)。

不生产阶级在流通开始时，已有加工制造出来的工业品价值20亿里弗尔。物质形态上是10亿里弗尔的生活用品和10亿里弗尔的生产用品；价值形态上是10亿里弗尔的经营资本(即不生产阶级购买原料的预付)和10亿里弗尔该阶级在生产期间所消费的生活资料的价格。土地所有者阶级在流通开始时有20亿里弗尔的货币，这是由生产阶级交给他们的地租。这20亿里弗尔的货币就代表国内流通所需要的货币总额。

流通全部过程包括五次交换行为，每次均是流通10亿里弗尔产品。五次交换，共流通50亿里弗尔的产品，其中农业产品30亿里弗尔，工业制造品20亿里弗尔。具体过程如下：

第一次，土地所有者阶级以手里已有的地租收入20亿里弗尔货币的半数，即10亿里弗尔货币向生产阶级购买粮食。其结果是10亿里弗尔货币流向生产阶级，价值10亿里弗尔的粮食归入土地所有者阶级手中，进入个人消费。第二次，土地所有者阶级又以10亿里弗尔货币向不生产阶级购买工业品(生活品)。买卖结果,10 亿里弗尔货币流向不生产阶级,10 亿里弗尔工业品归入土地所有者阶级手中,进入个人消费。第三次,不生产阶级以 10 亿里弗尔货币向生产阶级购买粮食。交换结果,10 亿里弗尔货币流向生产阶级手中,价值 10 亿里弗尔的农产品(粮食)归入不生产阶级手中,用于其生活资料,进入个人消费。第四次,生产阶级以 10 亿里弗尔货币向不生产阶级购买工业品(生产用品),结果是 10 亿里弗尔货币流向不生产阶级,10 亿工业品(生产用品)归入生产阶级手中,用于补偿原预付的折旧,进入生产消费。第五次,不生产阶级以 10 亿里弗尔的货币向生产阶级购买农产品(原料)。买卖结果,10 亿里弗尔货币流到生产阶级手中,价值 10 亿里弗尔的原料归入不生产阶级手中,补偿不生产阶级制造工业品的原料或经营资本,进入生产消费。以上五次交易流通过程图示如下:

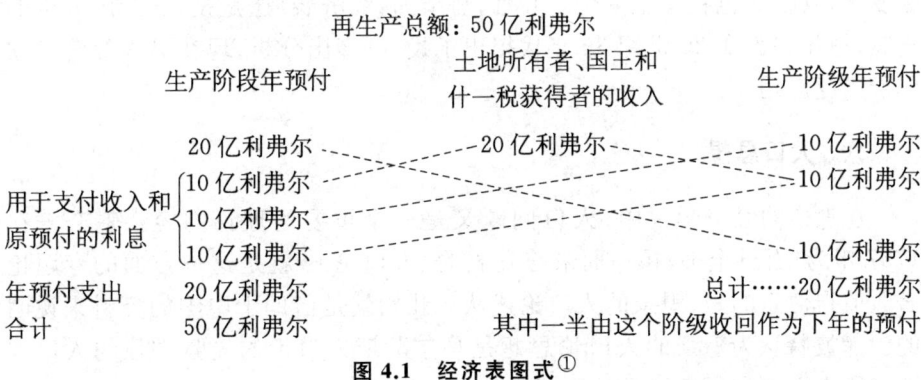

图 4.1 经济表图式[①]

五次交易流通的结果是:(1)土地所有者阶级得到了 10 亿里弗尔的粮食和 10 亿里弗尔的工业品,可以满足他们一年的生活需要;(2)不生产阶级现在有出售工业品换来的 20 亿里弗尔农产品(10 亿为原料,10 亿为粮食)从而可以重新进行他们的工业制造过程;(3)生产阶级得到了 10 亿里弗尔的工业品(农具等),这是他的原预付折旧的补偿,同时还有 20 亿里弗尔的粮食留在他们手中,用来补偿他们的年预付;此外,他们又收回了 20 亿里弗尔的货币,可以重新作为下一年度的地租交给土地所有者阶级。整个流通过程就结束了,可以继续进行简单再生产了。

魁奈的《经济表》是经济学尚处于初创阶段的一次富有创见的卓越尝试,

---

① 《魁奈经济著作选集》,吴斐丹、张草纫译,商务印书馆 1979 年版,第 319 页。

是对财富流动的第一次系统的分析,后来成了宏观经济学的基础。许多分析宏观经济总量活动的经济学家,比如亚当·斯密、马克思、凯恩斯等人,都对魁奈表示出敬意。马克思对《经济表》更是给予了很高的评价,认为"魁奈的《经济表》用几根粗线条表明,国民生产的具有一定价值的年产品怎样通过流通进行分配,"①以实现国民经济的再生产。"这个尝试是在18世纪30—60年代政治经济学幼年时期做出的,这是一个极有天才的思想,毫无疑问是政治经济学至今所提出的一切思想中最有天才的思想。"②美国经济思想史学家斯坦利·L·布鲁对《经济表》作了如下评论:"魁奈的《经济表》是国民收入分析的思想源泉,它也为分析整体经济的统计工作奠定了基础。魁奈本人就试图估计年度产出的价值和其他一切总量指标。《经济表》也清晰地表达了一个整体经济中均衡的概念,因为如果经济中相互依存的各个变量中的一个发生变化,其他的也将发生变化。并且,魁奈的《经济表》还是投入-产出分析的先驱,里昂惕夫在20世纪30年代提出了投入-产出分析,现在仍为经济学家们所广泛应用。"③

六、人口思想

在魁奈的经济学说中,人口问题又是一个重要的理论内容。魁奈曾在1757年为《百科全书》撰写而未曾发表的《人口论》④就是这一方面的专题论著。值得注意的是,魁奈的人口论述从一开始就是借助于中国的资料来说明的。熊彼特认为魁奈的人口论思想是马尔萨斯人口论的先驱,"他的人口理论在所有主要方面都比马尔萨斯先走了一步。"⑤

魁奈谈论中国人口问题的第一印象,是人口众多而稠密。他在描述"中华帝国的疆域和繁荣"时多次提到中国是迄今所知世界上"人口最稠密而又最繁荣的王国",连最小的省份"也是这样的富饶和人烟稠密,足以独立形成

---

① 《资本论》第2卷,人民出版社1975年版,第398页。
② 《马克思恩格斯全集》第26卷第1册,人民出版社1973年版,第366页。
③ 斯坦利·L·布鲁:《经济思想史》,焦国华、韩红译,机械工业出版社2003年版,第31—32页。
④ 《人口论》一文于1757年交付《百科全书》,同年由魁奈取回。后来杜邦在1769年曾向《市民日志》的读者提到过这篇文章,但未曾刊出。直到1908年,这篇文章才第一次由后人发表在《经济社会学史杂志》第一期上,1958年它在《魁奈和重农主义》第二卷中重新发表。见《魁奈经济著作选集》,吴斐丹、张草纫译,商务印书馆1979年版,第103页注 * 。
⑤ 约瑟夫·熊彼特:《经济分析史》(第一卷),朱泱等译,商务印书馆1996年版,第353—354页。

一个相当大的国家"①。中国人口问题给魁奈的另一深刻印象是因人口众多而造成大量居民的贫穷状况。当时许多来自中国的报道都证明了这一点。魁奈从中国的这一现象中提出了一个后来对形成马尔萨斯的人口理论产生过相当大影响的重要命题,即人口的增长比财富的增长快,而人口过多便会导致国家的贫穷。他说:"无论在良好的还是在恶劣的政府统治下,人口总是超过财富,因为人口繁殖除了生活资料以外,没有什么别的限制,并且总是趋向于甚至更多地增加;无论在哪里都有穷人"②。魁奈在《人口论》中反复申明:"人口的增长完全决定于财富的增加","财富和人口只有在由财富本身造成的富足生活条件下才可能维持"。反之,"如果财富和人口的比例遭到破坏而人口显得较多的话,那么这种人口的过多将促使国家愈加贫穷。工资将成比例地随着人口的增加而下降,消费将成比例地随着工资的下降而下降,以致使人们处于这样贫困的境地,使他们不得不离开自己的国家。"他在同一人口论著中还论述道:"如果人口的数量与从土地和从对外贸易取得的财富数量比较起来显得过多的话,如果这种过多的人口就不可能促进财富的增加,而是以其消费引起粮食产品价格的高涨。但价格的提高并不增加财富的总量,而由于人数增多引起的需要的增多,会降低全体人民的富裕程度。假如人口过分的多,那末人们的消费就只能限于一些最迫切的必需品。结果国家就会从繁荣变贫穷。……中国的人口情况就是这样。"③

魁奈还为中国的"过剩"人口寻找出路。他首先设想用禁止早婚来抑制中国人口的增长。他曾提到印加人的法律禁止女子在 20 岁前、男子在 25 岁前结婚,目的是保证子女在一个更长时期内为他们的父母尽义务并以此来增加财富。在他看来,这个法律同样适用于中国,因为"它在中国还有防止过剩人口的好处,而过剩人口所引起的不幸后果,似乎贬低了那个帝国的政府"④。这种设想通过禁止早婚来抑制中国人口增长的办法,有点类似后来马尔萨斯人口论中称为预防性的"道德的节制",即不让贫困而无力赡养家口的劳动人民结婚。其次,他设想通过开辟国外殖民地来解决中国的人口过剩问题。魁

---

① 魁奈:《中华帝国的专制制度》,谈敏译,商务印书馆 1992 年版,第 40 页。
② 同上书,第 108 页。
③ 《魁奈经济著作选集》,吴斐丹、张草纫译,商务印书馆 1979 年版,第 132、135、171、168—169 页。
④ 魁奈:《中华帝国的专制制度》,谈敏译,商务印书馆 1992 年版第 110 页。

奈指出:"在一个受到美好统治的国家里,为了防止人满为患,除了在良好管理的保护下能够开拓殖民地作为其出路以外,没有其他出路。通过移民多余的人口而创立的、通过使一片新的领土变得肥沃而形成的殖民地社会,可以解救这个国家的大批穷人,这些穷人就政府方面而言,需要给予更多的关心和特别的保护。在这方面,人们可以发现,在政府的管理和中国居民中,存在着一个明显应受到指责的过错。在这个帝国的邻毗地区,有许多在以往某个时候曾被欧洲人占领过、现已被抛弃或部分荒芜的大岛屿。这些地方对于中国的过剩人口来说,难道不是一个很好的出路吗?确实,爱国主义或对祖国的热爱,在中国人中间是如此强烈,致使他们不愿意离开自己的国家。但是,看来政府也没有引导他们走向那条道路,因为政府可以容忍弃婴以及许多国民濒临绝境的奴隶般劳动,而不是鼓励在国外建立各种完全有利于全体居民的新的拓居地,以此解除王国内部人满为患的状况。这是未能履行人性与宗教所规定的职责,而这一职责要求为所有人提供各种机会,这是很值得那些承担管理国家职责的人们加以注意的。如果履行了这一职责,他们将重新划定他们的版图并且将促进人类的繁衍。"①魁奈借鉴欧洲历史上以向海外移民的办法来解决人口过剩问题的经验,建议中国政府通过向海外移民、建立殖民地来解决中国的人口过剩问题,可谓用心良苦。

总之,魁奈关心和重视中国的人口问题,并提出人口的增长快于财富的增长、人口过多将使国家贫穷这一命题,后来经马尔萨斯的加工,在西方经济理论界产生了深远的影响。

七、经济政策主张

魁奈的经济政策主张主要有以下四点。

第一,自由放任。魁奈认为判断一个社会健康与否,就看它是否符合自然秩序的标准。当一个社会符合自然秩序时,该社会便处于健康、正常和均衡状态。反之,当一社会背离自然秩序时,该社会便处于不正常、不均衡状态。魁奈认为经济学的任务,即在阐明这种客观的经济规律,使人为秩序符合自然秩序。据说有一次法国皇太子向魁奈抱怨做国王的艰难,魁奈说:"我不认为当国王是如此艰难。"皇太子问:"如果你当国王你会怎么做?"魁奈答

---

① 魁奈:《中华帝国的专制制度》,谈敏译,商务印书馆1992年版,第109—110页。

道:"不需要做任何事情。"当被问及谁将统治这个国家时,魁奈神秘地回答道:"规律",即自然秩序[1]。魁奈曾以中国皇帝比喻说,"天子"既说明了最大的权威(因为他是天的儿子),也说明了顺乎自然的意思(因为他是代表自然界统治人类社会),因此国王不过是自然界的主宰者通过他来执行自然秩序的工具。怎样才能处于这样一种自然秩序的状态呢?魁奈认为要靠竞争和自由放任,即主张实行全面的自由放任政策,取消一切限制性干涉政策,保护个人的自然权利。个人的自然权利包括财产权和劳动权,以及追求一己经济利益的自然权利。个人追求自己的利益还将促进社会的公共利益:"在所有商业的交易中,贩卖者和购买者是相对立的,但可以根据自己的利益自由地订立契约。他们自己这样调整的利益是和公共利益相一致的,因为他们自己是他们利益的唯一最合适的审判者。"[2]魁奈强调,只有自由竞争、自由贸易政策才是符合自然秩序要求的,一切垄断、限制和政府干涉都是违反自然秩序的:"必须维持商业的完全自由。因为最完全、最确实,对于国民或国家最有利的国内商业和对外贸易的政策,在于保持竞争的完全自由。"[3]魁奈反对重商主义的保护关税政策,提出了发展自由贸易的具体措施和主张,如要求在国内取消各州之间和各州的地区之间商品流通的限制,对国外来说,要允许工业品自由进口。这样一来,国内的农产品价格就会提高到和国外市场一致的水平,同时由于外国比较廉价的工业品的输入,国内市场上工业品的价格也会降低。魁奈认为不但商业上要自由,在生产上也要自由,反对垄断。如他在《农业国经济统治的一般准则》中的第十三条中强调说:"任何人都有为了取得最大限度的收获,可以根据对自己的利益、自己的能力和对土地的性质最合宜的生产物,有在田地里耕种的自由。对于耕种土地的垄断,因为要伤害国民一般收入,绝对不应该助长它。"[4]魁奈也反对在外国商品进口时征收关税,他认为对进口商品征税,对法国经济的发展是不利的。魁奈提出的自由放任主张,是要求给法国资本家以完全的经济活动自由,以发展资本主义经济,反映了当时新兴产业资产阶级的要求。

---

[1] 参见斯坦利·L·布鲁:《经济思想史》,焦国华、韩红译,机械工业出版社2003年版,第31页。
[2] 《魁奈经济著作选集》,吴斐丹、张草纫译,商务印书馆1979年版,第325页注①。
[3] 同上书,第338页。
[4] 同上书,第335—336页。

第二,实行大农业经营。农业之所以被认为是增加财富的唯一源泉,关键在于他认为唯有农业生产能够在补偿耕作费用之后还能提供农业的产品即纯产品或收入。魁奈的认识还不止于此,他指出,纯产品的获得首先有赖于耕作方法或经营方式。他敏锐地观察到当时法国农村存在的两种不同的经营方式。一种是"大农经营",其特征是土地所有者将土地租给"富裕的租地农场主",后者雇佣农业工人,使用先进的工具(主要是马耕),依照合理的布局(轮作制等)和优越的生产条件(肥料、种子、运输等)进行耕作;另一种则是与之形成鲜明对照的"小农经营",其特征是租地农场主较穷,只能雇佣少量工人,许多人还必须亲自参加耕作,工具落后(牛耕),条件较差,方法粗放。魁奈在其《租地农场论》和《谷物论》等著作中对这两种不同经营方式进行了详尽的分析和比较,认为这两种方法的生产效率大不相同,从而除去生产费用之后的余额即纯产品也相去甚远。魁奈指出法国农业落后,从耕作方式上看主要是由小农经营的结果。魁奈认为小农业经营想获得很大的利益是不可能的,只有把土地集中形成大农业经营,才有可能增置较大的设备,只有大农业经营的租地农场主才可能有足够的资金支付农业经营所需的费用,实行人力的节约,用较小的支出进行生产,获得较大的生产量、较多的利润。要发展大农业经济,就必须很好地保护富裕租地农场主的利益,广泛推行大农业经济。魁奈所主张的发展大农业经济,实行规模经营,实际上就是资本主义的大农业生产。

第三,整顿税收。魁奈根据纯产品理论,主张废除其他赋税,实行只向土地所有者阶级征收单一的地租税,也就是只向土地所有者阶级得到的那部分纯产品征税,由土地所有者阶级负担一切赋税。在魁奈看来,对用于补偿生产费用的那部分农产品是不宜征税的,否则会影响农产品的再生产。魁奈因此反对把税收负担加到农业资本家身上。魁奈认为向工商业征税也不是好办法。按他的意见,工业和商业不创造纯产品,都不可能创造出比投入资本更多的新财富。如果向他们征税,自然会引起商品价格提高,其后果会使农业资本家收入减少,这样农业中的资本也就会减少。魁奈认为实行单一租税还可以简化税制,并大大降低征收税时花费的费用。这种改革,实际上减轻了土地所有者的负担,同时也对工业和农业资本家有利,有利于资本主义农业生产的发展。魁奈的这一观点对后来美国的亨利·乔治发生有较大的影响,亨利·乔治也主张土地单一税,并在他的《进步与贫困》一书中承认他是受了重农学派魁奈的影响。

第四，维护私有制。魁奈认为"只有自由和私人利益才能使国家欣欣向荣"①，国家政权的职能是保护私有制，而不是干预经济生活。他反复强调私有制是符合"自然秩序"的，私有制的安全是社会经济秩序的基础。此外，魁奈还就政治制度、鼓励生产性开支和限制奢侈支出、发展交通运输以及提高一般民众的消费水平等提出了他的建议和主张。

魁奈经济政策主张的总精神，是削弱、限制或消除重商主义政策的有害后果，鼓励和大力支持新兴农业资本主义的发展。总的原则是减少封建国家对经济生活的干预，提倡生产和贸易领域的自由放任或自由竞争。同其经济理论分析一样，魁奈的经济政策主张鲜明地体现了法国当时发展资本主义的时代要求②。

第三节 杜尔哥对重农学派的发展

安·罗伯特·雅克·杜尔哥(1727—1781)是重农学派的另一重要代表性人物。他与魁奈交往颇多，同意重农学派的理论观点。1774年在他担任法国财政大臣不到两年的短暂时间里，他引入了各种反封建和反重商主义的措施，推行重农学派的思想，如国内谷物依法允许自由贸易，各种行会和特权贸易组织被禁止。杜尔哥还提倡对地主征税，人们有选择职业的自由、宗教自由，并且提出了中央银行的构想，这一构想最终被拿破仑在19世纪付诸实施。

杜尔哥最重要的著作《关于财富的形成和分配的考察》，这是他为当时在法国留学的两个中国学生写的一个提纲，目的是为了让他们回中国后按他指示的要求，写报告。这部著作后来公开发表。杜尔哥在经济理论上更集中地研究了财富问题，着重考察了财富的形成和收入的分配。他对社会阶级的划分，对纯产品的深入分析，以及对各阶级收入的论述，都是为了促进法国资本主义经济特别及农业经济的发展，增加新兴资产阶级和整个社会的财富。在

---

① 《魁奈经济著作选集》，吴斐丹、张草纫译，商务印书馆1979年版，第333—334页。
② 魁奈在对地主的态度上有一定的矛盾，他强调非农业生产是"非生产性"的，但没有质疑地主获取地租的权利，认为地主拥有土地就拥有了对剩余产品的所有权，这种权利是与土地的所有权相一致的，从这一点说，他是地主权力的捍卫者。但又主张仅对地主征税，又被看作对地主权力的一种侵犯。

杜尔哥那里,重农主义学说得到了进一步的发展。

一、对社会阶级结构理论的发展

杜尔哥对社会阶级划分理论的最大贡献就是把魁奈的三个阶级进一步划分为五个阶级,即把生产阶级和不生产阶级都划分为两个对立的阶级,即把生产阶级划分为农业工人和农业资本家,把不生产阶级划分为工业工人和工业资本家。这种划分比较真实地反映资本主义的阶级关系。但他没能把工农业两大部门中的资本家和雇佣工人分别合并为资本家阶级和工人阶级,这说明他还没有跳出魁奈按人们对纯产品的关系和所在生产部门划分阶级的局限。亚当·斯密做到了这一步,杜尔哥的划分是从魁奈到斯密的过渡。

他对资本家和雇佣工人作了比较正确的解释,指出两者之间的根本区别是占有资本还是一无所有。杜尔哥还说明了雇佣工人产生的条件和过程。他认为只有当土地所有权同农业劳动者相分离时,才会产生农业上的雇佣劳动者,指出了只有当一定数量的人丧失了对劳动条件的所有权时,他们才会成为雇佣工人,但这一种说明有扩大"雇佣劳动者"范围缺陷,例如他认为土地是最主要的生产资料,把土地所有者看成是最基本的资本家,把他不占有土地的全部农业人口和工业人口都看成土地所有者阶级的雇佣工人,这就把那些投入资本经营农业或工业资本家也划作雇佣劳动者了。

二、对纯产品学说的发展

魁奈一方面把纯产品归结为农业剩余劳动的产物;另一方面,又认为纯产品是"自然的恩赐",杜尔哥则把"自然的恩赐"不知不觉地转化为农业劳动者的剩余劳动了。他认为纯产品是土地对农民劳动的赐予,是农民劳动利用了特殊的自然生产力的结果,而土地如果离开了劳动,便不能生产任何东西。只是由于农民的劳动才使自然生产力得以发挥,形成了纯产品。他进一步指出,农业劳动者是"唯一的这样一种人,他的劳动生产出来的产品超过了他的劳动工资"[1]。这就把纯产品的来源明确地归结为农业劳动者的剩余劳动了。由于他把纯产品归结为农业剩余劳动,因此认为要增加纯产品,增值财富,必须在生产中使用更多的劳动者,并使他们更好地发挥作用。

---

[1] 杜尔哥:《关于财富的形成和分配的考察》,南开大学经济系经济学说史教研组译,商务印书馆1978年版,第22页。

他还认识到了纯产品转化为地租被土地所有者占有是土地私有权的结果,因而比魁奈更进一步说明了地租的本质和根源。土地私有权的法律保证了这些并不亲自参加劳动的人可以取得土地产品的一部分,即土地耕种者劳动报酬以外的那一部分。杜尔哥已经把地租看作对他人剩余劳动的占有,看作地主对土地的私人占有关系的产物,即土地私有权的产物,从而比魁奈更进一步说明了纯产品转化为地租的本质和原因。

三、工资和利润理论

杜尔哥对资本主义社会各阶级收入的分析,比其他重农主义者更详细。魁奈认为只有土地所有者阶级的地租才是收入,其他阶级没有收入,工资是生产上的支出,不是收入。利润也是工资,也是支出,利息违反自然秩序。杜尔哥则把工资、利润、利息、地租都归结为资本主义的基本收入。但他往往把各种收入不是看成劳动创造的价值的分割,而是看成劳动产品本身的分割。

关于工资,他把自由竞争原则应用于劳动者和资本家的关系上,提出了当时最好的工资理论。他认为工资是工人必要的生活资料,同时说明了其原因。对于决定工资高低的因素,他说工人出卖他的劳动时价格的高低并不完全由他个人决定,而是劳动者同购买他的劳动的人双方协议的结果。由于"工人人手过多",资本家可以优先选用讨价最低的工人。也就是说,工人之间竞争、工人和资本家之间竞争是形成工资的市场因素。工人人手过多的现象使资本家在竞争中处于有利地位,从而使工资必然趋向于工人最必要的生活资料。

关于利润,在重农主义者中,杜尔哥第一个研究了"利润"这种收入,他在《关于财富的形成和分配的考察》一书的第六节"进一步说明工业企业中各种资本垫支的运用,资本的收回及其应当产生的利润",分析了利润这一经济范畴。魁奈混同工资和利润,杜尔哥则把两者区分开来,认为企业家有获得利润的可能性。他认为既然资本促进了纯产品的增加,就应分享一份。利润是出自纯产品的收入,是节约工资的结果。但他是由地租引出利息,又由利息引出利润来的。他认为既然出租土地可以取得地租,那么借出货币就可以得到利息,因而投资开办企业就应该得到利润。这就说明了利润的合理性。

杜尔哥强调社会上各个阶层秩序的稳定和宏观经济流通的均衡,认为这是企业家获取利润的前提条件:"如果由于社会中各个不同阶级在支出程序上发生了紊乱,不管它是什么紊乱,以致企业家无法收回他们的垫支和他们有权利希望从垫支上获得利润,那么,很显然,他们将不得不缩小他们的企业;这样一来,劳动的数量、土地产品的消费量、生产量以及收入总额,都将按同等幅度缩减;贫穷将代替富庶,而一般工人由于不能找到职业将沦于极端困乏的境地。"①

四、价值理论与边际收益递减规律

在价值理论上,杜尔哥把主观因素同价值联系起来,将价值划分为主观价值和客观价值。主观价值是让渡物品的双方对物品的主观评价。他说:"由于双方都是他们在交换中所要交出的东西的主人。所以每一方都必须就他对他所交出的那种商品的爱好和他对他所希望收进的那种商品的欲望加以衡量,据以决定被交换的东西的各自数量。"②客观价值则是由市场决定的价值。他说在市场上,"谷物和葡萄酒的价值从此不再在两个孤立的个人之间,根据他们的相对需要和能力而争来争去了;这种价值将决定于全体出卖谷物的人的需要和能力与全体出卖葡萄酒的人的需要和能力之间的平衡。"③换言之,就是由市场供求关系来决定。杜尔哥是最早把主观因素引入价值理论中的经济学家之一。

杜尔哥对经济学理论的另一大贡献是他准确地表述了收益递减规律。他说很难想象在农业上的两倍投入会产生两倍的产出:"土地的肥力很像一个被连续添加重量而压下的弹簧。如果重量很小而弹簧不是很有弹性,这样的尝试将会没有结果。但是当重量超过阻力,弹簧将会被压下。当承受一定的压力之后,它又会开始阻止加于其上的额外的力量,以前加在它上边能够产生一英寸或更多的下压的力量将几乎不能将它压下一毫。所以,不断添加的重量的效果是逐渐递减的。"④

重农学派的思想对亚当·斯密产生了重要的影响,斯密在法国旅行期间曾会见过杜尔哥,对杜尔哥的著作也十分熟悉,但可惜他没有注意到杜尔哥

---

① 杜尔哥:《关于财富的形成和分配的考察》,南开大学经济系经济学说史教研组译商务印书馆1978年版,第313页。
② 同上书,第35页。
③ 同上书,第36页。
④ 转引自斯坦利·L·布鲁:《经济思想史》,焦国华、韩红译,机械工业出版社2003年版,第35页。

的这一思想。这一思想后来被李嘉图和马尔萨斯等人发展。从历史上看,它要比18世纪60年代后期边际革命从现实经验中推导出这一原理的英国经济学家杰文斯等人要早得多。

关 键 词

自然秩序　纯产品　经济表

思 考 题

1. 为什么说布阿吉尔贝尔和坎蒂隆是重农主义的先声?
2. 重农学派开始于何时?结束于何时?它为什么存在的时间如此短暂?
3. 试述纯产品学说在重农学派理论中的地位。
4. 讨论魁奈《经济表》的成就和缺陷。
5. 杜尔哥在哪些方面发展了魁奈的经济理论?

第五章
英国古典经济学的形成

本章学习要求：英国古典经济学是产业资产阶级反对封建主义和重商主义、巩固和促进资本主义工业生产方式发展的理论武器。英国古典经济学形成于亚当·斯密。本章学习要求掌握斯密的分工与交换理论、价值理论、经济政策与国际贸易理论。

英国古典经济学开始于 1776 年亚当·斯密《国富论》的出版，结束于 1871 年斯坦利·杰文斯、卡尔·门格尔与里昂·瓦尔拉各自出版了阐释新古典理论的著作①。

第一节 英国古典经济学产生的历史条件和特点

英国古典经济学产生于英国资本主义生产方式的建立时期，代表了产业资产阶级的利益。其产生的历史条件包括经济发展状况和思想理论成果两个方面。

一、经济发展状况

英国古典经济学产生于英国工业革命和手工场时期。英国工场手工业时期，开始于 16 世纪中叶，到 18 世纪末结束。在 17 世纪，英国的商业落后于荷兰，制造业落后于法国。但到了 18 世纪中叶，英国在商业和制造业方面

---

① 两年后(1873)，古典经济学的最后一位代表性人物约翰·斯图亚特·穆勒去世。

都位居第一位。在17世纪中叶,资本主义的工场手工业在英国已成为工业生产的主导形式。工场手工业内部的劳动分工日益专门化、技术的不断革新,为机器的发明创造了前提。纺织、煤炭、冶金、炼铁、造纸、玻璃、造船等工业都已有了显著的发展。到18世纪中叶,英国已处于工业革命的前夜。农业也变成了商品性农业,资本主义的生产方式不仅在工业中,而且在农业中也迅速建立起来。"圈地运动"已使英国的自耕农趋于消亡,资本主义大农场日益增加,大量丧失土地的农民不断成为资本主义工业发展所需要的廉价劳动力。资本主义生产的发展,使产业资本逐渐代替商业资本开始在经济生活中占支配地位,原来商业支配产业、流通支配生产的情况逐步转变为产业支配商业、生产支配流通。同时,资本主义生产的发展,促使英国的对外贸易和货币信贷关系有了进一步的发展。

资本主义生产关系的发展也使英国社会经济发生了某些变化。在这一历史时期,英国的经济发展主要面临有以下矛盾:新产生的资本主义经济关系同旧的封建生产关系的矛盾,产业资本同商业资本的矛盾,英国同其他贸易强国特别是法国、荷兰在世界市场上的竞争。英国的资产阶级虽然已参与了政权,但在国家权力中占据统治地位的仍然是贵族地主阶级。同时,在经济生活中的一些陈规陋习仍然在起作用,所有这一切都限制了资本主义的进一步发展。在这种情况下,英国要进一步发展资本主义经济,关键在于发展资本主义的生产。这一时期英国资产阶级所面临的主要任务,就是必须消除一切不利于资本主义进一步发展的政策和措施,从理论上论证实现经济自由的必要性和合理性,为资本主义生产方式的完全确立扫清道路。同时,也开始从生产领域来寻找财富的源泉,理论研究也从流通领域转向了生产过程,就此产生了英国古典经济学。

二、思想理论成果

配第之后到斯密《国富论》的出版中间又经历了一个多世纪。这一时期英国的经济学者在不同的方面和问题上为英国古典经济学理论大厦的建立奠定了基础。这其中作出重要贡献的有约翰·洛克、达德利·诺思、约瑟夫·马西、大卫·休谟以及詹姆斯·斯图亚特等人。

约翰·洛克(1632—1706)是英国著名的哲学家,他继承了培根和霍布斯①的哲学思想,强调知识起源于感性世界,主张人们要从经验事实出发,去发现和认识自然规律,寻求事物的内部联系,他的哲学思想成为配第之后英国政治经济学一切观念的基础。他在经济思想上的主要著作是1691年发表的《论降低利息和提高货币价值的后果》,着重讨论了货币利息问题。同配第一样,洛克也是从地租中推论出利息,把利息看作"货币的租金",明确地把地租和利息的产生归结为生产资料和直接生产者相分离的结果②。他认识到了货币的价值尺度和流通手段的职能,明确提出:"货币是人们用以计算的普遍尺度,人人都用它来衡量一切东西的价值。"③把货币比作"推动着许多贸易的齿轮"④,但又认为金银作为货币的价值不取决于自身的内在价值而取决于其数量,具有货币数量说的倾向。洛克之后,大卫·休谟(1711—1776)进一步发展了货币数量说的思想。休谟是英国18世纪著名哲学家,也是斯密亲密的朋友,主要经济论著有《论商业》《论利息》《论贸易平衡》《论赋税》和《论社会信用》等。休谟在这些著作中讨论了货币、贸易和利息等问题。同洛克一样,他也把金属货币理解为单纯的价值符号,认为货币本身不具有价值:"十分明显,货币只是一种代表劳动和商品的象征,一种评价和估价劳动和商品的方法。""一切东西的价格取决于商品与货币之间的比例,任何一方的重大变化都能引起同样的结果——价格的起伏。看来这是不言自明的原理。商品增加,价格就便宜;货币增加,商品就涨价。反之,商品减少或货币减少也都具有相反的倾向。"⑤他关于货币价格的理论,使他成为18世纪货币数量论的最重要代表。

达德利·诺思(1641—1691),17世纪英国的大商人,主要经济著作是

---

① 弗兰西斯·培根(1561—1626)反对经院哲学,从理论上论证自然规律是客观存在的。托马斯·霍布斯(1588—1679)和培根一样,也认为自然界是物质的客观存在,哲学研究的就是客观存在的"各种机体"。他把哲学区分为研究自然机体的"自然哲学"和人为机体的即人类社会的"市民哲学"。他还认为在研究各种机体时,数学方法具有重要的意义。培根和霍布斯的哲学对当时英国古典经济学产生时期的经济学家产生有重大影响,推动了当时的思想家们去寻找社会经济生活的内在联系和自然规律,从理论上说明了在资本主义条件下如何增长财富,研究财富的生产和分配的自然规律,并论证了资本主义比封建主义优越。马克思指出:"英国早期的经济学家都把培根和霍布斯当作自己的哲学家。"(《马克思恩格斯全集》第23卷,人民出版社1972年版,第428页)。

② 约翰·洛克:《论降低利息和提高货币价值的后果》,徐式谷译,商务印书馆1962年版,第33页。

③ 同上书,第32页。

④ 同上书,第19页。

⑤ 休谟:《休谟经济论文选》,陈玮译,商务印书馆1984年版,第32页,第36页。

1691年匿名出版的《贸易论》。在这本书中,他区分了借贷资本与货币,明确地把利息称作"资本的租金","正如土地所有者出租他的土地一样,这些资本所有者常常出借他们的资金;像出租土地得到地租一样,他们从中得到叫做利息的东西,所谓利息不过是资本的租金罢了。"①其理论贡献是在政治经济学史上第一次提出了资本概念。由于诺思对利息有正确的理解,因此能正确地考察利息率的决定,提出决定利息率水平的不是流通中的货币量,而是借贷资本的供求量,借贷资本量增加,利息率就会降低。约瑟夫·马西(?—1784)的主要经济著作是1750年匿名发表的《论决定自然利息的原因》,此书的贡献是第一次把利息归于利润的一部分,提出利息是由利润决定的。他写道:"既然借债人为所借贷货币支付的利息,是所借贷货币能够带来的利润的一部分,那么,这个利息总是要由这个利润决定。"②马西还用利润率的降低解释利息率的下降,并举例说,英国现在的利息率是4％,而过去为8％,原因是那时英国商人赚取的利润比现在多1倍。对利润率下降的原因,马西用资本积累、特别是国内和国外的竞争来说明。马克思对诺思和马西的发现都给予了很高的评价,说诺思关于作为资本的货币的论述是古典政治经济学的最早发现之一,并称他是第一个正确理解利息的人;评价马西说:"直到18世纪中叶,利息只是总利润的一部分这个事实,才(被马西,在他之后又被休谟)发现。"③

詹姆斯·斯图亚特(1712—1780)是配第后斯密前英国经济学界的最后一个代表性人物,主要著作是1767年出版的《政治经济学原理研究》。在这部著作中,就论述了社会分工的基础是城乡的分离,社会分工是商品交换发展的前提。他写到,只有使从事加工工业等的劳动者完全脱离农业时,才能使物品的买卖成为"频繁的和经常的。""生活必需品的经常出售,取决于城乡之间的关系。"④斯图亚特还系统地研究了价值问题,提出了"实际价值"的概念,认为实际价值是由劳动者在生产过程中所花费的平均劳动量决定的。同时,还试图把价值区分为使用价值和交换价值,区分抽象劳动和具体劳动,触及了劳动的二重性问题。他写道:"那种通过自身转移

---

① 诺思:《贸易论》,桑伍译,商务印书馆1976年版,第18页。
② 约瑟夫·马西:《论决定自然利息率的原因》,胡企林译,商务印书馆1992年版,第40页。
③ 《马克思恩格斯全集》第25卷,人民出版社1972年版,第422—423页。
④ 詹姆斯·斯图亚特:《政治经济学原理研究》,转引自《马克思恩格斯全集》第47卷,人民出版社1979年版,第336页。

而创造出一般等价物的劳动,我称之为产业。"①他在这里所称为"产业"的创造一般等价物的劳动,实际上就是有别于实在劳动的特殊社会劳动,也就是有别于具体劳动的抽象劳动。马克思对此发现给予了很高的评价:"斯图亚特比他的前辈和后辈杰出的地方,在于他清楚地划分了表现在交换价值中的特殊社会劳动和获取使用价值的实在劳动之间的区别。"②斯图亚特还分析了市场价格机制的作用,提出商品的市场价格是由需求和竞争的复杂作用决定的。当需求与供给平衡时,价格处于平衡状态。反之,价格就要发生变化。而引起供求不平衡的主要因素是买主的购买力和竞争的程度。斯图亚特在货币理论上也很有贡献,他反对休谟等人的货币数量论,认为商品价格与一国的货币数量完全无关,"商品的市场价格是由需求和竞争的复杂作用决定的,需求和竞争同一国中存在的金银数量完全无关。"相反,"商业和工业的状况,居民的生活方式和日常开支,这一切加在一起,调节并决定所需现金的数量,即转移的数量。"③在这里,他已经认识到在金银货币的条件下,不是流通中的货币量决定商品价格,而是商品价格决定流通中的货币量,发现了货币流通的一般规律。这是斯图亚特对古典经济学的一个重大贡献。斯图亚特还认识到货币作为流通手段、支付手段、价值尺度、贮藏手段和世界货币的职能,同时区分了纸币和金属铸币,认为象征性的货币(纸币)能够在国内流通中代替作为购买手段和支付手段的贵金属,但不能在世界市场上代替它们,因此,纸币仅是一种"社会的货币",而金银才是"世界货币"。他还最早系统地阐述了利润问题,提出工厂主在出售商品时所收回的价格超过"实际价值"的部分就是工厂主的利润。他把交换所产生的利润称为"让渡利润",即在商品让渡时所实现的利润,商品的价格就是由"实际价值"和"让渡利润"构成的。斯图亚特在税收理论上的贡献是提出了赋税原则和税收分类的思想,提出赋税的原则必须是按人民的年收入公平分担,不得妨碍纳税人的再生产;应当按照立法机关制定的法律程序征税;必须制定征税最低限度原则,不能破坏税源;实行

---

① 詹姆斯·斯图亚特:《政治经济学原理研究》,转引自《马克思恩格斯全集》第13卷,人民出版社1972年版,第48页。
② 《马克思恩格斯全集》第13卷,人民出版社1972年版,第48页。
③ 詹姆斯·斯图亚特:《政治经济学原理研究》,转引自《马克思恩格斯全集》第13卷,人民出版社1972年版,第155页。

按消费比例征收的原则。在工资问题上,他提出随着社会经济的发展和农产品价格的涨价,工资应当随之提高,较好地说明了工资与社会经济发展的关系。配第之后的这些经济思想成就,都对斯密和英国古典经济学的产生有着重要的影响。

三、英国古典经济学的特点

英国古典经济学反映和代表了产业资产阶级的利益和要求,并为新兴的资本主义的生产方式作了有力的辩护和论证。他们有大体相同的理论基础和研究方法,有一脉相承的理论观点,还有前后一致的以经济自由为中心的政策主张。大体说来,它具有以下几个特点。

第一,古典经济学把理论研究由流通领域转移到了生产领域,在一定程度上研究了资本主义生产方式的内在联系。因此,他们关注经济的增长。自亚当·斯密把研究国民财富的性质和原因作为经济学主题突出出来,经济增长问题就成为古典经济学家一贯的中心课题。他们认为在经济生活的范围内,首先要增加生产,为此就必须增加资本积累,改进生产方式以提高劳动生产率,主张要有一种公平合理的分配机制。同时,还强调要有良好的政治、文化、道德等社会条件相配合。关注经济增长以及与此密切相关的分配问题和产品实现问题,研究生产、交换、分配和消费的规律,研究体现这些规律要求的经济政策等,就成为英国古典经济学派的一个基本特征。

第二,在经济政策上信奉经济自由主义,强调个人自由、私人财产权以及有限政府。主张实行自由竞争、自由经营、自由贸易,并极力论证资本主义生产方式是自然的、合理的,比封建制度优越,更有利于生产的发展。他们坚信,自由竞争市场势力的自发作用能够保证经济的协调和稳定增长,认为国家的职能是充当自由竞争市场经济"守夜人"。这一思想在法国重农学派那里已见端倪,亚当·斯密给以系统地发挥。

第三,在研究方法上,古典经济学家推重抽象演绎法,即先从人性和理性出发提出若干基本原理,再依据这些原理对经济现象加以分析说明和判断。斯密也有意仿效牛顿力学为代表的经典物理学把世界看成是一个具有因果关系的机械体系的观点,把社会经济现象视为是一个通过自由竞争即可趋于平衡的因果关系链,建立了他的社会经济观。

第二节 亚当·斯密：英国古典经济学的奠立者

亚当·斯密是英国古典政治经济学理论体系的建立者，1776年他发表了《国民财富的性质和原因的研究》一书（简称《国富论》），系统地阐述了古典政治经济学的基本观点，对古典经济学的财富理论以及价值、分配等理论，作出了重大贡献。

一、斯密的生平

亚当·斯密(1723—1790)出生在苏格兰的一个小城克尔卡迪，14岁时考入格拉斯哥大学，先后学习了道德哲学、伦理学、数学、自然法学和政治经济学，受该校教授弗朗西斯·哈其森(1694—1746)影响很深。哈其森认为个人劳动的主要动机是自利和自爱，若是离群孤立，就会便连最起码的生活必需品都谋不到，论证分工和交换的必要。这些思想对斯密所主张的经济自由和分工、自利等思想产生有重要的影响。斯密在17岁时被送往牛津大学学习道德与政治科学和语言学。在牛津期间他阅读了大卫·休谟1739年出版的《人性论》，深受影响，并与休谟成为好友。1748年牛津大学毕业后斯密接受了爱丁堡大学聘请，讲授修辞学和文学。1751年转到格拉斯哥大学，聘为逻辑学教授，第二年被聘为道德哲学教授，在这一职位上他干了将近12年。他所讲的道德哲学范围内容非常广泛，其中的第二部分即伦理学于1759年以《道德情操论》出版，讲义的第四部分即政治学（包括贸易、价格、国家收入、税收等）是后来出版的《国富论》的一个雏形。其他两部分分别是神学和法学。在这一时期他的研究的范围相当广泛，1764年后他才专一从事政治经济学方面的研究和著述。

格拉斯哥是当时苏格兰的工业中心，制铁业和纺织业都很发达，这使斯密有机会实地观察工业区的经济生活。1764年他辞去教授职务，担任年轻的贝克莱公爵的私人教师，陪同公爵去法国旅行。在巴黎居住的三年，斯密结识了许多知名学者，如伏尔泰、魁奈和杜尔哥等人，并与他们建立了亲密的个人友谊。重农学派的学说对斯密后来形成的经济学说有很大的影响。1766年斯密辞去了私人教师之职，倾注全部精力用于《国富论》的写作，用了将近

10年的时间(6年写出初稿,3年修改)于1776年完成并正式出版了《国富论》一书。《国富论》出版后,立即受到各方面的重视,连当时英国的国会也奉为圭臬,议员们往往以在国会辩论中引证这本书的内容为荣。而且一经引证,反对者也不再反驳,足见此书在当时的权威性和影响力。英国十八世纪末和十九世纪初的首相威廉·彼得,自称是斯密的学生,在他执政时期,尽力把斯密的学说应用到英国的政治、经济、财政政策中。这些政策对于促进当时资本主义生产力的发展起了巨大的作用,斯密也因此而成为当时英国最知名的经济学家。享有盛誉的《国富论》还很快被译成多国文字,使他名扬国外。

斯密一生曾经写过十几种有关社会科学的著作,但生前出版的只有《道德情操论》和《国富论》。斯密在去世前不久,要求他的两位密友帮他销毁掉他未完成的手稿,大约有16卷之多,只有少数几篇关于哲学问题的论文幸免于难,后来由他的遗稿管理人整理出版,如《哲学问题论集》(1795)、《亚当·斯密关于法律、警察、岁入及军备的演讲》(1896)等。1976年为庆祝《国富论》出版两百周年,格拉斯哥大学从1976年到1983年间出版了亚当·斯密著作和通信全集(共6卷),这是迄今斯密著作最完整的版本。萨缪尔森评价斯密在经济思想史上重要的地位说:"在经济学领域,一位名叫斯密的人却获得了巨大成功。实际上可以说,正是他开辟了经济学这个领域。他是经济学领域真正的乔治·华盛顿,是经济学之父。他甚至还是经济学领域的托马斯·杰弗逊、本杰明·富兰克林和艾萨克·牛顿。他是一位名副其实的亚当。"[1]

二、《国富论》的基本思想和结构

《国富论》一书以国民财富的性质和原因为研究对象,以"富国裕民",寻求财富增值的方法为目的。这里的"富国裕民",实际上指的是正在发展和壮大的新兴产业资产阶级以及代表其根本利益的国家。要实现"富国裕民"的目标,就必须具有"国民财富",即供给一国国民每年消费的一切生活必需品和便利品。研究国民财富的性质和原因也就成为《国富论》的主题。《国富论》的核心思想是提倡基于"利己心"的经济自由主义,使每个人都能自由地追求个人利益,以发展生产,增进国民收入和财富的积累。他认为一国国民

---

[1] 保罗·萨缪尔森:《中间道路经济学》,何宝玉译,首都经济贸易大学出版社2000年版,第387—388页。

的全年劳动,就是一国财富的源泉。要增加国民财富,只有采取以下两种方法:一是提高在业工人的劳动生产率;二是增加生产工人的人数。为了提高在业工人的劳动生产率,就需要加强分工;为了增加生产工人的人数,就需要增加积累,即用以雇佣工人的资本。他就是根据这些思想,设计自己著作结构的。

《国富论》全书共分五篇,分别从生产和分配、资本、经济发展、经济学史和公共财政的角度发挥了上述基本主题思想。

第一篇题为"论劳动生产力逐步提高的原因及产品在不同阶层之间自然分配的顺序",讨论的主题是如何改进劳动生产力;涉及分工协作制度的实施和推行;劳动生产物按什么顺序自然而然地分配给社会各阶级,涉及商品交换的制度和法则。在本篇中,他一开始就分析了作为增进国民财富的决定因素之一的分工,随后分析了交换、货币和交换价值,论述了产品的分配,即工资、利润和地租。

第二篇题为"论资产的性质、积累和使用",讨论的主题是促进国民财富增长的第二个积极因素——资本的性质、积累和用途。他先从储备中划分出资本,指出资本由固定资本和流动资本构成,随后又分析了资本的作用和资本积累的条件,叙述了生产劳动和非生产劳动的区别,以及资本的各种形态,即借贷资本、工业资本和商业资本的区别。斯密在这里特别强调了不断积累资本与合理利用资本的重要性。前两篇几乎包括了斯密的整个政治经济学原理。

第三篇题为"论各国财富增长的不同途径",对欧洲各国经济发展的历史经验和教训进行了考察和总结,讨论经济史。本篇是对前两篇所树立的理论原理的证实,也是对其充实和发挥。具体来说,他从城乡分工的观点出发,考察了罗马帝国崩溃以来在经济史上的两个过程,即农业的衰落和城市的繁荣,从历史的角度分析了促进或阻碍国民财富发展的原因。

第四篇题为"论政治经济学体系",是对政治经济学发展过程的最早理论概括。全篇共九章,其中有八章是批判重商主义的理论、政策及其实践的,一章是用来批评重农主义体系的。在对重商主义的批判中,斯密倾注了他对封建专制主义阻碍生产力发展的反感和敌视,在对重农主义的批评中,则在指出其不足的同时,也肯定了他们的成就和功绩。本篇内容近乎经济学说史。他探讨了不正确的政策和学说怎样妨碍了国民财富的增长。

第五篇题为"论君主或国家的收入",属于财政学问题。财政学作为一门独立的学科也是斯密在本书中第一次创立的。斯密在本篇中从如何有利于增进"国民财富"的前提下,分析和论述了国家的支出、收入和公债等理论问题,提出了财政史上著名的公平、确定、便利、经济四大税收原则,研究了国家财政对国民财富发展的影响。

在方法论上,《国富论》的最大特色是推崇理性演绎法,但也适度运用归纳法。就全书来说,头两篇是基础理论部分,偏重于理性演绎分析,后面各篇则偏重于经验事实的归纳和说明。整部《国富论》以增长国民财富为主线,几乎囊括了经济科学各学科的内容,反映了斯密力求建立一个完整的理论体系的意图。熊彼特认为:"从大约1790年起,斯密就成了导师,不是初学者或公众的导师,而是专业人员,特别是教授们的导师。包括李嘉图在内,这些人中大部分人的思想,都源于斯密,而且他们大都也从未超越斯密。在大约五十年中,直到约翰·穆勒的《政治经济学原理》(1848)问世为止,普通经济学家的思想大都是由斯密提供的。"[1]斯密是公认的近代经济学说的创始人,在19世纪前,经济学和经济学家们就是在斯密所提出的考察经济问题的框架内工作的。

第三节 亚当·斯密的经济学说

一、分工与交换理论

分工是斯密全部经济学说叙述的起点,《国富论》第1章的题目就是"论分工"。分工在斯密的时代还是一个陌生的词汇。开篇第一句是这样的:"劳动生产力上最大的改进,以及在劳动生产力指向或应用的任何地方所体现的技能、熟练性和判断力的大部分,似乎都是分工的结果。"[2]熊彼特认为分工理论"也许斯密在教学中经常讲授它,它是《国富论》全书中最精炼的部分"[3],在斯密的整个理论中占有相当重要的地位。

斯密是从劳动分工入手论述劳动生产力增进的原因,认为分工是提高劳

---

[1] 约瑟夫·熊彼特:《经济分析史》(第1卷),朱泱等译,商务印书馆1996年版,第294页。
[2] 亚当·斯密:《国富论》,唐日松等译,华夏出版社2005年版,第7页。
[3] 约瑟夫·熊彼特:《经济分析史》(第1卷),朱泱等译,商务印书馆1996年版,第284页。

动生产率、增进国民财富的主要原因和方法。他认为,分工之所以能提高劳动生产力,原因有三:第一,分工使劳动专门化,提高了工人的熟练程度;第二,由一种工作转到另一种工作,通常须损失不少时间,有了分工,就可以免除这种损失;第三,分工使专门从事某项操作的工人把全部注意力倾向于一种简单事物上,比较容易改进工具和发明机器,从而简化了劳动,缩减了劳动,使一个人能够做许多人的工作。他举出著名的制针手工场的例子,这个工场由于实行了分工,生产效率提高了四千八百倍。

　　斯密还考察了工场手工业内部的分工和社会的分工。斯密长期居住的格拉斯哥是苏格兰的工业中心,那里的制铁工业和纺织工业都比较发达,同时他还与住在那里的蒸汽机的发明者瓦特相识,因而使他有充分的机会去观察工业内部的状况,特别是工场手工业的分工情况。他以扣针制造业工场的分工说明工场手工业内部分工的好处是能提高劳动生产率,并认为一个人的生活必需品都是无数人分工合作的结果。在斯密看来,分工也促进了劳动生产力的提高。

　　斯密在对劳动分工的讨论结束时还阐述了一个重要的原理,那就是"市场范围对分工的限制",他说:"分工的范围必然总是受到交换能力范围的限制,换言之,受到市场范围的限制。当市场很小时,去专门从事一种职业无法获得鼓励,这是因为,他无法把自己劳动产品中所有远远超过自己消费的剩余部分,去交换他所需要的其他人劳动产品中的剩余部分。"① 为证明这一点,斯密论列了各种史实和现象:有些业务(如搬运工)只能在大都市产生和发展;水运开拓了市场,所以各种产业的分工和改良都是从沿江沿海一带开始,很久以后才扩展到内地的。斯密的这些陈述在今天看来很可能平淡无奇,但在当时却是一个全新而且重要的新见解。只有拓宽市场,分工的全部利益才能够得以实现。斯密还论证了分工极大地促进了交换的发展,甚至使整个社会都成为商业的社会了:"每一个人都靠交换来生活,在某种程度上变成了一个商人,而社会本身也逐渐成为一个完完全全的商业社会。"②

　　斯密在分析了分工以后,又分析了交换和分工的关系。斯密认为由于人的利己本性,产生一种"交换倾向",所以交换是人类所共有的属性,而分工也就是人类这种自然的、永恒的、本性的产物。交换和分工都是为了满足人们

---

① 亚当·斯密:《国富论》,唐日松等译,华夏出版社 2005 年版,第 16 页。
② 同上书,第 19 页。

利己的需要。交换是产生分工的原因,分工是交换的结果,分工是由人类的"交换倾向"引起的。他说:"分工最初也是从这种相同的交换倾向中产生的。在一个狩猎或游牧部落中,一个特定的人,例如,他比任何其他人能更快、更熟练地制造弓箭,他就制造弓箭。他频繁地用弓箭和他的同伴交换牲畜和鹿肉。他最终发现,他用这种方式得到的牲畜和鹿肉,比他自己到野地里捕捉到的还多。因此,由于对他自身利益的关切,制造弓箭成了他的主要营生,他成为一种专门制造武器的人。"[1]还有的人也因此而成了房屋建筑者、铁匠、铜匠、制革者等。

二、货币理论

在分工形成以后,交换如何进行呢?斯密认为要使交换顺利进行,就必须有货币。货币是在分工产生以后由人们之间的物物交换引起的,是人类长期交换实践的产物。他主要从商品种类的增多、交换的困难出发,考虑货币产生的必然性。他说,在刚刚开始分工的时候,交换的实现往往遇到很大的困难。他举了一个例子,屠夫在自己的店里所存的肉已经超过自己所能消费的数量,而酿酒人和烤面包人则希望买到这些肉的一部分。可是,他们除了自己所生产的各种物品以外,没有任何其他东西能用来同屠夫交换,而屠夫则已经储存了自己在最近的将来所需要的酒和面包。在这种情况下,他们之间就没有实现交换的可能性。还有,假如进入市场交换的货物只有三种(牛、羊、小麦),那么每种货物就要有两个相对价值,如果进入市场的货物多达100种,那么每种货物的相对价值就要达到99个。如果说一种货物只有2个相对价值不难为人们所记住,而一种货物具有99个相对价值人们就很难记住了。怎么解决这些困难呢?斯密认为,作为一般等价交换物的货币就产生了:"为了避免这种不方便,在社会的每个时期中的每个明智的人,当最初的分工确立以后,一定会自然而然地设法这样处理他的事务,除了他自己行业的特殊产品以外,随时随地带有一定数量的这种商品或那种商品,例如,他设想用这些商品来交换他人的劳动产品时是没有人会拒绝接受的。"[2]这些物品就是最初的交换媒介物或解决交换困难的"共同衡量标准",货币就是从交换发展中自发地和客观地产生的。

---

[1] 亚当·斯密:《国富论》,唐日松等译,华夏出版社2005年版,第14页。
[2] 同上书,第19页。

关于货币的性质,斯密认为货币是商品,是从普通商品中分离出来的一种人人都愿意接受的商品,是一种使交换方便易行的技术工具。他叙述了历史上曾有许多商品起过货币的作用,如牛、羊、盐、贝壳、烟草、兽皮以至铁钉等等,而最后这种作用才固定在贵金属上。这是因为金属不仅能像任何其他商品一样保存且不受丝毫损失,较之其他物品,它更不容易损坏,而且还可以没有任何损失地分割成许多小块,又可以很容易地把这些小块再熔合起来。这种性质是任何其他同样耐久的商品所不具备的,而金属的这种性质比起其他任何商品的性质都更适于作为商业和流通的媒介。斯密对金属货币产生的历史过程及其必然性的考察,是符合实际的。斯密认为,商品与货币的交换就是商品同商品的交换。金属货币同其他普通商品一样也是劳动的生产物,也包含着一定的劳动量,也具有等量价值:"用货币买到的或用货物交换到的东西都是用劳动购来的东西,我们得到的东西和我们自身付出的辛苦几乎是相等的。那种货币或那些货物固然节省了我们的辛苦,但它们包含了一个特定数量的劳动价值,因此,我们能够交换当时认定包含相等数量劳动价值的东西。"①

斯密还提出货币有两种职能:即充当交换媒介或流通手段。他虽然认为货币还有作为价值尺度的职能,作为支付手段、储藏手段和世界货币的职能,但在他看来这些职能都是由流通手段的职能派生的。斯密之所以把货币的职能归结为流通的工具,与他反对重商主义有一定联系。重商主义认为货币是社会的唯一财富,斯密是反对这种观点而走向了另一个极端的。斯密还探讨过货币流通量以及纸币流通的规律性问题,认为任何国家的铸币量都受以铸币流通为主的商品价值的支配,即商品的交易价值决定货币的流通数量。因此,他批评重商主义"试图靠输入或保留不必要的金银数量来增加国家的财富,就像试图让家庭保有不必要的厨房用具来增加其快乐一样,非常荒谬。"②

斯密还探讨了纸币,认为纸币和金属货币具有同等的作用,并且比金属货币更便宜、更经济,因此,主张用纸币代替金属货币,纸币指银行兑换券。在货币的本质论上,斯密是一个货币金属主义者。在此基础上,他探讨了纸币的流通规律:每个国家可以轻易流通的所有纸币的金额不应超过其所代替

---

① 亚当·斯密:《国富论》,唐日松等译,华夏出版社 2005 年版,第 24 页。
② 同上书,第 317 页。

的金银价值。如果超过了这个界限,过剩的数额将全部回到银行要求兑现;如果银行表现出任何困难或迟缓,那么,到银行要求兑换的钞票还会更多。由此而起的惊恐必然会使挤兑加剧①。

三、价值与价格理论

价值和价格理论在斯密的《国富论》中占有极其重要的地位,斯密在这里论证了商品交换的基本原理,论证了市场机制的作用,从而为他的其他理论奠定了基础。价值论和价格论是紧接在货币的起源和效用问题之后提出来的。斯密在说明了分工和交换的必要性以及交换的工具(货币)之后,接下来讨论的就是交换的依据和基础问题了。

斯密首先借助于有名的"钻石与水"的例子,说明了使用价值和交换价值这两个概念的区分。他所研究的是后一种意义,即交换价值。斯密最先区分商品的使用价值和交换价值,并在一定程度上说明了两者的关系:"具有最大的使用价值的东西常常很少有或根本没有交换价值;反之,具有最大的交换价值的东西常常很少或根本没有使用价值。"②他举水和钻石为例来说明这种关系。但斯密没有能够解决这一价值的悖论问题,把注意力放在了交换价值上。斯密的回答是:"劳动是一切商品交换价值的真实尺度。"③斯密明确地肯定了商品的价值决定于劳动,并对配第的劳动价值学说作了发展。这主要表现在以下三个方面。第一,他们都认为价值由劳动决定的,但配第认为只有开采金银的劳动才能直接创造价值,而斯密则认为不但开采金银的劳动,就是生产一切其他商品的劳动也都能直接创造价值。第二,他们都认为交换价值是由劳动决定的,但配第认为一切商品只有同货币交换才有交换价值,因此配第所研究的是商品同货币交换时的数量的关系;斯密则认为商品不但同货币交换,即使商品同商品交换也都有交换价值,因此斯密所注意研究的是商品同商品交换时的数量关系。第三,他们都看到了商品与货币相交换的价格形态,但配第受重商主义的影响,过于重视价值的货币形态,以致没有把交换价值从价格中抽象出来,而把交换价值归结为价格,即交换价值只体现于金银货币之中,而在其他任何场合都是不存在的。斯密则刚好相反,他反对

---

① 亚当·斯密:《国富论》,唐日松等译,华夏出版社 2005 年版,第 221 页。
② 同上书,第 23 页。
③ 同上书,第 24 页。

重商主义,认为货币只是充当流通工具的商品,因而把交换价值从价格中抽象出来,认为价格只是商品交换价值的一种形态,而并非唯一的形态。斯密在价值论上与配第相比更加清除了重商主义的影响,十分明确地肯定了一切商品的价值都是由劳动决定的。

作为价值尺度的劳动是什么?斯密的解释是二重的:既是生产商品时耗费的劳动,又是商品在交换中购买后支配的劳动。这样,斯密就提出了两种价值论:一种是生产中耗费劳动决定价值的理论;另一种是交换中购买的劳动决定价值的理论。前者宣称生产一切商品的劳动都创造价值,实际上是把决定商品价值的劳动归结为一般社会劳动,把商品价值量归结为生产商品的必要劳动量了。这一观点影响到了马克思的政治经济学。后者则把价值问题又从生产领域推到了流通领域,混同了耗费劳动和购买劳动。但在斯密看来,两者是一回事。因为所购买的劳动或所支配的劳动,应当同所花费的劳动一样,才能实现等价交换。

斯密还探讨了商品价值量变动的因素。他认为商品价值量同耗费劳动量成正比,同生产商品的劳动生产率成反比,而劳动生产率的提高又是由分工的发展决定的。在此基础上,斯密还区分了简单劳动和复杂劳动。在用劳动时间作为价值尺度时,斯密认为要考虑到简单劳动与复杂劳动、强度和熟练程度不同的尺度。在此基础上,斯密初步提出了把复杂劳动还原为倍加的简单劳动的问题,但他又认为,准确尺度不容易找到,只能"通过市场上的争执和讨价还价来进行"①。

商品价值的表现,斯密认为有三种形式,一种商品的价值可以表现为另一种商品,可以表现为一定量他人劳动,也可以表现为一定量的货币。后者实际上已经把价格归结为交换价值了,已把价格看作交换价值的一种形式。之所以作这样的区分,是因为斯密认为商品可以同商品交换,可以同劳动交换,也可以同货币交换,所以一种商品的交换价值可以表现为三种形式。

斯密认为劳动决定价值的规律只适用于简单商品生产,不适用于资本主义社会。他感到耗费劳动决定价值同购买劳动决定价值之间有矛盾,特别是在资本主义社会中两者的量不等,便转为收入价值论。熊彼特看到斯密价值理论中的这一转向,他说:"斯密在《国富论》第一篇第六章中明确指出:'工

---

① 亚当·斯密:《国富论》,唐日松等译,华夏出版社2005年版,第25页。

资、利润和地租,是一切收入和一切可以交换价值的三个原始来源.'如果他说的话是有意义的,那么这句话就具有决定性意义。他的价值理论就是后来的所谓生产费用理论。许多学者确实这样认为。"①斯密提出在资本主义商品价值应由三种基本收入——资本、利润和地租三个部分来构成和决定的:"由于每一种特定商品的价格或可交换价值,分开来看,分解成为三部分中的某一部分或所有部分,因此,构成一国劳动的全年产品的价格,合起来看,也必然分成同样的三部分,作为劳动的工资、资本的利润和土地的地租,分配给该国不同的居民。……工资、利润和地租是全部收入和所有具有交换价值的物品的三个最初的来源"②。斯密认为在简单商品生产的条件下,劳动者生产的商品属于劳动者自己所有,在等价交换的条件下,这个劳动者把所生产的商品出卖而换回的另一商品所包含的劳动量,与由自己耗费在自己出售的商品中的劳动量还是相等的,即耗费的劳动与购买的劳动是相等的。斯密认为,在一个劳动是唯一资源的社会中,一种商品的相对价值是由生产这种商品的必要劳动的数量决定的,耗费劳动可以单独决定商品价值。而在资本主义社会中,因为有了资本积累和土地私有,斯密发现资本家出卖商品所换回的劳动量,并不等于生产这种商品所耗费的劳动量,即除了用作支付工人工资(代表了劳动者在生产中所耗费的劳动量)的部分外,还包含有利润和地租,即劳动生产物不能完全归劳动者所有,还必须从中分出一部分给资本家作为利润,还要分出一部分给土地所有者作为地租。在这种情况下,一般用于生产或取得任何一种商品的劳动量,就不能单独决定这种商品所应交换、支配的劳动量了,在工资之外,还应加上利润和地租,于是商品价格就有了工资、利润和地租这三个部分,这三者也就成为新条件下商品价值的三个源泉了,这三种收入共同构成和决定商品的价值。斯密的这一观点后来发展成了西方经济学中的生产费用论。

斯密还分析了自然价格和市场价格的问题。这实际上就是对市场机制的分析。他所处理的市场关系是一个自由竞争充分发挥作用的环境,已经存在一般工资率、一般利润率和一般地租率,斯密称为"普通率或平均率或自然率"。斯密认为,所谓商品的自然价格,就是由自然工资、自然利润、自然地租

---

① 约瑟夫·熊彼特:《经济分析史》(第1卷),朱泱等译,商务印书馆1996年版,第286页注①、463页。
② 亚当·斯密:《国富论》,唐日松等译,华夏出版社2005年版,第40页。

所构成的商品价格,也就是恰好可以依照自然报酬率支付工资、利润和地租的价格。这个价格也就是价值。自然价格也就相当于商品的生产价格。自然价格随其各组成部分,即工资、利润和地租的自然率的变动而变动。所谓市场价格,就是商品通常出卖的价格,它也许高于或低于商品的自然价格,也许恰好等于其自然价格。自然价格和市场价格为什么会有不相符的情况呢?斯密认为,这主要是由于商品受供求关系变化的影响。他认为市场价格是以自然价格为基础,由商品的供求关系来支配,由竞争来调整的。熊彼特认为斯密的这一理论深深地影响了马歇尔:"斯密的市场价格实质上是短期现象,'自然'价格实质上是长期现象,也就是马歇尔的所谓长期正常现象。马歇尔最爱说的一句话是,'这全部可以在斯密那里见到。'"①

斯密在考察了市场价格与自然价格背离的原因之后,还指出了这种背离对于生产有自发的调节作用,即认为当某种商品的市场价格低于自然价格时,生产者就会相应地撤回一部分生产;当市场价格高于自然价格时,生产者又会相应地使用更多的资本去增加生产。这样,通过平衡,供求就最终使市场价格与自然价格趋于一致。

四、分配理论

斯密是西方经济学家中第一个正确划分资本主义社会结构的人。他根据人们占有的生产条件和取得收入的形式,把国民划分为三个阶级:只有劳动自身、以劳动换取工资的工人阶级;占有资本,用以购买劳动而取得利润的资本家阶级;占有土地,用以出租而收取地租的地主阶级。这三大阶级的工资收入、利润、地租乃是社会的三种基本收入,其他收入都是由此派生出来的。这就构成了斯密的分配理论。

(一)工资理论

斯密认为,在土地尚未私有和资本积累以前的原始社会状态下,劳动的全部产品归劳动者所有,没有地主,也没有雇主同他分享他的劳动所得。在这种状况下,劳动生产物构成劳动的自然报酬或自然工资。而在土地私有、资本积累已经发生的文明社会,工资则只能由劳动生产物或劳动创造的价值的一部分来构成,其余部分要当作土地地租和资本利润扣除下来。所以,在

---

① 约瑟夫·熊彼特:《经济分析史》(第一卷),朱泱等译,商务印书馆1996年版,第462页。

三种收入中,只有工资是劳动的收入或报酬。斯密认为,在资本主义生产条件下,工资是劳动所得,是由劳动生产物或其价值构成的。但它不是劳动的全部生产物,而仅仅是劳动生产物或其价值的一部分,是劳动者维持生活、延续后代所必需的生活资料的价值或价格。斯密同时还认为工资是劳动的价格和价值,是商品价值的构成部分和源泉之一。在斯密看来,劳动作为商品也同其他商品一样,有其市场价格和自然价格。自然价格是由维持工人及其家属生存和生活所必需的生活资料决定;市场价格取决于雇主与劳动者之间的斗争,最终取决于市场上的供求关系。工资的波动是由人口的波动决定的:什么时候,要是劳动报酬不能鼓励人口增值,劳动者的缺乏不久就会抬高劳动的报酬;什么时候,要是劳动报酬过分鼓励人口增值,劳动者的过多不久就使劳动的报酬减到其应有的程度。在第一种场合,劳动供给就会不足;在后一种场合,劳动供给就会过剩。结果"这两种情况都会迫使劳动价格回到社会情况所要求的适当比率上"①。他认为对人口的需求也必然支配人口的生产。人口的增长程度必然同劳动的需求增长程度相适应。

  关于工资量的决定和变动规律,斯密提出工资额至少应等于工人必需的生活资料。斯密还具体计算了劳动者要能传宗接代,其工资收入需养活四个孩子,因为常有半数的儿童在未成年以前就死去,而四个儿童的必要生活费用几乎等于一个成年人必要的生活费用。关于工资变化的趋势,斯密认为工人的工资必然随着资本的积累和国民财富的增长而不断提高,这是因为收入和资本的增加就是国民财富的增加,对工资劳动者的需求自会随着国民财富的增加而增加。劳动者需求的增加,又必使工资增长。而积累和追加的资本最终会全部用于购买追加的工人劳动,即全部追加资本都会转化为工资,因而社会工资基金总额会不断地增长,工人的状况会随之不断改善。可见,斯密是把工资的变动与国民收入和资本是否增加联系起来,因为国民收入与资本是否增加直接影响对劳动者需求的增减,从而影响着劳动市场的供求关系的变化。斯密把工资数额(即劳动的市场价格)的变动,看作取决于劳动的供求关系的变化,这一观点对以后的西方经济学有一定的影响。斯密主张提高工资,他认为高工资可以增强工人们的健康与体力,可以激励工人们尽力工作,因为高工资给工人们以过上更好生活的希望。在工资高的地方,工人比

---

① 亚当·斯密:《国富论》,唐日松等译,华夏出版社2005年版,第62页。

在工资低的地方更加积极、更加勤劳、更加敏捷。他的这一思想,用现代经济学语言表述,就是效率工资理论。

(二) 利润理论

把利润当作一个特殊的经济范畴来研究是斯密的一大功绩。在重农主义者魁奈那里,是把企业主的收入归结为一种特殊工资,是企业经营者高级劳动的报酬。斯密则明确指出,利润是随着资本的出现而出现的,并且把利润与社会三大阶级的收入联系起来,即认为资产家获得利润,地主和工人两个阶级分别获得地租和工资。

一方面斯密认为利润是工人劳动生产价值的一部分,是雇主分享的由工人劳动对原材料所增加的价值在扣除了工资以后的余额;另一方面,斯密又认为利润是资本的自然报酬,是商品价值或生产费用的一个构成部分,是商品价值的根本源泉之一,是资本家生活费用的正当来源。他认为利润是用来报酬资本家垫付原材料和工资的那全部资本的代价,是资本家所冒风险的补偿。显然,这一利润论是以他的收入构成价值论的理论为基础的,把利润的来源同资本联系起来,认为资本是利润的来源,以此来说明利润的合理性。斯密之后的萨伊等人继续发展了这个论点。

关于利润量的决定,斯密根据他的耗费劳动决定价值的理论,认为利润量首先取决于资本所支配的劳动量和工资量,利润量的大小同资本支配的劳动量成正比,同工资量成反比。同时他也指出如果在劳动生产率提高,在各种产业迅速扩展的情况下,工资和利润可以同时提高。根据他的收入构成价值的理论,则又认为利润来源于资本,取决于资本量的大小,而与劳动量、工资量无关。利润量同所投资本量的大小成正比。斯密还看到了随着企业之间的竞争会使利润率不断下降。这是因为在同一行业中,如果有许多富商投下了资本,他们的相互竞争自然倾向于减低这一行业的利润;同一社会各种行业的资本,如果全部都同样增加了,那么同样的竞争必对所有行业产生同样的结果。

斯密提出利息是利润的一部分。他认为资本家有资本不自用而转借他人,借以取得的收入,称为货币的利息。出借人既然给借用人以获取利润的机会,借用人就付给利息作为报酬。所以,利息是一种派生的收入,偿还利息所用的款项,是来自运用借款而获得的利润。他认为市场利息率对纯利润率所应有的比例,随利润升落而变动。这个利息在利润中大概占多大比例?他认为,在一般情况下,即在一般利润率为8%—10%的情况下,利息则占利润的一半。而如果一般利润率低于8%—10%的情况下,利息就低于利润的一半。斯密还进一步研究了各国利息率的高低和变动情形:都市资本数量庞大而且竞争者多,所以都市的利润率一般都较乡村的要低;苏格兰资本较英格兰少而且发展较慢,所以它的利润率比英格兰要高;同样,法国的利润率比英格兰高;荷兰比英格兰富裕,所以其利润率比英格兰要高;在新殖民地,利息和利润都高。斯密主张由市场供求来调节资本利润和利息,反对人为的强制规定和干预。

(三) 地租理论

斯密认为地租是使用地主土地的代价或自然报酬,是商品价值或生产费用的一个构成部分,是商品价值的源泉之一。在签订租约时,地主就已确定在劳动生产物中只留给租地人足够补偿他用以提供种子、支付工资、购买农具等费用,以及他所应得的普通利润,余下的部分就以地租形式全部收归己有。租地人支付给地主的地租,显然是他在扣除工资、资本磨损、平均利润和其他生产费用以后所能支付的最终剩余。地租是一种剩余。产品的高价格产生高地租,低价格产生低地租。在这里,斯密已明确地把地租看作与利润不同的、并归土地所有者的特殊收入,即他依土地所有权而取得的收入。斯密认为地租是一种垄断价格,或者是这种垄断价格的结果,这是由于土地所有权的垄断而使农产品价格大大超过足够补偿生产中所支付的资本并提供普通利润而形成的。这就正确地指出了土地私有权的垄断对地租形成的作用。与此相应,他认为地租也是自然力的产物,是自然力参与农业生产的结果。这就又把地租归之于自然的恩赐了,这显然是受了重农学派的影响。

关于地租量的决定,斯密认为自然地租是租地人从土地生产物或其价格中扣除了他的资本和普通利润后所能支付的最高数额,地租是土地生产物价格超过农业家普通利润以上的余额。地租变动的趋势,是随着资本的积累、社会财富的增长和社会改良而增长。首先是改良,即耕种面积的扩大必使土地上的劳动生产物增加,地主所得的一份也必然随之增加,因而可直接抬高土地的真实地租。其次,土地原生产物真实价格的腾贵,也会直接以更大比例提高地租。再次,劳动生产力的增加会直接降低制造品真实价格,也能间接提高土地的真实地租。因为地主以同量原生产物可购买更多的制造品。最后,社会真实财富的增加、社会所雇佣的劳动量的增加,都能间接提高土地真实地租的倾向。因为所雇劳动量的增加必有一部分流向土地,使土地生产物随所投资本的增加而增加,因而使地租增加。斯密没有专门研究级差地租问题,但是他已经知道级差地租是由耕地的丰度和距离城市的远近两个条件引起的。他说:"地租不仅随土地肥沃程度而变动,不论其产品如何,而且随土地位置而变动,不论其肥沃程度如何。城市周围的土地比同样肥沃程度但位于偏远地区的土地能提供更多的地租。"[1]

斯密在研究了工资、利润和地租之后,对资本主义社会三个阶级三种收入的关系作了这样的结论:随着国民财富和资本的增加,地租和工资都必然增加,而利润则必然降低。斯密的收入分配理论大大超越了重农学派的分配理论。

五、资本积累理论

斯密把资本看作国民财富增加的积极因素之一。他认为既然增加一国财富的一个重要方法是增加生产劳动者的数目,而要增加生产性劳动者的数目,必先增加资本,增加维持生产性劳动者的基金。他在自己的经济学说中,专门对资本作了系统的考察。

斯密认为,资本就是能够用以取得利润的积累。他说:"资本一经在某些人手中积累以后,他们其中的有些人自然会运用该资本来推动勤奋的人们去工作,为他们提供原料和生活资料,以其通过对他们产品的销售或通过他们的劳动,使原料的价值有所增值而获得利润。"[2]在这里,他已明确地指出了资本家就是依靠自己手中的资本从劳动者所生产的产品或价值中收获了利润收入。因此,在他看来,资本就是资本家从劳动者手中攫取收入或利润的一种工具。另一方面,斯密又认为资本就是用于继续生产的过去的劳动积累,即生产资料。他说所谓资本,是人们希望从中取得收入的资财,即把资本看作用于继续生产的"预蓄资财",资本家就是积累有"预蓄资财"而谋求收入的人。这就把资本定义为是用生产以取得利润的生产资料。

斯密把资本区分为流动资本和固定资本。流动资本是指必须通过交换和流动才能为投资者带来利润或收入的资本,它包括货币、作为生产者或商人的售卖品的食品、原材料以及制成品。固定资本是指不必经过流动、不必

---

[1] 亚当·斯密:《国富论》,唐日松等译,华夏出版社 2005 年版,第 115 页。
[2] 同上书,第 37 页。

更换主人即可提供收入或利润的资本,主要包括企业使用的机器和工具、营业用的不动产(如商店、工场、农舍等)、土地改良费用以及"社会上所有人掌握的有用才能"。固定资本都是由流动资本变成的,而且要不断地由流动资本来补充,因为如果没有流动资本,也就没有必要的生产条件(不包括机器工具)。至于固定资本和流动资本的目的,斯密认为是共同的而且只有一个,即提供并不断地增加供目前消费的资财。斯密是第一个提出固定资本和流动资本这两个概念的经济学家,他把"社会上所有人掌握的有用才能"也看作固定资本的一部分,认为"这些才能是他个人财产的一部分,也是他所属的社会的财产的一部分。工人熟练程度的提高可以像方便劳动、节省劳动的机器和工具一样,被看作社会的固定资本。"①这已包含有"人力资本"的思想。资本的积累来源于节俭:"资本增加的原因是节俭;资本减少的原因是奢侈与妄为。一个人从收入中储蓄了多少,就增加了多少资本。"②

相对于重农学派把资本的划分仅限于农业部门,而且把农业资本划分为年预付和原预付两部分,斯密的划分普遍化了,因为他不再限于农业;他提出的固定资本和流动资本这两个概念和名词也被后人所采纳。马克思在评价斯密的资本定义时指出:"斯密把'原预付'和'年预付'换成'固定资本'和'流动资本',进步之处在于'资本'这个名词,他使资本这个概念普遍化,摆脱重农学派特别注意把它应用于'农业'领域这种情况。"③斯密的这种划分,在理论上是一种进步。

六、经济增长理论

斯密强调经济增长和经济发展。他认为劳动分工刺激了资本的积累,并且通过共同作用提高了劳动的生产率,劳动生产率的提高又会增加整个国家的产出,国家产出的增加又会拓展和延伸市场,又会促进更高层次的劳动专业化和更大的资本积累,从而推动经济的增长和发展,形成不断的循环往复。同时,斯密还注意到了另一个可能提高劳动生产率和促进经济增长的因素,那就是区分增加产品价值的生产性劳动和不增加产品价值的非生产性劳动。

斯密把生产性劳动定义为生产商品的劳动,即认为凡是能增加产品价值

---

① 亚当·斯密:《国富论》,唐日松等译,华夏出版社 2005 年版,第 207—208 页。
② 同上书,第 247 页。
③ 马克思:《资本论》第 2 卷,《马克思恩格斯全集》第 24 卷,人民出版社 1973 年版,第 401 页。

的劳动称之为生产性劳动;而不能增加物的价值的劳动称之为非生产性劳动。显然,斯密是从是否有利于实现资本积累和经济增长的角度来做上述区分的。在他看来,生产性劳动将劳动储存在有市场价值的有形商品之中,如制造业工人的劳动,不会随生随灭,是把一定量劳动储藏起来,日后还可以再用来雇佣工人;非生产性劳动被投入提供服务之中,它不会产生可以在市场上得到的有形物品,如家仆的劳动,尽管它确实是有用的,但它随生随灭,很难把它储藏起来供日后使用。简言之,生产性劳动是生产价值或商品的劳动,非生产性劳动就是仅仅提供个人服务,不能生产价值和任何物品的劳动。斯密为生产性劳动和非生产性劳动所作的区分,关键在于是否增加产品价值,而且增加到实际的特殊的商品体上,即生产性劳动仅限于物质的有形的产品领域。

生产性劳动与非生产性劳动的范围,斯密认为,生产性劳动部门包括农业、制造业、批发商业、零售商业,认为这些行业的"工人的劳动一般会把维持自身生活所需的价值与产生雇主利润的价值,加入到所加工的原材料的价值上"①。这就大大扩大了生产性劳动者的范围。除以上四种职业的人外,从事其他职业的人都是非生产性劳动者,包括社会管理者,如君主、官吏、军队、牧师、律师、医师、文人、演员、歌手、舞蹈家等,都是非生产性劳动者。除了非生产性劳动者外,社会中还有一种不劳动者,即地主。非生产性劳动者和不劳动者合起来叫做"非生产性人手"。资本用于生产性劳动和非生产性劳动的比例,决定了次年的生产量,因为这两部分资本直接决定了用于生产性和非生产性劳动的劳动者人数,从而也决定了资本和收入的比例。斯密主张节俭以积累资本,主张减少非生产性劳动者的人数,以减少非生产性开支来增加生产性劳动的支出从而增加国民财富。他认为非生产性劳动者的奢侈、浪费会减少资本积累,阻碍生产发展和社会进步,故应受到限制。斯密提出的生产性劳动和非生产性劳动的概念虽然是不科学的,但他对理解促进国民财富更大增长的各种要素无疑作出了巨大的贡献。熊彼特指出:"根据斯密的说法,生产性劳动者可以再生产出雇佣他们的资本所具有的价值外加利润;而非生产性劳动者或是出卖劳务,或是所生产的东西不产生利润。这可以看作马克思的剩余价值理论的萌芽。用这种意义来解释,把劳动分为生产性劳动和非生产性劳动也不无道理。"②

---

① 亚当·斯密:《国富论》,唐日松等译,华夏出版社 2005 年版,第 242 页。
② 约瑟夫·熊彼特:《经济分析史》(第一卷),朱泱等译,商务印书馆 1996 年版,第 292 页注①。

七、经济自由主义的政策主张

斯密的经济理论是以其人性论为基础的。他从"经济人"的"利己心"出发,把"经济人"的"利己心"看作一切经济现象和经济过程的本源。所谓"经济人",就是追求自身经济利益、表现人的利己本性的经济活动的主体,即企业家、资本家。所谓"利己心",就是认为人的本性就是利己,即追求个人的经济利益。斯密认为,这是人的本性的要求。而为了利己,每个人还必须考虑利他,损人利己不能达到利己的目的。所以,在斯密看来,个人利益和社会利益是一致的。他认为每个人改善自身境况的一致的、经常的、不断的努力是社会财富、国民财富及私人财富所赖以产生的重要因素:"每个人都在不断努力为自己所能支配的资本找到最有利的用途。当然,他所考虑的是自身的利益,而不是社会的利益。但是,他对自身利益的关注自然会,或者说,必然会使他青睐最有利于社会的用途。"①人们出于利己心的这种利人的考虑,就会使人类产生了一种"交换倾向",人们都是以利人之物来换取利己之物的。这种"交换倾向",也就是利己主义本性的表现。他认为,追求个人利益,每个人为改善自身境遇所作的一贯的、恒常的努力,是社会、国家和私人富裕由以产生的源泉。基于人们这种利己主义的"交换倾向",斯密认为,满足人们"利己心"的最好途径就是实行"经济自由"。利己主义是斯密整个经济研究的根本前提或出发点,并由此演绎出自己的整个经济理论体系。

基于人性的判断,斯密在经济政策上强调自由放任。他认为在"一切都听其自由"的社会里,人们受一只"无形的手"的指导,"通常他既不打算促进公共的利益,也不知道他自己是在什么程度上促进那种利益。……他管理产业的目的在于使其产品的价值能达到最大程度,所想到的也只是他自己的利益。在此种情况之下,与在其他许多情况之下一样,有一只无形的手在引导着他去尽力达到一个他并不想要达到的目的。而并非出于本意的目的也不一定就对社会有害。他追求自己的利益,往往使他能够比在真正出于本意的情况下更有效地促进社会的利益。"②所以,国家不应该去干涉个人追求自己利益的自由。这只"无形的手",就是市场经济中竞争的自发力量。斯密强

---

① 亚当·斯密:《国富论》,唐日松等译,华夏出版社 2005 年版,第 326 页。
② 同上书,第 327 页。

调,竞争可以使产品的价格降低并且使每个销售者所得到的利润降低。在最初只有一个销售者的情形下,超额利润吸引了新的竞争者,他们提高供给并且消除超额利润。用现代经济学的术语来表述,竞争的结果就使资源配置达到了最优,经济运行充满了效率。正是由于工商业者出于他们的盈利动机,不断储蓄和投资,从而不断积累资本,经济才不断增长。

因此,斯密反对国家干预。在斯密的眼里,政府是浪费的、腐败的、无效的,并且是对整个社会有害的垄断特权的授权者。政府的奢侈与妄为,会使社会造成灾难和穷困。他坚持:"任何人,只要他不违反正义的法律,都有充分的自由,以自己的方式追求自己的利益,并以其劳动和资本与任何其他人或其他阶层去竞争。"①

斯密反对垄断。他认为垄断的消极作用有三个,一是垄断是良好经营的大敌,而出色的经营必然来自自由和普遍的竞争。自由和普遍的竞争势必驱使各个人为了自己而采用良好的经营方法。二是垄断可以提高利润率,但高利润不仅会妨碍资本的增长速度,在农业中还会因谷物价格的高涨,妨碍土地投资和农业技术的改良。三是垄断违反了资本流向的自然驱使,使资本时而流向享有独占收入的特殊贸易,时而又限制这种贸易,结果将破坏国家一切产业部门的自然均衡,同时也将造成国际间的敌对与不和。他提出四个方面的改革方案,以取消妨碍经济自由发展的政策法令:一是通过废除学徒规章制度与居住法,实行选择职业的自由;二是通过废除限嗣继承法、长子继承法以及限制土地自由转移的规定,实行土地买卖自由;三是废除地方关税及其他一些税收,实行国内贸易自由;四是废除关税、奖励金、对商业的禁令以及政府特许的商业垄断,实行对外贸易自由。

斯密的自由主义的经济政策观点,是资本主义上升时期的资产阶级为适应其商品经济的发展,强烈要求自由竞争,反对国家干涉经济的思想反映。这在当时对促进资本主义经济发展具有进步的作用。

八、国家职能和赋税原则

李斯特认为,"亚当·斯密的学说,关于国家及国际情况的方面,只是重农主义的延续。"②斯密和魁奈一样,主张国家的职能就是保证有一个发展

---

① 亚当·斯密:《国富论》,唐日松等译,华夏出版社 2005 年版,第 494 页。
② 弗里德里希·李斯特:《政治经济学的国民体系》,陈万煦译,商务印书馆 1961 年版,第 290 页。

生产、积累财富的和平环境,也就是起一个"守夜人"的作用,政府要像一个"守夜人"那样防止外来的暴行和侵略、并维持公共管理和提供公共服务就可以了,不要干预经济的自由。他说:"根据自然自由的制度,君主只有三种应尽职责……第一,保护社会不受其他独立社会的侵犯;第二,尽可能保护社会任何成员不受其他任何成员的侵犯或压迫,即设立完全公正的司法机构;第三,建立和维护个人或小团体所不感兴趣投入的某些公共设施和公共机构,因为这些设施和机构产生的利润决不能补偿个人或小团体的投入,尽管对于社会整体来说常常是不仅能收回投入而且还能得到大得多的利益。"①也就是说,国家的职能只在于为私人经营创造一个安全的外部环境,充当"守夜人"的角色,而不必干预经济活动,这方面的事物应当放手让私人去经营,但那些私人不愿经营或经营不好的公共事业和公共设施才由国家经营。具体些说,国家的职能仅限于三方面:第一,保卫本国不受他国侵犯;第二,建立司法机构,保障社会成员的财产私有权不受他人侵犯;第三,建设和维持一些私人企业家不可能从中获利的公共工程和公共事业。他主张把政府的财政开支缩减到最低限度,因为政府的费用是非生产性开支,过多的支出是一种浪费。

　　斯密考察了国家履行上述职能需要的各项费用,包括国防费、司法费用、公共工程和公共机关的费用,这些费用通过征税解决。为此,他提出了最优税制的四种原则:"(一)每个国家的国民必须按照各自能力,也就是说,按照各自在国家保护下所获得收入的比例,尽可能地缴纳税赋以确保政府运转。……(二)每个国民应当完纳的赋税必须是确定的,且不得随意变更。完纳的日期、方式和额数都应当让一切纳税者及其他人了解得十分清楚明白。……(三)各种赋税征收的日期和方式必须给予纳税者最大的便利。……(四)一切赋税的征收要有所安排,设法从人民那里征收的尽可能等于最终国家得到的收入。"②这就是他所提出的赋税四大原则,即公平、确实、便利和经济。所谓公平,即一国国民都必须按照在国家的保护下所享受的收入的比例纳税,负担要公平,这与当时所盛行的累退的税收是截然相反的;所谓确定,即纳税数额、支付日期、支付方式都必须明确,以免税吏舞弊;所谓便利,即纳税方法、日期都要给纳税者以最大便利;所谓经济,即税收应以政府

---

① 亚当·斯密:《国富论》,唐日松等译,华夏出版社2005年版,第494页。
② 同上书,第589—590页。

最小成本来征收。这四大原则一直影响到现代财政学。

九、国际分工理论

斯密认为自由主义原则也适用于国际经济,主张在国家之间实行国际分工和对外贸易自由。在对重商主义进行的一个直接批评中,斯密主张政府不应该干预国际贸易。各个国家像个人和私人家庭一样,应该专门生产他们具有优势的产品去交换其他国家具有优势的产品。在他看来,国际的分工和自由贸易,正如国内的分工和自由交换一样,能促进劳动生产力的发展,使交换双方都能得到好处。他是从个人的分工推论到国际分工、从个人之间的交换推论到国家之间的交换的。他说:"如果购买一样东西的代价比在家里自己制造所需的成本小的话,就绝不会在家里生产,这是每一个精明的人都明白的道理。裁缝不想制作他自己的鞋子,而向鞋匠购买;鞋匠不想制作他自己的衣服,而雇裁缝制作;农民不想缝衣,也不想制鞋,而宁愿雇用那些不同的工匠去做。他们都觉得,为了自身的利益,应该把全部精力集中到比邻人有优势的方面;而以劳动生产的一部分或等价的东西,即其一部分的价格,来购买他们所需要的任何物品。在私人家庭的经营中是精明的事情,在一个大国的管理中就不可能是愚蠢的行为。如果外国能够提供比我们自己制造还要便宜的商品,我们最好就用我们自己较有优势的产业生产出来的产品的一部分向他们购买。"①因为每个国家都根据自己的条件发展最擅于生产的部门,劳动生产率就高,成本就低,劳动和资本都会得到正确的分配和运用;这样去进行自由贸易,就能用最少的花费换回更多的东西,就能增加国民财富。所以,一种商品,如果其他国家来生产,所需成本比本国低,那么本国就不要生产;用输出自己最擅长生产的商品换来的钱,去购买别国的廉价商品,要更便宜、更合算。国际分工和自由贸易,不仅能使每个国家比它在闭关自守时获得更多的廉价商品,而且能促进这个国家的劳动和资本得到最充分和最合理的运用。国与国之间的分工优势的形成,有自然固有的,如气候、土质、矿藏以及其他自然条件等;也有后来获得的,如技术水平、劳动的熟练程度等。斯密认为,正像国内每个生产部门和彼此之间存在分工,这种分工的发展能够提高劳动生产力一

---

① 亚当·斯密:《国富论》,唐日松等译,华夏出版社 2005 年版,第 328 页。

样,国际上不同地域之间也存在着分工,这种国际地域分工通过自由贸易也能促进各国劳动生产力的发展。

斯密还讨论了对外贸易可以通过克服国内市场的狭隘,进而推动了更深程度的劳动分工,如出口可以消除国内没有需求的剩余产品而带回有国内需求的产品。他反对出口补贴的奖励制度,认为由奖励金引起的外国市场的推广,必定在每一年都牺牲了国内市场,因为靠奖励输出,没有奖励金就不会输出的谷物,在无奖励金的情况下定可留在国内市场上,以增加消费而减低谷物的价格。所以,"对于本国某些产物的出口发放奖金,完全是为了生产者的利益。国内消费者不得不负担两种税:一种是为了支付奖金所必须征收的赋税;另一种是国内市场价格的上涨所必然产生的更大的赋税。"① 就这种商品而言,第二种税比第一种税要重得多。因此,斯密极力反对保护关税政策,认为这是对各国经济发展的障碍。因为在关税保护政策下,本国资本就不一定投向于本国最擅长的生产部门,而是投向被保护的生产部门,以致使生产力停滞不前,甚至倒退下降。

斯密的这种国际分工和自由贸易理论,从抽象的分工与自由交换将有利于财富的增长来看,是有一定道理的。斯密之所以提出这种自由贸易的理论,也是当时英国在本国工业已处于世界领先地位的情况下,企图占领世界市场强烈愿望的一种反映。

关 键 词

自然价格　斯密教条　经济人　看不见的手

思 考 题

1. 从17世纪到18世纪中叶英国经济思想哪些方面有重要发展?出现了哪些著名的经济思想家?他们的经济思想是怎样逐步摆脱重商主义的影响而为古典经济学开辟道路的?

2. 试述斯密价值规定的二重性及其演化。

---

① 亚当·斯密:《国富论》,唐日松等译,华夏出版社2005年版,第476页。

3. 按照斯密的观点，什么决定原始经济中的交换价值？什么决定现代经济中的交换价值？为什么斯密用"可支配的劳动"而不是用"可支配的货币"作为衡量产品价值的尺度？

4. 简评斯密的国际贸易理论。

第三篇

古典经济学范式的常规发展时期

在萨伊、李嘉图之后的约 60 多年的时间里,古典经济学进入了常规发展时期。就理论渊源说,当时的古典经济学家,不管是英国的还是法国的,都是以亚当·斯密的《国富论》作为自己理论的出发点。这不仅是因为这部著作创立了政治经济学的体系,更主要的是它全面地探讨了国民财富的增长问题,这也是当时英法两国经济学家所关注的中心问题。古典经济学范式的逻辑蕴含在这一时期也逐步地释放出来,萨伊定律、供给分析、实物经济与货币现象的两分法以及货币数量论等,都在这一时期获得发展。

亚当·斯密把国民财富的增长归结为分工的发展和资本的积累,但当资本主义生产进入机器大工业阶段以后,工场内部的分工已丧失其重要意义,因此在萨伊的著作中,资本积累被看作国民财富增长的基本源泉,强调资本积累对于经济增长的重要意义,强调经济自由主义。萨伊在斯密三种收入构成价值的理论基础上,宣称工资、利润和地租有其各自的来源,三者间和谐一致,不存在利益上的对立。萨伊理论的特点,是他依据古典经济学把货币仅仅理解为交换媒介,把资本主义的商品交换还原为买同时卖的物物交换,作出了供给本身创造需求的结论。这个结论,不仅为资本主义的自由贸易作了进一步的论证,还为资本积累是经济增长的基本源泉命题提供了理论前提,被称为"萨伊定律",成了古典经济学的理论基础。在李嘉图的著作中,资本积累同样被看作国民财富增长的基本源泉。资本积累也就是利润转化为资本积累率,从而国民财富的增长速度也就取决于利润率。李嘉图经济学的特点是把国民生产总值在三个阶级之间的分配当作政治经济学的研究主题,同时揭示了工资和利润、地租和利润之间的对立性,揭示了利润率下降的趋势。李嘉图的功绩还在于继承和发展了斯密的耗费劳动决定商品价值的理论,始终一贯地坚持生产中耗费的劳动决定价值的原理,并运用这一原理来考察资本主义的一切经济范畴。自 1830 年以后,古典经济学沿着萨伊和李嘉图开辟的两个方向发展:一派宣扬各阶级利益一致的和谐论,以对交换领域现象的描绘来代替古典经济学对生产关系的研究,代表性人物有法国的巴师夏和英国的西尼尔;另一派承认阶级矛盾的存在,但采取折衷主义手法来加以调和,表现在经济理论上就是通过综合手段,即把各种见解融合起来,代表性人物为约翰·穆勒。约翰·穆勒典型地表现了常规经济学研究的特点,即系统和折衷。穆勒对古典经济学的综合,不仅使斯密的理论体系演变成穆勒的理论体系,也宣告了古典经济学的终结。

西斯蒙第和马尔萨斯代表了古典经济学常规研究中的一种新方向,他们公开否定"萨伊定律",认为资本的积累、生产的扩大会受到消费不足的限制,提出资本的积累只有在一定的条件下才会促进经济的增长,否则就会导致普遍的生产过剩的危机。这一有效需求不足的危机理论,提出了刺激总需求以适应总供给的思想,为西方经济学研究的发展开辟了一个新的范式,成为凯恩斯经济理论的重要思想来源之一。

古典经济学常规发展的19世纪中期,受到了来自三方面的挑战:一是来自历史学派的挑战;二是来自边际效用学派的挑战,三是来自马克思主义经济的挑战。本篇讨论了历史学派对古典经济学的挑战。直到19世纪末20世纪初,历史学派一直占据德国经济思想的主流地位。

第六章
萨伊和李嘉图：古典经济学的分化

本章学习要求：亚当·斯密创立的古典经济学在萨伊、李嘉图时出现了分化：萨伊继承了斯密的"收入构成价值论"思想，并将其发展成为一种为资本主义经济辩护的政治经济学；李嘉图则继承斯密的"劳动价值论"思想，将古典经济学发展到了一个新的阶段。本章学习要求掌握"萨伊定律"的内涵；李嘉图价值理论的特点、分配理论、国际贸易学说和货币理论。

亚当·斯密创立的古典经济学发展到18世纪末、19世纪初资本主义机器大工业确立、社会阶级矛盾日益尖锐化的时期，开始出现了分化，日趋向着不同的方向发展：萨伊继承了斯密的"收入构成价值论"思想，提出了"供给自动创造需求"的"萨伊定律"，为古典经济学的发展奠定了理论基础；李嘉图则继承斯密的"劳动价值论"思想，将古典经济学发展到了一个新的阶段。李嘉图的劳动价值论思想又为马克思所吸收和改造，创立了马克思主义的政治经济学。

第一节 萨伊对古典经济学的发展

让·巴蒂斯特·萨伊(1767—1832)生活在法国大革命和法国资产阶级夺取政权的时期，当时法国工场手工业已有相当发展，法国资产阶级革命已为工业革命开辟了道路，法国已处于工业革命的前夕。但同英国相比，法国经济仍相当落后，仍是个以农业为主的国家。当时法国的社会矛盾虽然仍是资产阶级同封建地主阶级的矛盾，但无产阶级同资产阶级的矛盾也日益尖锐,而当时法国的空想社会主义又批判了资本主义的弊端和矛盾。这就是萨伊经济学说产生的历史背景。

萨伊出生在里昂一个新教徒的大商人家庭,早年经营商业,后去英国受商业教育。他在留学期间,看到了英国工业革命促进经济发展的现实,并认真研读了斯密的著作。回国后仍然经营商业活动。1789年法国大革命爆发后,他投身革命,并积极参加军队与保皇军作战。雅格宾派上台后,他又脱离革命,反对雅格宾派政权。回到巴黎后担任《哲学、文艺和政治旬刊》的主编,他的许多经济理论都是在这个刊物上发表的,并博得拿破仑的赏识,被委任为财政委员会法案评议委员,但又由于反对拿破仑的保护关税政策又被解职。之后主要从事政治经济学的研究和教学。代表作是1803年发表的《政治经济学概论》(以下简称《概论》),此书因提倡经济自由,反对拿破仑对外实行禁止性关税政策而被禁止重印。拿破仑失败后,于1814年再次出版。1817年担任巴黎工艺美术学院工业经济学教授。1828—1830年发表六卷本的《政治经济学教程》。此外,他还发表过一本《政治经济学问答》(1817),此书是《概论》的压缩本。从1830年起,萨伊担任法兰西学院政治经济学教授,直至逝世。对于萨伊的自由贸易的理论主张与其经历和利益之间的关系,李斯特有如下评论:"萨依起先是个商人,后来是个工业家,然后又成了一个失败的政客,最后抓住了政治经济学;当旧行业不能再继续时就换一个新的,这就是他的经历。我们在记录上可以看到他的自白,提倡(所谓)重商主义好呢还是自由贸易主义好,他最初在这一点上是踌躇过一番的。他仇恨(拿破仑的)大陆政策,因为这个制度毁灭了他的工厂,他也仇恨那个制度的创行者,因为革去了他的官职,因此他决定拥护绝对的自由贸易主义。"①

他的《概论》一书,除绪论外,分为财富的生产、财富的分配和财富的消费3篇共42章。在《概论》一书中他将斯密的经济理论条理化和系统化,以简单概括的方式,把它介绍到了法国和其他欧洲各国,萨伊因此也被誉为亚当·斯密的"伟大继承者"和欧洲大陆的政治经济学权威。他提出的政治经济学研究对象、三分法、效用价值论、生产三要素、三位一体分配论和"萨伊定律"等,对以后西方经济学的发展有着深远影响,并为后来的经济学家所继承。

---

① 弗里德里希·李斯特:《政治经济学的国民体系》,陈万熙译,商务印书馆1961年版,第299页。

一、政治经济学的对象、任务和方法

萨伊认为政治经济学是研究社会财富生产、分配和消费的科学。他的《概论》的副标题就是"财富的生产、分配和消费"。他所谓的财富,是指那些具有"内在价值的许许多多东西,比如土地、金属、硬币、五谷、织品以及其他种类的货物。当我们把它的含义扩大,也把土地债券、汇票、支票、期票等包括在内时,这显然是因为这些东西意味着支付有价值东西的缘故。"①他认为政治经济学不研究天然财富即大自然无偿、无限地供给人的自然财富,而专门研究社会财富,只有这部分财富才具有内在的价值。

他认为政治经济学研究的是人与财富的关系,从而把政治经济学看作纯理论的学科,认为政治经济学是研究在一般社会制度下人类对财富的生产、分配和消费,主张把政治经济学同政治学严格区分开,政治学是研究人与人的关系的,并研究社会秩序所依据的原则,而政治经济学是研究人与财富的关系的,认为财富是不依存于政治的。他主张经济同政治分开的目的,在于使经济活动免受政治的干预而得以自由地进行,也表达了他对拿破仑,尤其是雅各宾执政时期对经济过分干预的政治批判。

他认为政治经济学研究的目的和任务是提示财富的由来和方法,即教导人们"熟悉国家繁荣所根据的原则"②。在政治经济学研究的方法上,他强调政治经济学"如物理学和一切其他科学一样",应是一门实验科学。实验科学"这个方法的优点在于,只承认经过仔细观察的事实,以及根据这些事实所作的精确推论",它阐明事件是怎样发生的,以"发生着的事件"③为基础。政治经济学以发生着的事实为基础,所以强调运用理性演绎的方法来研究经济事物的因果联系,即是"从一个环节到另一个环节"地说明经济活动的因果联系,"它说明那些事实不断相结合,以至一个事实总是另一个事实的结果,以及为什么是这样。"④

他提出了政治经济学研究的"三分法",即把政治经济学研究的内容分为"怎样生产、分配和消费"三个部分。他认为亚当·斯密没有明确地区分经济

---
① 萨伊:《政治经济学概论》,陈福生、陈振骅译,商务印书馆2009年版,第58页。
② 同上书,第51页。
③ 同上书,第13页。
④ 同上书,第15页。

学的各个部分是他著作的主要缺点之一,以至于"不能对财富分配有任何正确意见"①。他自己正是按他的"三分法"对斯密的著作进行了系统化的整理和发挥。萨伊的"三分法",规范了西方经济学研究的范围,为其后西方经济学的内容划分和体系构建,奠定了基础。詹姆斯·穆勒在萨伊三分法的基础上又进一步把政治经济学的内容划分为生产、交换、分配、消费四个部分。

二、生产三要素论

萨伊认为具有内在价值的社会财富都是在生产过程中创造出来的。《概论》的第一篇标题就是"财富的生产"。什么是生产?萨伊认为生产就是运用多种生产要素,通过它们的共同活动,使自然界本来就有的各种物质适合于满足人们的需要。所谓生产,不是创造物质,而是创造效用:"当人们承认某东西有价值时,所根据的总是它的有用性。"②在萨伊看来,价值的基础是效用即使用价值,创造效用也就是创造价值。萨伊所说的生产,并不限于物质产品的生产。他认为,诸如医生、音乐家等的劳动,同样生产效用,这些效用能用来交换别的产品,因而也具有实在价值。与物质产品的生产不同的是,他们所生产的是"无形产品",这种产品的特点是生产和消费同时发生,它不能储积起来形成国民财富。萨伊所着重考察的是物质产品的生产。

效用是怎样生产出来的?萨伊认为效用是通过生产要素的"协同"活动生产出来的。无论何时何地生产都不能缺少这三个要素,这就是劳动、资本和自然力。这三个要素在生产过程中共同协力,各自提供生产性服务,从而生产出效用来。具体地说,劳动的生产性服务是借助于资本以创造别的产品,资本的生产性服务是协助劳动,把效用授予各种物品。生产资本包括劳动者使用的工具、原料、生活必需品、土地上的建筑物、改良物及耕畜、农具、促进产品交换的货币等。自然力的生产性服务就是各种自然力同劳动、资本协作,把效用授予各种东西。劳动除借助于资本来创造别的产品外,还需利用各种自然力的作用,例如耕种土地时,就须利用土壤、风、太阳等自然力进行工作。一切产品或效用都归因于劳动、资本和自然力这三者的作用和协力,是三者协力提供"生产性服务"的结果。

在萨伊的生产三要素论中,还强调了科学对财富增长的作用。对于科学

---

① 萨伊:《政治经济学概论》,陈福生、陈振骅译,商务印书馆 2009 年版,第 40 页。
② 同上书,第 59 页。

的重大作用,他强调说:"没有科学的成就,许多制造方法就无法实行。科学成就大抵是长期研究和深思熟虑以及运用高度化学技巧、医学技巧与数学技巧的又灵敏又细致的一系列实验的结果。"①科学可以使许多种自然力为人类服务,从而增加产品的种类和数量,降低产品的生产费用,使消费者收益,使社会日益富足。因此,萨伊在经济政策上强调积累资本,主张支持科学、教育的发展,认为这对于发展生产力是十分重要的。

三、价值论

萨伊的价值论有三个基本观点:效用决定价值,供求决定价值,生产费决定价值,其中效用决定价值的观点是主要的。

效用价值理论起源很早,并不是萨伊的首创,但他在生产论的基础上,把这一理论阐述得更为系统和完整。其基本论点有三:一是价值由效用决定;二是价值由生产三要素生产;三是价值由价格来衡量。

他认为具有内在价值的财富是在生产过程中创造的,生产只创造效用,所以效用是各种财富的内在价值的基础,物品的价值就是由物品的效用决定的。"人们所给予物品的价值,是由物品的用途而产生的。……物品的效用就是物品价值的基础,而物品的价值就是财富所由构成的。"②既然一件物品的需要基于它的效用,它的价值也基于它的效用,所以使生产力有价值的就是那些能产生效用的能力。既然价值由效用决定,效用由生产三要素来生产,因而价值也是由生产三要素共同生产的。"事实已经证明,所生产出来的价值,都归因于劳动、资本和自然力这三者的作用和协力。"③他认为价值只由劳动生产所决定的看法是错误的。价值量的大小由什么来衡量和测定?萨伊认为,各种物品效用不同,找不到一个统一的衡量尺度,所以不能以效用作为衡量价值的尺度,而只能用价格来衡量。什么是价格呢?价格就是以货币估定的市值。

萨伊把价格作为测量商品价值的尺度,商品价格的高低又受市场供求关系的影响,他又转向了供求价值论,"在一定的时间和地点,一种货物的价格,随着需求的增加与供给的减少而成比例地上升;反过来也是一样。换句话

---

① 萨伊:《政治经济学概论》,陈福生、陈振骅译,商务印书馆2009年版,第406页。
② 同上书,第59页。
③ 同上书,第78页。

说,物价的上升和需求成正比例,但和供给成反比例。"① 但同时需求与供给又都受价格的限制:价格上升,需求下降,供给上升;价格下降,需求上升,供给下降。供求决定价值的理论有一个问题,那就是在供求相等、其相互作用完全抵消时,价值又由什么决定? 供求相对强度的平衡是怎样形成的? 还有,供求关系影响价格的变动,但不能说明价格如何确定,也即不能说明价格变动的基础。萨伊又转向了生产费用价值论。萨伊认为,虽然供求变动决定着价格变动,但供求对价格的作用有一定限度,这个限度就是生产费用。所谓生产费用,萨伊解释说就是斯密所谓的产品自然价格,是由生产商品时所付出的工资、利息和地租所组成。萨伊坚持以他的生产三要素论补充和发挥斯密的观点,认为劳动、资本、土地在生产中各自都提供了"生产性服务"而分别获得相应的收入——工资、利息、地租,作为自身耗费的补偿。因此,生产费用也就是工资、利息和地租的总和,它最终决定商品的价值。他的这一理论,吸取和发挥了斯密的收入构成论,只是斯密把资本的收入称为利润,萨伊则称为利息。

在萨伊看来,效用价值论、供求价值论和生产费用价值论各有其不同的作用。效用价值论是萨伊价值理论的基石,也是他反对劳动价值论的出发点。生产费用价值论和供求价值论在萨伊的价值理论中也具有重要的地位,这不仅表现在萨伊要用这些理论来弥补效用论的漏洞,而且要用这些理论来反对国家对价格的干预。他认为国家限定价格是极其错误的政策,因为限定的价格低于生产费用,生产就会停止;如果限定的价格与正常价格相等,限定又没有必要,反而会引起消费者的恐慌;如果强制提高价格,那就是对消费者收入的掠夺,就是对所有权的侵犯。价格应完全由市场供求来调节,这样才能建立起生产与需要之间的自然比例。这都是萨伊直接从其价值论中引申出的主要结论。

四、分配论

萨伊的分配论是以他的生产三要素论为基础的。他认为劳动、资本和土地(自然力)在创造价值的过程中都提供了生产性的服务,三者都参与了产品价值的创造,因而生产三要素各自的所有者都应取得相应的报酬。劳动的所

---

① 萨伊:《政治经济学概论》,陈福生、陈振骅译,商务印书馆2009年版,第356页。

有者取得工资,资本的所有者取得利息,自然力主要是土地所有者取得地租。由此形成了他的三位一体的分配公式,即:劳动——工资,资本——利息,土地——地租。他说:"产品由人类所能掌握的生产手段创造出来,即由人的劳动、资本和自然力创造出来。这样创造出来的产品构成拥有这些生产手段的人的收入,并使他们能够获得那些不是由大自然或他们的同胞无代价地提供的生活必需品和生活舒适品。"①

萨伊认为工资是劳动的收入。工资是劳动的生产性服务创造的价值,因而也应成为劳动生产性服务的报酬,成为对劳动的生产努力所支付的代价或劳动生产力的价格。他把劳动区分为三类:研究规律和自然趋势的科学家的劳动,其任务是制定理论,研究和阐明生产产品的规律;应用科学家的知识而创造新产品的农场主、工厂主和商人的劳动,其任务是应用规律,创造有用的产品;在前两种人的指挥和监督下生产产品的工人的劳动。这三种人的三类劳动可称为"理论、应用和执行",一切产品、一切价值都是经过这三种动作生产出来的。这三种劳动,都是属于创造价值的生产劳动。这三种人的收入,都是各自劳动的收入,因而都是工资。萨伊把脑力劳动和体力劳动也看作生产劳动。他认为不同种类和不同生产部门的劳动的收入的大小与这些部门的利润大小成比例,具体而言取决于以下三个因素:第一,工作的危险、困难和疲劳的程度,愉快或不愉快的程度;第二,工作的定期性或不定期性;第三,所需要的技巧或才干的程度。而同种类、同部门的劳动工资则由其劳动的供求关系决定。

科学家的劳动更应受到人们的尊重。这是因为一项科研成果一经公布就大量流通,大大超过需求,甚至人们此后不再求助于它的发明者。科学家的劳动贡献很大,企业家、经理的劳动也经常供不应求,所以这种劳动的报酬也应很高。他认为造就一个成功的企业家很不容易,如企业家"通常必须自己供给所需要的资金"外,还"必须有敏慎廉正名誉"、具有"不可兼得的品质与技能,即判断力、坚毅、常识和专业知识。他需要相当准确地估量某一产品的重要性及其可能有的需要的数量与生产方法。"②这些因素限制着企业家劳动的供给,因而其劳动的价格能经常保持在很高的水平上。科学家的研究工作使企业得到了巨大利益,因此脑力劳动者的工资应高于一般的体力劳动

---

① 萨伊:《政治经济学概论》,陈福生、陈振骅译,商务印书馆2009年版,第359页。
② 同上书,第409页。

者。普遍劳工的劳动是一种简单粗笨的劳动,只要能维持其生存就可确保这种劳动的供给,所以它的供给往往要超过需求,这种劳动的工资价格也就较低,在任何国家,这种劳动的工资很少超过绝对必需的生活费用。但萨伊赞成斯密的观点,主张给工人较高的工资,认为这有利于工人工作效率的提高。

资本的收入是利息。利息是资本的生产性服务创造的价值,因而也应成为资本生产性服务的报酬,成为对资本的生产努力所支付的代价或资本生产力的价格。古典经济学家称作"利润"的那部分价值,萨伊把它区分为"资本的利润"和"使用资本的劳动的利润"①,前者实际是利息,后者是企业家劳动的工资。萨伊利息论的特点是用利息和企业家收入来代替利润,认为它来自两个不同的源泉。他认为企业家与资本家是不同的。企业家的收入和工人工资一样是他劳动的工资,是对他监督管理企业、掌握科学技术和承担风险的报酬;而资本家的利息则是使用一个有价值物品所付的价格或租金。利息量取决于资本的供求,资本的供给取决于资本的储蓄或积累,资本的需求则取决于资本用途的多少。

萨伊认为土地的收入是地租。地租是自然力,主要是土地生产性服务创造的价值,因而也应成为土地生产性服务的报酬,成为对土地的生产努力所支付的代价或使用土地生产力的价格。地租产生的条件是对土地的垄断权,如果不具有对土地的垄断权,一切人都具有使用土地的权利,那么花费在土地上面的资本与劳动都是白费,不会产生收益。地租量取决于土地的供求关系,"土地的生产力具有价值,这价值像一般价值那样,随着需求的增加而增加,并随着供给的增加而减少;由于土地在性质上有所不同,正如在地点与位置上那样,所以对于每一特殊性质都有不同的需求与供给"②,不同性质的土地也就有了不等量的地租。一般来说,土地收入由农产品价值超过全部劳动的报酬和资本的通常利息后剩余部分所构成。

五、萨伊定律

萨伊定律反映在他的销售论中,萨伊提出这一理论的目的是要解决资本主义生产面临的困境即商品价值的实现问题。萨伊在《概论》的第一篇在讨论了发展生产的源泉即生产三要素的作用之后即用专门一章(第15章"产品

---

① 萨伊:《政治经济学概论》,陈福生、陈振骅译,商务印书馆2009年版,第424页。
② 同上书,第450页。

的出卖和需求")来讨论商品购买力的源泉和开拓商品的销路问题,并依次提出了一系列的政策主张,形成了一整套的销售理论体系,其基本内容包括三个原理和四个结论。

三个原理分别是:产品是以产品来购买的,货币只不过是交换的媒介;生产给产品创造需求;只要对生产不加干涉,就不会发生普遍生产过剩。萨伊认为,每个人所需要的只是货物而不是货币,出卖产品的人所需要的是别人的产品,因而他出卖产品后必然购买产品。货币只不过是交换的媒介,转移价值的手段。钱的全部效用就在于把你的顾客想买你的货物而卖出的货物的价值转移到你的手中。产品实际上是用产品来购买的。在产品换钱、钱换产品的两道交换过程中,货币只一瞬间起作用。当交易最后结束时,我们发觉交易总是以一种货物交换另一种货物。所以卖必引起买,卖主必然变成买主,卖与买是平衡的,供求是一致的,普遍生产过剩是不可能的。

关于生产给产品创造需求,萨伊论证说:"一种产物一经产出,从那时刻起就给价值与它相等的其他产品开辟了销路。"①因为生产者在完成他的产品之后,总是急于卖出,以免产品在他手中丧失价值,而他出卖产品得到货币之后,也总是急于购买别的产品,以免货币价值在他手中毁灭。"所以,单单一种产品的生产,就给其他产品开辟了销路。由于这个原因,丰收不但对农民有利,而且对经营一切货物的商人都有利。收成愈佳,农民要购买的东西愈多,反之,收成不佳,一切货物的销售,都不免受到影响。工商业的产品也是这样,一个商业部门如果生意兴隆,它便提供更多购买手段,给其他部门的产品开辟更大的销路。反之,一门商业或一门工业如果不景气,一切其他商业或工业部门都必然感受它的影响。"②在经济自由条件下,局部的生产过剩只是一种暂时的现象,"在一种货物亏本的同时,必有别的货物赚到过度的利润。由于过度利润一定会刺激有关货物的生产,因此,……一种产品供给不足而另一种产品充斥过剩的现象,绝不会永久继续存在。"这就是说,由于价值规律的自发调节,生产总是按照社会需要成比例地进行的,会使各种产品的供给和需求趋于平衡。萨伊断定,如果出现生产过剩的危机,那一定是发生了诸如"政治变动或自然灾害",或是由于"政府当局愚昧无知或贪婪无厌"横加干涉的结果,"这些政治毛病一经消除,生产手段自然会感受上述刺激向

---

① 萨伊:《政治经济学概论》,陈福生、陈振骅译,商务印书馆2009年版,第154页。
② 同上书,第155页。

空虚的方面去。这些空虚一经填补,其他方面的活动就恢复正常。如果对生产不加干涉,一种生产也很少会超过其他生产"①,也就绝不会发生普遍的生产过剩。

萨伊依据供给创造需求的基本原理,演绎出以下四个"重要结论"。

第一,在经济自由条件下,生产越发展,则需求越增长,产品越畅销,利润越增长。这个结论证明了在经济自由的条件下,经济可以和谐无限地繁荣和发展下去,这个结论也反对政府对生产的干预。第二,每一个人都和全体共同繁荣有利害关系。一个企业办得成功,就可帮助别的企业也达到成功。无论一个人从事哪一种职业或哪一门生意,他周围的人越发达,他就能够得到越丰厚的报酬,能够越容易找到工作。工农业之间的关系也是这样,一个民族如果在农业方面获得成功,就可促进它的工商业的繁荣;反之,它的工商业的隆盛,也会给它的农业带来好处。一个国家与它邻国的关系,一国的省与省、城市和乡村的关系也是如此:邻国的繁荣绝不是与它痛痒不相关,而一定会使它从中得到好处。第三,购买或输入外国货物不会损害国内或本国产业和生产。理由是,购买外国人的东西如果不以本国产品付价,就买不成,而以本国产品付价,就显然在对外贸易过程中给本国产品开辟了销路。这个结论的目的是反对拿破仑的保护关税政策,论证对外贸易自由的必要性与合理性。第四,刺激生产是贤明的政策,鼓励消费是拙劣的政策②。这是因为仅仅鼓励消费无益于商业,因为困难不在于刺激消费的欲望,而在于提供消费的手段。只有生产能供给这些手段。这是因为创造一种新产品就等于开辟了其他产品的销路,破坏一种产品就等于闭塞了其他产品的销路。在明白了生产愈发达产品就愈畅销这一道理后,萨伊提出我们就不必再费心研究把生产力用于哪个生产事业是最有利之类的问题了,因为市场自己就会解决这些问题:"产品所引起的需求视各个国家的需要和风俗的不同以及资本、劳动力和天然资源的多寡而有所差异。需求最迫切的货物,由于买者的竞购、给资本家提供最厚利息,给冒险家提供最大利润,给工人提供最高工资。这些优厚利益,自必诱使这些人把个别的服务贡献给报酬最大的生产事业。"③

萨伊的经济理论旨在论证市场经济具有内在的稳定性,因而国家应放弃

---

① 萨伊:《政治经济学概论》,陈福生、陈振骅译,商务印书馆 2009 年版,第 156 页。
② 同上书,第 160 页。
③ 同上书,第 161 页。

对经济的干预,鼓励自由地发展生产,这与当时资本主义生产方式确立时期的社会发展要求相一致,因而受到西方经济学家、甚至像李嘉图那样的古典经济学家的普遍重视和推崇①。他关于生产创造需求,产品是以产品购买的原理,成为古典经济学家普遍信奉的教条,被奉为"萨伊定理",誉之为是"巨大贡献",并成为现代西方经济学中供应学派的理论先导。

萨伊的理论把物物交换等同于商品交换,否认由于货币参加流通使买和卖在空间和时间上都可以分离,从而产生危机的可能性。到了20世纪30年代,随着资本主义爆发空前的大危机,萨伊理论的主流地位也就被"凯恩斯革命"所取代。

第二节 李嘉图对古典经济学的发展

李嘉图(1772—1823)出生于伦敦犹太人的交易所经纪人家庭,14岁时就随其父从事证券交易活动,25岁时就成为拥有数百万英镑资产的大资产者,英国金融界的巨富之一。他研究过数学、化学、物理、矿物学、地质学等,是英国地质学会的创始人之一,也喜欢文学和哲学。1799年由于读了《国富论》而对政治经济学发生兴趣,开始了政治经济学的研究。李嘉图在政治经济学方面,最先研究的是货币流通问题。在18世纪末和19世纪初,英国政府依靠英格兰银行发行银行券来弥补大量的军费开支。1797年英格兰银行停止了银行券对黄金的兑换,遂引起了银行券贬值、金价上涨的混乱现象。这引起了政府内外的政治斗争和理论斗争,李嘉图也积极参加了这场激烈的争论。他于1809年8月29日在《晨报》上发表了第一篇研究经济问题的文章《黄金的价格》一文,在这篇文章中尖锐批评了英格兰银行的政策,主张英格兰银行应从流通中逐步收回两三百万英镑的银行券,恢复黄金的法定价格和商品的正常价格。此后还写过一些关于货币和地租的文章和小册子。1817年4月出版《政治经济学及赋税原理》一书,成为当时著名的经济学家。该书出版后反响强烈,不断再版,并逐渐翻译成各种文字流传于全世界。政治经济学也

---

① 李嘉图高度评价萨伊说:"萨伊先生不但是正确理解和应用斯密的原理的第一个欧洲大陆作家或第一批这种作家中的一个;和所有其他大陆作家比起来,他尽了更大的力量把这个进步的和有益的学说的原理介绍给欧洲国家,而且成功地把政治经济学这门科学组织得更合逻辑、更能增益人的智慧。此外还以种种议论丰富了它,这些议论又新颖又正确又深奥。"萨伊:《政治经济学概论》"原编者的话",商务印书馆2009年版,第5页。

成为当时最热门的学科之一。李嘉图从事学术活动的时间虽然只比亚当·斯密晚了约40年,但这却是英国社会经济面貌发生巨大变化的时期。如果说亚当·斯密处于英国产业革命的前夜,大卫·李嘉图就正处于英国产业革命激烈进行的时期。产业革命所带来的第一个最重要的结果是大大提高了社会生产力,第二个结果是改变了社会经济关系,使英国的社会经济关系、社会生活与面貌发生了巨大和深刻的变化。随着工业化的发展,资本主义生产方式在英国的统治地位完全确立起来。农村人口也向城市大量转移,其中只有一部分人有机会和条件进入工厂做工,大批人则流落街头,失业问题和所谓贫民问题变得日益突出。在这一历史背景下,李嘉图经济学研究的主要问题就转向了收入分配的法则。马克思在创立自己学说的过程中,对李嘉图所作的分析和研究甚至比对亚当·斯密要更深入,对他的评价也更高,认为,李嘉图才是英国古典政治经济学的"完成者"[①]。

李嘉图由于一系列关于黄金价格问题的著作和文章的发表,被誉为货币流通的最大理论家,被邀请参加国会所任命的专门委员会金块委员会去工作。李嘉图还与当时负有盛名的马尔萨斯建立了密切的联系,两人一直是十分亲密的朋友。

一、劳动价值理论

劳动价值理论是李嘉图全部经济学说的基础和出发点。李嘉图继承和发展了亚当·斯密的耗费劳动决定商品价值的理论,始终一贯地坚持生产中耗费的劳动决定价值的原理,并运用这一原理来考察资本主义的一切经济范畴和规律。这是他对劳动价值论和政治经济学的最重要的发展。他的劳动价值论可归纳为以下几个基本观点。

第一,"原始社会"的价值决定。李嘉图认为商品价值取决于生产它所必要的劳动量。这是李嘉图劳动价值论的核心观点。李嘉图首先研究了使用价值与交换价值的区分,比斯密更恰当地分析了两者的关系,认识到了使用价值是交换价值的物质前提。李嘉图认为效用虽不能成为交换价值的尺度,但效用对交换价值是绝不可缺少的,全然无用的东西是不会有交换价值。李嘉图认为绝大多数商品价值取决于生产它们所耗费的劳动量。他把商品分

[①]《马克思恩格斯全集》第13卷,人民出版社1962年版,第41页。

成两类：一类是劳动不能增加其数量的商品；另一类是劳动可以无限增加其数量的商品。这两类商品的价值来自不同的源泉。前一类商品主要有罕见的雕像和图画、稀有的书籍和古钱，以及只能在数量极为有限的特殊土壤上种植的葡萄所酿制的特殊葡萄酒等。这类商品的价值只由它们的稀少性决定，"只随着希望得到它们的人不断变动的财富和嗜好一同变动。"[①]但这类商品只占市场交换总额的极少部分，他的价值论不研究这类商品。他研究的是另一类，即在交换总额中占绝大部分，生产可以不受限制地进行竞争的商品。体现在这类商品中的劳动量增加，其价值就一定增加；反之，其价值也就一定减少。李嘉图认为决定商品价值量的大小的不是每一个生产者实际耗费的劳动量，而"是获取时所必需的劳动量"，或"生产所必需的劳动量"[②]。因此，他已经提出了决定商品价值的"必要劳动"概念，并认为商品相对价值量的变动，只"是由于必要劳动量有变化"造成的。李嘉图批判了斯密购买劳动决定价值的理论，认为购买劳动不能决定商品价值，只有耗费劳动才能决定商品价值。他也批判了斯密以三种收入决定价值的观点，认为无论在初期商品社会，还是在资本主义社会，商品价值都是由生产该商品所耗费的必要劳动时间决定的。商品价值的决定和商品价值的分配是两回事，不能混为一谈。一种商品生产出来以后，它的价值可以在不同社会成员中进行分配，但这种分配不会影响商品价值的决定，其分配的数额以该商品的价值量为限。李嘉图还论述了劳动时间决定价值的原理不因劳动的性质不同、报酬不同而受到影响。

第二，"资本"条件下的价值决定。他所说的资本，是指生产工具，例如机器厂房设备等。在这种条件下，李嘉图认为直接劳动和间接劳动共同决定商品价值。李嘉图明确地指出，商品价值不仅取决于生产它的直接劳动，而且也取决于生产它时使用的生产资料中所物化的间接劳动。他认为商品价值的降低既取决于生产该商品的直接劳动的减少，也取决于转移到该商品中去的生产资料的节省。李嘉图还论述了这两种劳动在价值形成中的不同作用。直接的活劳动创造新价值，间接的物化劳动不能创造新价值，只能转移或实现它已形成的生产资料的价值。并认为这种价值转移量，同生产资料本身价值量及其磨损度成正比，同它的耐久性成反比。李嘉图还谈到了劳动决定价

---

① 李嘉图：《政治经济学及赋税原理》，郭大力、王亚南译，商务印书馆1976年版，第8页。
② 同上书，第7、13页。

值的原理不因资本积累的多少而变更。他认为劳动决定价值的原理,不仅适合于早期的"原始社会",也适用于资本主义社会。因为资本积累只能使商品价值分割为工资和利润两部分,但并不影响商品价值由劳动时间决定的原理。商品相对价值由必要劳动量决定这一原理,也不因工资、利润的高低变动,或工资同利润之比例变动而变动。工资变动只能引起利润向反方向变动,而不能引起商品相对价值的变动。李嘉图坚持商品价值的增减,只是由于生产商品所必需的劳动量有所增减,其价值升降的程度不可能超过所需要劳动量增减的比例。在这样确立了自己的劳动价值原理以后,李嘉图作出了几点推论:商品价值会因劳动生产率的提高而降低;劳动使用的节约会使商品相对价值下降;同量劳动必然获得等量价值,如果在这个等量劳动之内,所使用的直接劳动和资本的积累劳动的比例不同,那也只会影响工资和利润之间的对比关系,而不会影响价值量的决定。

第三,"资本"变化条件下的价值决定。李嘉图前面的研究都没有涉及资本条件的变化,就是说,他假定等量资本具有相同的资本构成,相同的耐久性和相同的周转速度。但是,事实上等量资本完全可以在这些方面有很大的差异。在这种情况下,李嘉图承认劳动决定价值的原理会因使用"资本"的变化而发生变更。如他分析固定资本和流动资本配合比例的不同(即资本构成不同),对商品相对价值的影响。

例 假设有两个资本家,他们各用 5 000 镑的资本各雇 100 工人。第一年,一个资本家用 5 000 镑雇来的 100 工人生产谷物,另一个则用来生产机器,假如利润率(P')为 10%,则:

表 6-1 第一年

	固定资本	工 资	工 人	P'10%	产品价值
谷 物	0	5 000	100	500	5 500
机 器	0	5 000	100	500	5 500

第一年两个资本家生产的谷物和机器的价值相等,因为他们使用了相等的劳动,都没有使用固定资本。但第二年,生产谷物的资本家把谷物卖掉,仍用 5 000 镑雇佣 100 工人生产谷物,而原来生产机器的资本家,并不卖掉机器,而是用机器生产纺织品,并继续投入 5 000 镑雇佣 100 工人,利润率 10%,结果是:

表 6-2 第二年

	固定资本	工资	工人	P'10%	产品价值
谷物	0	5 000	100	500	5 500
纺织品	5 000	5 000	100	1 050	6 050

李嘉图认为,生产谷物和纺织品的劳动量虽然相等,但因生产时使用的固定资本量不等,因此,等量劳动没有生产出等量价值来。

工资变动不会引起商品价值变动的原理由于资本构成比例不同和周转速度不同也有变更。在李嘉图看来,谷物由于生产上没有使用固定资本,因而在工资变动时它的价值未变。纺织品因为使用了固定资本,它的价值在工资上涨时下降了。使用固定资本多的部门相对于使用固定资本少的部门在工资上涨时,其商品价值就会下跌;在工资下降时,其商品价值就会上升,变动的程度取决于资本构成比例的大小。由于资本周转速度不同,不同部门商品价值在工资变动时也会发生同样的变动,即在工资上涨时,一切资本有机构成高、周转速度慢的部门,其商品的相对价值就会下降;而有机构成低,周转速度快的部门,其商品相对价值上升,工资下降时,情况正好相反。面对这一现象,李嘉图解释,工资波动虽会影响到价值变动,但影响比较小(根据他的测算影响不超过 6% 或 7%),商品价值变动的主要原因还是生产商品必要劳动量的增减。他把工资对相对价值决定的影响看成"例外",在研究一切经济范畴和规律时,还是坚持以劳动价值论为基础。

二、分配理论

分配论是李嘉图经济理论的核心。他认为"确立支配这种分配的法则,乃是政治经济学的主要问题"[1]。因为收入怎样分配直接影响着利润和资本积累,影响着社会生产力的发展和国民财富的增长。

他接受了斯密三个阶级三种收入的学说,认为劳动每年生产的价值必须在劳动者、资本所有者、土地所有者这三个基本阶级之间进行分配,分为工资、利润和地租三种基本社会收入。他克服了斯密对三种收入的双重见解,其理论特点在于:第一,对工资、利润和地租的分析始终以劳动价值论为基

---

[1] 李嘉图:《政治经济学及赋税原理》,郭大力、王亚南译,商务印书馆 1976 年版,第 3 页。

础，认为三种收入都仅仅是劳动创造的价值的一部分，从而更加一贯地坚持利润、地租来源于工人劳动；第二，在此基础上，他坚持三种收入中工资量的变动起着决定作用，认为工资变动为因，利润、地租变动为果；第三，他有意识地研究了工资和利润、利润和地租的对立关系，分析了资本主义经济关系中的阶级对立。李嘉图强调在三种收入中只有利润对社会生产力的发展最重要，因为只有利润增加才能增加资本积累，促进生产力发展，而利润的增长又受制约于工资和地租的变动。所以，什么是工资、利润、地租？它们的量的大小如何决定？各种收入间的比例关系如何？其变动趋势又如何？就构成了李嘉图分配论的主要内容。

李嘉图认为工资是雇佣工人的劳动收入，是劳动所创造的价值的一部分，而这一部分就是劳动者自身的价值或价格。他认为工资是劳动的价格，工资量取决于让劳动者大体上能够生活下去并不增不减地延续其后裔所必需的价格，也就是取决于工人及其家庭的必要生活资料的价值。他区分了劳动的自然价格和市场价格。劳动的自然价格取决于劳动者维持其自身与家庭所需要的食物、必需品和享用品的价格。食物和必需品涨价，劳动的自然价格也会上涨；这些东西跌价，劳动的自然价格也会跌落。自然价格也就相当于平均工资水平。劳动的自然价格不能理解为绝对固定和恒常不变的，它在一个国家的不同时期中是有变化的，在不同的国家差别就十分大，这基本上取决于当地人民的风俗习惯。各国劳动者工资的多少与差异，还会因社会改良与劳动生产率的发展不同而不断变化。劳动的市场价格是根据供求比例的自然作用实际支付的价格。劳动稀少时就昂贵，丰裕时就便宜。他认为劳动的自然价格有上涨的趋势，原因是随着社会的不断发展、人口的增多，农业中需要耕种更为贫瘠的土地，粮食的价格将上升。食物是劳动自然价格中的主要部分，食物涨价，劳动的自然价格也随之上升。

李嘉图在工资问题上富有特色的贡献是关于工资变动规律的分析。他认为这一规律就表现为：劳动的市场价格由于劳动者人口变化从而劳动的供求关系变动，围绕劳动的自然价格上下波动，并不断趋向于劳动的自然价格。李嘉图主张"工资正像所有其他契约一样，应当由市场上公平而自由的竞争决定，而绝不应当用立法机关的干涉加以统制。"[1]李嘉图的这一工资规律理

---

[1] 李嘉图：《政治经济学及赋税原理》，郭大力、王亚南译，商务印书馆1976年版，第88页。

论,后来一直被西方经济学家所遵循,成为不可改变的工资法则。

李嘉图还探讨了工资变动的趋势。他认为随着社会的进步、财富的增加、资本的积累,货币工资有上涨的趋势,实际工资有下降的趋势。实际工资下降的原因,是因为资本增长的速度赶不上工人人口增长的速度,即对劳动需求的增长赶不上劳动供给的增长。这就导致货币工资增长速度赶不上谷物价格上涨速度,增长了的货币工资不足以购买从前那么多的生活必需品;而且总是谷物价格上涨在先,货币工资上涨在后,后者总是赶不上前者。李嘉图否定了斯密关于工资随财富增长而增长的论断,认为资本主义生产方式下工人实际工资有下降趋势。

李嘉图还提出了前人未曾提出的相对工资理论。他认为一国的产品在三个阶级间的分配比例在不同的阶级是不同的。要正确判断地租率、利润率和工资率不能根据某一阶级所获得的绝对产品量,而应根据所得的相对产品量。如在农业中,由于机器和农业的改良,总产品可能增加1倍,这时如果工资、地租和利润也各增加1倍,那三者之间的比例仍和从前一样,都没有发生相对的变动。假如某一年生产了100件产品,工人得25件,资本家得50件;第二年由于农业技术改进,生产力提高,产品增加为200件,工人得44件,地主得44件,资本家得112件。这时,李嘉图认为从绝对数量来看,三个阶级所得产品数都有了增加,但从相对数量来看,工人工资从所占产品得25%下降到22%,相对工资降低了。李嘉图明确地以相对工资理论揭示了资本主义社会的阶级经济利益关系。

李嘉图是在劳动价值论的基础上研究利润问题的,认为利润是资本所有者的收入,是劳动者创造价值的一部分。李嘉图坚持商品价值只取决于生产商品的必要劳动,又把劳动创造的价值分为资本的利润和劳动的工资两部分,实际上就是把利润归结为劳动者的剩余劳动了。他在分析利润时,通常把垫支在生产资料上的资本(不变资本)略而不计,而将利润只与垫支在工资上的资本相对比,这样,他的利润范畴实际上指的是剩余价值。有时他的利润又是指相对于全部资本的利润,因而他的利润概念便有着双重意义:一是本来意义上的利润,是剩余价值与全部垫支资本之比;二是指剩余价值。

关于利润量的决定,他认为在劳动时间决定商品价值的基础上,利润量的大小取决于工资的大小,利润是劳动创造的价值超过工资的余额,而地租不过是利润的特殊化部分。利润同工资成反比例变化。他认为随着社会的进步、财富增长,资本积累和人口增加,利润有自然下降的趋势。造成利润下降的原因同造成货币工资上涨的原因是一致的。货币工资上涨必然会使利润下降。劳动者的主要生产资料——食物,因生产越来越困难,其价格不断上升,使劳动者在商品价值中所占的份额越来越大,归于资本家的份额就必然不断减少。他在这里所说的利润下降,是指相对利润,即利润相对于总资本的比例,实际上是利润率。他提出绝对利润在利润率下降的情况下也会增加。利润的下降是有限度的,因为只要利润下降到等于零,或近于零,这时一切积累都会终止,生产发展也会停滞,人口再也不能增加,社会就会形成一种"静态社会"。他认为农业的改良、技术的进步、机器的发明和应用、外贸的发展,特别是廉价粮食的进口,都将有力地遏制利润率的下降趋势。

李嘉图认为地租是为使用土地原有和不可摧毁的生产力而付给地主的那一部分土地产品,是投入土地的劳动产品价值(包括从生产到送上市场这一整个过程中所需要的劳动总量所决定的)一部分,它是平均利润以上的超额利润。由于资本家之间的相互竞争,向地主租种土地,这个超额利润就必然转化为地租,而归地主所有。他分析地租产生的原因是因为土地数量有限且质量不同。也就是说,运用等量资本或劳动耕种不同质量(主要指肥沃程度)、位置不同,以及在同一土地上连续投资所得结果不同而产生的差额构成地租。由于土地肥力不同、位置不同而产生的地租属于级差地租的第一种形式。由于在同一土地上连续投资所得产量不同而产生的地租属于级差地租的第二种形式。他认为土地耕种顺序必然是从优到劣,地租就是在人口不断增长的过程中,质量和位置较差的土地相继投入耕种的结果。人类最初耕种土地时,由于要维持的人口极少,可耕种的肥沃土地很多,这时没有人为使用土地而支付代价,就像使用空气不用支付代价一样,所以这时没有地租存在。但是随着社会的发展、人口的增长,最优的一等土地就会产生地租,二等土地不支付地租。而当三等土地投入耕种时,二等土地也会产生地租,一等土地的地租也会相应提高,三等土地不支付地租。这样,自然条件变得越贫劣,地租就越增加。所以地租不是自然的赐予,而是自然吝啬的结果。他是古典经济学家中第一个系统地研究级差地租的人。李嘉图分析级差地租的第二种情形,是在旧有土地上追加等量资本和劳动,其生产率必然降低,这样也会产生地租。如把一等地的资本和劳动增加一倍,净产品虽不能增加100夸脱,但可能增加85夸脱。这个数量超过了在第三等土地上使用同量资本所能获得的数量,这时人们就宁肯在旧有土地上增加投资,因而不使用第三等土地。这样使用的投资,同样也会产生地租。因为地租总是等于使用两份等量资本和劳动而获得的产品之间的差额。在第一份资本生产 100 夸脱净产品,第二份资本生产 85 夸脱净产品的情况下,第一份资本就产生 15 夸脱的地租。李嘉图认为,这样使用资本时,每增投一份等量资本,其产量或报酬就必然递减,否则就不会产生地租。土地报酬递减规律是级差地租第二形态产生的原因。他认为最后投入土地的一份资本,其产品只能提供一般利润,不支付地租。

李嘉图还探讨了地租变动趋势,利润和地租的对立问题。他认为,随着社会的进步、财富和资本的积累、人口的增加,地租必然不断地增长。而地租的增长,又必然引起利润的下降,利润量同地租量必然朝相反方向变动,所以利润和地租是对立的。造成地租增长、利润下降即利润和地租对立运动的原因是:随着人口增加,必然引起对食物需求的增长,因而不断由更为劣等的土地和生产率更低的资本投入农业生产,使农产品生产耗费的必要劳动量不断增加,农产品价值超过一般利润的余额不断增长,结果是地租增长,货币工资上涨,因而必然造成一般利润的下降。他得出结论说:"地主的利益总是同社会中其他各阶级的利益对立的。"①

三、资本积累和资本主义运行机制理论

李嘉图对资本积累和资本主义运行机制的论述散见于他的《政治经济学及赋税原理》的不同章节中。李嘉图认为,财富由必需品和享受品构成。就一国来说,财富增长有两种方式:第一种方式,是利润转化为资本,以用来雇佣更多的生产劳动者;第二种方式,是使等量劳动的生产效率增大,这种情况是由于技术的进步和机器的改良而来的。李嘉图重点考察了第一种方式,即通过资本积累来实现扩大再生产。

李嘉图认为资本是财富的一部分,他也把资本划分为固定资本和流动资本。他提出资本积累就是节约收入,增加生产性消费,减少非生产性消费。为了从"节约收入"来说明资本积累,他区分了总收入和纯收入。他认为总收入就是三种收入(即工资、利润、地租)的总和;纯收入则是利润加地租。他把

---

① 李嘉图:《政治经济学及赋税原理》,郭大力、王亚南译,商务印书馆 1976 年版,第 22 页。

工资排除于纯收入之外,是因为他认为"工资永远是必需的生产费用"①。他认为资本积累的源泉只能来自纯收入,而在纯收入中,资本积累的多少又取决于利润的大小,因而利润是资本积累的真正源泉,也是资本积累的动机或目的。积累资本有两种方法:第一,发展科学,改进技术,采用机器,提高劳动生产率,降低货币工资,增加利润,扩大资本积累的源泉;第二,减少非生产消费,主要是降低地租和赋税。减少地租的主要办法是提高农业劳动生产力,实行对外谷物自由贸易,废除谷物法,减少赋税的办法是政府减少开支。

李嘉图认为资本积累和扩大再生产不会引起生产过剩和经济危机的出现,从而把资本主义看作自行调节、不断运行的经济机制,具有自行调节的运行功能。其理由有五点:第一,商品交换不过是产品与产品的交换,货币只是实现交换的媒介。这样买就是卖,卖就是买,买和卖不会脱节,因而也就不会发生产品卖不出去的现象。第二,生产可以创造需求,因此从事生产的人必须购买和消费别人的产品。一个人扩大了生产,必然扩大对别人产品的需求。因此,生产创造了需求,商品不会找不到出路。第三,积累和追加的资本全部是购买劳动的,全部用于生产性劳动消费。因此,资本增长多少,工人的消费也会增长多少,生产的扩大不会超过消费的增长。第四,人们的消费欲望是无限的,从而需求是无限的,生产永远满足不了人们不断增长的消费需求,因而不会发生生产过剩。第五,局部生产过剩、个别产品供过于求可以通过市场竞争很快得到纠正和调节。因为资本家不可能总是生产没有需求的商品。所以,普通生产过剩的经济危机是不会出现的。这是"萨伊定律"的观点。

四、货币理论

在货币的本质问题上,李嘉图继承斯密的看法,认为货币是商品,有内在价值,其价值也是由生产它耗费的劳动量决定的。他论述了货币价值变动与耗费劳动量成正比,与劳动生产率成反比。如果发现了新的更丰饶的矿山,或者使用了更先进的机器,用更少的劳动量就能取得一定量的黄金,黄金的价值就会下降。

在货币的职能问题上,他主要论述了货币的价值尺度和流通手段的职

---

① 李嘉图:《政治经济学及赋税原理》,郭大力、王亚南译,商务印书馆1976年版,第298页。

能,认为贵金属黄金是最适宜的价值尺度。他企图找一种不变的价值尺度来衡量商品相对价值的变动,但始终找不到。在他看来,黄金和其他商品一样,其本身的价值也是随着生产时所需劳动量的变化而变化的,因此它并不是准确不变的价值尺度,而只是一种近于理想的价值尺度。他更多地考虑的是流通手段的职能,明确地提出纸币是金属货币的代表,而且比金币更低廉、更灵便。他认为纸币通货与金属通货相比,其优点之一是可以按照商业的或临时发生的情况而变更其数量。只要保持纸币的法定价值与其所代表的金币价值相等,纸币就可以充当流通手段的职能。

关于货币流通的规律,他提出了以下几点见解。首先,一国所能运用的货币量必然取决于流通一定量商品的价值。其次,货币流通量的变化取决于商品流通的需要和商业的兴衰。最后,纸币和金币服从不同的流通规律。纸币与金币不同,没有内在的价值,只有法定的价值,银行把过多的纸币投入流通纸币就会贬值,物价就会上涨。在那种黄金构成一部分通货与纸币一起流通的国家,纸币的过度发行会首先造成金币也一起贬值的现象。如果这个国家是封闭的,金币与纸币一起贬值的现象会使金币逐渐退出流通;如果该国与他国有商业来往,金币就会输出国外,最后贬值的只是纸币,金币的贬值现象只是暂时的。因此,他认为必须限制纸币发行数量。

李嘉图还是一位货币数量说者。李嘉图提出货币数量说则是由于18世纪末19世纪初纸币贬值现象引起的。在他看来,作为流通手段的货币包括纸币和金币,都是在流通中发挥其职能的,当流通中的货币数量多于正常需要水平时,商品价值就以多量货币来表现,商品价格上涨;相反,当流通中货币数量少于正常需要水平时,商品价值就以少量货币来表现,商品价格下跌。货币虽有内在价值,但在流通中却变成了价值的金属符号。如果任何一国发现了一座金矿,其通货就会由于贵金属流通数量增加而降低价值。如果该国不是发现了金矿,而是设立了一个有权发行纸币作为流通媒介的银行,在发行大量纸币后,通货数额也会大为增加,其影响与发现金矿相同,使通货价值低落,货物价格上涨。所以,"商品的价格在任何地方都会由于通货的增加而上涨。"[①]

李嘉图在其货币理论的基础上提出了稳定通货的方案,内容主要有以下

---

① 李嘉图:《政治经济学及赋税原理》,郭大力、王亚南译,商务印书馆1976年版,第59页。

几点：第一，实行金本位制。他认为贵金属具有稳定的内在价值，所以适合于作为本位，以衡量其他物品的价值。第二，在金本位基础上实行纸币通货制度。他认为纸币是最节约、最灵便的通货，只要纸币票面价值与它代表的金币价值保持相等，就是最完好的通货制度。第三，在实行纸币通货制度时，必须严格控制纸币发行量，国家要以法律规定银行发行纸币的最高限额，超过最高限额发行的纸币，银行应有十足的金准备。他还提出了发行纸币应遵循的原则：即纸币代替黄金时必须代表流通中实际需要的金量；纸币价值只可随本位价值变动而变动；纸币发行额应根据商业需要和黄金价值而定，应同国家产业发展规模相适应；必须保证纸币的可兑换性，允许纸币随时地、无限制地兑换金币或金块，并允许金币、金块自由进出口。这样就可以使货币数量的自动调节在纸币流通中同样发生作用。

李嘉图上述所提出的改革货币制度的方案被英国政府所接受，并付诸实施。《1844年英格兰银行法》就是以李嘉图的通货原理为依据的。从此，李嘉图的货币学说以立法形式获得承认和实施。在相当长的历史时期中，李嘉图提出的通货必须同黄金密切联系的思想成为整个资本主义世界货币体系的理论基础。

五、自由主义经济政策与自由贸易学说

在经济政策上，李嘉图接受斯密思想的影响，主张自由主义的经济政策。与斯密一样，李嘉图断言每个人在追求个人生命和财产时，并不与整个人类、整个社会的利益相冲突，而是一致的。自由竞争既保证了个人利益与社会利益的结合，也为生产力的无止境发展开创了可能性。因此，他反对国家对经济生活的任何干预。在他看来，国家对经济生活的干预是违反"最大多数人的最大幸福"原则的，并强调允许资本家活动的完全自由，是使一个国家的资本按照最有利社会的方式进行分配的重要条件。

李嘉图还把斯密的自由对外贸易思想发展为系统的国际自由贸易学说。他认为自由贸易有利于生产力的发展，因为自由贸易会使各国把他们的资本和劳动用于最有利于本国的用途上，可以激发人们勤奋和智慧，最有效地利用本国的禀赋(如资源、地理位置、气候、特殊技能等各国自然具有的优越条件)，最有效、最经济地分配本国劳动。他写道："在商业完全自由的制度下，各国都必然把它的资本和劳动用在最有利于本国的用途上。这种个体利益的追求很好地和整体的普遍幸福结合在一起。由于鼓励勤勉、奖励智巧、并

最有效地利用自然所赋予的各种特殊力量,它使劳动得到最有效和最经济的分配;同时,由于增加生产总额,它使人们都得到好处,并以利害关系和互相交往的共同纽带把文明世界各民族结合成一个统一的社会"①,同时也增加了生产的总额。自由贸易还有利于提高利润率,有利于积累资本。他认为对外贸易同改进技术、提高劳动生产率一样,可以使谷物价格降低,使工人生活必需品价格降低,从而降低货币工资,提高利润,对国家有利。

在对外自由贸易理论上,李嘉图的一个贡献是提出了比较优势原理,即每个国家都应专门生产自己占相对优势的产品,生产那种成本相对低的商品,用以同别国交换。例如,葡萄牙生产一定量葡萄酒需要 80 个工人劳动一年,生产一定量毛呢需要 90 个工人劳动一年;而英国生产等量的葡萄酒和毛呢分别需要 120 个工人和 100 个工人劳动一年。葡萄牙在两种商品生产上都占决定优势,但在葡萄生产上占的优势更大;英国在两种商品生产上都占绝对劣势,但在毛呢生产上占的劣势较小。在这两种情况下,葡萄牙就专门生产葡萄酒,英国就专门生产毛呢,进行交换对双方都有利。李嘉图比较成本学说的基本精神是:每个国家都要对自己的优势或劣势进行比较分析,做到两优取其重,两劣取其轻,以便在现有自然、技术和经济条件下更有效、更节约地分配劳动和利用资源,形成合理的、最有利于本国的生产要素配置和生产力布局,以最小的劳动消耗取得最大的经济效果,其科学因素在于它反映了劳动消耗和劳动效果之间的技术关系。李嘉图的比较成本学说对西方的外贸理论有很大影响,长期被西方经济学家所推崇,被看作支配国际贸易的永恒定律。

关 键 词

生产三要素论　三位一体公式　萨伊定律　比较优势原理

思 考 题

1. 简评萨伊定律。
2. 说明萨伊的生产论、生产三要素论和按要素分配论之间的关系。

---

① 李嘉图:《政治经济学及赋税原理》,郭大力、王亚南译,商务印书馆 1976 年版,第 113 页。

3. 李嘉图的价值理论有什么特点？有哪些成就与缺陷？

4. 李嘉图是怎样说明工资、利润和地租这三者在经济发展中的变动趋势的？

5. 李嘉图的比较成本学说在历史和现实上有什么意义？

第七章
古典经济学的发展与综合

本章学习要求：古典经济学沿着萨伊和李嘉图开辟的两个方向发展：一派宣扬经济利益的和谐论，或以对交换领域现象的描绘来代替古典经济学对生产关系的研究，其代表性人物有法国的巴师夏和英国的西尼尔；另一派则主张采取折衷主义来调和社会阶级的矛盾，在经济理论上表现为综合主义，即试图把各种理论见解综合起来，其代表性人物为约翰·穆勒。本章学习要求熟悉巴师夏和西尼尔经济学说的内容，掌握约翰·穆勒经济学说的综合特点。

李嘉图之后，随着资本主义的发展和工人运动的壮大，促进了社会主义思想的传播。在英国，早在19世纪20年代就相继出现了一批李嘉图的社会主义者。他们利用李嘉图从劳动价值论出发揭示的阶级对立理论，维护无产阶级的利益[1]。但随着反映无产阶级愿望的新思潮的突起，李嘉图的理论开始被视为危险的学说。在随后的1820—1830年，英国又展开了一场拥护和反对李嘉图学说的理论斗争。反对派抓住李嘉图不能在价值规律的基础上说明资本和雇佣劳动的交换和等量资本获得等量利润的规律，力图推翻李嘉图的劳动价值学说；李嘉图理论的拥护者则竭力为李嘉图体系辩解，结果是比反对者的攻击更严重地破坏了李嘉图理论的基础。自1830年以后，古典经济学家已不再坚持劳动价值论了。古典经济学沿着萨伊和李嘉图开辟的两个方向发展：一派以法国的巴师夏为代表，另一派是以约翰·穆勒为代表。

---

[1] 李嘉图派社会主义者主要人物有皮尔西·莱文斯顿、托马斯·霍吉斯金、威廉·汤普逊、约翰·格雷、约翰·勃雷等。马克思在《剩余价值理论》中曾以专门一章的篇幅考察了其中的一些代表性人物。

前者宣扬阶级利益的和谐论,以对交换领域现象的描绘来代替对生产关系的研究;后者主张采取折衷主义手法来调和社会矛盾,经济理论上主张综合各家观点来发展古典经济学。

第一节 李嘉图学派的解体

19世纪二三十年代,英国经济学界围绕着李嘉图的劳动价值论展开了一场大论战。论战者分成两派:一派是李嘉图的反对派,他们以斯密拥护者的姿态,抓住李嘉图经济学说中的矛盾,力图推翻李嘉图的劳动价值论;另一派是李嘉图的拥护者,他们极力维护李嘉图的学说,被称为李嘉图学派,同李嘉图的反对者论战。这场论战的结局,导致了李嘉图理论体系的解体。詹姆斯·穆勒和约翰·麦克库洛赫的经济学说形成是李嘉图学派解体的标志。

一、詹姆斯·穆勒:李嘉图学派解体的开始

詹姆斯·穆勒(1773—1836)是英国的历史学家和经济学家,他是边沁功利主义的信奉者,李嘉图的朋友[①],李嘉图就是从他那里接受边沁的功利主义的。他还是第一个系统阐述李嘉图理论的人,也是李嘉图学派中最有名望的人物,主要经济学著作是1821年出版的《政治经济学纲要》,该书把政治经济学的内容分为生产、分配、交换和消费四个部分,把萨伊提出的政治经济学三分法改为四分法。以后的西方经济学家接受了穆勒的四分法[②]。在反对派向李嘉图学说发起进攻时,他起而应战,为李嘉图学说辩护,但在为李嘉图体系的矛盾辩解时,却背离了李嘉图理论的基石——劳动价值论。他的理论标志着李嘉图学派解体的开始。

当反对派就劳动时间决定价值的规律同等量资本获得等量利润的矛盾来反对李嘉图的劳动价值论时,詹姆斯·穆勒同他们争辩。当时争论的双方都不可能在一般形态上发现这个矛盾,而是在新葡萄酒和陈葡萄酒的价格问题上发现这一矛盾的。反对者说,生产新葡萄酒和陈葡萄酒所耗费的劳动时

---

① 詹姆斯·穆勒与麦克库洛赫都是李嘉图的门徒和朋友,他们之间的友谊也十分深厚。1823年李嘉图逝世后,穆勒曾写信给麦克库洛赫,他在信中说:只有他们两个人是李嘉图的真心弟子,对李嘉图的怀念将会使他们永远结合在一起。

② 如日本经济学家河上肇甚至称这种政治经济学四分法为"正统派经济学的一个模型"。参见[日]河上肇著,林植夫译,《资本主义经济学之史的发展》,商务印书馆1933年版,第265页。

间几乎相等,但陈葡萄酒比新葡萄酒贵得多,可见劳动时间决定价值的理论是错误的。

詹姆斯·穆勒在回答这个反对意见时,对李嘉图的劳动范畴进行了诡辩式的解释。他说:劳动包括"用手直接去做的劳动"和"用手所生产的工具间接去做的劳动"。创造价值的不仅有直接劳动,也有间接劳动或积累劳动,两者都创造价值。这样,资本也被看作一种劳动,劳动和资本之间的区别就不存在了,它们都是创造价值的劳动,只不过是两种不同形式的创造价值的劳动。在陈葡萄酒的生产过程中,直接劳动虽已结束,但是生产陈酒使用的全部资本即全部积累劳动,仍在"劳动"着,葡萄酒贮藏于地窖中的整个时期中,资本的劳动一直在创造价值,所以酒的价值也一直在增长。他还进一步推论:如果一部机器的利润可以看作机器包含的积累劳动所做劳动的报酬,新酒则可以看作一部机器,陈酒是这部机器的产品,陈酒的利润所代表的价值,就是来源于葡萄酒所包含的积累劳动所做的劳动。而利润就是这种积累劳动的"工资"。詹姆斯·穆勒如此解释劳动时间决定价值的原理,是扭曲了李嘉图的劳动价值论。李嘉图虽然认为资本是积累劳动,但认为只有直接劳动创造新价值,积累劳动只能转移已形成的旧价值,他只是不能说明在同一生产过程中,劳动怎样既能创造新价值,又能转移旧价值。穆勒则把旧价值转移和新价值创造混为一谈,认为已经物化的劳动在生产过程中仍能创造新价值,因而扩大了创造价值的劳动的范围。穆勒还扩大了劳动时间,曲解了李嘉图劳动时间决定价值的含义。他把劳动过程以外的生产时间也当作劳动时间。劳动时间当然是生产时间,但反过来,生产时间不一定都是劳动时间。价值只是在劳动时间内创造的,不是在全部生产时间内创造的。穆勒混同了劳动时间和生产时间,认为全部生产时间都形成价值,因而葡萄酒在沉淀、经受各种化学作用、受自然过程的支配时,也创造价值,这样便扩大了创造价值的劳动时间,曲解了李嘉图劳动时间决定价值的原理。

李嘉图的反对者抓住资本和劳动的交换同价值规律的矛盾来否定李嘉图的劳动价值论。穆勒在反驳时,把劳动和资本的交换归结为普通的商品交换关系。他把工人和资本家都看成未来产品的共同所有者,认为未来产品一部分应归工人,另一部分则应归资本家,工人用以同资本家相交换的不是他的劳动力,而是未来产品中自己应得的那一部分,工资就是资本家购买工人的这部分产品而预先支付的等价物,因此工人和资本家之间的关系也就变成了普通商品交换者之间的关系。穆勒认为工人和资本家都是未来产品的共同所有者,他们之间分割产品的比例是通过竞争和供求形成的:"确定工人和资本家的份额,是他们之间的商业交易的对象,讨价还价的对象。一切自由的商业交易都由竞争来调节,讨价还价的条件随着供求关系的变化而变化。"①这样,穆勒不仅把未来产品价值归于工人的部分叫做工资,也把归于资本家的部分看作工资。他把前者看作直接劳动的工资,把后者看作积累劳动的工资。穆勒在这里把资本和雇佣劳动的交换关系说成是一种特殊的商品关系,显然背离了李嘉图的理论。李嘉图认为工人出卖给资本家的是劳动,而不是未来的产品,他是以资本主义雇佣关系为前提的。穆勒不仅否认工人出卖劳动力的事实,而且抹杀了工人和资本家之间的区别,把他们的关系归结为仅仅是普通商品所有者的交换关系,这就抹杀了他们之间雇佣和剥削的关系。穆勒以市场供求关系来确定未来产品分别归于工人和资本家的份额大小,也完全背离了李嘉图劳动价值论的原意。李嘉图认为,由供求关系所确定的市场价格是以价值为基础的,市场供求关系变动只能使市场价格围绕价值上下波动,而不能成为价值的决定因素,供求关系只能影响工资和利润的比例变动,而不能确定这种比例本身。穆勒抹杀工资和利润的区别,也就取消了李嘉图工资和利润对立的理论。强调工资和利润的对立是李嘉图理论的特点之一,而穆勒把工资和利润都归结为对劳动的报酬,都归结为工资,只不过前者是直接劳动的报酬,后者是间接劳动的报酬,因而把利润同工资等同了起来,这就走到了萨伊的"三位一体"公式上去了,只不过萨伊认为劳动、资本都是生产要素,都创造价值,而穆勒则认为劳动和资本都是劳动,都创造价值。

二、麦克库洛赫:李嘉图学派的解体

约翰·雷姆赛·麦克库洛赫(1789—1864)起初是李嘉图学说的信奉者,后来倒向了马尔萨斯。他于1825年出版了《政治经济学原理》,1828年又编辑出版了斯密的《国富论》《李嘉图著作集》。麦克库洛赫比詹姆斯·穆勒更进一步庸俗化了李嘉图的经济理论,促使了李嘉图学派的解体。

在解决李嘉图理论中劳动决定价值的规律同等量资本获得等量利润规

---

① 转引自《马克思恩格斯全集》,第26卷第3册,第93页。

律的矛盾时,麦克库洛赫采用进一步扩大创造价值的劳动的范围予以解释。他认为不仅积累劳动仍在创造新价值,而且一切操作包括畜类和自然力都是"劳动",都能创造价值。以后他又修改为:只有人占有的畜力和自然力能够劳动和创造价值。由于麦克库洛赫扩大了劳动概念,把下等动物和自然力的活动和作用也叫做"劳动",因而也就"解决"了劳动决定价值的规律同等量资本获得等量利润规律的矛盾。这说明麦克库洛赫不仅抛弃了李嘉图关于人的劳动创造价值,而机器和自然力不能创造价值的观点,而且把穆勒关于积累劳动也创造价值的观点进一步庸俗化了,并以此来解释新陈葡萄酒价格之争的问题。在他看来,陈葡萄酒的价值增值完全是由于自然力本身的作用力在酒桶内较长时间(相对新酒的窖藏时间而言)的劳动的结果。葡萄酒在地窖中存放的过程中,积累劳动和自然力仍在"劳动"和增加酒的价值。在他看来,人的劳动和机器的作用、发酵的作用,除了一个能看见,另一个看不见外,没有一点区别。因而陈酒所包含的总劳动量(包括窖藏时期的自然力的劳动)比新酒所包含的劳动量要大。麦克库洛赫对李嘉图劳动价值论的曲解,不过是萨伊生产三要素生产性服务理论的改头换面。这说明他已步入了萨伊生产要素服务论的观点中去了,李嘉图的"拥护者"和反对者的理论观点实质上已经合流了。

19世纪二三十年代经济学史上这场拥护李嘉图和反对李嘉图的争论,以李嘉图学派的解体而结束。此后,李嘉图学派丧失了自己在经济学中所占据的主导地位,而由巴师夏、西尼尔和约翰·穆勒为代表的经济学理论所取代。

第二节 巴师夏的"经济和谐论"

弗雷德里克·巴师夏(1801—1850)是19世纪中叶宣扬劳资经济利益调和论的代表性人物,也是当时欧洲大陆自由贸易派的代表性人物。他出生在法国贝耶纳的一个富商之家,1825年继承了祖父的一宗遗产,成为酿制葡萄酒的资本家。其代表作是1850年出版的《经济和谐论》,该书的中心思想是论证资本主义是自由贸易的社会,工人和资本家都是自由贸易的平等参加者,各阶级的利益是和谐一致的。巴师夏的著作是以服务价值论为基础,以经济和谐论为中心,以论证资本主义社会是自由和谐的体系为目的。除此之外,他的经济著作还有《经济诡辩论》(1847)等。

巴师夏在《经济和谐论》一书中构筑了他的经济和谐的理论体系。这一理论力图证明经济和谐就是一种自由的和谐，平等的和谐，即在自由竞争和平等交换下，各个个人利益尤其是资本、劳动和才能的和谐一致。

一、服务价值论与市场经济

巴师夏的经济和谐理论是建立在他的服务价值论的基础上的。巴师夏认为，政治经济学的对象是人，即从人的欲望和满足这些欲望的手段的角度去研究人，并且主要是研究人类天性的最主要因素，即欲望、努力和满足等。欲望、努力和满足就是政治经济学研究的基本内容。他认为一个人的欲望通常不是通过自己的努力来满足，而是通过别人的努力来满足。如果你逐一检查一下你自己的享受的实现，就会发现其中很少是通过你自己的努力达到的，而绝大多数是靠别人的努力实现的。而你自己的努力也通常是用于满足别人的欲望，不是经常直接满足你自己的欲望。每个人为满足别人的欲望而做出的努力，就是为别人提供一种服务，别人用另一种努力和服务来回报，这就是两种服务的交换，而价值就存在于相互服务的交换、比较评价之中。巴师夏把"服务换服务"看作统治人类社会的"最高法则"[1]，劳动者提供服务，获得工资作为报酬，资本家暂时放弃目前的金钱满足，推迟享乐，获得利息作为报酬。他把资本家对与工人的关系论证为是两种交换的服务关系，即无产者向雇主提供劳动，雇主向工人提供生产条件与工资，这是双方交换着服务，就像你给我做这件事，我给你做那件事一样和谐：一方的利益就是另一方的利益。他从服务的交换中引出价值，认为政治经济学就可以定名为交换的理论或价值的理论。他提出交换是按以服务换服务、以价值换价值的规律进行的；两种交换着的服务是等价的，而等价交换是平等互利的，说标明交换也是能够实现各阶级之间利益调和的，因而整个交换社会各阶级的利益必然是和谐的。巴师夏说"价值就是对两种所交换的服务的评价。"[2]在自由经济的条件下，价值的交换会趋于相等。等价交换是一种公道的交换，等价交换的社会就是一个最美好的社会。

等价交换的市场是一个市场经济的社会。巴师夏认为市场秩序是一种"自然秩序"，是一种理想的经济秩序，它像天体机构和人体机构一样服从于

---

[1] 巴师夏：《经济和谐论》，唐宗义译，商务印书馆2009年版，第206页。
[2] 同上书，第96页。

一般规律,是一个和谐地组织起来的整体。在《经济和谐论》一书中他描写了一个下层社会的劳动者乡村木匠的生活,以论证市场经济对人生活质量的提高所具有的巨大作用。他以该木工一天的生活为例,说明市场经济有着巨大的优越性:该木工终日刨板子、做桌子和柜子以换取收入用来购买衣服和早餐,之后送儿子上学;在发生产权纠纷的时候寻求得到律师和法官的保护;他还上教堂去以使灵魂变得崇高,他还去图书馆和修道院,去汲取人类传统的知识;他外出旅行,发现已有人修好了道路,架好了桥,驯服了马匹或者发明了蒸汽机来减轻旅行的艰辛。巴师夏总结说:"使我们感到吃惊的是,这个人从社会那里取得的满足,如果与他以自己的力量可能得到的相比,这两者之间的差异确实是无法估量的。我敢说,他仅在一天之内所消费的东西,他就是用上十个世纪也不能靠自己生产出来。这种现象还有更奇怪之处,那就是一切其他的人也处于同一情况。社会的每个成员都消费了千百万倍于他自己能生产出来的东西;然而每个成员却丝毫不曾相互偷窃。"[①]巴师夏断言,市场经济制度是理想的经济制度,它有一种魔力,是人类的一个伟大的发明,它能使人类能享受到前所未有的高品质的生活,而且其本身还体现出一种经济的和谐。

二、经济和谐论

巴师夏把等价交换原则看作经济和谐所应遵循的基本原则,以论证资本主义社会是一种自由、平等、和谐的社会,各个人的利益,尤其是资本和劳动的利益是和谐一致的。巴师夏认为,自由贸易的社会是以交换互相联系的,资本主义社会就是一种交换的社会。在交换的社会中,每个人都用自己的努力为别人服务,替别人谋利益;反过来,每个人又从别人的努力中获得服务和利益,因而人人都能从交换中分享到利益和好处。人性是巴师夏经济和谐论的基础。在他看来,自然和谐的社会秩序受其内部自然规律的支配,而后者又取决于人性。人性是复杂的,有自私的天性、智慧的天性、有善良的、也有邪恶的等,但总的来说,一种是奉行"个人为自己打算"原则的利己天性,另一种是"各人为一切人打算"的利他天性。他借用神的力量把这两种相互矛盾的人性调和起来,断定这两种人性是可以互相补充的,善良最终会战胜邪恶。

---

① 巴师夏:《经济和谐论》,唐宗义译,商务印书馆2009年版,第23页。

所以,现实的社会是个美好的、和谐的社会。

无偿效用规律是巴师夏经济和谐的主要规律。巴师夏把效用——实现欲望的满足的东西——分成两类:一类是上帝或自然无偿地赐予的自然财富,即无偿的效用,如阳光、水、空气等;另一类则是人类行动创造的社会财富,即具有价值的有偿的效用。他分析指出,随着人们愈来愈用自然力来完成他们原先只是用体力来完成的工作,无偿的效用部分即公有效用一直在增长,劳动或服务所取得的有偿部分即价值逐渐缩小,而价值的下降则意味着个人财产权的削弱。在他看来,人类社会随着公有效用比重的不断提高,个人财富比重逐渐缩小,就会出现趋于社会化和平等的强烈倾向。巴师夏认为这个无偿效用规律是经济和谐的主要规律,它能够满足政治经济学方面的一切学派,而且使一切学派包括与私有制学说相对立的信奉公有制的空想社会主义和空想共产主义学派等在这一规律面前归于和解。

巴师夏不仅证明资本主义社会是和谐的社会,还要证明资本主义社会各阶级之间的利益也是和谐的。他提出了一个关于财富分配的"资本规律",也即劳动和资本合作的分配规律。他认为随着资本的增加,社会总产品不断增加,劳动者和资本家任何一方所分得的绝对量都会越来越多,但是,同劳动者所分得的那部分比较起来,资本家的那一部分的比重将要继续减少。资本家获得的相对额不断下降是因为随着资本的增加利息率会下降,说资本家获得的绝对额会不断增加是因为,利息率是在资本不断丰富的情况下下降的,但由于资本总额不断增长,所以利息总额仍不断在增加。依据这一规律,巴师夏劝说工人应该同资本家很好地合作,因为双方的利害是一致的,和资产者通力合作对双方都有利。资本家和工人之间存在着"合作"的关系,人们在交换中每个人让他人从自己的努力中得到利益,同时,自己也从他人的努力中得到利益,这就是交换。巴师夏提出服务价值论目的是为了反对李嘉图的劳动价值论,提出"资本规律"的目的是要反对李嘉图的工资和利润对立的学说。巴师夏是19世纪中期鼓吹自由贸易的旗手,在贸易思想史上占有一定的地位。

第三节 古典经济学的综合与方法论总结

古典经济学发展到了19世纪中后期,开始出现了综合的发展趋势,这种综合的趋势开始于西尼尔,完成于约翰·斯图亚特·穆勒。

一、西尼尔对古典经济学的初步综合

纳索·威廉·西尼尔(1790—1864)出生于英国伯克地区一个乡村牧师家庭,1812年毕业于牛津大学法学院,1825年被聘为牛津大学教授,担任政治经济学讲座。1830年他辞去教授职务,积极参加了政府的各种委员会活动。西尼尔的主要经济学著作是1836年出版的《政治经济学大纲》。这部书最先用人的心理因素来解释社会经济现象,用纯经济理论解释价值、工资、利润和利息等经济范畴,力求把萨伊和李嘉图的经济学说调和起来。他对古典经济学的综合主要表现在提出了以"节欲论"为核心的经济学说。

西尼尔的节欲论是从其政治经济学的四原则中引申出来的。西尼尔依据萨伊关于经济学研究对象的规定,把政治经济学定义为一门抽象演绎的、研究一般财富的性质、生产、交换及分配的科学。这一科学的基础是建立在四条不变的基本命题上的。这几个基本命题是:第一,每个人都希望以尽可能少的牺牲取得更多的财富。第二,各阶级中各个人,由于担心财富不足以适应自己的需求,会自行限制人口的增值。第三,劳动能力借助于资本可无限制增加。第四,制造业所投下的追加劳动,其生产物是递增的。而在农业技术不变的条件下,投下的追加劳动,其生产物是递减的。① 这四条基本命题是西尼尔将当时旧功利主义和萨伊经济理论加以概况和补充的综合物。西尼尔根据这四条原则作为他全部经济学说的"依据",并从中引出他的以"节欲说"为核心的经济学说。

西尼尔认为节欲是生产三要素之一。他把生产三要素归结为劳动、自然要素和节欲,用"节欲"一词取代了资本。西尼尔看到,在生产三要素中作为生产资料的资本本身就是其他两个要素(劳动和土地或他所说的"自然要素")的产物,它与劳动和土地不同,不是生产方面原有的要素。因此,如果说由于劳动和土地创造了财富从而创造了价值,因而其所有者有权分享相应的报酬,那么本身就是由劳动和土地所创造的资本,又有什么权力去分享其报酬呢?为了填补萨伊理论中的这个"漏洞",西尼尔提出了作为生产三要素之一的不是资本,而是"节欲"。"节欲"虽不创造财富,但却有助于财富的积累;

---

① 西尼尔:《政治经济学大纲》,蔡受百译,商务印书馆1977年版,第46页。

"节欲"和劳动一样都是一种牺牲,因而都应取得相应的报酬。西尼尔把"节欲"放在了同劳动并列的地位,作为独立的一种生产要素,并把其报酬作为生产成本的主要组成部分。西尼尔把节欲解释为是人类的"自我节制"行为,用"节欲"代替资本作为生产要素之一,在经济思想史上第一次把主观心理因素引入到政治经济学的研究之中。

西尼尔以节欲说为基础,阐述了他关于财富性质和财富分配的理论,即他的价值论和分配论。

西尼尔认为价值是财富的基本特性,财富就是可以交换、具有价值的东西。因此,要使一件东西具有价值,成为财富,就必须具有三个特性,即"效用、可转移性和供给有定限"①。西尼尔所说的效用不是指商品本身具有的使用价值,而是指人们对商品使用价值的主观感受,指物品足以直接或间接产生愉快的能力,商品的效用只是人们的主观感觉和评价,商品效用的大小就取决于该商品的供给量。随着该商品供给的增加,该商品的效用就会成比例地减少;反之,随着该商品供给的减少,该商品的效用就会成比例地增加。"可转移性"是指只有可以移交的东西才能用来交换。"供给有定限"是说供给是由生产物品的成本来限制的,这就包含了生产费用价值论。在西尼尔看来,物品的供给有定限即稀缺性是形成价值的三个因素中最重要的因素,是价值形成的基础。西尼尔用人们的主观心理来解释效用和稀缺性以及两者关系的论述,为后来的边际效用价值论提供了重要的出发点。

对于生产成本,西尼尔定义说是劳动和节欲的总和。这是因为商品是在自然力的协助下由劳动和节欲生产出来的,而自然力则是人人都能利用、都能支配的,所以商品的供给只是由劳动和节欲来限制,生产成本也就是只由劳动和节欲来决定。劳动是工人的牺牲,他牺牲了安逸;节欲是资本家的牺牲,他牺牲了享受。因此,商品是工人和资本家共同牺牲的产物,商品价值也就由劳动和节欲共同决定,也就是由工资和利润总额决定。

西尼尔还以节欲说为基础说明财富的分配。他认为社会三个阶级分别是三种生产要素即劳动、节欲、自然要素的所有者和行动执行者,所以分别获得三种不同的收入:工资、利润和地租。工资是对劳动的报酬,是对劳动者牺牲安逸的补偿;利润是对节欲的报酬,是对资本家牺牲目前享受的补偿;地租

---

① 西尼尔:《政治经济学大纲》,蔡受百译,商务印书馆1977年版,第24页。

则是自然或幸运对未作任何努力和牺牲的自然要素的所有者的赐予。西尼尔认为工资、利润是和地租完全不同的,这是由于工资和利润两者都是出于一种牺牲的结果,因此都有一个最低限度和最高限度的问题,取决于劳动和资本的供求关系。如果用来支付工资的资本增加,劳动人数不变,利润会下降。如果劳动人数增加,而资本量和劳动生产力不变,工资则下降。如果劳动人数和资本量按等比增加,但由于双方对所需自然要素使用的加大,工资和利润都将下降。

不难看出,在价值理论上,西尼尔综合了供求论和生产费用论,并引进了若干边际效用论的因素,从而开始显示出后来由马歇尔所完成的以供求论为基础、以生产费用说明供给、以边际效用说明需求的综合价值论的倾向。在分配理论上力求证明在资本主义制度下,雇佣工人和资本家之间的关系是完全平等的,他们各自的收入也是正当合理的。因此,西尼尔受到了西方经济学史家的推崇,认为他是以约翰·穆勒和马歇尔为典型代表的英国经济思想传统即以妥协和综合为趋势的第一位重要的代表性人物。

二、约翰·穆勒对古典经济学的综合

约翰·斯图亚特·穆勒(1806—1873)是19世纪中叶英国古典经济学家,詹姆斯·穆勒的长子,青少年时期未进学校读书,在其父指导下自学成长。他跟父亲学习历史、外语,跟边沁学习哲学,跟李嘉图学习经济学,之后也一直是李嘉图学说体系追随者。他在政治经济学方面的著作主要有《略论政治经济学中若干未解决的问题》(发表于1829—1830年间的论文,1844年汇集出版),这本著作基本上包括了他对经济学作出的新见解。特别是1848年出版的《政治经济学原理及其在社会哲学上的应用》(以下简称《原理》)一书,被视为总结了19世纪初以来的经济学理论的集大成的著作,在很长时期内被英国经济学界视为"无可置辩的圣经",成为大学政治经济学教科书,直至边际效用学派兴起为止。该书在作者生前重版7次,1865年还刊行了民众版,每次重版,都有所增补。他在哲学方面的著作有《逻辑体系》(1843)、《论自由》(1859)、《功利主义》(1863)、《孔德与实证主义》(1865)。《自传》(1875)、《社会主义论》(1910)和《书简集》(1910)是他死后经人整理出版的。

穆勒经济学说的特点是对古典经济学的综合,这种综合主要表现在他接受新经济思想,又不放弃旧思想,试图在两者之间折衷。如他的主要代表作

《原理》就是当时经济学说的大综合,它不但继承和阐释古典政治经济学理论,而且也接受了一些当时新的经济学观点。他把当时的经济学理论观点兼收并蓄,成为他以前各种经济学说的集大成者。约翰·穆勒对古典经济学的综合也宣告了古典经济学的终结。古典经济学有一个显明的特点,即都是从生产出发,都是研究生产的经济学说。约翰·穆勒正是综合了以前所有研究生产的经济理论,形成一部内容广泛、通俗易懂的政治经济学原理著作。19世纪70年代后,以杰文斯为代表边际分析学派的理论在英国流行起来,主流经济学走上了主观心理分析的道路。

(一)对生产规律与分配规律的分析

约翰·穆勒的折衷主义理论体系是建立在对生产规律与分配规律的分析之上的。穆勒把政治经济学研究的对象规定为财富的生产和分配。他说《原理》所要阐明的中心课题,是生产和分配的规律,以及从它们推论出来的一些实际结论。同时,他把关于社会经济繁荣与衰退原因的探讨也列入政治经济学的范围,并进一步把精神、心理、社会关系和人类天性也列入政治经济学研究的范围。

在此基础上,穆勒提出了生产规律和分配规律的区别,认为生产规律是人和自然的关系,它是永恒的自然规律,它不依社会制度而改变。分配规律则完全不同,它取决于社会和法律的习惯,是由人的意志决定的,故是可以改变的。穆勒在《原理》的前两篇中,分别考察了生产和分配。他追随萨伊,在"生产"篇中,把资本主义生产条件归结为生产的三个要素,即劳动、资本、自然要素(土地)。与萨伊不同的是,他认为唯一的生产力是劳动生产力,并实际上把资本生产力归结为特定生产方式下的劳动生产力。与此相适应,在"分配"篇中,他实际上认为利润来源于工人的剩余劳动。他说:产生"利润的原因,是劳动所产生的比维持劳动所需要的多,……他们除了再生产他们的需要的必需品和工具之外,将有剩余时间来为资本家的利益服务。正如我们所看到的,利润的产生并不是由于其他的情况,并不是由于交换,而是由于劳动生产力。"[①]但他从"生产要素"的资本是劳动产品的蓄积这一见解出发,依据西尼尔的节欲论又为资本家的利润辩护。认为"资本家的利润,照西尼尔的精当用语,则是忍欲的报酬。他自己忍住不自己消费自己的资本,而让给

---

① 约翰·穆勒:《穆勒经济学原理》,郭大力译,世界书局1936年版,第379页。译文略有调整。

生产的劳动者为他们的益处而消费,利润便是这种忍欲的所得。这种忍欲,是必须有报酬的。"①这些论述,都反映了穆勒理论的折衷主义的特点。

(二) 折衷主义的价值决定论

约翰·穆勒把价值分为市场价值和自然价值。市场价值决定于需求和供给,自然价值则是根据该商品获取的困难情况而定。他认为获取商品有三种困难,因而把商品分为三类,这三类商品的自然价值的决定规律是不同的。第一类是数量有限、供给不能任意增加的商品,如古玩、古画、特殊地皮等。这类商品的获得,困难在于其生产受到了绝对限制或不能再生产。这类商品的价值取决于需求和供给。他说的需求是同购买力相结合的有效需求数量,他说的供给是提供销售的商品量。这类商品的价值就取决于有效需求量与供售量之间的供求关系。第二类商品是供给数量能够无限增加,但又不需要增加单位生产费的商品,如工业品。其获取困难只在于生产所需的劳动和资本,只要有足够的劳动和费用,其供给便可无限增加,而其单位产品的生产成本却不会提高。这类商品的价值由其生产成本和通常利润决定。他认为生产成本主要的、几乎唯一的因素就是劳动,就是商品生产者,或它的一系列生产者在生产中耗费的劳动。他说,如果生产者是实行垫支的资本家,那么"劳动"一词就可用"工资"一词来代替,生产对于资本家所费的就是他曾支付的工资。约翰·穆勒所说的劳动或工资,不仅包括直接的活劳动或其工资,也还包括过去的劳动及其工资。决定这类商品价值的第二个因素就是利润。他认为,生产商品除了需要劳动外,还需要资本,资本是节欲的结果,商品价值不仅要足以为必需的劳动提供报酬,而且还要足以为不同于劳动者的阶级的节欲提供报酬,非此则生产不能继续进行。所以第二类商品价值是由一系列的工资和利润的总和决定的。第三类商品是供给数量能够无限增加,但单位生产费则随之增加的商品,如农产品。这类商品介于上两类商品之间,能通过增加劳动和费用的支出而无限增加,但单位产品的生产成本也需随之提高。这类商品价值,也是由生产成本和普通利润决定的,但他把这类商品的价值决定同人口增长、对食物需求增加以及土地报酬递减规律联系起来,认为这类商品不只有一个生产成本,而是有几个生产成本,其价值就取决于那种提供社会必需供给量的最高生产成本,再加上资本的普通利润。

---

① 约翰·穆勒:《穆勒经济学原理》,郭大力译,世界书局1936年版,第368页。

总之，约翰·穆勒认为这三类商品的自然价值有着不同的决定因素，即第一类商品也就是稀少性商品的自然价值取决于供求规律，第二类商品和第三类商品的自然价值则取决于生产费用，其间的差别仅在于第二类商品的自然价值取决于一般单位的生产费用，第三类商品的自然价值则"决定于获得必要供给所必须负担的最大的生产费"①。显然，约翰·穆勒力图坚持李嘉图为代表的古典经济学的价值理论，但又把供求论、生产费用论、节欲论吸收了进来，实际上是一种折衷主义的价值决定理论。

（三）货币信用理论上的折衷

在货币理论上，穆勒接受了斯密关于货币产生于商品交换的困难与不便的观点，认为货币在本质上仅仅是一般商品。在他看来，货币在社会经济上没有重要的意义，它不过是便利交换的一种工具，或者是笼罩于产品交换之上的一层面纱。同时，他又主张货币数量说。他的货币数量说是对李嘉图货币数量说的继承和局部的修正和补充。由于他把货币等同于一般商品，把货币价值等同于货币的交换价值，并把货币职能归结于流通手段，因此，他认为货币的价值在长期中决定于生产费用，在短期中则决定于货币的供求比例。他说："假定市场上的商品及此商品转卖的次数为已定的量，则货币的价值便决定于其数量及其在一定期间中辗转使用的平均次数。……所以，假定商品的数量及其交易次数不变，则货币的价值使反比例于其数量与其流通速度的乘积；而流通货币量则等于以流通速度除所交易的商品价值之商。"②这段文字被后来的现金交易数量论者概括成"现金交易方程式"：$MV=PT$。式中：M 为某一时期货币流通平均量；V 为货币流通速度；P 为一般物价水平；T 为社会总交易量。

穆勒在探讨了作为交换媒介的货币范畴之后，接着考察作为货币替代物的信用范畴。穆勒反对银行学派所谓银行通过信用为社会创造出新的资本的见解，认为信用不能无中生有。在经济思想史上穆勒是继斯密、李嘉图之后的信用媒介论的重要代表人物。穆勒还论述了信用对社会生产和一国经济发展的促进作用，也探讨了信用与商业危机的关系。他认为所有商品都会发生供过于求或求过于供的现象，以及由于投机性的盲目进货辅之以信用的收缩会促成以商品价格骤跌和厂商大批破产为特征的商业危机。穆勒关于

---

① 约翰·穆勒：《穆勒经济学原理》，郭大力译，世界书局 1936 年版，第 531 页。
② 同上书，第 460 页。译文略有修改。

商业危机的释解,不是从生产领域内去寻找危机产生的根源,而是从流通过程中的投机性购买行为和信用收缩中去寻找答案。他不仅看到了信用缩减是商业危机的特征,而且觉察到了信用制度是加剧生产过剩和商业过度投机的一种杠杆。

穆勒还是在货币思想史上提出信用与物价关系的第一人。他认为用以购买商品、处于流通中的那部分信用,对物价有直接的影响。在他看来,购买力是由人们现有的或即将拥有的货币与形成购买力的信用组成。穆勒关于信用执行货币职能的思想论证了信用具有其赖以产生的货币的支付手段职能,以及它因债务要求权的转移而执行货币的支付手段与流通手段的职能。他还进一步考察了各类信用形式影响物价水平的强弱程度。在他看来,能够在人们之间辗转流通的信用,较之只购买一次的信用对物价影响更大。他认为,不同信用形式影响物价的强弱程度不同,依次是银行券、票据和账簿信用。

穆勒的货币理论是在通货学派和银行学派的争论的大背景下提出来的,也是同当时紧迫的商业周期性衰退和金融崩溃问题联系在一起的。通货学派认为纸币的发行应当服从于严格的规则,即依据严格的金本位决定发行量,防止滥发纸币,是防止通货膨胀的唯一有效途径。银行学派则认为,更灵活的货币政策是必要的,无须控制银行券的发行。穆勒的货币理论则是对上述两种立场的折衷。他认为就正常的年份而言,银行学派是正确的,因为此时市场比较平静;但在金融投机旺盛时期,通货学派所主张的依照金块数量发行纸币则是适当的政策。

(四) 在资本利润理论上的折衷

约翰·穆勒同其他李嘉图学派的经济学家一样,认为资本是积累的劳动,是生产要素之一,它包括生产工具、原料、劳动费用等,即资本家投入生产的一切费用。但约翰·穆勒也接受西尼尔的观点,认为积累劳动成为资本是其所有者实行节欲的结果,而利润就是对节欲的报酬。他把利润分为三部分:利息、保险费和企业管理技能的酬金。利息是对资本家把资本投入生产实行节欲的报酬,保险费是企业承担风险的酬金,企业管理工作的酬金是对企业家领导和监督生产的劳动的报酬,也即企业家劳动的工资。但在节欲问题上,他同西尼尔又有所区别:西尼尔不但认为利润是节欲的报酬,而且坚持利润来源于节欲;约翰·穆勒则认为利润来源于"劳动生产力"。所谓"劳动生产力",是因为工人消费生产物的时间比他们生产生产物的时间要长,从而产生一个剩余时间,这样便产生了"劳动生产力"。在他看来,产生利润的原因是劳动所生产的比维持劳动所需要的多。所以,利润的产生是由于劳动生产力,利润总是与劳动生产力相适应的。这些论述表明约翰·穆勒仍坚持李嘉图利润是劳动创造的价值的一部分的观点。

在利润论中,约翰·穆勒的一个重要观点是坚持李嘉图利润同工资成反比的观点。他认为,资本家所得的利润量取决于两个因素:一是产品量,即劳动生产力;二是工人获得的份额的大小,即工资与工人生产总额之间的比例,这两个因素决定了资本家的利润总额;但是利润率则只取决于第二个因素。由此他得出了与李嘉图等人相同的结论:利润同工资成反比,即利润率取决于工资,随工资的下降而提高,随工资的提高而下降。这在一定程度上揭示了工人与资本家之间利益的矛盾。尽管约翰·穆勒坚持李嘉图关于利润同工资成反比的原理,但又和李嘉图不同:李嘉图在说利润同工资成反比时,所说的利润实际是指剩余价值;而约翰·穆勒在说利润同工资成反比时,所说的利润是真正的利润,即同全部预付资本相比较的利润。他认为,构成资本家全部预付资本的,除了直接生产工人的工资外还有材料和工具的费用,而材料和工具也是由劳动生产的,对它们的支付实际也是支付生产它们的劳动的工资,资本家的全部资本预付都可以转化为工资。所以,他说的利润同劳动费用成反比,实则同全部资本成反比。

(五) 对李嘉图比较成本学说的发展

穆勒在国际贸易理论的最大成就是对李嘉图比较成本学说的发展,最先提出了国际价值理论。李嘉图在阐述他的比较成本学说时,以英葡两国生产葡萄酒和毛呢为例说,假定葡萄牙生产一定量葡萄酒(例如1 000吨)需要80人年劳动,生产一定量毛呢(例如1 000匹)需要90人年劳动,而英国生产等量的葡萄酒和毛呢则分别需要120人年劳动和100人年劳动;如果两国实行分工,均只生产自己相对优势较大的产品,进行交换,则可节约劳动,或增加产品数量。约翰·穆勒则进一步研究了这种比较利益的分配问题。他认为,对葡萄牙来说,1吨葡萄酒交换8/9匹毛呢是可接受的最低交换比例;对英国来说,6/5匹毛呢交换1吨葡萄酒是可接受的最高交换比例。如果交换比例高于6/5:1,或低于1:8/9,那么两国中会有一国宁愿自己在国内生产这两种产品,国际贸易即不存在。因此,1吨葡萄酒与毛呢的交换比例需在8/9至

6/5之间确定,即在"上限"与"下限"之间确定,在此限内,交换的两国均可获益。这个上下限取决于国际贸易发生前各国这两种商品生产费用的比例。葡萄酒和毛呢交换比例确定在哪一点,关系到比较利益的分配,关系到交换两国各获益多大份额。他指出:在交换中获得比较利益最大份额的国家是那些在对外贸易中处于最有利地位,其产品最为外国所需要,而自己对外国产品最少所求的国家。这就是约翰·穆勒的"国际需求方程式"。如果葡萄牙对毛呢需求强烈而使交换比例接近1:8/9,则英国可获较多利益;反之,如果英国对葡萄酒需求强烈,使交换比例接近于6/5:1,则葡萄牙可获较多利益。穆勒的"国际需求方程式"是对李嘉图比较成本学说的重要补充和发展,它确定了国际贸易中商品交换比例变动的范围,指出了比较利益的分配取决于贸易国对交换的产品相互需求强度的对比,在国际贸易学说史上,具有重要的地位和影响。

(六) 对经济自由主义与国家干涉主义的折衷

穆勒站在自由放任的立场,强调促进资本主义经济增长的重要方法和一般原则就是经济自由主义。他强调:"当作一般原则来说,人生的事务,最好是由利害关系最为相关的人自由去经营,不受法律规定的统制,也不受政府人员的干涉。亲任其事的人或众人比政府更能判断,他们应以何法达到他们所想达到的目的。即使政府所有的知识与最善营业者所有的知识相等(这当然是不可能的),个人对于营业的结果,固然有强得多、直接得多的利害关系,所以,如果让他们自由选择,方法必然会改良,更完美。"[1]但同时,他又反对放任学派过分限制政府职能的见解。在他看来,除了放任学派严格圈定的保护人身安全及财产安全的政府职能之外,政府还有许多事情要做,如立法、执法、司法、军事、外交、铸币、制定度量衡标准、公共工程和公共事业如教育事业和救贫事业等。因此,政府对经济应有适度干预。他说:"公认的政府职能,不能以任何狭隘的、限制的定义,来完全包括。如果要举出任何理由,来辩护这一切职能,那就是一种便利。如果要举出一般的规则,来限制政府的干涉,也就只有简单的、笼统的规定:于公众便利极有关系的事项,才应准许政府干涉。"[2]

---

[1] 约翰·穆勒:《穆勒经济学原理》,郭大力译,世界书局1936年版,第880—881页。译文略有修改。

[2] 同上书,第187、739—740页。

（七）社会改良思想上的折衷

约翰·穆勒认为大生产制度和私有财产制度都是好的：大生产使劳动具有了更大的生产力，促进了社会财富的增长，所以社会一经实行了大规模生产是不会再倒退回去的；私有财产制度则保证各个人都可以享有各自劳动和节欲的果实。在他看来，报酬和努力成比例是私有制应遵循的公平原则。但他又认为，尽管资本主义制度促进了社会财富的巨大增长，可是众多的劳动者并未从中得到利益。他认为，资本主义现行制度的根本矛盾是财产分配的不公平。由于资本主义现行分配制度的不公平，又导致了资本家和劳动者阶级之间的对立关系。基于这种认识，他反驳了当时资产阶级的学者和政客对共产主义的种种攻击，认为如果把理想的共产主义同当时西欧各国实行的资本主义私有制加以比较，共产主义要更好些，但是如果马上就实行共产主义则为时过早，因为人类还没有充分的思想准备，特别是无产阶级没有充分的思想准备，况且私有制也还大有改善的余地。至于改善后达到最完善的私有财产制度同共产主义最完善的情况相比较究竟孰优孰劣？穆勒认为这个问题现在无法回答，只能待将来解决。

基于上述认识，穆勒提出了自己的社会经济改良主张。第一，改变工资制度，建立生产者协会。穆勒认为，现行的工资制度使雇佣劳动不关心自己的劳动成果，束缚了个性的充分发挥。因此，他提出废除工资制度，根据平等的原则建立生产者协会的主张。在这个协会中发展劳资合作，实行劳动者和资本家的联合，使工人成为企业一定股份的所有者，劳动者拥有充分的发言权，与雇主共同管理集体的资本，组织经营生产，选举和监督经理人员等，以便把现存制度变革成为大家都独立但又互相合作的制度，使阶级间的相互对立，变为利害关系一致的联合体，这完全依存于公司原则的未来发展。第二，通过土地税使地租社会化。穆勒认为，在私有财产制度下，地租阻碍了人们更好地发挥生产积极性，并使地主阶级能够无偿占有他人生产出来的劳动成果。地租并不是土地所有者自己劳动的成果，因此不应归个人所有，而应交还给社会。因此，他提出可采取征收土地税的办法，逐步使地租社会化。在没有进行全面改革以前，可先实行扩大自耕农制度。他主张通过立法的形式，使全部土地属于耕种者的农民所有，由农民按国家规定的一个不变的数值来支付租金。在这种制度下，财富得到分散，劳动者能够自由支配自己的命运，这有利于他们完善生产技术，有效地利用地利，充分发挥勤劳节俭和聪明才智,同时还能有效地节制人口的增长。在他的影响下,英国议会通过了若干"小土地条例"。穆勒可以说是英国第一个坚决承认自耕农经济形式,并对现存地主土地所有制经济实施改良的资产阶级政治经济学家。第三,限制遗产继承权,减少财富分配的不均。穆勒承认个人具有自由支配财产的权利,人死后依然享有按自己的意愿遗赠其财产的权利。但为了避免财富的分配不公平,促进财富的分散化,他建议应该对接受赠与或继承财产的任何人规定一个接受或是继承的最高数量标准。在这个限额之内,继承人可以有权自由地加以支配。至于所继承的财产超过法律规定的最高数量限额的部分,则不得再继承。穆勒认为,通过变革,个人的自由和独立将与共同生产的道德的、知识的及经济的优点结合起来。这种变革不用暴力,不用掠夺,甚至不用突然扰乱现存的习惯和期待,就可在产业方面使社会不再分为勤劳阶级和慵惰阶级,使一切特殊社会地位,即非由自己努力而获利者皆归消灭,从而实现民主精神的最高热望。合作社越增加,它们越有吸引一切工人的趋势,而资本所有者也将发觉,为他们自己的利益计,与其仅同最劣等的工人一起维持旧制度,还不如把资本贷给合作社,贷出的利息率将逐步降低,最后也许只求有资本的定期年金。于是现存的资本积蓄,便以一种自动过程变成参加生产事业者全体共有的财产。如此实现的变革,将最接近于社会主义。

三、约翰·穆勒对古典经济学方法论的总结

在经济学的研究方法上,斯密既倡导演绎法,也重视归纳法。斯密倡导演绎法是因为深受当时自然哲学家们所倡导的实证科学的理性方法的影响。熊彼特对这一理性主义的方法分析说:"科学活动常常被看作理性活动的典型例子,因为科学工作者无论如何最终要达到什么目的,都得服从逻辑推理规则的指导。"[1]并认为这一实证科学的理性方法对当时人文科学、社会科学家产生有极其重要的影响[2]。这一方法把经济行为、经济现象看作一个按照严格计划塑造出来的、逻辑上协调一致的整体存在,经济秩序服从于一种内在逻辑,由一只看不见的手指引来达到某种确定的目的。但斯密也重视归纳

---

[1] 约瑟夫·熊彼特:《经济分析史》第一卷,朱泱等译,商务印书馆1996年版,第176页。
[2] 熊彼特说:"他们或他们当中的一些人也开始查看自己的工具,想知道它们究竟与物理学家已经取得成功的工具有什么不同。……霍布斯宣称,……他第一个把哥白尼和伽利略的方法(不过,他把这种方法看作根据一抽象而普遍的'运动规律'进行演绎推理)应用在了这种公民哲学上。"(约瑟夫·熊彼特:《经济分析史》第一卷,朱泱等译,商务印书馆1996年版,第183—184页)

法在经济分析和认识中的作用,注意收集和整理经济事实,然后依据经验事实对经济学的原理加以验证。

李嘉图是古典经济学演绎法的重要推动者,并将这一方法运用到经济分析中。这一研究方法在他的主要著作《政治经济学及赋税原理》中表现得最为明显。全书32章中可以分为三部分:第一部分(1—7章)集中论述了政治经济学的一般理论原理;第二部分(8—19章)论述赋税原理;第三部分(20—32章)是争论部分。从结构上看,第一部分奠定了理论基础,后面则是对这些原理的具体运用。在第一部分各章之间,第一章论价值为后面几章研究分配问题提供了理论依据,后面各章则是对一般价值论的运用和检验。具体来说,这种研究方法的特点在于分析问题时,总是从一定的假设前提出发,从中推出一定的结论。如李嘉图在分析商品价值问题时,首先抽象掉供给和需求关系的影响,其次抽象掉了供给的其他要素(如资本和土地等)的作用,最后把价值定义为劳动,就是一个典型的例证。李嘉图正是通过这一演绎的方法,清除了斯密价值学说中的混乱观念,贯彻了劳动时间决定价值量的原理。

穆勒是李嘉图的学生,他深受李嘉图强调以少数理性导出的假设或公理为基础来演绎出经济学的理论体系的方法论影响,在李嘉图的基础上对古典经济学所推崇的演绎法进行了系统的总结和论证。这主要反映在它的《论政治经济学的含义及其适当的研究方法》一书中。在该书中,穆勒提出,由于经济现象中存在许多复杂的因素,无法直接运用归纳法,因此,演绎法才是最适合经济学研究的方法。穆勒确信,经济学的基本法则或原理在原则上是明显的和无可置疑的,建立在演绎法基础上的经济学就能为特定的经济因果关系以及运行提供一个趋势性的说明。这一"趋势律"的特征保证了所有科学定律具有确定的真理性,不会因互相抵消的力量是否起作用而有时真有时假。

穆勒从两个方面论证了演绎法适合于经济学研究。第一,经济学是研究人类经济行为的学科,社会现象是社会中所有个体行为的总和。像其他社会科学一样,经济学研究中没有自然科学那样的"判决性实验"(或关键性实验)。他举例说,为了知晓贸易限制政策对国民财富的影响就必须找到两个国家在其他一切方面条件都相同唯独贸易政策相反的案例,但由于在现实中各国历史发展道路和资源禀赋约束条件的不同,无法找到这样两个国家案例。因此,在经济学的研究中也就无法进行"判决性实验",研究经济现象也就只有通过演绎的方法进行了。第二,穆勒将政治经济学与几何学进行了比较,认为经济学的公理与欧氏几何是从"有长度而无宽度的线段"之类的原始概念出发进行研究的方法十分相似。政治经济学是从"参与追求财富活动的人的行为"的假设或原始公理出发经过推导而得出结论的,经济领域只受制于与追求财富相联系这一独特现象,经济学对基本公理的解释与数学真理一样具有正确性,并且作为抽象的真理,它是具体真理的一个最为合理的近似。穆勒还提出了"人是在现有知识水平上以最少的劳动和最小的生理克制来取得最多的生活必需品,为生活提供便利的商品和奢侈品的存在"①这一形式公理。他强调,虽然经济现象中包含了复杂的诸多因素,但其中存在着单一的主导因素,这就是"每个人都渴望用尽量少的付出获得尽量多的财富"②,这就为通过演绎的方法来进行经济现象的分析提供了可能。穆勒认为,经济学的结论如同几何学的结论一样只有抽象意义上的真,就是说,这些结论只在一些假定的前提下才是真的。经济学的性质应是一门抽象的科学,又是假设的科学,所以应该通过演绎法来进行研究。

  但穆勒也强调归纳法的经验性对于经济学命题检验的重要作用。穆勒断言,经济学的基本法则的内在含义在限定条件下可以得到演绎和展开,然而,经验性的证实或认证对于确定已建立的经济学理论的可应用的边界或范围,对于在事后去发现"干扰因素"的存在,对于寻找或判定所遗漏的不确定因素降低到最低限度等具有重要的作用,这是因为这些不确定性因素的产生来自每一个特定场合本身所具有的复杂性,以及人们在演绎中无法确定已考虑到的所有实质性的条件。还有,经济学家为了进行经济分析而虚设先验的普遍性也是从直接观察的归纳推理而获得的。如此一来,穆勒既强调了演绎的方法,也肯定了经济科学之所以称为知识还需要经验归纳的验证。穆勒之后,穆勒的嫡传弟子凯尔恩斯在其《政治经济学的特征与逻辑方法》(1857)一书中进一步强调了经济学实质上是一门抽象科学的结论,重申了研究经济学必须运用演绎法这一观点,对之后西方主流经济学的方法论产生了深远的影响。

---

①② 《论政治经济学的定义及其适当的研究方法》,引自豪斯曼编:《经济学的哲学》,上海人民出版社 2007 年版,第 60 页,61 页。

关 键 词

四分法　服务价值论　经济和谐论　节欲说　国际需求方程式

思 考 题

1. 詹姆斯·穆勒与麦克库洛赫是如何解决李嘉图理论体系的矛盾的？
2. 简述巴师夏的经济和谐论。
3. 简述西尼尔的政治经济学的基本命题。
4. 约翰·穆勒的经济学说有什么特点？
5. 简述约翰·穆勒关于经济学方法论的见解。

第八章
古典经济学分析范式中的新方向

本章学习要求：亚当·斯密之后，古典经济学分析范式中出现了新方向，主要表现在否定供给决定需求的萨伊定律，这以马尔萨斯和西斯蒙第为代表，提出了需求决定供给的新原理。这一分析范式的贡献在于看到了为生产而生产所导致的生产盲目性，看到了劳动者在国民收入中所占份额的减少所引致的生产与消费的矛盾以及发生经济危机的必然性，这一分析范式对凯恩斯所创立的经济学产生了重要的影响。本章学习要求认识马尔萨斯的需求原理与凯恩斯经济学理论之间的关系，西斯蒙第的需求不足理论对早期社会主义思想的影响，认识马尔萨斯和西斯蒙第的人口理论的理论贡献与局限。

在亚当·斯密之后，古典经济学分析范式中出现了新方向。这主要表现在出现了需求决定供给的新主张，以马尔萨斯和西斯蒙第的经济学说为代表。

第一节 马尔萨斯的有效需求不足论与人口论

托马斯·罗伯特·马尔萨斯(1766—1834)出生于英国伦敦郊外的一个贵族地主家庭，1784年入剑桥大学攻读哲学和神学，1798年毕业后曾担任过乡村牧师、神学院教师，关注于人口问题，匿名发表了《人口原理》。1805年以后被聘为伦敦东印度学院历史和经济学教授，直到去世为止。

他的著作《人口原理》使他一举成名。随后，马尔萨斯又从人口问题转向政治经济学的研究,发表了《地租的性质与发展的研究》(1815)、《政治经济学原理》(1820)、《价值的尺度》(1823)、《政治经济学定义》(1827)等政治经济学著作。其中《政治经济学原理》是他的代表作,较为系统地表述了他需求决定供给的经济学理论。

一、有效需求不足的危机理论

马尔萨斯在经济思想史上的一大贡献是他在否定供给决定需求的萨伊定律的同时,和西斯蒙第一起提出了有效需求不足危机论[①]。这一理论是以他的购买劳动决定价值的观点和让渡利润论为基础的。

在价值论上,马尔萨斯和李嘉图一样,都是以斯密理论为出发点。所不同的是,他否定了李嘉图的劳动价值论,发展了亚当·斯密的价值是由商品所能支配的劳动量决定的观点。马尔萨斯断言,一切商品的交换价值都是由"商品所能支配的劳动量"来衡量的,即由"商品实际消耗的累积劳动与直接劳动加上以劳动估算的一切垫支的不等量利润"[②]来衡量的。这里所说的"累积劳动"是指转移商品中的物化劳动,"直接劳动"是指生产商品所耗费的活劳动,在马尔萨斯看来,它相当于工资。按照马尔萨斯的定义,商品价值不仅包含了投下劳动所形成的价值(它等于生产资料转移的价值和工资),而且还包含另一个价值额——利润。显然,这个利润不是投入的劳动所创造的,不是生产中形成的,而只能是在交换中产生的,即通过不等量劳动相交换而产生的。也就是说,商品所购买的劳动量包含着利润,而耗费劳动量则不能包括利润。

关于利润的实现,他的看法是,利润是由商品流通过程中供求关系产生的"让渡利润",并且利润不能由资本家之间的互相售卖而实现,因为他们作为卖主赚到的利益,作为买主时又会失掉。工人也不能实现利润,因为工人用工资所购买的只是其所必需的生活资料,工人无力购买更多的产品,他们只能实现产品价值中相当于工资的部分,而不能实现利润。马尔萨斯认为,在资本主义社会有效需求或有效消费是由以下几种人提供的:劳动者的消费只限于工资,如果工资下降或劳动者失业,有效需求将减少。资产阶级的有

[①] 马尔萨斯提出有效需求不足理论的著作是《政治经济学原理》,该书发表于1820年,较之西斯蒙第提出这一理论的著作《政治经济学新原理或论财富同人口的关系》(发表于1819年)仅晚了1年。

[②] 马尔萨斯:《价值的尺度》,何宁译,商务印书馆1960年版,第7页。

效需求由他们的生活需求和将收入用于资本积累来决定。此外,他们不会消费得更多。马尔萨斯认为资本家一生的重大目的是节约和积累资本,不会把全部收入都消费掉。因此,只有一批非生产性的消费者才能提供巨大的有效需求。利润只能由一批只购买、不出卖,只消费、不生产的游手好闲的人来支付、来实现,这非生产者包括贵族地主、官吏、司法、卫生、牧师、军队、年金领取者及教育人员。这些靠地租和赋税维持的人给社会提供了巨大的有效消费。他们中间的一些人还雇佣了大批仆役,从而增加了社会的有效需求。由于资本主义社会中存在一批"不生产的消费者",他们对产品不断提出新需求,使社会需求增长,使产品能实现为更高的价值,才使利润有实现的可能。资本家的利润就是从这个阶级产生的。但假如地主没有他们所养活的大批仆从,单靠他们自己的消费是不足以保持产品的价值的。所以,马尔萨斯认为只有维持一个非生产的消费者阶层的存在,才能使资本主义避免生产过剩的经济危机。他认为不生产消费者阶级虽然不生产,但他们有收入,他们的收入就是地租、赋税等。他们可以用地租、赋税等收入来购买商品,实现利润。所以地租越高,不生产消费者阶级对商品的需求就越大,商品出卖的价格就越高,资本家实现的利润就越多。

马尔萨斯认为,为了促进财富的增长,必须保持足够的有效需求。他批评萨伊、李嘉图生产创造需求的观点是"完全没有根据的",萨伊、李嘉图把商品交换归结为物物交换这种抽象的论证方法也是不正确的。萨伊、李嘉图把"有效需求"仅仅看作"提出一种商品来交换另一种耗费了等量劳动的商品",忽视了"商品和社会欲望的关系"。他认为,萨伊、李嘉图的"严重错误"在于认为积累能够保证需求,有促进供给而不顾需求的趋向。他认为财富的不断增加只能靠对商品的需求的不断增加来维持。因此,资本主义生产的发展,越来越多的产品的实现,必须有足够的有效需求,否则就会发生生产过剩的经济危机。他断言,由于资本积累,"市场上各种商品的数量显然会异常地增加,而地主和资本家为了消费而购买的意愿和能力根据假定是下降的,这样,与劳动比较的商品价值就必然会降低,以致大大地降低利润,因而暂时抑制进一步的生产。这正是过剩这个词的含义,在这种情况下,这种过剩显然普遍的而不是局部的。"①只有保持足够的有效需求才能避免这种危机。

---

① 马尔萨斯:《政治经济学原理》,厦门大学经济系翻译组译,商务印书馆1962年版,第262页。

在《政治经济学原理》中,马尔萨斯讨论了刺激财富增长的因素,认为资本积累、土地肥力和技术进步对财富增长具有重要意义,但他力图证明,仅有这些增加供给的要素,而没有需求的相应增长,也不能保证经济持续稳定的发展。他强调,只有在有效需求随着财富的增长而增长时,这些因素才能发挥作用。例如,机器只有在它所生产的商品的市场得到扩大,从而能带来利润时,才会被使用。由此,马尔萨斯强调,促进财富增长的关键,是要创造出一种保证继续不断的供给的需求,或者说,要能对全部产品提供充分的"有效需求",即要能以补偿资本家支付的生产资料的代价和工资加上平均利润的价格,购买生产出来的全部商品的需求。如果社会的有效需求不足,有利于生产的因素会因缺乏刺激而得不到发挥,市场上的商品会因缺乏需求而出现生产过剩,财富的生产就会停滞甚至倒退。而要保持足够的有效需求,就必须维持一个非生产的消费者阶级,而不能只靠资本家和工人两个阶级。这种纯粹的消费者由地主、地主所养活的大批从事私人服务的人手和其他非生产劳动者,包括由赋税维持的政治家、军人、牧师,以及依靠公债利息为生的人等组成。马尔萨斯还主张政府应雇佣贫民来"从事于不需要在市场上出卖劳动成果的那种劳动,例如修筑道路于公共工程。"这样来雇佣贫民以及上面所说的地主使用大批奴仆,是"最能直接补救"供求不平衡弊病的"最可靠的手段"[①]。

马尔萨斯对资本主义社会财富增长的研究,重点放在需求方面,突出了资本主义生产与消费的矛盾,看到了有效需求是保持一国经济增长和稳定发展的必要条件,就涉及现代资本主义经济的一个重要问题,即保持总需求的水平问题。正因为如此,他的思想在淹没了一百多年以后,被凯恩斯挖掘出来,成为凯恩斯经济学的一个重要来源。

二、人口原理

人口思想是马尔萨斯经济思想的另一重要内容。在法国革命的影响下,英国在18世纪末发生了社会改革运动。改革运动的思想家威廉·葛德文(1756—1836)于1793年发表了《政治正义论》,在书中猛烈攻击私有财产制度,认为私有制是一切贫困、灾难和罪恶的根源,提出了消灭私有制、建立一个实行产品共有和公正分配财富的理性社会的要求。在《政治正义论》出版

---

① 马尔萨斯:《政治经济学原理》,厦门大学经济系翻译组译,商务印书馆1962年版,第350页。

后一年(1794),法国革命思想家马里·让·康多塞(1743—1794)发表了《论人类精神进化的过程》,同样抨击私有制,主张社会改革。他认为人类精神的进化将促使人类社会的进化,好的社会制度会消灭一切财富、教育、机遇和性别上的不平等,从而使人口的增加不会有缺乏生活资料之忧,人的寿命将不断延长。该书1795年便被译成英文流传于英国。马尔萨斯的《人口原理》(该书全名是《论影响于社会将来进步的人口原理,反对葛德文、康多塞和其他作家思想的评论》)是为了批判葛德文和康多塞而作的。他力图证明,贫困、灾难和罪恶的根源在于人类的自然属性,而不在于社会制度。如马尔萨斯在《人口原理》的开端承认,他是由于法国革命所引起的政治上的争论而提出人口问题的。19世纪上半期人民群众生活状况恶化和大批失业人口的存在,人口问题也引起了社会上广泛的关注,逐渐发展成为理论研究的现象,形成一门新的学科。

马尔萨斯的《人口原理》在人口理论发展中具有重要的影响。《人口原理》出版后,很受欢迎,于是在1803年又出版了第二版,把五万字的小册子扩大为几十万字的厚本书,并公开了自己的名字。在马尔萨斯生前《人口原理》连续出版了六版。

马尔萨斯的人口原理概括起来,有两个公理、两个级数和三个法则。

两个公理。第一,食物为人类生存所必需;第二,两性间的情欲是必然的,且几乎会保持现状。以这两个公理为前提,他推论出人类有无限增殖的倾向,而食物却不能无限增长。从而产生人口过剩;但又指出,人口增长的这种恒常趋势终究会受到自然规律的有力约束,这就必然会产出贫困、灾难和罪恶。

两个极数。人口是按几何级数增加的,即是按1、2、4、8、16、32……那样的增加率增加,而生活资料则只能按1、2、3、4、5、6……那样的算术级数增加。对比这两个不同增长率结果,他断言人口增长必然超过生活资料增长。从该书第二版开始,他又提出人口周期倍增的说法:"人口如果没有受到抑制,每二十五年增加一倍。"[①]人口按几何级数增加,是他根据1800年前北美在连续一个半世纪内,人口每25年或更多短一些时间便增加一倍的史实提出来的。关于生活资料按算术级数增加的断言,是根据"土地报酬递减规律"而断定的食物的最佳增长比率。在土地报酬递减的情况下,食物增长额必是递减的,

---

[①] 马尔萨斯:《人口原理》,厦门大学经济系翻译组译,商务印书馆1961年版,第4页。

因而其增长率也必然不可能达到算术级数。只有假定土地报酬递减规律不起作用,食物增长率才可能达到算术极数。所以按算术极数增长,是食物增长的最佳比率。

由于"两个级数"的增长率无法证实,遭到非难,马尔萨斯又把它作为趋势来加以表述:"依照人口原理来说,人类有一种比粮食增长更快得趋势。"[①]他认为工人贫困、失业是人口增值的自然规律造成的,不是社会制度造成的。

三个法则。第一,人口必然为生活资料所限制;第二,只要生活资料增长,人口一定会坚定不移地增长,除非受到某种非常有力而又显著的抑制的阻止;第三,这些抑制措施,可以归纳为道德的节制、罪恶和贫困。所谓的道德节制是禁欲和晚婚;所谓罪恶和贫困是用自然的和人力的强有力手段来消灭过剩人口,最好的办法就是战争、瘟疫、灾祸、繁重劳动,极度贫困和饥荒。他主张无力赡养子女者不要结婚。

他批评"葛德文先生在他的全部著作里所犯的重大错误是将人类社会里所难免的一切罪恶和贫困,几乎都归咎于社会制度。"[②]他批评葛德文所描绘的理想社会制度是"黄粱一梦——想象中的一幅幻景而已"[③]。他认为财产私有制是保持人口增值同生活资料增长之间平衡的最有效的制度,是发展人类能力、智慧,提高人类品德的最好的制度:"不平等的社会状态给善良行为提供自然的报酬,并广泛地普遍地使每个人都希望在社会里往上升,而害怕沦落。这种社会形态无疑最能发挥人的能力和智慧,并且是最有利于人类品德的锻炼和改进。"[④]

马尔萨斯人口理论的合理之处首先在于强调了人口增长应受生活资料增长的制约,人口增长应与生活资料增长保持适当比例,他还着重研究了人口增长率同生活资料增长率的对比,认为两者必须保持平衡,否则就会影响经济发展、社会进步和安定。其次,他还认识到了人口过剩的危害性,论证了人口、就业、收入之间的相互影响,提出采取社会措施、道德措施来抑制人口增长,这些论点具有借鉴意义。不足之处在于它把人口增长单纯归纳为自然现象、生理现象,把生活资料增长看作几乎是制约人口增长的唯一因素,而忽

---

① 马尔萨斯:《人口原理》,厦门大学经济系翻译组译,商务印书馆1961年版,第445页。
② 同上书,第14页。
③ 同上书,第316页。
④ 同上书,第330页。

视了社会制度和人类精神文化发展对人口繁衍的影响。最后,他的人口理论依据"土地报酬递减规律"抽象掉了科学技术对生产力发展的作用,这就忽视了市场经济条件下从事农业生产的人数相对越来越少,但确为更多的人口提供了丰富生活资料的基本事实。

第二节 西斯蒙第的新经济理论

让·沙尔·列奥纳尔·西蒙·德·西斯蒙第(1773—1842)出生于瑞士法语区日内瓦一个新教牧师家庭。西斯蒙第曾在巴黎上大学,因经济困难中途辍学后被父亲送到里昂学商。1792年里昂爆发革命他回到日内瓦,曾迁居英国,又迁居意大利,在意大利开始研究政治经济学。1800年他重返日内瓦,一度从事政治活动,以后专门从事学术研究,成为当时著名的历史学家和经济学家。

西斯蒙第经济思想的发展,经历了从信奉古典经济学到反对古典经济学的两个时期。1803年,西斯蒙第出版了第一部经济学著作《论商业财富或政治经济学原理在商业立法上的应用》。在这部书里,他是斯密理论的一个狂热追随者。16年后,即在1819年出版的《政治经济学新原理或论财富同人口的关系》(简称《新原理》)中他的思想发生了很大的变化。本书是西斯蒙第的代表作,几乎是马尔萨斯同时提出了消费先于生产的经济理论,否定了供给决定需求的萨伊定律,提出不是供给决定需求,而是需求决定供给,并在一切主要问题上作出了与英国古典经济学相对立的结论。1837—1838年出版的《政治经济学研究》(两卷集)中,他又以对大量的历史和现状的研究进一步论证了《新原理》所提出的学说。

一、政治经济学对象和方法

西斯蒙第和李嘉图是同时代人,但西斯蒙第的理论是建立在批判英国古典经济学的基础之上的。为了突出表示自己所创立的体系不同以往的经济学,他把自己的著作标题为《政治经济学新原理》。在序言中说:"我对于公认为定论的原理表示怀疑;我推翻了一种科学。"他宣称,他给政治经济学"奠定了一个新的基础",把它"带到一个新的领域"①。西斯蒙第的新体系,首先是

---

① 西斯蒙第:《政治经济学新原理》,何钦译,商务印书馆1977年版,第5、12、13页。

建立在对政治经济学对象的不同理解上的。《新原理》开宗明义的第一篇,就是在同英国古典经济学的论战中确定政治经济学的对象的。他认为政治经济学研究的对象应是人类的物质幸福,在《政治经济学研究》一书中他又指出:"政治经济学的研究对象是人人分享物质财富。"①

西斯蒙第的政治经济学研究与英国古典政治经济学的不同主要表现在:英国古典政治经济学研究的是财富及其增长,西斯蒙第研究的是人们的幸福及其增长;英国古典政治经济学主张经济自由,把经济过程当作自然自发的过程来研究,西蒙斯第主张政府管理经济,把经济过程当作由政府调节、督导的过程来研究;英国古典政治经济学研究分配是以生产为基础,是为了增加财富,发展生产力,西蒙斯第研究分配是以消费为基础,是为了增长人们的享受和消费。基于上面的认识,西斯蒙第宣称:"我们给政治经济学下的定义是:研究一定的国家绝大多数人能够最大限度地享受该国政府所能提供的物质福利的方法的科学。"②

在研究方法上,西斯蒙第强调研究的对象是人、人的需要,政治经济学既然是研究人类幸福的科学,因此经济学研究不但要诉诸理智和良心,还应诉诸感情和道德。在他看来,英国古典经济学正是缺乏这种态度而走上迷途的。他说:"一般说来,亚当·斯密对待科学的态度是有些过于拘泥于计算数字,然而从全面来看,科学既属于感性又属于想象,感性和想象是不需要什么数字的。"③他认为政治经济学不是单纯计算的抽象的科学,而是伦理道德的科学,只有注意到人们的情感、需要和热望时,它才能达到目的。西斯蒙第提出在政治经济学中应树立伦理观念的思想,成为以后大陆国家,特别是法国"社会经济学"的起源,并形成了西方经济学中规范分析的传统。

在研究方法上西斯蒙第也与古典经济学派不同,强调经验归纳,采取了更多的考察具体事例的方法。他批评英国古典经济学派的在方法论方面的缺点是把注意力集中于抽象和想象,而不是经验。但是经验的时期毕竟是来到了,人们一致认为只有经验才能使我们增长见识,只有从经验得来的教训才是值得效法的。在经验归纳中,他强调对历史现象的分析和研究,认为正确的研究方法应该是以各民族的历史为基础的,对经济事实进行细致的考

---

① 西斯蒙第:《政治经济学研究》(第一卷),胡尧步等译,商务印书馆1989年版,第6页。
② 西斯蒙第:《政治经济学新原理》,何钦译,商务印书馆1977年版,第414页。
③ 同上书,第46页。

察，进行归纳，才能解释各种经济现象。这一观点对之后的德国历史学派产生了深远的影响。

二、消费先于生产

英国古典经济学关心的是以商品为元素的社会财富的增长，是价值的生产。西斯蒙第则认为，人们进行生产只是为了满足他们的需要，是消费引起生产，消费先于生产并决定生产。正因为如此，他宣称："政治经济学的基本问题……在于消费与生产平衡"①，认为"这个真理可以看作政治经济学的基础"②。

他的消费先于生产的原理基本观点有以下三个方面。

首先是消费决定生产。在西斯蒙第看来，人首先是消费者，人要生存就得消费，人要消费就得生产。正是人的种种消费需要驱使人们进行生产，所以消费先于生产。生产是为了消费，生产应该适应需要、满足需要，消费是目的，生产是手段，所以消费决定生产。他反对古典经济学派为财富而生产，为生产而生产的主张。他认为马尔萨斯远比古典经济学派高明，因为马尔萨斯"已经隐约地看到必须在生产和消费之间保持差不多准确的平衡"，"看到了市场可能发生壅塞，以致使生产活动成为生产者本身破产的一个原因。"③

其次是需求决定供给。西斯蒙第认为，消费先于生产的原理从整个社会来看就变成了需求决定供给。这是因为社会的消费不是每个人用自己的生产来满足自己的消费，而必须同别人进行交换，在交换中就是需求与供给的关系了。

最后是收入决定生产。根据他的消费居先的观点，他认为是收入决定生产。生产取决于消费，供给取决于需求，最终还是取决于收入，因为人们的需求和消费是由他们的收入决定的。但在他看来，收入虽从再生产中产生，但生产本身不是收入，生产只有在实现之后，即"只有在每一件产品找到需要它或享受它的消费者、因而把它从流转中抽出来使它变成消费基金之后，才能获得这一名称，才能具有这种性质"④。所以，不是生产决定收入而是收入决

---

① 西斯蒙第：《政治经济学新原理》，何钦译，商务印书馆1977年版，第518页。
② 同上书，483页。
③ 西斯蒙第：《政治经济学研究》（第一卷），胡尧步等译，商务印书馆1989年版，第47页。
④ 西斯蒙第：《政治经济学新原理》，何钦译，商务印书馆1977年版，第84页。

定生产,收入通过消费来决定生产。这就需要研究收入在一国居民中分配的方式和收入与人口增长的关系。对于前者,他呼吁政府"永远不要忽略了财富的构成和分配,因为正是这一收入应该使所有阶级分享富裕和繁荣的好处",他特别提醒"当局特别要保护贫穷的劳动阶级。"[①]因为收入分配的是否公平会严重影响到消费需求。

三、消费不足导致经济危机

西斯蒙第在他的收入先于生产理论的基础上,论证了资本主义经济危机的必然性。

按照西斯蒙第关于收入决定生产、年产品由上年的年收入购买的观点,只要今年的生产超过上年的收入,就会发生收入不足,年产品不能全部实现,从而产生生产过剩的危机。西斯蒙第批评古典经济学把生产和收入直接等同起来,认为生产创造需求的观点是不对的。他写道:"全部生产都应该用来消费;如果它生产的年产品送到市场上找不到消费者,再生产就会陷于停顿,国家就会由于过剩产品而陷入灭亡";[②]"年收入的总量必须用来交换年生产的总量;……如果年收入不能购买全部年生产,那么一部分产品就要卖不出去,不得不堆在生产者的仓库里,积压生产者的资本,甚至使生产陷于停顿。"[③]显然,西斯蒙第把产生经济危机的原因归结为消费不足。

在《新原理》中,西斯蒙第用很大篇幅论证了只有在资本主义商品生产的条件下,消费、收入和生产之间的均衡才会遭到破坏,才会产生生产过剩的经济危机。

西斯蒙第首先分析了资本主义大生产及其分配制度造成的生产无限扩大和消费不足的矛盾,是造成经济危机的总根源。为什么资本主义生产会无限扩大呢?他认为,一是因为受古典经济学派思想指导,把积累财富作为生产目的;二是因为资本主义分配造成利润不断增长,从而资本不断积累,使生产有不断扩大的可能;三是因为资本主义制度下生产者之间自由竞争,竞相提高生产率和使用机器,使生产有不断扩大的趋势。为什么资本主义会发生消费不足呢?他认为随着资本主义的发展,市场不会扩大而将缩小。在他看

---

① 西斯蒙第:《政治经济学新原理》,何钦译,商务印书馆1977年版,第103—104页。
② 同上书,第63页。
③ 同上书,第76页。

来,收入即消费的差异程度决定着市场的大小。这是自由竞争的结果,使许多小生产者破产而沦为无产者,缩减了他们的收入,从而缩减了他们的消费。而资本主义分配发展的趋势是不断增加利润而压低工资,这必将导致工人阶级收入和消费的减少。虽然少数富人随着收入的大量增加消费也会增加,但他们增加的收入中更多地用于积累以扩大生产,而不是用于消费;他们增加的消费比之劳动人民减少的消费又少得多。同时,小农场、小企业为大农业、大企业所代替,贫富两极分化加剧。这种分配上的不平等必然会缩小市场。而小生产者的收入和消费,又是国内市场的重要支柱。他断言:"由于财产集中到少数私有者手中,国内市场就必定要日益缩小。"[1]资本主义经济危机的状况就是:"工场没有订货,没有销路,工人没有足够的工资,无数工人完全失业;生产方面的巨大资本都用于生产过剩的产品,而这些产品完全堆积在仓库里,这是当时的恐慌和贫困、生产和消费的不平衡日益严重的标志。"[2]

如何克服资本主义的经济危机？西斯蒙第提出克服经济危机的途径是发展小生产和加强国家对经济的干预。

他认为小生产有无比的优越性,这是因为小生产是为消费而生产,最能了解市场对其产品的需求状况,也最能了解消费者的收入状况,它可以根据消费者的收入和购买力来生产,因而就不会发生生产无限扩大和消费不足的矛盾。但西斯蒙第声明,他发展小生产的主张不是要复古,而只是要求资本主义大生产能遵循小生产的经济规律,即生产要和消费的增长有比例地同步扩大。西斯蒙第还要求国家根据宏观经济的各种比例关系加强对经济的调节和干预,刺激消费,通过立法使工人有分享雇主享有的保障的权利。这样一来,他就成为国家全面干预经济的倡导者,同时也成了第一个和经济自由主义传统决裂的经济学家。如他在《新原理》中明确指出他和亚当·斯密的"主要区别"是:"亚当·斯密一直反对政府干预一切有关增加国民财富的事,我们却一再呼吁政府对此进行干预。"[3]

在《政治经济学研究》一书中,他赞成马尔萨斯提出的国家应实施刺激消费的政策:"有时政府的挥霍浪费是为公共财富服务的,因为它创造了一个游

---

[1] 西斯蒙第:《政治经济学新原理》,何钦译,商务印书馆1977年版,第217页。
[2] 同上书,第223页。
[3] 同上书,第460页。

手好闲的消费者阶级,要是没有他们,生产很快就会由于市场壅塞而中止。"①他总结历史上成功的经验,认为"为了保持各种社会所必需的、生产和消费之间的这种平衡,可以有三种办法:第一种是用卖钱的产品的多余部分去养活那些劳动力卖不出去的工人,去建造宗教的或非宗教的公共纪念物;第二种办法是鼓励有钱人追求奢侈,使他们消费穷人的劳动;第三种办法是让全体公民从事脑力劳动,爱国工作,以便填补空白时间,即生产方法的进步使他们能够从劳动中节省下来的时间。"他认为第一种办法在"埃及得到最大的发展,……世界上空前绝后的古迹遍布在埃及。"②西斯蒙第鼓励富人消费,认为"这些富人阶级,他们唯一的事情就是不停地追求享乐的新花样;这些富人活着就是为了舒服,为了消费,为了享受"③。对于第三种办法,西斯蒙第认为这是古代雅典、斯巴达和兴旺时期的古罗马都采用过的。"他们主张,既然每一个人都参加体力的活动,所以也应该参加精神活动,也参加享受。为了维持这种平均分配,他们使公民少从事体力劳动,让他们只用一小部分时间去从事农业或经管工艺和各行各业。他们号召公民到公共场所去辩论;到法庭去参加审判;到学院和画廊派那里去磨炼他们的智慧,以及通过高尚的教育,提高他们的精神境界;号召他们到剧场去培养他们的爱好和启发他们雅典式的高雅作风;号召他们到庙宇去丰富他们的想象,使他们把未来的希望同生活的享受结合起来。"④

对于斯密"看不见的手"调节社会生产的观点,西斯蒙第提出了质疑。他指出,由于生产资料和工人的劳动技能难于自由转移,通过竞争来调节各种经济比例,必然会给社会带来重大损失,给工人带来失业。他依据资本主义在英国的发展所产生的"灾难"写道:"把政治经济学建立在无限制的竞争的原则上,就是为了同时实现一切个人欲望而牺牲人类的利益。"⑤他要求通过立法缩短劳动日,禁止雇佣童工和女工,实行劳动保险,增加工人工资等,来保障工人的利益。

西斯蒙第生活的年代,生产过剩的危机才刚刚开始。西斯蒙第的历史功

---

① 西斯蒙第:《政治经济学研究》(第一卷),胡尧步等译,商务印书馆1989年版,第67页。
② 同上书,第67—68页。
③ 同上书,第70页。
④ 同上书,第71页。
⑤ 西斯蒙第:《政治经济学新原理》,何钦译,商务印书馆1977年版,第478页。

绩,超过他的前辈和同时代人的重大贡献在于,他敏锐地看到了为生产而生产所导致的资本主义生产的盲目性,看到了劳动者在国民收入中所占份额的减少所导致的生产与消费的矛盾,论证了资本主义经济危机的必然性。他的这一思想对后来的社会主义者产生有一定的影响。

四、财富和人口理论

西斯蒙第关于财富和人口关系的观点也是他的经济学说中最有价值的部分。

财富和人口的关系是与财富和生产的关系相联系的一个问题。在《新原理》的最后一篇,即第7篇"论人口"中,西斯蒙第写道:"我们已经谈过,劳动的需求是生产的动力,必须和供应消费的收入相适应;收入则是由国民财富产生的;而国民财富又是通过劳动才形成和增加的。"①它们之间存在互为因果的关系。在西斯蒙第看来,要使人民得到幸福,不仅要生产与财富相适应,而且人口也应与财富相适应。

他提出财富和人口之间应保持正确比例,财富增长必须和人口增长相适应,财富在人口之间的分配必须按一定比例进行,同时应通过收入来调节人口。虽然西斯蒙第认为财富对人类幸福如此重要,但他并不认为人口是由财富来调节和限制的,而是认为人口是由收入来调节和限制的。他认为收入只是财富的一部分,是用于每年再生产的垫支之外的部分。人们的消费额取决于他们的收入量,如果人们超过收入来消费,就会损害资本,损害再生产,因而收入和人口增加必须保持一定的比例:"为了谋求所有人的幸福,收入必须和资本一同增长,人口不得超过他们赖以生活的收入,消费必须和人口一同增长,而再生产同进行再生产的资本之间以及同消费它的人口之间都必须成相等的比例。"②在这些比例关系中,人口应该随着国民收入的增减而增减,只能由收入来调节。西斯蒙第认为受收入调节的人口只能是劳苦阶级的人口,富有阶级的收入使他们过着奢侈豪华的生活,他们并不缺乏绝对必要的生活资料。

在财富与人口增长的比例关系上,西斯蒙第不同意马尔萨斯人口的增加快于财富增加的速度从而将走向悲观境地的论点。他在《政治经济学研究》

---

① 西斯蒙第:《政治经济学新原理》,何钦译,商务印书馆1977年版,第434页。
② 同上书,第10页。

一书中指出:"马尔萨斯曾经把生活资料的界限定为人口的界限。他说,人类是按几何级数增加的,而生活资料则是以算术级数增加的;因此,人类正在走向可怕的饥馑。无疑,的确有一个界限,超过这个界限,生活资料就再也不能以几何级数增加了;但是,我们现在离这个界限还无限的遥远,地球上还有地方可以让作物大大发展,而所有充当我们生活资料的产品,畜产品也好,农产品也好,都以几何级数增长,比人口增长快得多。"①他的看法是:"马尔萨斯所假定的法则,连同他的那两种增长,一是几何级数的,一是算术级数的,还有他用来吓唬人类的饥馑只有在一个完全是假设的时间里才会应验。这种时间,人类大概是永远见不到的。"②

在这一认识的基础上,西斯蒙第与马尔萨斯不同,他认为资本主义制度才是导致人口过剩的根本原因。西斯蒙第看到,随着资本的积累,资本主义财富的增加,资本主义人口过剩是不可避免的。其原因一是资本主义下人口的盲目增殖,二是社会对劳动需求的不断减少,而归根结底"造成这种不调和现象的根源,总是我们的法律和我们的制度"③。西斯蒙第认为"过剩人口"和工人的贫困也与新技术的改进、机器代替人相联系,但西斯蒙第认为机器代替工人的现象从根本上说是由资本主义的社会制度造成的:"真正的灾难绝不是由于机器的改进,而是由于我们对机器的产品所进行的不公平的分配。……机器提高了工人的生产能力,强迫工人拿同样的工资,可是每日的劳动时间不仅没有缩短,反而更长了,这是当前的奴役工人的社会组织造成的。"④假如大家公平分配共同劳动的产品,则任何技术发明对大家都是有利的。所以,他得出结论:人口过剩是资本主义社会收入分配不合理的结果。

关 键 词

人口原理 有效需求不足论

---

① 西斯蒙第:《政治经济学研究》(第一卷),胡尧步等译,商务印书馆1989年版,第89页。
② 同上书,第90页。
③ 西斯蒙第:《政治经济学新原理》,何钦译,商务印书馆1977年版,第437页。
④ 同上书,第450页。

思 考 题

1. 简述马尔萨斯和西斯蒙第消费先于生产的理论及对后来经济学的影响。
2. 西斯蒙第是怎样论证资本主义经济危机的必然性的?
3. 整理在生产过剩危机问题上,李嘉图、萨伊、马尔萨斯和西斯蒙第观点的异同。
4. 简评马尔萨斯的人口理论。
5. 简述西斯蒙第关于财富与人口关系的思想观点。

第九章
历史学派对古典经济学的挑战

本章学习要求：历史学派的特点在于否定古典经济学的抽象演绎的分析方法，提出了"历史的方法"。历史学派在其发展过程中经历了两个阶段：19世纪40—70年代称旧历史学派，70年代以后称新历史学派。直到19世纪末20世纪初，历史学派一直占据德国经济思想的主流地位。本章学习要求掌握李斯特的国家经济学理论、生产力理论和贸易保护主义学说，正确评价历史学派研究范式的特点与基本经济观点。

在古典经济学常规发展的19世纪中期，曾受到了来自三方面的挑战：一是来自历史学派的挑战，他们对古典经济学的分析范式进行了批判，挑战的结果是历史学派在德国获得了暂时的胜利；二是来自边际效用学派的挑战，效用学派提出了一种全新的分析范式，并取代了古典经济学，开辟了现代经济学分析范式的新时期；三是来自马克思经济学的挑战，马克思政治经济学创新了一种全新的分析范式，超越了西方经济学。

第一节 历史学派的特点与先驱

19世纪40年代，德国产生了自己的政治经济学，即历史学派。19世纪70年代以后，德国的政治经济学发展到了新历史学派阶段。历史学派的形成是这一时期德国社会政治经济发展在理论上的反映。直到19世纪末20世纪初，历史学派一直占据德国经济思想的主流。此外，德国的历史学派还对美国的制度学派产生了很深的影响。美国的制度学派可看作德国历史学派在美国的变种。

一、历史学派的特点

历史学派的思想家们继承了以李斯特为代表的反对英国古典经济学的传统。他们把李斯特所发动的对"世界主义"的批判，引向对古典经济学派分析范式的否定，并把批判的矛头集中在古典经济学所采用的抽象演绎法上。

首先，他们批评古典经济学派依据为出发点的概念的抽象性和片面性，把经济关系的分析完全建立在利己主义这个抽象概念上，忽视了精神、道德因素以及利他主义动机等的作用，以致"把政治经济学变成一部单纯的利己主义的自然历史"①。他们认为政治经济学的研究应该有伦理目标，不仅仅是分析产生经济行为的各种动机，也应该评价它们的伦理价值的高低。其次，他们批评古典经济学派从抽象概念出发，用演绎的方法推导出一些基本命题并把它们宣布为是具有普遍意义的经济规律。历史学派认为没有跨越历史阶段的一般性的经济规律，认识社会和历史一定要具体地研究历史事件和历史过程。最后，他们批评古典经济学派的"世界主义"是建立在抽象演绎法的基础之上的，因而它也是"绝对主义"或"永恒主义"的。他们提出因为各国的历史发展程度不同，所以在不同国家之间也找不到共同的经济规律。

针对古典经济学派的分析范式，历史学派提出了自己的"历史的方法"。他们认为，事物是互相联系的有机体，因此只能用归纳的方法来研究经济现象；事物是发展和变化的，因此经济规律只具有相对性，只能从历史的类比中去发现它。历史学派区别于其他学派的最基本的特征，正是这种"历史的方法"。此外，历史学派还主张尽快发展德国民族资本主义经济，强调国家在经济生活中的作用，其早期代表力图利用国家政权的力量促进和保护本国资本主义经济的发展。与古典经济学主张自由放任、反对国家干预不同，历史学派主张国家干预经济生活，保护德国经济的发展。

二、历史学派形成的历史条件

历史学派产生于德国。德国是一个后起的资本主义国家，其经济、政治的发展都远远落后于英法两国。在19世纪20年代，德国还是一个以宗法式的农业为主体的封建国家。在经济上，生产发展水平落后于英法两国；

---

① 转引自夏尔·季德、夏尔·利斯特：《经济学说史》（下册），徐卓英等译，商务印书馆1986年版，第456页。

在政治上,德国一直是个君主制国家,政权操在封建贵族手中,而且封建割据严重,分为38个邦国,邦与邦之间,甚至省区之间都是关税壁垒,相互隔离和对立。这种状况严重阻碍了商品流通和国内市场的形成,限制了资本主义生产方式的发展。1815年组成了"德意志联邦",设立"联邦议会",1834年德国成立了统一的关税同盟,冲击了各邦各省的关税壁垒。19世纪三四十年代,德国某些地区的工业得到了相当发展,但就全国来说,仍保留着大部分封建制经济关系,直到1848年革命后,德国资本主义才迅速发展起来。

德国的政治经济学最初是作为一门外来科学从英法两国输入的。1834年关税同盟建立后,古典经济学开始输入。德国的经济思想家们开始时是从古典经济学中汲取营养的。不久,一些学者开始从自己民族的社会条件出发,强调政治经济学的民族性,其代表性人物就是李斯特。19世纪40年代中叶,历史学派正式形成,历史学派的产生反映了后起的德国资产阶级的利益和要求。

历史学派的形成与当时哲学思想的发展及其在社会科学中运用的新趋势有关。随着资本主义经济和自然科学的进一步发展以及17世纪以来欧洲社会的急剧变革,与形而上学相对立的辩证思想开始兴起。在德国,黑格尔体系甚至在某种程度上高升到普鲁士王国国家哲学的地位。黑格尔关于事物是互相联系的、是不断发展变化的思想,以及《法哲学》中所提出的法反映了不同时期的社会状况,因而同样一本法典并不适用于一切时期的观点,为历史学派所吸取。当时德国的历史法学派对经济学中历史学派的形成更有着直接的影响。罗雪尔曾指出,他在经济学中所使用的方法及其目的和萨维尼①在法学中所采用的方法和目的完全一样②。萨维尼认为,法律是在立法者的活动范围以外历史地形成的,是一国整个生活的自然发展而不是理性的产物。因此,法律的真正本性只有用历史的比较的研究才能表露出来。以新的哲学观念来改造17世纪以来所形成的资产阶级社会科学的趋势,不仅出

---

① 萨维尼(1779—1861)是德国法学家,历史法学派的主要代表。出身贵族家庭,1800年获马德堡大学法学博士后,先后在该校以及兰茨胡特大学、柏林大学任教。1842—1848年任普鲁士政府法律修订大臣。1815年参加创办历史法学派的机关刊物——《历史法学杂志》,主要著作有《论当代在立法和法理学方面的使命》(1814)以及《所有权》《中世纪罗马法历史》《当代罗马法制度》等。

② 罗雪尔:《历史方法的国民经济学讲义大纲》,朱绍文译,商务印书馆1986年版,第9页。

现于德国,在欧洲其他国家也有反映。例如,法国哲学家孔德①就试图以实证主义来创建社会学。孔德认为,哲学不应以抽象推理而应以"实证的事实"为依据。他提出,包括政治经济学在内的社会学是一门将社会国家的一切因素加以研究,以寻求其彼此关系及相互行动的科学;社会学的研究方法是历史的比较的方法,因此,不能从假定的固定模式出发,而应采用有机体的变动的概念;不能建立在个人权利的推理上,而应考察道德观念、社会义务意识等;社会学的宗旨是采取和平手段,求社会的改良。他还将社会学划分为"社会静态学"和"社会动态学",认为前者说明社会内部的和谐状态,后者说明社会历史的发展。孔德的思想与历史学派颇多类似之处,以致实证主义经济学史家英格拉姆在其《政治经济学史》中把历史学派思潮和孔德的实证哲学联系起来。

第二节 李斯特:历史学派的先驱

历史学派的先驱者是弗里德里希·李斯特(1789—1864)。他曾倡导成立德国工商业协会,因尖锐批评德国专制制度而受迫害,逃往美国,最后自杀身亡。他的主要著作是1841年发表的《政治经济学的国民体系》。在这部著作中,他反对英法的所谓"世界主义"经济学,主张国家经济学;反对价值论,主张生产力理论;反对自由贸易,主张保护制度。实行保护贸易,发展本国生产力,是李斯特经济学说的中心思想,其目的是保护德国资本主义经济的迅速发展,使德国在经济上赶上发达的英法两国。为了阐明这一基本思想,他提出了国家经济学理论、生产力理论和经济发展阶段理论。

一、国家经济学理论

李斯特认为,英法流行的亚当·斯密的经济学是一种"世界主义经济理论",这种经济理论假定"世界上一切国家所组成的只是一个社会,而且是生存在持久和平局势之下的"②,它是教导全人类如何才能幸福的科学。这一经

---

① 孔德(1798—1857)是法国实证主义哲学家。1818—1824年任圣西门的秘书。1832—1842年在巴黎综合工科学校任教。1838年发表《实证哲学教程》。该书首先使用"社会学"这一名称,并对社会学的系统化作了尝试,因而孔德被认为是社会学的创始人。其他主要著作有:《实证政治体系》《实证主义入门》《实证逻辑体系》等。

② 李斯特:《政治经济学的国民体系》,陈万煦译,商务印书馆1961年版,第109页。

济理论的缺点在于它完全没有顾及各个国家的不同利益,即不研究国家经济的发展,不研究每个国家的特殊的经济发展道路。因而这种学说对于德国来说不具有任何实践意义。这种世界主义经济学只有在世界一切国家经济发展状况都一样时才有意义,也只有在这种条件下遵循自由贸易原则才是正确的。可是世界各国的情况千差万别,因而并不存在经济发展的普遍规律,各国经济都有自己的特点,都有自己发展经济的特殊道路,自由贸易原则不是有利于一切国家经济发展的普遍规律。因此,他认为政治经济学不应是世界主义经济学,而应是"国家经济学":"政治经济学或国家经济是由国家的概念和本质出发的,它所教导的是,某一国家,处于世界目前形势以及它自己的特有国际关系下,怎样来维持并改进它的经济状况"①。也就是说,国家经济学是从某一国家所处的具体形势和特有的国际关系出发,研究某一特定国家如何发展经济、繁荣富强的科学。李斯特把自己的主要经济学著作题名为《政治经济学的国民体系》就最恰当地表明了他的学说的这一本质特点,他在解释为什么要这样做时写道:"换句话说,这个名称的意思是——从民族的立场出发所理解的政治经济学。"②

李斯特认为,在世界上还存在着先进国家和落后国家的情况下,自由贸易只对先进国家才是有利的,而落后国家则应实行保护贸易。他把一个国家应实施的贸易政策与它的所处的发展阶段相联系:"第一个阶段是,对比较先进的国家实行自由贸易,以此为手段,使自己脱离未开化状态,在农业上求得发展;第二个阶段是,用商业限制政策,促进工业、渔业、海运事业和国外贸易的发展;最后一个阶段是,当财富和力量已经达到了最高度以后,再行逐步恢复到自由贸易原则,在国内外市场进行无所限制的竞争,使从事于农工商业的人们在精神上不致松懈,并且可以鼓励他们不断努力于保持既得的优势地位。"③李斯特认为当时的德国处于第二个贸易保护的阶段,只有英国达到了第三个自由贸易的阶段。因此,自由贸易对德国不利,对英国有利。他认为保护制度是落后国家赶上先进国家的唯一方法。保护贸易制度也是促使世界联盟形成,促进真正自由贸易的最有效方法。古典经济学说把国家经济学和世界主义经济学混淆起来、单纯以世界主义原则为依据来衡量不同国家的

---

① 李斯特:《政治经济学的国民体系》,陈万煦译,商务印书馆1961年版,第109页。
② 转引自比翁克:《弗里德里希·李斯特》,吴薇芳译,商务印书馆1983年版第36页。
③ 弗里德里希·李斯特:《政治经济学的国民体系》,陈万煦译,商务印书馆1961年版,第105页。

情况，也就犯了严重错误。

二、生产力理论

李斯特的生产力理论是用来反对古典政治经济学的价值学说的，并论证保护关税的重要意义。

李斯特强调生产力的重要性。他认为生产力比财富（价值）本身重要得多，如同一个渔夫的财富不在于他掌握有鱼，而在于不断想捕鱼的意愿以及实现这种愿望的能力和工具。他区分了"财富本身"和"财富的原因"这两个概念，提出财富是交换价值，财富的原因则是生产力。如果一个人只有财富，而没有生产财富的生产力来生产大于他所消费的价值，他将越过越穷。反之，如果他没有财富，而有生产财富的生产力，他就会富起来。一个国家也是如此。他说："财富的生产力比之财富本身，不晓得要重要到多少倍。"[①]因此，一个国家的发展程度，不是取决于它所积蓄的财富的多少，而是取决于它的生产力的发展程度。

李斯特在强调生产力的重要性的同时，系统地论述了生产力这一概念的内容及其发展的泉源。他的生产力概念几乎包罗了各种各样的因素，把一切影响生产力发展的直接的和间接的因素统统都包括在内。如他认为生产力不仅包括人的劳动及其创造的物质资料，还包括精神力量、社会状况和天然资源。精神力量指个人的身心力量，有个人智力、感情、对未来幸福的认识、深思远虑、积极活动、仿效榜样的习惯等，在某种程度上接近于当代西方经济学家所使用的"人力资本"概念。社会状况包括科学、艺术、公共制度和法律、国内物质发展、农工商业的均衡、国家力量、教育、宗教、社会道德等。天然资源包括国内和国外的自然资源。在他看来，"基督教，一夫一妻制，奴隶制与封建领地的取消，王位的继承，印刷、报纸、邮政、货币、计量、历法、钟表、警察等事物和制度的发明，自由保有不动产原则的实行，交通工具的采用——这些都是生产力增长的丰富泉源。……司法公开、陪审制度、国会立法、公众监督行政、地方自治、言论自由、有益目的的结社自由——这些都足以使立宪国国民以及官员获得一定程度的精神力量，这种效果是难以用别的方法取得的。任何法律或公法上的决定，对于国家生产力的增减，或多或少总是有些

[①] 弗里德里希·李斯特：《政治经济学的国民体系》，陈万煦译，商务印书馆1961年版，第118页。

第九章 历史学派对古典经济学的挑战

影响的"①。李斯特并非单纯强调"精神的财富"和"精神的资本",他的生产力的核心还包括"物的生产力"。他认为使整个国家能增加物质资本总量的能力,主要是在于能够把未经使用的天然力量转变成为物质资本,转变成为有价值、能产生收入的工具。

李斯特以生产力理论同古典经济学的价值论相对立,认为亚当·斯密只重视价值的增长,不重视生产价值的生产力的增长。他批评古典经济学的价值理论说:"按照这个学派的说法,一个养猪的是社会中具有生产能力的成员,一个教育家却反而不是生产者。供出售的风笛或口琴的制造者是生产者,而大作曲家或音乐名家,却由于他表演的东西不能具体地摆在市场,就属于非生产性质。医师救治了病人,倒不属于生产阶级,相反的,一个制药工人,虽然他所生产的交换价值(丸药)在化为无价值状态以前的寿命也许只有几分钟,却是一个生产者。像牛顿、瓦特或刻普勒这样一种人的生产性,却不及一匹马、一头驴或一头拖重的牛。"②他认为,若依照他的生产力理论这些错误都可以得到纠正:"那些养猪的和制丸药的当然属于生产者,但是青少年和成年人的教师、作曲家、音乐家、医师、法官和行政官也是生产者,他们的生产性比前一类要高得多。前者所生产的交换价值,后者所生产的是生产力。就后一类来说,有些人能够使下一代成为生产者,有些能促进这一代人的道德和宗教品质,有些能提高人类的精神力量,有些能使病人继续保持他的生产力,有些能使人权和公道获得保障,有些能确立并保护公共治安,有些则由于他们的艺术给予人们精神上的愉快享受,能够有助于人们生产情绪的高涨。"③李斯特用一个私人经济的例子来说明他的生产力理论与古典经济学派的价值理论的差异。假定有两个家族,家长都是地主,这两位家长每人每年可以积蓄一千泰勒,各有五个儿子。前一个家长将他的积蓄存储生息,叫他的儿子从事于普通力作,而后一个则将积蓄用来培养他的儿子,把其中两个教育成为有技术、有知识的地主,使其余三个各随着他们自己的兴趣学习一种行业;前一个家长是按照价值理论行事的,后一个的行动依据是生产力理论。前者在他临终的时候,单单就交换价值来说可能比后者要富裕得多,但就生产力来说情况就完全不同。后者把他的地产分成两份,由于管理方法的

---

① 弗里德里希·李斯特:《政治经济学的国民体系》,陈万煦译,商务印书馆1961年版,第123页。
② 同上书,第126页。
③ 同上书,第127页。

改进,结果每一份的产量相等于原来两份的共有产量,而其余的三个儿子由于各有专长,获得了丰富的生活资料。前者的地产将分成五份,每一份的生产方法都一仍旧贯,结果五个部分的总产量比前毫无增益。后一家族在精神力量和才能上获得了巨大的、种种不同的培养和发展,而且一代一代传下去,获得物质财富的力量将有增无已;而前一家族地产愈分愈小,愚昧和贫困情况的演进就势难避免。他肯定后一做法,认为国家也应学习这一做法。

李斯特认为落后国家要发展生产力必须实行保护关税政策,保护自己的工商业。保护关税虽然使价值有所牺牲,它却使生产力有了增长,足以抵偿损失而有余,使国家不但在物质财富的量上获得无限增进,而且一旦发生战事,可以保有工业的独立地位。李斯特的生产力理论,反映了德国资产阶级独立发展自己工业的要求,而且德国工业在保护制度的扶植下,确实在短时间内赶上了英法等先进国家。李斯特十分重视各种精神和社会的因素对生产力发展的重要作用,这对之后历史学派、制度学派和当代演化经济学的发展都有重要的影响。他主张生产力是财富的原因,并强调财富的生产力比财富本身更重要,这一经济思想对发展中国家来说也是具有深刻启发意义的。

三、社会经济发展阶段理论

李斯特为了论证他的生产力论和贸易保护主义学说,还提出了经济发展阶段论。他强调说从经济发展方面来看,任何国家都必须经过原始未开化时期、畜牧时期、农业时期、农工业时期和农工商业时期这几个发展阶段。他划分经济发展阶段的标准是根据在国民经济中哪些经济部门占主导地位。在李斯特看来,各个国家在不同的发展阶段,应当采取与之相适应的经济政策,只有这样,经济才能迅速发展。他批评古典经济学派没有考虑到这些差别,忽视了各个国家应根据不同情况采取不同的政策。在李斯特看来,一个国家由没有先进工业转变为有工业,需要对外自由贸易;有了工业要发展工业,赶上更先进的工业国家,就需要保护关税;等到本国工业发展的同先进工业国家一样了,这时才可以同他们进行自由贸易。实际上,李斯特主张的是一种相对保护关税制度,而不是绝对保护关税制度。

李斯特的国民经济学体系是从落后的德国经济现实中产生出来的,他的经济观点,尤其是他的生产力理论和保护贸易理论是同德国当时经济发展状况分不开的。李斯特关心的是德国如何通过增进生产力跻身于世界先进行列,如何实现政治的统一。由于德国当时不可能在经济上同英法两国竞争,故需要保护关税制度。德国当时经济学的主要任务也是着重探讨德国经济发展的特点,而不是对经济活动进行普遍规律的概括。李斯特的保护关税、发展生产力的主张,促进了德国资本主义工业的发展,使德国迅速赶上了英法两国。他所主张的处在不同发展阶段的国家应当根据各自的特点,采取与之相应的政策,而不能照抄照搬别国的经济理论和政策的做法,值得发展中国家借鉴。

李斯特的经济学说影响了后来的历史学派,这一影响主要体现在三个方面:(1)反对个人主义的抽象研究方法,主张从历史的民族的特点出发去建立政治经济学的国民体系。(2)强调经济发展的民族性,否认普遍的经济规律的存在。(3)强调国家在经济发展中的作用。正是由于这些影响,李斯特被视为是历史学派的先驱。

第三节 历史学派的经济学说

历史学派分为旧历史学派和新历史学派。旧历史学派产生于19世纪中叶德国封建制度解体和资本主义开始迅速发展的时期。它的创始人是威廉·罗雪尔(1817—1894)。威廉·罗雪尔出身于汉诺威的一个高级法官家庭,曾在哥廷根和柏林大学学习历史学和政治学,1840年在哥廷根大学教授历史学和国家科学,次年开始担任政治经济学讲座,兼授政治理论史,1848年到莱比锡大学担任政治经济学讲座,深受德国政界和学术界尊敬。罗雪尔提出用"历史方法"来分析德国的经济,并建立了独特的"国民经济学"体系。他的主要著作有《历史方法的国民经济学纲要》(1843),《国民经济学体系》(1854—1894)等。后一部著作是他的代表作,共五大卷,其中第一卷题为《国民经济学原理》,1854年出版,英译本为《政治经济学原理》,此书和《历史方法的国民经济学纲要》阐述了旧历史学派的基本观点,奠定了历史学派分析范式的基础。

新历史学派是由旧历史学派演变而来的,流行于19世纪70年代之后,直到20世纪初期,在德国盛极一时,并流传到其他国家。新历史学派的领袖是古斯塔夫·施穆勒(1838—1917)。他出身于官僚家庭,就学于图宾根大学,毕业后,曾长期在哈莱大学、斯特拉斯堡大学和柏林大学任经济学教授,直到

1912年退休。他曾创办《德国立法、行政和经济学年鉴》,发表了许多有关经济史专题研究的著作和文章。主要著作是1900年和1904年出版的《一般国民经济学大纲》(分为两大册,四卷),该书在德国经济学界影响很大。据米塞斯回忆,在1900年的德语世界,"历史主义已经进入了全盛时期。人们把历史方法视为人类行为科学中唯一科学的方法"。①

除施穆勒外,对新历史学派方法作了较大推进并写出《现代资本主义》(1916—1927,分三卷出版)这一代表作的桑巴特(1863—1941),是继施穆勒之后的新历史学派的最主要的代表性人物。桑巴特1882年起在柏林大学和意大利的比萨大学研究法律学和经济学。1890年以后,先后在布莱斯劳大学、柏林商学院、柏林大学任教,1931年退休。桑巴特曾自命为马克思的继承者,说他最主要的著作《现代资本主义》曾接受了马克思的影响。但后来桑巴特日益右倾,法西斯在德国夺取政权后,他出版了《德意志社会主义》(1934),为法西斯主义经济纲领进行理论论证。施穆勒和桑巴特从不同方面、不同角度阐述了新历史学派的经济思想。马克斯·韦伯(1864—1920)也是新历史学派的一位代表性人物②,并且与历史学派的主要代表性人物之间关系密切。1882年韦伯就师从旧历史学派的创始人之一卡尔·克尼斯(Karl Knies)学习经济学,1896年韦伯从弗赖堡大学转到海德堡大学接替老师克尼斯的教席,在该校讲授政治经济学。韦伯与桑巴特交往甚密,其代表作《新教伦理与资本主义精神》就是在桑巴特两卷本著作《现代资本主义》(1902)的影响下完成的。桑巴特在书中提出加尔文主义在资本主义发展中的影响是一个众所周知而又有待详解的问题,激发了韦伯探讨这一问题的兴趣③。在1904年夏天的美国之行中,韦伯对资本主义蓬勃的精神有了更为直接的感受,加深了他对新教伦理与资本主义精神之间关系的认识。韦伯的学术研究领域十分广泛,包括经济、政治、法律、宗教和社会科学方法论等他都有重要的成果。除《新教伦理与资本主义精神》外,重要著作还有《世界经济史纲》《政治论文集》《社会学和社会政策论文集》等。作为德国历史学派的主要对手,米塞斯对历史学派极尽诋毁之能事,但对马克斯·韦伯也不得不赞美其取得了"历史主

---

① 路德维希·冯·米塞斯:《米塞斯回忆录》,黄华侨译,上海社会科学院出版社2015年版,第3页。
② 约瑟夫·熊彼特:《经济分析史》(第三卷),朱泱等译,商务印书馆1995年版,第98页。
③ [德]迪尔克·克斯勒:《马克斯·韦伯的生平、著述及影响》,郭锋译,法律出版社2000年版,第88—89页。

义的最大成就。"①

一、国民经济学的研究对象与方法

历史学派的思想家们继承了以李斯特为代表的反对英国古典经济学的传统。他们把李斯特所发动的对"世界主义"的批判，引向对古典经济学派方法论的批判。历史学派的一个重要特点在于，他们把批判的矛头集中在古典经济学所采用的抽象演绎法上。罗雪尔就认为古典经济学派想利用抽象分析建立政治经济学的普遍规律是错误的，这种普遍适用的经济规律是不存在的；这就如一种经济理想不能适合每个国家人民的不同种类的欲望，正如一件上衣不能适合一切人的身材一样。

罗雪尔认为政治经济学应该研究国家经济，政治经济学应成为国民经济学，研究各个个别国家经济的特殊发展过程。历史学派提出了"历史方法"这一研究范式。他们认为"历史方法"是我们分析经济现象的"解剖刀和显微镜"，其要旨就是对社会经济制度进行综合的、历史的、归纳比较的研究，就是按照时代的顺序来研究每个个别国家的国民经济生活，发现它们各自的经济发展的规律性。因此，国民经济学不应限于研究现代的经济制度，还必须搜集大量"历史材料"，特别是各国古代历史材料。历史方法的第一个鲜明特点是强调个别考察的方法，即记述各国国民在经济方面的想法、要求和发现，以及他们所做的努力、取得的成就及其原因。第二个特点是强调历史考察的方法，即认为对历史上过去的各个文化阶段的研究同考察现代经济关系具有同样的重要性，过去的国民的发展过程能给现代特殊的启示和教训，能预示现在和将来。第三个特点是强调总体考察方法或综合考察方法，即结合各国经济发展的历史和现状，发现各国国民经济发展之间的联系，作出整体观察，因为各国国民紧密联系着，必须对它们作总体观察，才能对个别国民作出根本性的观察。在他看来，与经济领域关系最为密切的有法律、国家和文化。政治经济学要实现它的任务，只有同有关国民生活的其他学科，特别是同法制史、政治史以及文化史紧密地结合起来，才能做到。最后是合理的评论，他认为历史方法对任何一种经济制度决不轻易颂扬或否定，而是要指出合理的东

---

① 路德维希·冯·米塞斯：《米塞斯回忆录》，黄华侨译，上海社会科学院出版社2015年版，第15页。

西为何,如何逐渐变为不合理,有益的东西为何,如何变为有害。他认为,只有采用这种历史方法才能完成"经济学的主要任务"。"历史方法"还强调类比的研究,"类比"的方法就是将现实和历史的对比,包括各国经济制度的比较。类比不仅可以丰富观察,而且可以发现各国经济制度的相似之处,从而发现其特殊的经济规律。罗雪尔的"历史方法"拓宽了古典经济学所确定的研究的视野和范围,对于认识一个国家的经济体制来说更是具有指导意义。

新历史学派在方法论上继承了旧历史学派的历史归纳法。施穆勒特别强调充分运用统计资料和当时已经很发达的统计学方法,并称自己的方法是"历史的统计方法",以区别于旧历史学派的"历史的生理方法"。大量运用统计资料和统计方法是新历史学派经济研究的一个重要特点。所谓"历史统计方法"就是对各个时代、各个国家或民族经济发展的史实进行考察和统计,使之系统化、数量化,然后从这些经济史实中归纳出一些"经验法则"。就方法论的原则上来说,施穆勒并不一般地反对古典经济学推崇的演绎法,他所反对的是凭着主观假设和理想的目的去进行论断,如以门格尔为代表的"演绎学派","认为只要抓住一两个心理学的命题,或者只要抓住经济性这样一条,好像理论经济学之道就尽于此矣",结果"弄得经济学这门科学的领域过于狭隘"[1]。他宣称,"政治经济学的一个崭新时代是从历史和统计材料的研究中出现的,而绝不是从已经经过一百次蒸馏的旧教条中再行蒸馏而产生的。"[2]在施穆勒看来,政治经济学的研究必须努力收集大量历史资料和当前的各种资料,然后运用历史归纳方法进行分析整理,从中作出应有的结论。施穆勒是以历史和统计为基础所作出的归纳,辅之以演绎的推导,来为经济学理论奠定方法论基础的。

新历史学派强调研究本国的特点及其历史发展,强调国民经济是一个综合的整体,不仅应研究生产技术的发展和"经济制度"的特点,还应研究意识形态、国家政权等对经济的影响,这对于考察一国经济的发展及制订适合本国特点的经济发展战略,无疑提供了方法论上的启示。他们收集的大量资料和提出的各种专题研究,推进了经济史这门学科的发展,也为经济学的发展提供了进行理论抽象的某些基本依据。

---

[1][2] 施穆勒:《一般国民经济学大纲》第 112 页,转引自季陶达:《资产阶级庸俗政治经济学选辑》,商务印书馆 1963 年版,第 362 页。

二、历史学派的基本经济观点

历史学派的基本经济观点首先是强调文化心理和宗教伦理等精神因素在经济生活中的重要作用。他们反对古典经济学的抽象的"经济人"假说,如施穆勒批评抽象的"经济人"不能脱离社会文化的诸般制约,例如"经济人"一定要受到技术的、社会的一定发达程度制约,并建立在一定的道德观念、习惯和法律限制的基础之上,同时还受到凡人皆同的原始欲望和享乐感觉的催动。在他看来,"赢利心不是到处都是一样的自然力量,它永远受到一定的道德习惯、各种法律和制度规范的管束和制约。"①因而,他认为经济问题不能都一股脑按照赢利心去解释,只有和伦理道德联系起来才能得到说明。满足人们的物质欲望和满足人们的伦理道德的欲望同样都是经济生活的重要内容,生产、分配、分工、交换,不仅是技术范畴,而且是道德范畴。经济制度和组织就是受伦理道德规范和制约的一种秩序,经济问题只有同伦理道德联系起来,才能得到全面说明和正确解决。他还认为,价格的变化、经济危机的发生,都受人们或集体的动机、感情和行动的制约,因此这些问题的解决也都有赖于改善人们的心理、道德状况。

桑巴特也把精神因素看作资本主义产生和形成的"策动的力量",认为资本主义是由欧洲精神的深处发生出来的。他说:"我们对于那由企业家精神和市民精神组成一个统一的整体的心情称为资本主义的精神。这种精神创造了资本主义。"②在桑巴特看来,作为资本主义"经济主体"的企业家的精神,集中表现为"征服和营利"。在资本主义以前的社会中,人们从事经济活动是为了满足需要,而在资本主义社会中,企业家则是为了获得利润。在资本主义以前的社会中,是限制竞争的,禁止采用机器就是一个突出例证,而在资本主义社会中,企业家则主张通过竞争征服一切。企业家精神"打破了那建筑在安逸自足的、自得均衡的、静止的、封建手工业的满足需要的经济的限制,并且将人们驱入营利经济的旋涡中。"③至于"市民精神"则首先表现为遵守契约:"形成彻底思索的对契约的忠实,这是一种最重要的社会道德"④;其次,

---

① 施穆勒:"一般国民经济学大纲"第36页,转引自季陶达:《资产阶级庸俗政治经济学选辑》,商务印书馆1963年版,第351—352页。
② 桑巴特:《现代资本主义》第1卷,李季译,商务印书馆1958年版,第215页。
③ 同上书,第213—214页。
④ 同上书,第29页。

"市民精神"还表现为"计算的正确性和冷静的目的的确切性"。① 所谓目的的确切性,是正确地选择手段;所谓计算的正确性,是对于一切经济的零星现象作出正确的数字计算和登记,并将它们的计算总括为一种有意义有编制的数字体系。他认为,这种"市民精神"会给予新时代的经济生活以安定的秩序,从而会弥补企业家的征服与营利精神对旧关系的冲击所带来的震荡。桑巴特在对欧洲资本主义经济发展史的总结中,提出了一个具有普遍意义的思想,即一个新的经济制度的出现,必须破除起着阻碍作用的过时的观念,建立起与新制度相适应的新的价值观念和道德观念或他所说的"经济意识"。如桑巴特提出"财富的权力"的概念,与具有封建色彩的"权力的财富"相对立。后者是指凭着权力而取得财富,前者是通过经营赚取利润,由于货币的作用而取得支配权。只有这种新的"市民的财富"才会转化为资本,促进社会财富的增长。他认为经济发展的一个重要条件,是"由权力的财富发展为财富的权力",并认为"这是世界史上的一大转变。"②在桑巴特看来,旧关系向新关系的变化,在经济生活方面最主要的表现是"契约化",即把"从前爱情的、血统的,和地方的'共同关系'转变为一种站在契约上面的社会。"③

在桑巴特上述论述的基础上,韦伯探讨了新教伦理与理性资本主义起源之间的关系。在韦伯那里,"资本主义"不仅是一个经济学的范畴,还是一个社会学和文化学的范畴,韦伯是把"资本主义"当作一种文明来理解的,是指18世纪以来在欧洲占主导地位的理性主义精神发展的结果。这一理性精神具体体现在欧洲的科学、政治、经济、法律、艺术和宗教之中,代表了现代西方文明的本质。理性主义精神发展的结果,是导致了西方现代科学技术、理性的法律、科层组织、市场、城市的发展及市民阶层的出现,它们构成了欧洲资本主义产生的社会经济条件。韦伯力图论证,近代理性资本主义的兴起有诸多因素的共同作用,例如与西方的法律制度、行政体制的理性结构及科学技术等多种因素密切相关,但促使这一理性资本主义产生的最重要的因素之一则是新教伦理。在渗透着新教伦理的资本主义精神的影响下,人们表现出一种追求资本的强烈愿望,最终促成了近代理性资本主义的产生。文化精神的作用是韦伯分析理性资本主义动因的独特视角。在韦伯看来,理性资本主义

---

① 桑巴特:《现代资本主义》第 1 卷,李季译,商务印书馆 1958 年版,第 215 页。
② 同上书,第 394 页。
③ 同上书,第 912 页。

的产生不仅需要经济资源与先进的技术支持,更需要独特的社会伦理精神的支撑。新教伦理就发挥了这一重要作用,它不仅和资本主义精神有着一种内在的亲和力,而且是导致这一理性资本主义制度形成的一个活跃的、重要的力量。韦伯通过研究发现,构成理性资本主义经济与前资本主义经济类型区别的主要是一种理性的精神,这种精神不同于传统的对财富的贪欲及其支配下的逐利,而是以越来越精确的计算合适的手段为基础、有条理地达成一个特定既有的现实目的,而且这一目的体现着一种神圣性的人格,这一人格表现在企业家身上就是具有强烈的、尽可能多获利动机,获利赚钱的目的并不是为了消费和享乐,而是为了"体现上帝的荣耀"这一高尚的人生最终目的。韦伯强调,"资本主义"是一种文明现象,近代理性资本主义形成的关键在于以何种精神从事商业活动,只要有理性资本主义的精神就会创造出理性资本主义的经济方式。在这个意义上,"理性资本主义的精神"来源于新教伦理。新教伦理在形成资本主义价值体系方面起了决定性的作用,"资本主义的精神"又促成了西欧理性资本主义的产生与发展。

其次,新历史学派强调法律和国家职能对经济发展具有重大制约作用。他们认为一个时代的经济制度同法律制度是密切联系的,个人经济地位主要由法律制度决定,而不像古典学派说的,仅仅决定于"自然权利"或自然力量。个人不能成为社会的中心,因为他要受代表整体利益的法律制度的约束。在私有财产制度下,经济自由、财产权利、契约关系等都是半经济半法律的概念,都以当时的法律为根据,并受立法权力的制约。新历史学派还特别重视国家的职能,认为国家在社会经济发展中有特殊重要的领导作用。如施穆勒强调国家是国民经济产生和存在当中的一环,没有一个坚强组织的国家权力并具备充分的经济功能,没有一个"国家经济"构成其余一切经济的中心,那就很难设想有一个高度发展的国民经济。他认为,国家以其货币制度、农业和工业立法,交通和贸易政策、钱币税收制度等,使得所有的家庭、城市、社团都受到了国家权力的统辖。

其三,因德国经济落后于欧洲其他国家,历史学派比之它同期的英法经济学家来说,更加注意生产力的发展和国民财富的增长。施穆勒就曾明确的表示,应通过技术改革来提高生产力,以便使德国实现高度发展的资本主义生产。桑巴特在《现代资本主义》中通过对资本主义发展的历史总结,提出了一些发展商品经济和生产力的具有启发性的思想。这些思想主要表现为:提出技术进步对国民经济的发展具有重要作用,强调企业家是现代经济的主体。桑巴特强调企业管理的重要性,指出企业家应具有以下三方面的职务:组织的职务、商人的职务、计算和节约的职务。"组织的职务"要求他必须善于发现人才,并发挥其作用,同时还能使所有人组成一个富于服务能力的整体,做到在空间上集合力量,在时间上统一力量。"商人的职务"要求他应成为一个良好的谈判者,能引起对方的兴趣,取得信任,并鼓动其购买力。"计算和节约的职务"要求他精打细算,能预测未来,并且是一个良好的节约者。桑巴特强调说,企业家阶层的形成和发展,是"国民经济力一种完全巨大的提高"。①

其四,历史学派通过对资本主义早期阶段和现阶段的对比考察,说明了市场形成和市场状况对经济发展的影响。如桑巴特指出:资本主义的全部发展在19世纪以前,比后来的步骤要慢得多,其原因在于市场需求基本上限于个人消费品,因而需求的扩充是以先前的收入形成为转移的。而现代资本主义则有所不同,它的需求"大都起于生产手段"(这又和技术的发展相联系),而且"这种需要时常立足于企业家的信用上面,即立足于完全没有收入的基础上面。"这种情况"对于全部市场关系和出卖关系的形成具有决定的影响。"②在这里,他指出了生产生产资料的部门迅速发展和信用的发展对扩大市场范围的重要作用。同时,桑巴特还考察了交通的发展和信息的发展对于"价格形成的合理化",对于市场的扩大所起的促进作用。

三、社会改良理论与政策

在社会改良理论方面,桑巴特提出了"社会多元论",认为"经济经营形态"将随着社会的发展而多元化。在他看来,资本主义在其发展过程中将会形成"混合经济",在它里面有几种经济形式并存:资本主义经济、合作制经济、合营的公共企业、公营企业。他认为后三种企业是社会主义的,不过这些企业应当选择和保留资本主义一切有价值的属性,使之浸润着资本主义精神和经济的合理性。而资本主义经济则将逐步地从内部进行自我改造,成为"更稳定的"和"可调节的"经济。这样,资本主义和社会主义之间将不会存在任何界限。他还断言,向"混合经济"制度过渡,是"社会团结"的胜利。

---

① 桑巴特:《现代资本主义》(第1卷),李季译,商务印书馆1958年版,第893页。
② 同上书,第2卷第1分册,第146页。

新历史学派很重视当时德国的"劳工问题",即劳资之间的矛盾。而这种矛盾在他们看来主要是两个阶级在理想、精神和世界观方面的对立。他们强调,社会现实已经证明这个问题不能通过实行自由放任原则来解决,而只能通过国家的社会经济政策和道德教育来解决。他们对工人的处境抱有同情,主张改善劳工阶级的现状,其办法是通过各种法令,由国家实行自上而下的改良,主要内容有制定工厂立法、劳动保险、工厂监督、劳动纠纷仲裁、孤寡救济、干涉劳动契约等法令,实行某些生产资源和企业国有化,限制土地私有制,改革财政赋税制度,等等。新历史学派把自己的社会改良政策称为"特种社会主义"。由于他们利用教授地位和大学讲坛,宣传上述改良主义主张,因此被德国经济自由主义者嘲笑为是"讲坛社会主义",他们自己也欣然接受这一称号。

新历史学派从19世纪70年代至第一次世界大战,完全统治了德国经济学界,几乎垄断了大学讲坛和主要经济刊物。新历史学派的改良思想,特别是"有组织的资本主义"理论,成为第二国际伯恩斯坦的一个思想来源。同时,它在资本主义各国特别是美国也受到不少经济学家的拥护,具有广泛的影响。美国制度学派就是把德国历史学派的观点和方法加以演变而发展起来的。

关 键 词

国家经济学　贸易保护主义　社会多元论

思 考 题

1. 简述李斯特的生产力理论。
2. 简述历史学派的历史方法论。
3. 历史学派的基本经济观点和政策主张是什么?
4. 概括新旧历史学派的特征、共同点和差异。

第四篇

现代经济学范式的形成时期

现代经济学范式的形成时期是对古典经济学范式进行变革的时期，它始于西方经济学的"边际革命"，迄于"凯恩斯革命"。这一时期也是资本主义世界科技和经济迅速发展的时期。

19世纪70年代开始的"边际革命"在经济学发展的历史上是无与伦比的，经济学知识由这次思想革命开始了由古典经济学范式到现代经济学范式的转换。"边际革命"标志着现代经济分析的形成，这一分析范式的创新在于经济变量之间的关系开始被认为是功能性的变量，它把一个变量的变化与另一个变量的变化联系起来，例如把需求数量的变化与需求价格的变化联系起来。一旦这些关系被解释为功能性的关系，就发展到了以方程式的方式表达和用曲线的图像表达分析经济问题的新阶段。边际分析的另一特点是强调从主观心理因素分析决定经济运动的过程，个人的主观估计是各种经济分析线相遇的交叉点，并对一切客观因素主张从它们在主观范畴中的反映来考察，其特征是以商品的稀缺性以及人的欲望及其满足为出发点，研究消费(需求)、分配(流通)、价格(竞争)、市场机制以及个体经济等微观经济理论问题。"边际革命"还极大地推进了边际增量分析和弹性分析的方法。如在马歇尔的《经济学原理》中，边际增量分析几乎是贯穿全书的。马歇尔还建立起了供求价格弹性理论体系，包括供求价格弹性的定义、计量公式、判断强弱的标准、适用限定理论等。自此以后的经济学文献中开始布满了符号和曲线图，经济学家流行建立联立方程式及寻找它们的根来解决现实中经济问题的分析方法，寻找最优位置又使现代经济分析的先驱者们开始使用微积分这种有力的数学工具。马歇尔还继承了约翰·穆勒所开创的折衷主义传统，把以往的各种经济理论综合起来纳入新出现的边际分析中，作为自己理论的支柱之一，由此构筑了一个完整的理论体系。这个体系的特点就是运用边际分析原理分析微观经济问题，创立"局部均衡"理论，较好地描述了微观经济生活中的各种现象，从而为当代西方微观经济学奠定了理论基础。马歇尔之后，庇古、张伯伦、罗宾逊和奈特等人对马歇尔开创的新古典经济学理论作了进一步的发展。

凯恩斯经济学是在资本主义经济发生萧条时期对新古典经济学

分析范式的又一次变革。与新古典经济学相比，凯恩斯经济理论的特点是在边际分析的基础上强调货币分析和宏观分析。"凯恩斯革命"是一次重要的经济学范式的革命，它表现在经济学范式上就是继承了维克塞尔的货币经济理论，把货币经济与实物经济完全结合起来，分析了商品市场与货币市场以及劳动力市场之间的相互影响，创立了以收入支出理论为中心的现代货币理论体系。凯恩斯在货币经济理论的基础上还创立了宏观经济学分析范式。这一分析范式的特征是突出地强调了经济的"不确定性"，经济行为人所能获得信息是有限的，强调市场的失灵和国家干预的必要性。这就与以确定性和完全信息为前提的新古典经济学的均衡分析完全不同。这一理论体系经过之后许多经济学家的补充、完善，已成为当代西方宏观经济学的主流。

第十章
边际效用学派：现代经济学范式的确立

本章学习要求：边际效用学派的特点是以欲望为出发点，以效用为中心，以边际分析评价价值及其经济现象。本章学习要求认识边际效用学派的特点，熟悉奥地利学派的方法论以及对计划经济的批判，掌握奥地利学派经济周期理的特点以及熊彼特的经济发展理论、克拉克的边际生产力分配论的基本内容。

边际效用学派产生于19世纪的70年代，是由英国的杰文斯、奥地利的门格尔、瑞士的瓦尔拉斯几乎同时提出来的。这三个人中间，虽说杰文斯和门格尔都是在1871年发表他们的新理论的，但杰文斯在1862年就已经做了关于他基本思想的演讲，在时间上应是杰文斯在先[①]。瓦尔拉斯则到1874年才发表了他的《纯粹经济学要义》。边际效用学派的基本思想是认为产品的价值是人对产品效用的主观心理评价，价值取决于物品满足人的最后的亦即最小欲望的那一单位的效用。其特点是以欲望为出发点，以效用为中心，以边际分析评价价值及其经济现象。边际效用学派逐渐形成两大支派：一支强调运用数学方法进行表述和论证；另一支则着重以心理分析方法建立理论体系。前者以英国经济学家杰文斯和瑞士洛桑学派奠定人瓦尔拉斯及其直接继承者帕累托为代表，后者则以奥地利学派的门格尔及其继承者庞巴维克等

---

① 参见哈耶克为门格尔《国民经济学原理》一书所写的"导言"，(上海人民出版社2005年版，第2页。)杰文斯直到1882年去世还不知道门格尔已经写出了《国民经济学原理》。直到19世纪90年代，这三位发现边际原理的经济学家才得到一致的认同。事实上，"边际"一词直到20世纪才被普遍应用。

人为代表。

　　边际效用学派有其思想理论的渊源。早在17世纪英国的尼古拉·巴贡(1640—1698)就提出了商品价值取决于效用的观点。18世纪意大利的弗尔南陀·加瑞安尼(1728—1787)也指出物品的价值取决于该物品满足人需要的程度。法国启蒙学者孔狄亚克(1715—1780)也提出物品的价值决定于需要程度并随着物品的稀缺性发生变化的观点。重农学派的杜尔哥和法国经济学家萨伊都在不同程度上把价值看成是人们对产品效用的主观评价。边际效用论的奠基人和直接先驱者应是法国经济学家古诺(1801—1877)和德国学者约翰·亨利希·屠能(1783—1850)和赫尔曼·戈森(1810—1858年)。古诺在1838年出版的《关于财富理论的数学原理》中倡导,在某些条件被满足的约束下,应当使用数学特别是微积分来表达任意的函数关系,其成就之一是发现了需求规律[①],并将其方法运用于创建基于需求曲线的厂商行为的一系列模型,如现代经济学教科书中经常讲到的双头垄断模型,并论证其厂商均衡将发生在边际成本等于边际收益的时候;在成本为零的场合,最大化将发生在边际收益等于零的时候。但在当时,除了瓦尔拉斯之外,几乎没有人知晓古诺关于经济学理论的著作。屠能则是数理经济学的拓荒者,他在出版于1826年著作《孤立国同农业和国民经济的关系》中试图把各种经济变量之间的相互依存关系用一套方程式具体表现出来,力图通过运用微分方法找出经济变量之间的数量关系,他还是边际生产力分配论的重要先驱。戈森则在1854年出版的《论人类交换规律的发展及人类行为的规范》一书中提出了两个规律:一是效用递减规律,即认为人们对某种物品的需要,随着需要的不断被满足,所感觉到的享乐程度逐渐递减,直至最后达到饱和状况;二是边际效用相等规律,它是由第一个规律派生的,是指在效用递减规律的作用下,达到最大限度享乐的方式。他认为一个人如果要从一定量财货中得到最大限度的满足,就必须把它在不同用途间进行分配,而分配的方式必须使得每一种用途上的财货的边际效用相等。戈森的这些观点被称为是"戈森定律"。戈森对自己的发现评价很高,把它和哥白尼预测天体运行轨迹的发现相提并论。屠能和戈森的著作问世后并未受到重视,原因是当时在德国历史学派占据统治地位,历史学派否认这种从数学和心理分析出发对经济现象普

---

　　① 古诺在《关于财富理论的数学原理》中论需求一章的标题"销售规律"中写道:"当价格降低时,销售或需求……将增加。"古诺在1863年和1877年又出版了《财富理论的原理》《经济学说简评》。

遍规律的理论概括。

边际效用学派能够在19世纪70年代兴盛的原因,除了资本主义经济政治发展的客观要求外,还有哲学和科学发展方面的原因。19世纪后半期,西方人本主义哲学发展并流行起来。这种哲学把人主要看作生物学上的人,把人作为研究的目标和主体。它对经济学的影响,就是使经济学转向了研究个人及其主观愿望、消费行为等。此时心理学也从哲学中分离出来,成为一门独立的学科,并获得了迅速发展,从而使经济学研究人们的心理现象成为可能。数学门类也日益细分,函数、微积分学的发展和广泛应用,也为经济分析提供了重要工具。

边际效用学说的产生,使西方经济学发生了一场"边际革命",标志着西方经济学发展到现代经济学的新阶段。边际效用学派对西方经济学的发展有广泛而深远的影响,至今仍是现代西方经济学说的基础理论之一。如边际效用论和边际生产力论是以马歇尔为代表的英国剑桥学派的理论支柱之一,又是现代微观经济学的重要组成部分。凯恩斯也完全接受了包括边际生产力分配论在内的边际原理和方法,并将它推广、应用于分析宏观经济范畴,从而使边际原理成为现代宏观经济学的重要工具之一。由杰文斯和洛桑学派倡导的数学分析方法,在20世纪30年代以后的计量经济学中被大大地发展。近些年来,边际效用学派的理论原理、分析方法和以自由竞争为中心内容的政策主张,在现代新古典学派,包括凯恩斯主义支派之一的新古典综合派的代表者的著作中,也越受到重视和宣扬,成为他们的经济增长论和分配论的重要理论依据。

第一节 数理经济学派

数理经济学派也称数理学派,是边际效用学派的一个主要分支,它是边际效用论和数学分析相结合的产物。数理经济学派在方法论上的特点,是主张用数学符号和方法来表述、研究和论证经济现象及其相互依存关系,强调数学分析是研究经济学的主要方法。他们借用函数概念表达经济现象之间的依赖关系,借用微积分的语言来刻画经济规律,借用联立方程组来构造整个经济体系的一般均衡模型。

数理学派在英国的主要代表是杰文斯,主要派别是以瓦尔拉斯、帕累托为代表的洛桑学派。由于杰文斯、瓦尔拉斯和帕累托以及其他著名的数理经济学家都是以边际效用理论为基础,致力于把边际效用学派的基本概念表述为数学公式,因此他们都被看成是与奥地利学派并列的边际效用学派。数理经济分析的方法,在马歇尔的《经济学原理》(1890)出版之后更为流行。这一分析方法直到今天在西方经济学中仍占据主流地位。

一、杰文斯的"最后效用程度价值论"与交换方程式

威廉·斯坦利·杰文斯(1835—1882)1835年出生于英国利物浦一个工程师和铁器商人的家庭,1857年开始学习政治经济学,1862年获伦敦大学文学硕士学位,1863年任曼彻斯特欧文斯学院逻辑学、道德哲学及政治经济学讲师、教授,1876改任伦敦大学的政治经济学教授,1872年当选为英国皇家学会研究员。1882年游泳时溺死,年仅47岁。主要经济学著作1871年出版的《政治经济学理论》,其次有《货币与交换机构》(1875),《政治经济学入门》(1878)等。在《政治经济学入门》中,他建议"政治经济学"这个名称应该改称"经济学",而"经济学"的正式称谓即自此而来。杰文斯在经济学上的主要功绩,在于他讨论了边际效用的性质、总效用与边际效用的区别以及等边际原理,使他站在了当时兴起的边际革命的巅峰。马歇尔经常赞颂杰文斯。

杰文斯经济学的基本观点是以主观心理分析为出发点,以效用论为基础,以数学分析为工具。他认为效用需要由一个人的幸福或快乐的增加量来计算的。他在《政治经济学理论》的序中写道:"在本书,我常视经济学为快乐与痛苦的微积分学,⋯⋯这个经济学理论颇与静力学相类似,交换法则颇与杠杆的平衡法则⋯⋯相似。财富与价值的性质,由无限小量的快乐与痛苦之考虑来说明,正如静力学的理论,以无限小量能力的均等为根据。"[①]对边际效用原理的数学化和图形化的论证,是杰文斯在经济思想史上的重要贡献。

杰文斯主张从人的欲望及其满足出发来讨论价值问题。他在《政治经济学原理》的第一页中这样写道:"反复的思考与探究使我产生了这样一个有点新奇的观点,即价值完全取决于效用。流行的观点认为劳动而不是效用是价值的源泉;更有甚者明确的断言劳动是价值的起因。相反,我认为我们必须仔细地去寻求效用变化的自然规律,即效用的变化取决于我们所拥有的数

[①] 斯坦利·杰文斯:《政治经济学理论》,郭大力译,商务印书馆1984年版,第2页。

量,以达到一个令人满意的交换理论。"他主张用个人欲望满足的心理感觉来解释商品、效用、价值等范畴,认为商品是能够提供快乐或避免痛苦的物品,效用是快乐的产物,不是物品内在的性质,而仅表示物品与个人福利之间的关系。直接当事人的意向是一物在当时有用与否的唯一标准。因此,主观效用是商品价值的基础,价值完全取决于效用。在价值量的决定上,他用"最后效用程度"衡量主观价值量,"最后效用程度"也就是商品最后增量所提供的效用程度,即边际效用。杰文斯在他的著作中还没有使用"边际"一词,他使用的是"最后效用程度"。他认为随着一个人拥有商品数量的增加,"最后效用程度"是逐渐减少的。价值的大小就是取决于"最后效用程度"的大小。

杰文斯区分了物品的总效用和最后效用程度。他认为总效用是全部现有产品各单位的实际效用总和;效用程度则是在商品供给的某点上,商品增量同它所提供的效用量的比例:

效用程度＝商品增量效用/商品增量

它表示在这一点上人对该物品增量所表现的需求强度。最后效用程度则是商品最后增量所提供的效用程度,即最后的商品增量同它所提供的效用量之间的比例:

最后效用程度＝商品最后增量效用/商品最后增量

所以,效用程度并不是效用量,而是新增加的商品效用量同该商品增量的比例,也就是边际效用。在物品的各效用程度中,杰文斯特别强调"最后效用程度"的意义。他认为对价值的决定来说,总效用不如效用程度重要,而在效用程度中,最后效用程度尤其重要。所以,物品价值是由最后效用程度决定的,它是用商品最后一个增加量所获得的快乐或利益的强度来计量的。这实际上是以数学上的函数关系代替了经济上的因果关系。

杰文斯还发现了边际效用递减规律。他论证说,水的供给首先是满足消费者最迫切的需要,之后再满足他第二迫切的需要。如果水是充足的,那么就可以满足他最不迫切的需要了。因此,供给增加,总效用增加,但边际效用减少。他对这一规律概括为:单一商品的效用程度随着所拥有的那种商品的数量而变化,最终将随着那种单一商品数量的增加而下降。

杰文斯还应用他的最后效用理论发展形成了一套理性选择的消费者行为理论,即等边际原理。这一原理论证的核心是消费者选择最大化的条件是个人分配他们的收入应使每单位产品的边际效用与产品价格之比相等,这一理论至今仍是现代经济学中消费者选择理论的核心。杰文斯还提出了交换方程式,核心是说明两个商品的交换率,是交换后各个商品数量的最后效用程度的比例的倒数。杰文斯既以交换比例来代替价值,他的"交换理论"就是他的价值论,并以商品的"最后效用程度"来决定商品的交换比例。他认为一个交换者以一种商品换取另一种商品时,他总是比较这两种商品的最后效用以决定他到底愿意放弃多少他自己的商品以换取多少对方的商品。交换者总是要求交换的结果达到最大的效用,因而达到这个结果的条件就是当这两种商品的增量的交换比例恰使这两个商品的效用对于交换双方都相等。例如,如果 10 镑谷物的效用和 1 镑牛肉的效用恰好相等,则谷物和牛肉以 10 与 1 的比例互相交换,这样就构成交换的均衡。也就是说,在交换完成后,两种商品对对方的最后效用程度(边际效用)与两者的价格必须成比例,这时,交换达到均衡状态。他认为这一命题是"全部交换理论与主要经济学问题的拱心石"[①]。

杰文斯也被认为是计量经济学的先驱之一,他曾研究过太阳黑子与商业活动的关系。

二、瓦尔拉斯的一般均衡论

莱昂·瓦尔拉斯(1834—1910)生于法国,青年时期就学于巴黎大学,19世纪 50 年代后期开始研究经济学。1870 年为瑞士洛桑大学法学院的政治经济学讲座教授,1876 年任洛桑大学校长,1892 年他因健康关系辞职,并推荐帕累托为他的继承人。退休后继续从事写作和教学,创建洛桑学派。主要经济学著作有 1874 年出版的《纯粹经济学要义》。另外还有《社会财富的数学理论》(1883)、《社会经济学研究》(1896)、《应用经济学研究》(1898)等。他在西方经济学说史上被公认的贡献是提出了以边际效用论为基础的一般均衡论。

瓦尔拉斯把经济学分为纯粹经济学、社会经济学和实用经济学三个部分。这三个部分分别研究由物品稀少性引起的三种不同后果:纯粹经济学研究的是价值和财富的交换;社会经济学研究的是财产的占有和分配;实用经

---

① 斯坦利·杰文斯:《政治经济学理论》,郭大力译,商务印书馆 1984 年版,第 87 页。

济学研究的是财富的生产和再生产。他认为第一部分属于自然的普遍的现象,后两部分属于人类及其制度的范畴。所以,纯粹经济学是社会经济学和实用经济学的基础。他认为,纯粹经济学是假定在完全自由竞争的前提下,关于价格决定的理论。价格决定在他看来也就是价值决定,两者在他的学说中完全是一回事。他认为只有用数学方法才能对价格进行准确的计算和验证。因为只有用数学方程式才能表示交换理论中构成市场均衡的两个条件:第一,交换者获得最大限度效用;第二,总需求等于总供给。他的纯粹经济学的主要内容就是稀缺价值论和一般均衡分析。

他认为价值决定于"稀少性"。所谓"稀少性",就是在数量有限条件下物品对人们的有用性,或消费一定量商品所能满足的最后欲望强度。他认为物品满足欲望的强度是物品供给量的函数,它随物品供给量的增大而递减;同时"稀少性"也是相对于需求而言的,需求随价格的提高而递减,随价格的下降而递增,这又由物品的效用所制约。所以价值由"稀少性"决定,归根到底是由"最后欲望强度"即边际效用来决定。

所谓一般均衡就是一切商品的供给和需求间的均衡,一切商品价格的形成。也就是把边际效用分析从两种商品的交换比例关系扩大在完全竞争、生产要素自由流动、价格灵活等假定下的多部门、多商品的交换范围中去。应用这些限制性的假定,他建立了一个代表经济的联立方程组,然后说明方程的数量等于未知数的数量。他不但要解释相互交换的一对商品的价格形成,而且要解释市场上全部商品价格的形成。他对一对商品价格的分析,实际上是他一般均衡论的第一步。他认为市场上所有各种商品的供给、需求和价格都是相互影响、相互依存的,因此,任何商品的供给和需求,不仅是该商品自身价格的函数,而且也是其他一切商品价格的函数。因此,不仅要研究两种商品相交换时的价格决定,更必须考察市场上所有各种商品供给和需求同时达到均衡状态条件下价格的决定,即必须建立一般均衡价格理论体系。他没有将他的分析限制在稳态均衡的条件下,而是从准现实的角度通过模拟,利用市场拍卖"喊价"过程来说明市场均衡是如何达到的,即在喊价后,商品的供给和需求如果不相符,那么就会有一个新的喊价。这种重新喊价一直到各个商品的供需相等时才会停止,这时整个市场也就达到了均衡状态。瓦尔拉斯认为,如果市场上各种商品的价格,恰好使得它们的需求量和供给量相等,这时的价格也就是均衡价格,亦即是商品的价值。这时的均衡也就是一般均衡。也就是说，一般均衡是种种经济力量相互推荡的归向，此时的竞争市场到了均衡状态。他得出结论，市场竞争必然能达到一个一般均衡，使所有商品的供求相等。因此，也能够证明，一个没有中央指导的反复试错的市场，仍然会实现社会需要满足的最大化。

在古诺之前，魁奈已经提供了经济是由很多相互联系的部分构成的这样一种清晰观点，但古诺认为一般均衡问题超出了数学分析的能力，魁奈也从未对微观经济关系给出数学说明。瓦尔拉斯的贡献在于，他抓住了魁奈和古诺预见的问题并且通过他的努力表明，这一问题可以解决。瓦尔拉斯证明了数学在解决复杂理论问题上的能力，使人们看到最终产品市场的均衡与厂商和要素市场的均衡是一致的。瓦尔拉斯从任何一种商品的供给与需求不仅是这一商品价格本身的函数而且也是所有其他商品价格的函数思想出发，根据数学上关于方程式数目若等于未知数数目，则可以推算出未知数的数值的这个原理，认为只要列出和商品交换中未知价格的数目、相等的联合方程式，表明每一种产品的总供给等于总需求的条件，就可以推算出一切商品在一般均衡状态下的价格。他的这一理论使他成了一般均衡分析的奠基人。

瓦尔拉斯和杰文斯与马歇尔相比，虽然都是利用数学方程式来说明市场价格的决定，不同的是杰文斯和马歇尔主要说明的是两种商品交换时价格的决定，而瓦尔拉斯则是把市场上的全部商品都包括进来，企图说明所有商品的价格在互相关联的情况下是如何决定的，因而对市场间存在的相互依赖关系要更感兴趣。他认为，市场间相互依赖的关系之所以存在，是因为定价过程必须在所有市场上同时发生，所以每一次交换活动都影响经济体系中所有物品的价值。生产和消费的全部体系的相互依赖是瓦尔拉斯《纯粹经济学要义》的主题。瓦尔拉斯以描述桔子汁市场为例来说明他与马歇尔局部均衡的不同。他认为，马歇尔在局部均衡分析中所设定的其他条件不变的假设是不适当的，因为其他条件不是不变的，相反全部体系是相互联系的，从而对桔子汁需求的增加必然意味着体系中存在着其他物品的过度供给。因此，桔子汁价格的任何变化都将对其他市场产生进一步影响，而这些影响又会反馈到桔子汁市场并产生进一步的变化，所有市场的这些基本的相互联系，就构成了瓦尔拉斯体系的核心。后来的西方经济学家正是据此认为瓦尔拉斯最先建立了"一般均衡论"，用以和只研究一种商品的价格如何由供给和需求两种相反力量的作用而得到均衡的"局部均衡论"相区别。熊彼特给予瓦尔拉斯很高的评价,认为他的上述成就为亚当·斯密看不见的手的竞争机制会最大化社会福利这一思想提供了理论依据,因为一个各处均处于完全竞争均衡的状态能保证所有集团的满意程度的最大化,这"使他成了未来所有理论家的导师"。"虽然他未能令人满意地回答所有问题,但仅仅提出这些问题便立下了不朽的功绩。虽然他的研究成果不是这类分析的顶峰,却肯定是这类分析的基础。"[1]"经济均衡理论是瓦尔拉斯的不朽贡献。这个伟大理论以水晶般明澈的思路和一种基本原理的光明照耀着纯粹经济关系的结构。在洛桑大学为尊敬他而竖立的纪念碑上只是刻着这几个字:经济均衡"。[2]

三、帕累托对一般均衡论的发展

维尔弗雷多·帕累托(1848—1923),意大利经济学家,洛桑学派创始人之一。1893 年他接受瓦尔拉斯的邀请接替瓦尔拉斯在瑞士洛桑大学任教授,直到 1916 年退休。主要经济学著作有《政治经济学讲义》(1896—1897),《社会主义体系》(1902),《政治经济学教程》(1906)。帕累托在经济学上的贡献是对瓦尔拉斯一般均衡理论进一步补充、发展,建立了以序数效用论和无差异曲线为基础的一般均衡论,以避开效用无法测量的难题来论述边际效用,并以此在更广泛范围内和更具体的现象上运用数学方法来论述一般经济均衡。

帕累托也是边际效用论者,最初他沿袭瓦尔拉斯等人的效用基数论,认为边际效用是可以计量的,可以用基数 1,2,3……来表示边际效用的绝对值,并且可以在个人之间进行比较。后来他放弃了这一观点,认为事实上这种效用无法加以衡量,创立了边际效用序数论。他认为人们对于某种物品的边际效用,不可能说出它的绝对值,但可以用第一、第二、第三……这样的序数来表示或比较两种或两组物品的效用孰大孰小,或其所属的等级孰高孰低,或并无差别。他认为对于两种不同物品的组合,消费者虽然并不知道每种组会给他带来多少数量的效用,但他却能判别他对两种组合的偏好次序,即他对一种组合的偏好是否大于、小于或等于另一种组合。序数效用论的特点,是

---

[1] [美]约瑟夫·熊彼特:《经济分析史》(第三卷),朱泱等译,商务印书馆 1995 年版,第 369、371 页。

[2] [美]约瑟夫·熊彼特:《从马克思到凯恩斯十大经济学家》,宁嘉风译,商务印书馆 1965 年版,第 9 页。

仅表示消费者对各种物品组合的偏好程度,而不表示效用的绝对值。他认为这样既显示了效用的大小,又避开了效用的计量这一难题。据此他建立了无差异曲线的概念和比较完整的序数效用价值论。

帕累托是瓦尔拉斯一般均衡理论的支持者,并利用这一分析结构阐述了构成现代福利经济学基础的交换条件和生产条件,并提出了"帕累托最优"这一概念。他提出,交换中的帕累托最优要求对消费两种商品的任何两个人来说,任何一对消费品的边际替代率都相同,与此类似,也可以定义为两种投入品之间的边际替代率相等。帕累托帮助并促进了人们对于瓦尔拉斯一般均衡分析的接受。他宣称:当整个社会的生产资源在各部门的配置达到了这样一种状态,即资源配置的进一步改变已经不可能在不使任何一个的处境变坏的情况下使任何一个人的处境更好时(或表述为如果没有任何方式能在不减少其他人的福利的条件下增加至少一个人的福利时),此时该社会即处于最优的资源分配状态,也即使得社会福利达到极大值。他像瓦尔拉斯一样,试图证明完全竞争能够达到经济正义的最优水平。此时,资源分配的改变无法在不损害他人的情况下使任何人变得更好。与福利经济学理论中以局部均衡为框架的英国传统(马歇尔——庇古)不同,帕累托的理论是建立在瓦尔拉斯一般均衡的基础上的。他的"最优状态"是现代西方福利经济学判别优劣的标准。

第二节 奥地利学派

奥地利学派或心理学派,形成于 19 世纪 70 年代。它是"边际革命"中影响最大的学派,以门格尔为奠基人,追随者中最为著名的人物有庞巴维克和维塞尔。因他们先后都在维也纳大学任教,又都是奥地利人,故被称为奥地利学派或维也纳学派。这一学派后来的成员包括路德维希·冯·米塞斯、约瑟夫·熊彼特和弗里德里希·哈耶克等著名的经济学家,他们都是庞巴维克的学生。

卡尔·门格尔(1840—1921)出生于奥匈帝国的新桑地克,1867 年获得克拉科夫大学法学博士,后在奥地利内阁新闻局任职,1873 年任教于维也纳大学,1903 年退休。他曾担任过奥匈帝国议会议员以及通货改革委员会委员。主要著作有《国民经济学原理》(1871),《关于社会科学、尤其是政治经济学方法的探讨》(1883),《德国国民经济学的历史主义谬误》(1884)。与其他两位边际革命的开创性人物相比,门格尔的影响是最大的。弗里德里希·冯·维塞尔(1851—1926)生于维也纳,1874年毕业于维也纳大学,翌年与庞巴维克留学德国学习历史学派的理论。1883年起任教于布拉格大学及维也纳大学。主要著作有《论经济价值的起源及主要规律》(1884)、《自然价值》(1889)和《社会经济理论》(1914)。这些著作进一步补充和完善了门格尔的经济理论。欧根·冯·庞巴维克(1851—1914)是门格尔的学生,也是19世纪末20世纪初奥地利学派的最有影响的代表性人物。庞巴维克1872年毕业于维也纳大学法律系,先后任英斯布鲁克大学和维也纳大学教授,三次出任奥匈帝国财政大臣,对于规范奥地利的财政环境起到了重要的作用。也曾任维也纳科学院院长。1904年庞巴维克任维也纳大学的教授,学校为他专门设立了一个特殊的经济学教授席位。路德维希·冯·米塞斯(1881—1973)、弗里德希西·哈耶克(1899—1992)、约瑟夫·熊彼特(1883—1950)都是他的学生。庞巴维克的主要著作有两卷本的《资本与利息》《马克思体系的崩溃》(1896)。

一、经济学的方法论

在经济学研究的方法上,奥地利学派强调主观心理分析和先验抽象演绎法。门格尔强调主观心理分析,是因为他认为经济学并不是研究物的关系,而是研究人的行为,不仅要研究人的经济行为的后果,也要研究人的行为的心理动机。庞巴维克继承了门格尔的这一观点,明确主张从个人心理动机出发,以个人欲望的满足为基础来研究经济现象,即主张以"若乐心理"、追求享乐和避免痛苦的心理来寻求经济规律。客观经济规律不过是个人心理状态的外在表现;政治经济学的范畴如价值、价格、利息、工资等不过是表现个人心理感受的概念,经济运动也就变成了个人追求欲望满足的实现过程。庞巴维克还主张要把人的需要和需要的满足即消费作为经济生活研究的出发点和首要问题。在他看来,生产不过是满足这种消费欲望的手段,生产只能使经济现象复杂化,并不创造经济现象,只起从属作用,从而否定了生产在经济生活中的决定作用。奥地利学派的经济学方法论可以简单地归纳为是个人、消费、心理六个字。他们正是从这种个人消费心理出发来研究经济问题,探讨经济生活的普遍规律的。奥地利学派也强调先验抽象演绎法在经济学研究中的重要作用,强调研究经济学应从特定的历史和社会中把个人抽象出来,作为经济学研究的主体,并把这种孤立的个人经济作为分析的立足点,认为社会是个人的算术总和,个人经济是社会经济的缩影,找到了个人经济的规律,也就找到了社会经济的规律。由此出发,米塞斯认为,"经济学并非是基于或源于(抽象于)经验。它是一个演绎的体系,始于对人的理性行为的原则的洞见。……没有这一先验的知识与源于这一先验知识的法则,我们根本不能认识人的活动。"①因此,经济学和经济法则是一门演绎的科学,一种先验的、非假设性的真实陈述。他甚至认为,"不仅经济学不是源出于经验,甚至于借助于经验来验证经济学的定理也是不可能存在的。我们必须重复一遍:任何复杂现象的经验,可以而且的确有不同的解释方式。同样的事实,同样的统计数字,可以被用来证实相互矛盾的理论。"②

奥地利学派也强调边际分析的方法,这主要集中体现在他们所倡导的边际效用价值论中。门格尔认为,价值取决于人对财货效用的主观评价。门格尔在主观效用的分析上,加进了一个边际概念。他在考察价值尺度或价值量的测定问题时,引申出了关于边际效用量决定财货价值的规律,并最早对此作了明确的阐述。在门格尔看来,人们在财货数量有限的情况下,不能使全部欲望都得到满足,只能根据欲望的重要性进行分配,首先满足最重要的和较重要的欲望,而在一系列能被满足的欲望中,总有一个是最后被满足的最不重要的、意义最小的、处在满足和不满足边沿上的欲望,即它是随时会随财货量的减少而首先被放弃掉而得不到满足的欲望。这种欲望可称为边际欲望,而满足这种边际欲望的能力就是边际效用。边际效用是衡量财货价值的尺度,在门格尔论述的基础上,庞巴维克又作了进一步的系统阐述。庞巴维克认为一种财货可以满足不同的欲望,但这一系列欲望的重要性是不一样的。同一种欲望随着它不断地被满足,欲望的程度从而满足该欲望的财货的重要性也要递减,这就是欲望递减规律。这个"规律"是边际效用论的一个理论前提。庞巴维克认为,财货的供给是有限的,为了以有限的财货尽可能地满足人的欲望,就必须将财货在一定种类欲望之间进行适当的分配,使各种欲望满足的程度相等。这样一来,欲望就不可能得到完全的满足,而必须在达到饱和程度之前的某一点中断他的欲望,即边际欲望。物品满足边际欲望

---

① 米塞斯:《货币、方法与市场过程》,戴忠玉、刘亚平译,新星出版社2007年版,第9—10页。
② 同上书,第10页。

的能力就是它的边际效用。边际效用就是价值的尺度,它的大小决定财货价值的高低。庞巴维克认为他的这一理论揭示了"全部经济理论的要旨"。

二、效用价值论

效用价值论是奥地利学派最主要的经济理论,是其经济学说的基础和核心。门格尔的价值理论就是建立在效用概念的基础上的。门格尔首次以稀缺观念为基础区分了经济物品和非经济物品。经济物品是指那些对其需要大于可利用的供给的物品。非经济物品是指供给超过需要的物品。门格尔提出经济学要分析的是经济物品。门格尔规定了物品转化为财货的条件,即物品具有稀缺性以及物品能满足人的欲望。门格尔还依据物品满足人类欲望的程度对财货进行了分类:第一类财货或初级财货是直接满足人类欲望的财货即消费财货,如面包、衣服等;第二类财货是用来生产第一级财货的,如面包粉、面包烤炉、烤面包的劳动、面包铺用的煤等;第三级财货是用来生产第二级财货的,如小麦、磨粉机、磨粉厂的劳动、制造面包烤炉的材料、挖煤的器具等;第四级财货则主要包括耕地、农具、农民的劳动、磨粉机的材料、煤矿等,如此类推。他把第二级及以上的财货称为高级财货即生产财货,它们属于间接满足人们需要的财货。然后他尝试证明这样一个普遍原理,即对高级财货的需求来自相关的低级财货的需求。在他看来,生产资料的价值决定于它们的最终产品的边际效用,其价值则以最终制成品的边际效用逐级传递到一切作为生产手段的物品组上,每一级生产资料的价值都由其下一级生产性产品的价值来衡量,直到最终制成消费品。门格尔的这一发现被称为"归算原理"。门格尔认为他的这一价值决定原理在任何时候和任何条件下都是有效的。门格尔在提出了归算原理之后,揭示了边际效用原理,即认为价值决定于商品的最不重要部分的效用,个别商品的价值取决于其次优或边际用途。

维塞尔首创了"边际效用"这一术语。维塞尔认为不存在"客观的"交换价值,因为价值植根于个人的主观判断。维塞尔提出了"自然价值"的概念,认为自然价值是所获得的全部产品的边际效用之和。每单位相同类型产品的效用等于最后一单位的边际效用,因为任一单位都可以被看作边际单位。在需求保持不变而供给增加的情形下,边际效用必定要下降;当需求上升而供给保持不变时,边际效用会因此增加。一件产品的总价值等于它的边际效用乘以可以得到的单位数,如此一来就会出现每一额外数量的产品都带来了一个递减的效用增加额。当我们没有产品或产品极大丰富的时候,价值并且边际效用将等于零。在某一点上,边际效用乘以产品的单位数会得到一个递减的总效用。这就有可能出现总价值和总效用不一致情况,即价值的上升阶段处于总效用和总收益都在上升而边际收益为正的范围,价值的下降阶段处于总效用仍在上升但总收益在递减而边际收益为负的产量范围。他确信人类的经济活动应该在这样一个区间中移动,即产品供给的增加会同时提高总价值与总效用。维塞尔还提出了后来被称为机会成本或选择成本的概念。这个思想将生产成本转化为一种主观心理成本,即为市场生产某种产品的企业家放弃了生产并销售可供选择的其他产品的机会。维塞尔是第一位指出效用定价理论的经济学家。维塞尔对总效用与边际效用之间关系的分析,至今仍为现代经济分析所采用。

庞巴维克继承了奥地利学派的上述观点,并使之进一步系统化。他认为把价值区分为使用价值和交换价值是不适当的,而应把价值区分为主观价值和客观价值。他认为两者的关系是:主观价值是客观交换价值的原因或基础,因而是主体、是本质;客观交换价值是主观价值的产物或表现,因而是主观价值的产物。庞巴维克认为主观价值是人们对物品的主观评价,因此,主观价值就是物品对物主福利所具有的重要性。所谓效用,是指物品满足人的欲望的能力,它是以人的主观估计为转移的。庞巴维克认为,物品的有用性和稀少性都是价值形成不可缺少的因素,都是主观价值的起源。他以一个人居住在泉水旁边,一个人行进在灼热沙漠里的人因而对水的主观评价不同来证明自己的观点。既然价值决定于人们对财货效用的主观评价,但人们占有物品的数量多少不同,主观需要也千差万别,又如何评价其价值量呢?庞巴维克把主观效用和边际概念结合起来加以说明。他认为,物品价值量的大小,决定于物品的边际效用量,决定于人们对最后单位物品的主观评价,决定于最后单位物品能够满足人的最不重要的欲望,即边际欲望的大小。为了说明边际效用量决定价值量的问题,他论述了人类欲望及其变化的规律。他把人类欲望(或需要)区分为两种:一种是按欲望种类分级(需要种类分级),即不同种类的物品对人类的重要性是不同的,因而级别也不同。如粮食的(饮食的欲望)需要是人类最迫切的,应放在第一级,衣、住的需要次之,教育卫生再次之,烟、酒等又次之,装饰品更次之,应归入依次向下的级别。另一种是按欲望强度分级(同一种类需要的分级),欲望种类的次序因人因时因地而不同。欲望强度是指人们对同种欲望的迫切程度,或对某种欲望的具体感受。如对小麦,可以作为人的口粮,可以用来养猪,也可以用来酿酒,还可以用来养鸟。这种种用途对欲望的重要性是不一样的。同时,对同一种物品的需要程度,也随着物品数量的增加而递减。人们对某种欲望的强度,在不同时间不同条件下也往往不同。在上述对人类欲望分析的基础上,他提出了边际欲望的概念,即指处在被满足和不被满足的边沿上的欲望,是最后被满足的欲望,也是最不重要的欲望。如果物品减少了,它是首先被失掉的欲望。边际效用就是满足边际欲望的能力。他认为决定物品价值的不是它的最大效用,也不是它的平均效用,而是它的最小效用,即由它的边际效用量来决定的。一件物品的价值由它的边际效用量决定,那么,边际效用量又由什么决定?他认为"是由需要与供给的关系决定的"。他提出了一条决定价值量的"规律":"物品的数量和物品的价值成反比——任何种类的物品越多,决定其价值的边际效用就越小。再则,如果某一种物品的供应很多,多得使一切需要完全得到满足以外,仍然有剩余的物品不能找到有益的使用,那么,它的边际效用就等于零,这一物品也就无价值。"①总之,物品的有用性和稀缺性是决定物品价值的最终因素。有用性表示边际效用可能达到的高度,稀缺性则具体决定边际效用实际达到的那一点。所以,物品的边际效用不是固定不变的,它随着需要和物品供给数量的变化而变化。庞巴维克认为,用他的这个边际效用价值理论,就可以解释珍珠、钻石效用小却具有很高的价值,面包和铁效用大却具有较少的价值,阳光效用很大却没有价值这种生活中的矛盾现象了。

三、时差利息论

奥地利学派主张用心理的因素说明价值的形成,庞巴维克的时差利息论就体现了这一特点。时差利息论的特点是把心理因素同时间因素结合起来说明利息,把利息说成是人在不同时间内对物品效用的主观评价的差异的结果。

庞巴维克把物品区分为现在物品和未来物品,现在物品是现在就可能用

---

① 庞巴维克:《资本实证论》,陈端译,商务印书馆1981年版,第170—171页。

来直接满足消费欲望的物品,包括有现存的生活资料和货币;未来物品指不能直接满足现在的消费欲望,只有在将来才能满足消费欲望,主要是生产资料和劳动,也包括未来才能得到的生活资料和货币。他认为人们对现在物品的主观评价总是高于对同种等量未来物品的主观评价。为什么人们对现在物品评价高于未来物品?他提出三条理由:第一,由于需要和需要供应之间的差别。如目前有急需但缺少供给的人,预料到未来经济状况会有好转的人,他们为了解决目前的需要并期望将来会好转,对现在物品的评价必然大于未来物品。第二,人们普遍具有低估未来的心理。这主要是由于人在知识上、认识上以及意志的缺陷,对未来需要考虑不周,只顾眼前,不顾未来。也由于人生短促,因而常常高估现在物品的效用、低估未来物品的效用。第三,因为现在物品是现在就能满足消费的生活资料,有了它就可以维持目前生活来制造生产工具,以便进行更有成效、生产率更高的生产,因而获得更丰富的报酬,如没有现在的物品(消费品)就不能生产更多的将来产品。因此,现在物品这种技术上的优越性,比未来物品具有更大的边际效用,因而具有更高的价值。现在物品比同种等量未来物品具有更大的价值,也具有更大的交换价值和价格。"现在的物品通常比同一种类和同一数量的未来物品更有价值。这个命题是我要提出的利息理论的要点和中心。"① 由于现在物品和未来物品在价值上的差异,未来物品的所有者必须付予现在物品的所有者以"贴水"即利息,也就是现在物品价值大于未来物品价值的差额。利息不过是时间的价格,利息量的大小则以未来物品距离现在的时间长短为转移,时间长,价值时差就大,利息就高;反之,则相反。

庞巴维克关于利息的形态是与他的资本理论联系在一起的。庞巴维克把劳动和土地称为原始生产要素,把已经加工过的原料和工具称为中间产品或资本品,把消费品称为最终产品。他把生产消费品的方法区分为利用原始生产要素直接生产消费品或先利用原始生产要素制造工具然后使用工具去生产消费品两种。他把后者称作资本化的生产方法或迂回的生产方法,所需要的时间要长于前者。庞巴维克进一步指出,生产的迂回程度加深时,意味着有更多的原始生产要素投入资本品而非消费品的生产,即迂回程度的变化意味着原始生产要素在资本品生产部门和消费品生产部门之间的配置比例

---

① 庞巴维克:《资本实证论》,陈端译,商务印书馆1964年版,第243页。

的变化。根据现在物品与未来物品相交换的形式不同,把利息分为三种主要形态:第一种是借贷利息,是债务人到期归还借款时所应支付的时间贴水(即利息),这是一种最简单的形态;第二种是企业利润。这是利息的基本形态。企业家经营生产,用货币购买生产资料和劳动,是以少量价值较高的现在物品购买数量较多价值较低的未来的物品。在使用过程中,随着时间的推移,这些未来物品逐渐"成熟"为现在物品,即生产出的现在消费品,其价值同时也就增加到现在物品的价值水平。这种价值增加额就是企业利润;第三种形态是耐久物品(包括土地、工具、机器、房屋等)的利息——租金。耐久物品价值是由一系列不同使用期的效用总和决定,它的价值不是本期服务价值乘以服务期数,而是一系列递减着的价值总和,这些物品是能够多次连续提供服务的物品,它的价值是由一连串服务的各个价值组成,远期效用总是低于近期效用。也就是说,耐久物品现时提供的本期服务相当于现在物品,其主观效用和价值大,而远期服务相当于未来物品,其主观效用和价值随着时间的推移而逐渐减少。它的每年利息就是其本期效用同末期效用的价值差额。他认为土地是一种特殊的"耐久物品",它的使用期限是无限的,每年服务的价值就是它的净收入,它的最末期效用的价值等于零,对土地的现在价值几乎毫无影响,因而其全部本期效用的价值都构成土地一年的利息(即地租)。

四、市场价格论

奥地利学派价格论也是以其主观价值论为基础的。如庞巴维克在讨论市场价格时就明确指出政治经济学研究的客观价值是物品的客观交换价值,是"用它来换得一定量其他经济财货的可能性"[1],即货物的"交换能力""购买力",也即客观交换价值。按照他的主观价值论,每个人对物品主观评价不同,但一种物品的市场价格却是同一的,这是一个矛盾。他认为要解决这个矛盾,正确说明价格,就必须分析交换过程。他认为每个交换者都想从交换中获得最大利益,都想用对自己主观效用小的物品换取对自己主观效用大的物品,所以市场交换只有在下述条件下才能成立:即只有买卖双方都对自己的商品评价低、对对方的商品评价高时交换才能成立,即卖主对商品评价低

---

[1] 庞巴维克:《资本实证论》,陈端译,商务印书馆1981年版,第151页。

于买主(起码双方评价相等)时,买卖才能进行。他提出了交换三原则:只有交换能给自己带来利益时他才愿交换;他愿为较大利益、不愿为较小利益交换;在不交换就无利可得时他也愿为较小利益交换。他得出结论:市场价格是交换双方对物品评价互相平衡的结果,而交换者对物品的主观评价则由物品对他的主观效用而定。也就是说,这种平衡是以交换者竞争中形成的财货的边际效用决定的。

他把市场交换分为四种情况,并论述了在每一种情况下价格的决定。第一,孤立的交换:只有一个买主和一个卖主的交换。这时价格是以买主对物品的评价为上限,以卖主的评价为下限,价格在两者之间形成。第二,买者单方面竞争:即卖主只有一个人,买主多人。这时价格以对商品评价最高的购买者的评价为上限,以竞争失败者中最有竞争能力的买者对商品的评价为下限,价格在两者之间形成。买者之间单方面竞争有使价格上升趋势。第三,卖者单方面竞争:即买主只有一个人,卖主多人。这时价格以出卖成功者即对自己商品评价最低的卖者的评价为下限,以竞争失败的卖主中最有竞争能力者的评价为上限,价格在两者之间形成。卖者单方面竞争有使价格下降的趋势。第四,买卖双方全面竞争:买主、卖主均有多人。他认为这是交换的一般情况,对价格的形成规律最重要。

第三节 奥地利学派的发展

奥地利学派的谱系,一般认为创始人是卡尔·门格尔,第二代领导人是庞巴维克和维塞尔,第三代代表性人物有米塞斯,第四代代表性人物是哈耶克。米塞斯和哈耶克是新奥地利学派最有代表性的人物,其思想特点是反对计划经济和凯恩斯的国家干预,推崇市场自由主义。熊彼特师从维塞尔和庞巴维克,他一方面继承奥地利学派的某些观点但又超越了奥地利学派,成为独树一帜的经济学家。

一、米塞斯对计划经济的批判

米塞斯出生于奥地利的连保市,1900年进入维也纳大学学习,1906年获法学博士学位,在学期间受教于维塞尔和庞巴维克。1909—1934年作为维也纳商会的经济专家担任政府经济顾问,1913—1934年任维也纳大学教授,主持经济理论研讨班①。1926年接受洛克菲勒基金会的资助赴美访问讲学,回国后创办奥地利经济周期研究所。因奥地利纳粹势力的侵扰,1934—1940年赴瑞士任日内瓦国际经济学院教授,1940年移居美国。米塞斯早年研究货币理论,试图把奥地利学派的主观效用分析应用于货币分析,提出了信用经济周期理论,分析了货币价格(利率)的变动对经济周期波动的影响。主要著作有《货币信用理论》(1912)、《社会主义制度下的经济核算》(1920)、《人类行为的经济学分析》(1949)、《理论与历史:对社会与经济的演化的解释》(1957)、《经济学的最后基础》(1962)、《奥地利学派的历史背景》(1969)。

米塞斯在经济思想史上影响最大的是对社会主义计算问题的讨论。在19世纪和20世纪之交的那段时期,欧洲存在着各种各样的社会主义思潮,这些思潮不仅存在于某些执政党中,也存在于经济学界。如意大利数理经济学家恩里科·巴罗内就试图借助于瓦尔拉斯的一般均衡论的数学结构,力图证明在生产资料公有制条件下,中央计划当局可以通过解一组联立方程的途径,像市场实际上所做的那样推算和决定价格。米塞斯在这种背景下发表了他的《社会主义制度下的经济核算》一书,明确提出在资本主义制度下,生产资料是私有的,通过竞争由价格机制决定生产、消费分配等经济问题,是唯一有效率的,但在社会主义制度下,没有私有财产制度,就不可能有真正自由的交换和市场;没有自由交换和市场,人们就不可能根据自己的理解对各种稀缺资源进行合理的估价;没有这种估价即市场价格,也就不能对经济运行进行计算,"在这里,以货币进行的核算是不可能的"。这是因为在不存在生产要素市场价格的条件下,社会主义者的经济决策最多也只能以模糊的估计为基础,根本不可能建立在对价值的精确计算的基础上。因此,这种制度的运行不可能有效率,所以是行不通的。

在《人类行为的经济学分析》中,米塞斯对社会主义经济的不可计算性又作了进一步的论证。他指出,如果在社会主义国家里,存在着一个消费品市场,并且这些消费品的价格是由市场决定的,可以假定统治者会定期给每个成员一定金额的钱,并把消费品卖给那些出价最高的人们。或者还可以假

---

① 奥地利学派的传统是通过"研讨班"的形式培养后备人才,米塞斯、熊彼特都受益于庞巴维克开设的"研讨班",米塞斯也是通过其在维也纳大学举办的"私人研讨班"来培养学生的。米塞斯在其私人办公室组织的研讨班始于1922年,每两周一次,直到他1934年离开维也纳前往日内瓦,这些学生中就包括有哈耶克。

定,市场上每个成员都可分到一定数量的不同产品,并且他们可以自由地用手头的商品与其他人进行交换,所有的交换都通过一个共同的交换媒介——即某种货币。但社会主义体制的特点是所有商品都被一个机构所控制,统治者的行为也都是以这个机构的名义进行的,这些商品既不用于买卖,又没有标价。因此,用数学方法来比较投入和产出是根本不可行的。相反,一个未经任何外力干预和威胁的市场则能够解决这些问题,它也是人类在现有的技术和知识能力的条件下所能达到的最好状态。在市场经济体制下,只要任何人发现在生产的现状与可能实现的更好的状态之间有一定的差距,在利润的驱使下,他会竭尽全力去实现那个更好的目标。其产品的销售状况会最终证明他的这种预期是对还是错。市场每天都会让企业家们有新的发展,同时也淘汰那些经不起考验的人。市场只是会把生意给那些能够成功满足消费者急需的人。他的结论是:计划经济"生产要么由一个追逐利润的商人指挥,要么由那些拥有至高权力的人来决策,生产出来的要么是企业家们预计能获得高利润的产品,要么是统治者想要生产的产品。问题是,该听谁的呢?消费者还是统治者?在决定用生产资料来生产消费品 a 或 b 的时候,到底谁拥有最终的决策权呢?回答这个问题可容不得含糊,它需要有一个直截了当和清清楚楚的答案"。他的结论是:"'计划'的悖论就是,它不可能制定出计划,因为它缺少经济核算。被称为'计划经济'的经济根本就不能算作经济。它就是一种在黑暗中摸索的体制。"①

米塞斯对计划经济的否定,有其合理性和借鉴价值。正是这场讨论,扩大了奥地利学派的影响。1933 年波兰经济学家奥斯卡·兰格随后提出"试错法",认为社会主义经济的计划机构可以制定模拟市场价格的"核算价格"来指导经济的运行。此论一出,引起哈耶克的反驳,哈耶克继承米塞斯的观点,进一步剖析了计划经济体制的弊端,强调中央计划当局不应该去做本应由企业去做的事,"从目前的情况看,我们还很难说这些产品的数量究竟有多少,但是我们却可以毫不夸张地做出这样的假设,即在一个比较发达的社会里,这些产品的数量级至少是成千上万的。这意味着,在每一个持续不断的时点上,每一项决策都必须以求解联立方程式的平均数为基础。而实际上,从我们在当下(1935 年)所拥有的任何已知手段来看,这样一项任务是我们一生都

---

① 路德维希·冯·米塞斯:《人类行为的经济学分析》(下),赵磊等译,广东经济出版社 2010 年版第 579、588 页。

无法完成的。然而,中央计划当局却不得不持续不断地去制定这样的政策,而且还必须以迅速的方式把这些决策即刻传达给那些必须执行这些决策的人。"① 这必然导致了计划经济资源配置低效率。米塞斯所引发的对社会主义计算问题的讨论,到了20世纪40年代中期暂告一段落。米塞斯的影响也是巨大的,即使对于支持或同情社会主义计划经济的人来说也是如此,如支持社会主义计划经济的奥斯卡·兰格就评论说:"社会主义当然有充分的理由感激米塞斯,这位批评他们事业的'魔鬼辩护者',正是他有力的挑战,迫使社会主义者认识到,恰当的经济核算体系对于引导社会主义经济的资源配置具有重要意义。米塞斯教授的雕像应该在社会主义国家中央计划委员会或社会化部大厅中占据一个尊贵的位置。"② 今天,几乎所有的社会主义者都在不同程度上接受了这样一种观点:社会主义要有生命力,就必须把市场、预算硬约束和某种程度的私有产权结合起来。

二、哈耶克的经济周期理论

哈耶克1899年生于维也纳,第一次世界大战期间曾作为炮兵军官服务于军队,随后进入维也纳大学学习,先后获得法学博士(1921)和政治学博士(1923)学位。1925年发表了题为《1920年危机后的美国货币政策》的论文,这是他从事货币理论和经济周期理论研究的开端。在维也纳,哈耶克参加了由米塞斯指导的"私人研讨班",1927年出任米塞斯创办的奥地利经济周期研究所首任所长。1931年他接受罗宾斯的邀请到伦敦经济学院讲学,随后接受图可讲座教授职务,在英国居住长达19年。20世纪30年代,哈耶克与凯恩斯围绕货币、资本和经济周期等问题展开激烈的争论。在他看来,凯恩斯主义的国家干预必然妨碍经济自由,会给经济基础造成巨大的危害。1950年哈耶克来到美国,加入芝加哥大学社会思想委员会。1962年返回德国,接受德国弗赖堡大学邀请任政治经济学终身教授,1969年又任职于奥地利萨尔兹堡大学。1974年获诺贝尔经济学奖。1977年起,哈耶克一直居住在德国弗赖堡。哈耶克是奥地利学派最主要的代表性人物,对于经济学的主题、经济学的方法论、价格体系、资本理论、经济周期理论等都提出了独到的分析论断。他的主要著作有《货币理论和经济周期》(1933)、《通往奴役之路》(1944)、《个

---

① 哈耶克:《个人主义与经济秩序》,邓正来译,生活·读书·新知三联书店2003年版,第227页。
② 引自阿兰·艾伯斯坦著:《哈耶克传》,秋风译,中国社会科学出版社2003年版,第108—109页。

人主义与经济秩序》(1949)、《自由的宪章》(1960)、《法律、立法和自由》(3卷本,1973,1976,1979)。

哈耶克的经济周期理论主要表述于1931年出版的《物价与生产》一书中,直接受启示于米塞斯的信用经济周期学说和庞巴维克的资本理论,其特点是强调生产结构、时间、企业家预期等因素在宏观经济理论中的作用。

哈耶克认为,经济发展不能用GDP这种单一产品的生产和分配来表示,而是一个结构、一条价值链,是由不同的产业和产品构成的。他分析资本主义的生产过程是迂回生产,即原始生产资料(如土地和劳动力)并不直接用于生产消费品以满足当前的需要,而是先将其生产成中间产品,然后再用中间产品生产出更多的消费品以更好地满足将来的需要。在这一生产过程中,消费品是第一等级的产品,生产消费品的产品是第二等级的产品,生产第二等级产品的产品是第三等级的产品……以此类推,生产阶段上距离消费品越远的产品等级就越高,即生产越"资本化"。他把资本化生产过程的时间叫做生产时间,把生产期间的各个阶段叫做生产阶段,把生产各类产品的比例关系叫做生产结构,把在生产过程中不同等级的资本品的组合叫做资本结构。在这一生产结构中,生产过程越长,生产阶段增多,就是生产扩张,经济发展。反之,生产过程缩短,生产阶段减少,就是生产萎缩,经济萧条。生产迂回程度的提高就意味着需要更多的资本投入,但决定生产迂回程度提高的因素是什么,则取决于企业家的预期。具体来说,生产第二等级产品的企业家需要预测最终消费品的需求状况,并根据预测来制定产量;而生产第三等级产品的企业家需要预测第二等级产品的需求状况,并根据预测来制定产量……以此类推。但由于资本品处于不同的时间段上,从最初的资本品的投入到最终消费品的市场价值实现,需要经过一段漫长的过程。因为处在任何一个生产阶段的企业家来进行决策时都不可能不犯预测错误,市场上就会不断出现某些商品、某些行业供求不一致的状况,在不存在外部力量干扰的情况下,企业家会很快调整自己的预期,改变已有的决策,市场就会向供求平衡回归。但如果市场受到了来自外部力量的强烈干扰,价格信号无法正确有效地传递市场的信息,企业家们也就会集体地判断错误,这就是导致市场出现周期性波动的根源。经济均衡就是生产结构的稳定,经济波动就是生产结构的变动,这些都与企业家的预期有关。

对货币失衡与经济危机之间的关系,哈耶克也进行了详细的分析。哈耶克认为,如果货币数量是一定的,生产结构稳定和经济均衡就会出现以下三个比例相等:即用于购买消费品的货币量和购买资本品的货币量的比例,等于消费品需求量和资本品需求量的比例,也等于周期内所生产的消费品量与资本品量的比例。只要这三个比例保持相等,消费品与资本品需求,生产和购买就不增不减,生产结构稳定,经济达到均衡。如果货币政策导致的货币供给的异常变化,就会导致生产结构不断发生变动。这是因为如果人们的消费支出不变,储蓄不增加时,人为地扩大货币供应量,由银行向企业家提供信用来增加投资,扩大生产,使得购买资本品的货币量、资本品的需求量和产量增加,出现生产周期延长,生产阶段增多的短期繁荣。但由于已无闲置的生产资源,只能将原来用于生产消费品的部分生产资料转向生产资本品,使消费品减少,价格上升,但与此同时,消费者并没有改变购买消费品的货币量和其对消费品的需求,于是三个比例互不相等,经济均衡的条件就遭到了破坏。当新增加的货币经生产者转手成为人们的货币收入后,又必然会使消费者增加消费,使得对消费的需求加大,价格上升,导致部分生产资源又转回消费品的生产,致使生产周期缩短,生产阶段减少,迂回化程度降低,生产结构被迫回到原来的状况。这一生产阶段的变化过程,就表现为一次经济危机的爆发。在货币失去了中立性时能避免经济危机的办法只有一个,那就是不断地增加货币供应量,靠加速度的通后膨胀,持续地扩大银行信用来提供资本,增加投资,但这会导致通货膨胀,致使通货制度面临崩溃的危险。货币信用的膨胀不可能是无止境的,一旦终止货币信用的膨胀,必然引起资本供给的不足。同时,由于物价上涨使人们增加消费支出,减少储蓄,又加重了资本供给的不足。而在原先的膨胀阶段,由于投资过多,新建和扩建的许多企业,过快发展了资本品工业,一旦出现资本供给不足,就不得不使投资减少或终止,正在新建或扩建的企业就不得不半途而废,对资本品的需求急剧减少,致使资本品的销路疲软,价格暴跌,生产过剩,由此引发失业增加,经济萧条,危机爆发。一句话,在哈耶克看来,正是政府的扩张性货币政策对信贷市场原有均衡的破坏,干扰了企业家们的预期,导致了经济危机的爆发。如果政府用进一步加大刺激的办法来维持繁荣,短期内可以掩盖问题,但长期看,只能使危机变得更为严重。

三、熊彼特对奥地利学派的超越

熊彼特是美籍奥地利裔著名经济学家,1883年出生于奥匈帝国莫拉维亚省

(今捷克境内)一犹太人纺织厂主家庭,1901—1906 年就读于维也纳大学,攻读法律和经济学,师从维塞尔和庞巴维克,1906 年获法学博士学位。1909—1918 年先后在奥匈帝国捷尔诺维兹大学和格拉兹大学任教,在此期间以交流教授名义赴美国哥伦比亚大学短期讲学,获得该校名誉博士学位。1918 年以党外专家身份出任德国社会民主党"社会化委员会"顾问,1919 年 2 月被任命为奥地利共和国财政部长。1921 年任私营比德曼银行的行长。1925—1932 年任德国波恩大学教授,1932 年迁居美国,任哈佛大学经济学教授,直到 1950 年初病逝。主要著作有《理论经济学的本质与主要内容》(1908)、《经济发展理论》(1911)、《经济周期论》(2 卷本,1939)、《资本主义、社会主义与民主》(1942)、《经济分析史》(遗作,1954)等。

在经济学理论上,熊彼特明显具有既继承奥地利学派的某些观点又超越奥地利学派的特点。例如在价值理论上,他一方面继承了庞巴维克的"主观价值学说"和"时差利息论";另一方面,又从创新的视角重新解释了庞巴维克的迂回生产的理论观点,赋予其新的内涵。熊彼特明确说明,他特别希望尽可能地以庞巴维克的理论为基础建立他的利息理论,接受庞巴维克"利息是对当前商品溢价"的观点,并在对庞巴维克"迂回生产"的解释中加入了企业家的行为。熊彼特认为,借助于庞巴维克自己的分析就可以表明,仅靠简单重复已经实施并已结合在循环流传中的迂回生产方法,绝不会产生净收入。但把企业家的行为引入就可以解决这一问题,"这就会成为一种企业家的行为——也就是从属于我所说的实施新组合情景中的一个。""我们的分析自始至终都满足了庞巴维克的价值理论的要求,而且没有一处招致迄今为止庞巴维克所提出的任何反对意见。"①

熊彼特对奥地利学派的超越集中体现在继承奥地利学派的信用经济周期理论的基础上引入了企业家的创新行为,来说明经济周期的过程。他继承奥地利学派重视企业家作用的观点,定义经济发展是"执行新的组合","建立一种新的生产函数",包括采用新产品,采用新的生产方法,开辟新市场,控制新原材料和实现新的工业组织五个方面。经济发展的动力源于创新,创新才能为经济发展注入了活力和推动力。创新的主体则是企业家,企业家的职能就是创新组合各种生产要素,使企业财富不断增值。他继承奥地利学派信用

---

① 约瑟夫·熊彼特:《经济发展理论》,叶华译,中国社会科学出版社 2009 年版,第 199 页。

周期的理论,强调企业家要实现"生产要素的新组合",就必须借助于银行家的信贷。熊彼特提出了"正常信用"和"非常信用"两个概念。"正常信用"是以实现商品流通为基础的信用,即企业家生产并出售其产品后依据商业票据向银行请求的贷款。"非常信用"是指不具有现实商品流通基础的信用,如借款人以融通票据所获得的信用。熊彼特认为,正常信用只能保证生产的正常循环流转,唯有非常信用才是促进经济发展的一个不可缺少的因素。因为企业家要把生产资料从原有的用途中拨出,以进行新的组合,就必须在正常的生产范围以外获得所需要的资金。非常信用的信贷是实现经济发展的必要条件,其本质是给予企业家购买力以进行创新,从而创造出更多的购买力。当企业家从银行获得非常信用,实现了生产要素的新组合,将提高企业的生产效率,降低成本,增加产出,并生产出新的产品和开辟新的市场,从而使企业家获得高额利润。个别企业家一旦成功,其他企业家会竞相仿效,产生一种创新丛生的局面。而当创新推动经济发展的作用发挥殆尽的时候,经济衰退和萧条便接踵而来了。而当新的创新出现的时候,又推动经济走向了新的繁荣。熊彼特以创新理论为核心,在西方经济学的各个流派中形成了"独树一帜"的理论体系。

  熊彼特对奥地利学派的超越还表现在方法论上。他一方面坚持奥地利学派所推崇的抽象演绎的理论方法,并采用这一方法分析了经济发展中的"循环流转"和"商业周期",也推崇以瓦尔拉斯为代表的洛桑学派的数学方法,同时也接受历史学派的历史方法和制度分析。他明确指出:"如果让我重新研究经济学,如果理论的、历史的、统计的三种方法中只能选一种,那我就选择历史方法。"[①]在熊彼特看来,如果一个人不掌握历史事实,就不可能理解任何时代的经济现象,人们在经济分析中常犯的错误大部分是由于缺乏历史的经验和不了解那些不属于经济的"制度方面"的事实。熊彼特分析方法的特色就在于实现了历史方法和理论方法的结合,历史方法和统计方法的结合,理论方法和数学方法的结合。

第四节 美国的边际效用学派

  边际学派在美国的代表有约翰·贝茨·克拉克(1847—1938)和欧文·

[①] Schumpeter, J. A: *History of Economic Analysis*, 1954, New York: Oxford University Prese, p.12.

费雪(1867—1947)。美国和德国一样,在历史上也是资本主义发展较晚的国家。但在19世纪以后,资本主义经济有了快速发展,劳资矛盾日趋尖锐,成为当时西方国家中劳工问题最严重、贫富分化相当突出的国家。爱·波加特在《美国经济史》中统计,1867年前美国仅有3年出现10次以上的罢工,但此后仅仅1年就会出现至少10次以上的罢工。因此,他将19世纪七八十年代的美国称为"出现劳工问题"的时代。如何解决这些社会矛盾,有人试图调和,如亨利·查尔斯·凯里(1793—1879)认为"支配劳动产品分配的伟大规律……是使人类各个不同阶级之间的现实的和真正的利益达到充分和谐的基础"①,提出了劳资关系的谐和论;也有人以批评传统经济学和资本主义制度的面貌出现,提出社会改良的方案,如凡勃伦的制度学派;也有人发展了边际理论,用边际分析论证工资、利润和地租的分配都是公平合理的,阐述资本和利息与经济周期的关系,这就是克拉克和费雪的经济理论。

一、克拉克的边际生产力论

克拉克被称为"美国边际主义大师"②,他将边际概念用于论述分配问题,并将这一理论应用到所有的生产要素上,提出了一套以分配问题为核心的边际生产力论。

克拉克出生在罗德岛州普罗登斯的一个严谨的清教徒家庭,1872年毕业于美国安默尔期特大学,大学期间学习伦理学、哲学和经济学。随后留学德国汉堡大学,开始接触德国历史学派,导师是旧历史学派成员卡尔·克尼斯(1821—1898)。回到美国后,一直在大学任教,先后担任卡尔顿、斯密斯、安默尔斯特、哥伦比亚等大学经济学教授。1893—1895年担任美国经济学会会长。主要经济学著作是1899年出版的《财富的分配》,也是其成名代表作。此外还有《财富的哲学》(1886)和《经济学理论要义》(1907)等。他的主要代表性理论是边际生产力论,其特点是扩大了边际概念的应用,把它作为直接说明各生产要素分配份额大小的原则,建立了一个以边际效用为基础、以分配为中心的经济理论体系。这一理论旨在说明在资本主义制度下,资本和劳

---

① 季陶达:《资产阶级庸俗经济学选辑》,商务印书馆1963年版,第385页。马克思对凯里的和谐论曾有分析:凯里"作为谐和论者,他首先证明,在资本家和雇佣工人之间没有什么对抗。第二步是证明土地所有者和资本家之间的谐和"。《马克思恩格斯全集》第32卷,人民出版社1974年版,第385页。

② 约瑟夫·熊彼特:《经济分析史》第三卷,朱泱等译,商务印书馆1995年版,第178页。

动能够分别得到各自在协作生产中所创造的产品和价值,这是分配的自然规律作用的结果。他在《财富的分配》中的序中明确强调说:"本书的目的在于说明社会收入的分配是受着一个自然规律的支配,而这个规律如果能够顺利地发生作用,那么,每一个生产因素创造多少财富就得到多少财富。"①他认为各种生产要素都具有生产力,都创造价值,因而都应从生产成果中取得相应的一份报酬:"如果工资、利息、利润本身都是根据一个公正的原则来决定,那么这些协作从事生产的各个阶级,也就没有什么可以互相埋怨的了。"②克拉克的边际生产力分配论和边际生产力分析法的理论观点,已成为现代经济学分析范式的重要内容。

  关于边际生产力分配论的某些观点,早在19世纪上半叶已由德国的经济学者屠能提出,但并未引起人们的重视。克拉克则在吸取当时流行的边际分析范式来研究生产要素的收入分配问题,论证了工资和利息都由劳动和资本的边际生产力决定。他界定边际生产力就是生产要素最末单位的生产力或边际劳动、边际资本的生产力。在他看来,劳动和资本作为物品也和其他物品一样,它们的价值是由它们的最后单位所提供的产品(或最后效用)来估计、来决定的。它们的边际效用亦即边际产品量,就是它们的边际生产力。他的边际生产力论是把土地肥力递减规律扩展到劳动和资本的产物。边际收益递减规律是他在1888年美国经济学会第三次年会上的一篇论文中第一次提出的。他提出,如果资本、土地与企业家精神都保持不变而只是增加若干单位的劳动,劳动的边际产品与平均产品最终都将下降,尽管总产出可能仍然继续增长。与此相类似,如果其他要素保持不变而不断增加资本,资本的边际产品与平均产品最终也将下降。收益递减之所以发生是因为固定要素相对于可变要素而言,最终逐渐被过度使用导致的。换言之,在某一点上可变要素相对于固定要素而言变得如此丰富,以至于额外单位的可变要素对于产出不能作出太多的贡献。比如,当劳动力是可变要素时,工人们可能不得不在生产线上等待使用机器。当资本是可变要素时,机器和工具可能处于闲置状态,因为需要使用它们的工人可能没有时间。他这样来论述收益递减规律:"最后的工具所增加的人们的效率较之以前的工具要少。如果资本被用来通过一个固定的劳动力队伍来增加产量,那么它服从生产力递减规

---

  ① 克拉克:《财富的分配》,陈福生、陈振骅译,商务印书馆1983年版,第1页。
  ② 同上书,第15页。

律。……当劳动与一个固定数额的资本相联系使用时,劳动的边际生产力不断递减就是一个普遍现象。……这个普遍规律的作用……成了分配理论的基础。"①他认为劳动生产力、资本生产力是递减的,从而得出一个一般性的"生产力递减规律";然后又把边际效用论同生产力递减规律结合起来,提出了边际生产力论。

克拉克还用竞争和供求原理对边际生产力决定工资和利息率的理论加以说明。他认为在自由竞争的条件下,假定劳动和资本可以在各产业之间自由流动。劳动和资本各自追求自己报酬的努力,必然使它们只能停留在最后的边际即边际的生产力水平上。如果高于这个水平,便会吸引新的劳动或投资,致使它们的生产力下降从而使工资和利息减低,这是它们之中受损失的一方所不愿接受的;如果低于这个水平,势必使部分劳动或资本转移到其他生产部门,从而促使生产力上升(由于资本或劳动量减少了),工资或利息提高,这也是受损害的一方所不愿接受的。只有由最后生产力决定的工资和利息才使产业达到供求均衡的状态。这个工资或利息就是均衡的,即自然的、正常的和静态的标准。

他认为土地是资本的特殊形式,因而地租也是利息的特殊形式。土地同资本具有同样性质,其报酬是递减的,地租也同利息具有同样的性质和同样的决定规律。

克拉克的边际生产力理论主要关注生产要素的需求,很少涉及要素的供给。马歇尔则弥补了克拉克的这一不足,既强调生产要素的供给,也强调生产要素的需求,并阐明了要素市场的均衡如何决定每种生产要素的价格。以劳动为例,如果劳动供给大于劳动需求,那么劳动工资和劳动的边际生产力将会降低;如果劳动供给受到限制,那么工资和边际生产力将会较高。除非一种要素的供给数量被假定为固定的,否则一种要素的边际生产力并不能单独决定其报酬率。由于马歇尔的发展,克拉克的边际生产力理论得到了进一步的完善。

二、费雪的资本利息论

欧文·费雪(1867—1947)自 1890 年开始在耶鲁大学任数学教师,因学

---

① 克拉克:《财富的分配》,陈福生、陈振骅译,商务印书馆1983年版,第48—50页。

位论文《价值与价格理论的数理研究》用定量分析研究效用理论,使其获得耶鲁大学经济学博士学位,此著的特点是用严密的数学方法分析了价值的边际效用论,将商品的效用与市场上被所有人消费的商品的数量联系起来。1929年与J·A·熊彼特、J·丁伯根等发起并成立计量经济学会,1931—1933年任该学会会长。主要著作还有《资本与收入的性质》(1906)、《利率论》(1907)、《利息理论》(1930)、《繁荣与萧条》(1932)、《大萧条的债务通货紧缩理论》(1933)、《百分之百的货币》(1935)。在这些著作中,费雪对资本、货币、利息和经济周期研究的理论贡献赢得了世人广泛的注意和尊重。

在资本理论方面,以往的理论认为资本产生收入。费雪则提出,资本产生收入只有在实物意义上才是正确的,而在价值方面则正好相反,是收入的价值决定了资本的价值。资本的价值,乃是预期收入的贴现值。从因果关系看,不是资本到收入,而是收入到资本,不是从现在到未来,而是从未来到现在。一句话,资本的价值决定于从该资本获得的未来收入的目前价值。他还明确指出,未来收入是流量,现今资本是存量。这些理论,清晰地阐明了资本和收入的性质及其相互关系,为以后的经济学家所采用。费雪还将经济的波动归之于货币的影响,提出商业的波动更少有规则和周期性,在《大萧条的债务通货紧缩理论》中他试图以"过度负债"和"紧缩"来解释经济的萧条。

在利息方面,费雪提出,利率是现在财货与将来财货交换时的一种贴水的百分比,利率作为现在财货与未来财货交换的价格取决于时间偏好(人性不耐)与投资机会这两大因素,这其中时间偏好起很大作用。费雪还分析了风险情况下的利率决定,他认为古典经济学为了分析方便,常假设在确定情况下只有一个利率水平,而实际上未来是不确定的,因而利率不是单一的。金融市场上形成不同的利率,是由于各种金融资产承担的风险不同,人们现在的行为会受预期的影响。风险的存在倾向于提高不安全借款的利率,降低安全借款的利率,而贷款和债券的期限又是构成风险的重要因素,短期利率承担的风险小,故利率水平往往较低。

费雪在利息论方面的另一个贡献是区分了真实利率和名义利率。名义利率由实际利率和预期通胀率两个因素决定,名义利率＝真实利率＋预期通胀率。当实际的通货膨胀率与预期的通货膨胀率相等时,实际利率与名义利率也相等。在物价上涨时,名义利率则要按通胀利率加以调整,以使真实利率不变,这就是"费雪效应"。通过"费雪效应",人们可以发现通货膨胀有一种自我强化的趋向：当实行扩张性的货币政策，增加货币供应时，由于可贷金额增加，利率最初会下降，但最终价格的上升导致人们对更高通货膨胀的预期，从而导致名义利率以至通货膨胀率的提高。"费雪效应"和他在1911年出版的《货币的购买力》一书中用现金交易量来解释货币价值与商品价格的现金交易数量说，对之后货币主义的产生有重要影响。

关　键　词

边际分析　　时差利息论　　生产要素的新组合　　费雪效应

思　考　题

1. 评析边际效用价值理论。
2. 门格尔怎样说明商品价值的性质和价值的决定？
3. 杰文斯是怎样用数学公式表述最后效用程度价值论？
4. 简述瓦尔拉斯的一般均衡理论在经济学说史上的影响，并比较一般均衡分析与局部均衡分析各自的主要特点是什么？
5. 帕累托最优的含义是什么？简述其在经济理论上的贡献。
6. 评述哈耶克的经济周期理论。
7. 评述熊彼特的创新理论及其现实意义。
8. 对比克拉克收入分配的边际生产力理论与古典经济学分配理论的不同。

第十一章
马歇尔与剑桥学派：现代经济学范式的完善

本章学习要求：马歇尔在现代经济学范式上的贡献是提出了供求的边际增量分析和供求的弹性分析方法，同时吸收和综合了之前和同时代各派的经济学说建立了一个"局部均衡"的理论体系，为当代西方微观经济学奠定了理论基础。马歇尔之后，其学生庇古与罗宾逊以及美国经济学家张伯伦、奈特对他的理论作了重大的发展。本章要求掌握马歇尔的局部均衡分析，庇古福利经济学的基本原则，张伯伦与罗宾逊的垄断竞争与不完全竞争的理论的异同以及奈特企业家理论的要点。

马歇尔在当时的英国经济学界有很大的影响并占统治地位长达40年之久，直到1936年后才由其学生凯恩斯的经济学说所取代。现代经济学中的微观理论大多来源于他的学说。因马歇尔连同其门徒都先后在剑桥大学任教，故其学说被称为剑桥学派，著名弟子有庇古、罗宾逊和凯恩斯等人。西方经济学家把马歇尔的《经济学原理》看作与斯密的《国富论》和李嘉图的《政治经济学及赋税原理》齐名的"划时代"著作，被视为对古典经济学的继承和发展，因此剑桥学派又被称作"新古典学派"。

第一节 马歇尔"局部均衡"的理论体系

阿弗里德·马歇尔(1842—1924)出生于英国西部克拉芬地一个中产家庭，年轻时笃信宗教，酷爱数学。中学毕业后先就读于牛津大学，1861年进入剑桥大学圣约翰学院,学习数学。1865 年毕业后留校任研究员,转修物理,兼教数学。这期间,他深受达尔文《物种起源》和斯宾塞《第一原理》的影响。1868—1877 年,任剑桥大学圣约翰学院道德哲学特别讲座的讲师,讲授经济学、逻辑学和近代哲学。在此期间曾赴德国研究康德哲学和黑格尔的历史哲学,并接触到德国历史学派罗雪尔的经济学。回国后又研究了约翰·穆勒的《政治经济学原理》,此后学术兴趣转向研究经济学。1877 年马歇尔离开剑桥大学到布里斯托尔大学任院长兼经济学教授。1883—1884 年接替牛津大学逝世的著名经济史学家 A·汤恩比任牛津大学巴里奥学院讲师,讲授经济史。1885 年又回剑桥大学任经济学教授,直到 1908 年退休。他是英国皇家经济学会的奠基人,《经济学杂志》的发起人。马歇尔的主要著作是 1890 年出版的《经济学原理》。此著反复修订,在 1920 年出了第 8 版。其他著作有《工业经济学》(1879)、《工业与贸易》(1919)、《货币、信用与商业》(1923)等。另外还写过许多有关工资、印度币制、税制、关税等方面的研究文章。马歇尔去世后,凯恩斯把这些文献汇编成册,拟名为《马歇尔官方文献集》出版。

一、经济学方法论

马歇尔的经济学具有一种综合理论体系的特征。在 19 世纪六七十年代,英国经济学界分成不同的派别,以约翰·穆勒为首的一批人主张劳动(或生产费用)决定价值,以杰文斯为代表的边际效用学派主张最后效用决定价值,马歇尔把争论双方的观点加以折衷,以边际效用论为基础,集合各种新旧经济理论,建立了他的"均衡价格论"。

马歇尔主张经济学应注重实证研究,他把他的政治经济学著作改称为《经济学原理》,认为经济学应该是"超政治"的关于社会经济生活的"纯科学"。他认同奥地利学派的观点,认为经济学是一门研究人和财富关系的科学。马歇尔经济分析的特点是强调心理分析。他把人类的心理动机归纳为两种形式:"追求满足"和"避免牺牲",前者是促成人经济行为的动力,后者是制约人某些经济行为的阻力。人的一切经济行为都是由这两种动机所支配,以这两种动机为基础。他认为人的动机不能直接衡量,但可以用货币来衡量。马歇尔也把经济学看作一种"经济生物学",认为人类社会与生物界有共同之处,支配生物发展的规律同样适用于人类社会,资本主义的自由竞争就是生存竞争规律的表现,社会制度也都是社会进化的结果。他提出了一个

"连续原理",把这一原理的应用作为他的经济学说的主要特点。他在《经济学原理》的序言中说:"如果说本书有什么突出的特点的话,那么可以说在于本书注重对连续原理的各种应用。"①他的"连续原理"有两个含义:第一,经济事物之间只有数量差别,没有性质上的严格区分;第二,经济事物之间只有相互关系,没有因果关系。这种相互关系是一种函数关系。依据"连续原理",马歇尔提出了"边际增量"分析方法来分析各种经济因素之间的关系,但马歇尔对数学在经济学中的运用始终持一种谨慎的态度②。

马歇尔把力学中的均衡概念引入经济学,提出了一种静态的、局部均衡的分析方法,说明各种经济指标的数量是通过有关要素边际增量变动达到均衡决定的。他的所谓均衡,就是指相反力量(作用力和反作用力)所形成的均势。他认为,在分析经济现象的正常状态时,应重视在一定条件下各种相反的经济力量,如需求和供给如何保持均衡。他虽然认为应更多地注意动态的一般均衡,但又强调应首先着重进行静态、局部均衡的分析。局部均衡分析的特点是以单个生产者或消费者为分析对象,不考虑它同其他生产者或消费者之间的相互影响。马歇尔在使用局部均衡分析问题的过程中,总是把那些不规则出现的不便于处理的干扰因素暂时搁置在所谓其他条件不变的筐里。问题被限定得越窄,对它的处理就越精确,但与现实生活的一致性也就越少。不过,每次精确地处理一个窄小问题都有助于处理包含它的那些更广大的问题,而这种处理比在其他方式下可能有的结果要精确得多,以后再逐步地、使更多的东西摆脱其他条件不变这个筐。

二、需求理论与供给理论

马歇尔坚持效用学派的心理分析,其需求理论的出发点是人的欲望。他认为,需求是欲望的满足,而人的欲望是由效用来满足的,因此,欲望和效用是相关名词。需求价格是购买者为购买一定量某种商品愿意支付的价格,它

---

① 马歇尔:《经济学原理》,廉运杰译,华夏出版社2005年版,第2页。
② 在《经济学原理》一书的"序言"中,马歇尔指出:"纯数学在经济问题上的主要用途似乎在于帮助一个人将他的一些思想迅速地、简短地、准确地记录下来,以供他自己使用;并且能确保他对他的结论有足够的且仅仅是足够的前提。……然而,是否有人会愿意去花时间阅读那些并非是由他自己将经济学说改写成的冗长的数学符号,这似乎是令人怀疑的。"(《经济学原理》,华夏出版社2005年版第4—5页)他认为过度依赖数学"会导致我们走上追求智力玩具和与实际生活条件不相干的幻想问题的歧途。"为此,马歇尔在《经济学原理》一书中将他对图形和其他数学表示法的使用仅限制在脚注和附录中,以免数学损害他的经济学。

第十一章 马歇尔与剑桥学派：现代经济学范式的完善

以商品的边际效用为基础,由边际效用决定。一个人在他要买进一种东西时他刚刚被吸引买的那一部分叫做"边际购买量",他的"边际购买量"的效用就是该物品对他的边际效用。边际效用决定一个人对一定量商品愿意支付的价格,即他对该商品的需求价格。

马歇尔论述了边际效用递减规律和边际需求价格递减规律。他认为商品对一个人的效用随其拥有量的增加是递减的,这就是边际效用递减规律。他和庞巴维克的不同,是庞巴维克没有找到一个衡量边际效用的尺度,马歇尔认为物品边际效用大小虽不能直接衡量,但可以通过购买者对物品愿意支付的价格即愿支付的货币额来间接衡量。货币能衡量边际效用是因为货币对购买者有主观效用,货币的边际效用也随他拥有的货币数量变动而变动。若他的货币量减少,其边际效用就增加,他在购买商品时愿支付的价格也减少,所以物品的边际效用可以用货币间接衡量。用购买者对商品愿意支付的货币量来衡量商品边际效用,也就是用需求价格衡量边际效用。需求价格衡量边际效用又由边际效用决定,两者是一种相互关系。边际效用随购买量的增加而递减,因而需求价格也随购买量的增加而递减,边际效用递减规律的作用引起需求价格有递减的趋势。于是,边际效用递减规律就转化为需求价格递减规律。马歇尔所描述的需求变动规律是符合实际经济现象的,它揭示了需求受市场价格变动制约的规律。

马歇尔还研究了"需求弹性"现象,并以此来说明需求变动与价格变动的关系。在1881年的某一天里,马歇尔坐在意大利巴勒莫城某旅馆的房顶上产生了弹性的想法。他的妻子说,"他为此非常高兴"[1]。弹性是衡量购买者对价格敏感程度的数学概念。所谓"需求弹性",就是商品需求变动率对价格变动率的比例,也就是需求量随价格涨跌而变动的程度。弹性概念现在已被成功地应用于税收对价格、产出和收入的影响研究上。在马歇尔看来,价格变动对不同种类商品的需求变动的影响程度是不同的。影响需求弹性的因素很多,主要是价格水平、消费品的性质和消费者的购买力。一般说来,价格或低档商品,如基本生活必需品,需求弹性小;高价或高档商品如奢侈品,需求弹性大;各阶级购买力不同,对同种商品的需求弹性也不等。马歇尔提出需求弹性概念,并对影响需求弹性的因素所作的分析,对于了解需求规律、需

---

[1] 参见[美]马克·斯考森:《现代经济学的历程》,马春文等译,长春出版社2006年版,第207页。

求变动与价格变动的关系十分重要。

马歇尔的供给理论也是他的生产理论,论述了生产要素的供给及变动的规律,它包括生产要素和生产成本两部分。关于生产要素,马歇尔提出劳动、土地、资本、组织为生产四要素。劳动是指人类的经济工作,不论用手的还是用脑的。说劳动是生产要素,就是说人是生产要素。从劳动的供给角度来看,就是研究人口在数量上、精神上、知识上和品性上的增加。土地是指大自然为了帮助人类,在陆地、空气、光和热方面所赠予的物质和力量。马歇尔着重分析了土地报酬的变动规律。他认为土地报酬是土地对用于土地上的劳动和资本的报酬,它的变动倾向可能是递增的,也可能是递减的。但在土地已充分利用而人口压力不断增加的国家里,土地报酬递减是不可抗拒的。资本是指为了生产物质财富并获得收益而积蓄起来的设备。资本作为生产的一个要素,它不是供满足欲望的直接消费之用,而是财富的主要资料。资本来源于节约和储蓄,节约和储蓄则是为了将来而牺牲的现在的愉快。他提出用"等待"来代替传统的"节欲"说。所谓组织,则是指企业的经营和工业组织。马歇尔认为,"组织"作为一个生产要素,是研究分工、生产规模的利弊、企业管理等问题,目的是为了提高劳动效率,增加企业的收益。

关于生产成本,马歇尔把生产成本分为实际生产成本、货币生产成本和边际生产成本。他认为生产一种商品,一般需要消费各种不同的劳动,并使用各种形态的资本,它们加在一起构成生产的实际成本。他把对这些劳动和牺牲所必须支付的货币额叫作货币生产成本,即是对商品中使用的各种生产要素必须付出的货币额。货币生产成本是衡量实际生产成本大小的尺度,是实际生产成本的价格,它直接决定产品的供给价格。边际生产成本是"边际产品"的生产费用。"边际产品"是刚刚能引诱生产者去生产的那种最不利条件下所生产的产品,边际生产成本就是边际生产条件下生产产品所必需的最大生产费用。这种边际产品不亏本,也不提供收入,并决定商品的供给价格。马歇尔还把成本具体分为直接成本、补充成本、总成本和平均成本。直接成本指花费在工资、原材料消耗上的货币支出,特点是不定量,即随产量的变动而正比例同向变动。补充成本包括维修费用和高级职工的薪金,特点是总量相对固定,分摊在每一个产品上的量随着产品量的增加而减少。总成本是直接成本和补充成本之和。平均成本是总成本除以产品量。

与生产成本相联系,马歇尔又提出了三个新概念。一是"替代原理"或

"代用原则"。马歇尔认为,就生产者的知识和经营能力所及,他们在每一场合下都会选择那些最适合他们用的生产要素。他所使用的生产要素的供给价格的总和,一般都小于可以用来替代他们的任何其他一组生产要素的供给的总和,一旦生产者发现情况并非如此,他就会代之以那种费用较低的方法。无论是生产要素之间的替代,或企业主之间的替代,都可以把它叫作"代用原则"。二是"代表性企业"。马歇尔认为,就一个产业部门来说,各个企业的内部经济和外部经济各不相同,因此它们的生产成本水平也差异很大,因此只能用平均的企业来作为生产企业的代表。三是"投资的外限"或投资的"有利边际"。马歇尔指出:"在每一个生产和贸易部门中都有一个最低限度的利润——边际。在此利润范围内,增加使用任何一个生产要素在一定条件下都是有利的;但是,如果超出这一利润限度,再增加生产要素的使用量就会产生递减的报酬"[①]。这一思想后来被发展为"边际成本和边际收益分析"理论。

在生产要素和生产成本理论的基础上,马歇尔进而说明供给规律,阐明供给变动同价格变动的关系。同把需求转化为需求价格一样,马歇尔也把供给转化为供给价格。他认为供给价格就是卖主对自己所提供的一定数量的某种产品愿意接受的价格。它以产品的生产费用为基础,由商品的边际生产费用决定。他认为供给变动同需求变动相反,供给的数量随价格的上升而增加,随价格的下降而减少。这就是供给变动的一般规律,它反映了供给变动同价格变动的关系。为了清楚地说明供给问题,马歇尔还将时间分为三个时期即现期、短期和长期,分别对其供给规律加以考察。马歇尔同时也讨论了供给弹性。所谓供给弹性,是指商品供给变动率对其价格变动率的比例。他认为商品的供给量随价格的上升而增加,随价格的下降而减少,但两者变动的比例不一定相等。有的产品生产难度大,如制造工业部门价格上升后,供给不一定随之马上同比例增加;有的商品生产难度小,如手工业产品价格稍有变动,供给数量马上就有很大变动。

马歇尔还提出并分析了"外部经济"与"内部经济"。所谓"外部经济",是指经济的发展来自公司外部,它有赖于企业之间的合理分工和联合、经济的合理区划以及企业的经营规模,依赖于行业的一般发展。如随着行业的发

---

① 马歇尔:《经济学原理》,廉运杰译,华夏出版社 2005 年版,第 9 页。

展,材料供应商在企业附近建厂来为不断扩张的行业服务,这样的供应就会变得比较便宜,原因在于运输成本的减少以及这些供应是由不断成长的企业进行大规模生产来提供的。为了满足不断发展的行业的特殊需要,还有可能出现运输服务的提供者,从而降低将产品运送到顾客手中的运输成本。马歇尔还分析了规模报酬递增和规模报酬递减规律。马歇尔认为如果一个行业在扩张过程中使用了所有的生产要素,这一行业一般会产生规模报酬递增:随着劳动与资本的增加,组织与效率将得到改进。只有那些极其依赖自然的行业,比如说农业,才会产生规模报酬递减。当规模报酬递增与递减规律的作用达到均衡时,我们就得到了规模报酬不变规律:通过对劳动与延迟的牺牲的等比例增加来扩张产量。所谓"内部经济",则有赖于个别企业组织和经营管理效率的提高,以及规模的扩大而产生的效率与成本节约以及对资源的充分而有效的利用。随着企业规模的不断扩大,企业可以更多地享有专业化分工与大规模生产所带来的好处,使用更多、更好的机器来降低生产成本。马歇尔认为一个行业产量的增长会增加该行业中典型企业的规模,从而使其获得内部经济。如果一个企业内部经济随着规模的扩大而增加了,还可使一个行业中的所有企业获得外部经济。

三、均衡价格论

均衡价格论是马歇尔经济学说的基础和核心,也是他的价值论。马歇尔的需求理论和供给理论,从均衡价格论的角度看,是为它作理论准备的;马歇尔的分配理论,又是他的均衡价格理论在各个生产要素的价值决定问题上的具体应用。

马歇尔用价格代替价值,认为价值的货币表现就是价格。价值是在供求均衡时由商品的边际效用和边际生产费用相互作用、共同决定的。在用价格替代了价值之后,马歇尔用均衡价格来说明价值的决定。对均衡价格的概念,马歇尔解释说,所谓均衡价格就是供给与需求相均衡(相等)时的价格,或均衡价格就是一种商品的需求价格与供给价格相一致的价格,或供给与需求的价格在市场上达于均衡状态时的价格。他认为均衡价格是市场价格变动的中心,也可称为"正常价格"。马歇尔的均衡价格论还有两个前提条件的假定:一是假定某一商品的价格只取决于它本身的供求状况,而不受其他商品的价格和供求的影响,即局部均衡;二是假定货币的购买力不变。这样,马歇尔就把相关商品价值的变动可能影响这一商品价格变动的因素中排除了出去,从而为商品本身的供求关系决定商品价格的分析提供了方便条件。

马歇尔运用函数关系和均衡概念把需求和供给、需求价格和供给价格结合起来说明均衡价格形成。他认为当供求变动使需求价格和供给价格在市场上形成均势时消费者的愿付价格和生产者的愿受价格恰好相等,就会形成均衡价格。这样形成的均衡是稳定的均衡,若价格与之发生背离,将有某些力量使之恢复均衡。例如,某一产量使需求价格大于供给价格,卖主就会增加供给量;而供给量的增加又趋向于压低需求价格,提高供给价格,使两者趋于一致。如果某一产量使需求价格低于供给价格,卖主就会减少供给量,而供给量的减少又趋向于压低供给价格,提高需求价格,使两者趋于一致。

马歇尔还探讨了均衡价格的形态。他认为需求价格和供给价格共同决定均衡价格,实际上就是效用和生产费用共同决定均衡价格。但边际效用和生产费用对价格决定所起的作用,并非任何时候都是均等的。在短时期内价格主要受边际效用或需求的影响,其原因在于消除生产成本的影响所需要的时间要比消除需求变化的影响所需要的时间更长;在长时间内价格主要受生产费用或供给的影响。时间越短,边际效用对价格形成的作用越大;时间越长,生产费用对价格形成的作用越大。根据时间的长短,他把均衡价格分为三种形态。第一,暂时的市场价格(1天或几天之内)。在这极短的时间内,无法改变生产量即供给量,既不能增加原料生产,也不能提高对劳动者的训练,只能靠现有的储存量提供商品的供给。在这个时间,其均衡价格主要由需求的状况或边际效用决定,和生产费用几乎无关。第二,短时期的正常价格(几个月或1年),则由供求双方共同决定,边际效用和生产费用起同等作用。因为在这样短的时间内可以在现有的生产技能、工业组织和机器设备的基础上使产量有一定的调整,以适应需求,但是没有足够的时间来增加新的设备和改进技能。第三,长时期的正常价格,主要由供给或生产费用决定。因为在一年以上的长时期内可增减设备,转移资本,对除土地以外的一切生产要素都有充分的时间进行调整,根据需求大幅度变动生产和供给量,以适应需求的变动。在这一情况下,生产费用在均衡价格中起主要作用。马歇尔在讨论市场价格的过程中熟练地运用了时间要素,这是他对经济学的贡献。

马歇尔的均衡价格理论与旧供求决定价值理论有所区别：第一，旧的供求论只把供求与价格联系起来，认为两者之间是因果关系，即供求决定价格。马歇尔则把供求、价格、生产联系起来，认为三者之间只有相互关系，没有因果关系。就是供求变动引起价格变动，价格变动引起生产变动，生产变动又引起供求变动。由于这三者互相作用会产生一种趋势，使价格停止波动，供求趋于均衡，生产达到稳定状态。这时一个单位时间内所生产的商品量就叫做"均衡产量"，它的售价就是均衡价格。第二，旧的供求论只能说明供求变动引起价格变动，不能说明供求相等时价值或价格如何决定。马歇尔则用边际效用说明需求变动，用边际生产费用说明供给变动，然后以供求为杠杆把两者结合起来说明均衡价格的形成。他认为商品的需求状况取决于商品的边际效用，由此构成商品的需求价格；商品的供给状况取决商品的边际生产费用，由此构成产品的供给价格。当需求价格和供给价格相均衡时，就形成商品的均衡价格。

马歇尔在论述了均衡价格的一般原理后还引入了一些动态的因素，如人口、技术、时间、生产率等因素的变动，以进一步考察正常供求变动的原因及其对产量和价格的影响，也就是说对价格的形成进行动态分析。他认为，新产品的出现，新市场的形成和扩大，购买力的增加等都会使正常需求增加；新生产要素的出现，技术的进步，生产补贴的获得，都会促成正常供给增加。相反的因素则会造成供求减少。在分析正常需求和供给增加对产量和价格的影响时，他特别强调生产率变化或生产报酬变动的作用。按照马歇尔的分析，如果正常需求增加，在生产率不变规律作用下，就会使产量增加，而由成本决定的价格不发生变化；在生产率递减规律下，产量增加（但不如前一情况下增加得多），价格上升；在生产率递增规律下，产量增加（比第一种情况下加的多），价格下降。如果由于技术进步等原因促成供给增加，则必然导致产量增加，价格下降，只是在生产率递减规律作用下，价格下降得少些，在生产率递增规律作用下，价格下降得多些。马歇尔还论述了税收和补贴对产量和价格以及对消费者剩余和政府收入的影响。根据以上分析，马歇尔认为，事实上并不是像以往供求论和边际效用论者所说的那样，只有在供求均衡条件下才能使交易双方都得到最大满足，价格降低必使生产者遭受损失；而是在供求不均衡条件下，也能实现最大满足，价格降低也会对生产者无害甚至有利。

马歇尔还讨论了规模报酬不变、规模报酬递减和规模报酬递增与产品价格的关系。如果一个行业符合规模报酬不变规律,那么对该行业产品需求的增加在长期内不会影响到产品的价格。如果一个行业符合规模报酬递减规律,那么对该行业产品需求的增加会引起产品价格的上涨,但这时的产量将小于规模报酬不变时的产量。如果一个行业符合规模报酬递增规律,那么对该行业产品需求的增加最终会引起产品价格的下跌;这时的产量将大于规模报酬不变时的产量。

显然,马歇尔的价值理论是对以往供求论和边际效用论的综合。古典学派的经济学家认为是"生产成本"即客观的劳动时间成本与节欲的牺牲决定了产品的价值,边际学派经济学家则认为是"效用"和"需求"决定了产品的价值,马歇尔综合这两种看法,认为这两种力量共同决定产品的价值:"我们论价值是由效用决定的还是由生产成本决定的,就如同讨论是用剪刀的上片还是下片裁一张纸一样合理。的确,当剪刀的一边拿着不动时,纸的剪裁是通过另一边的移动来进行的,我们大致可以说,纸是由剪刀的第二边剪裁的。但是这种说法并不十分准确,当仅仅把它当作是一种对现象的通俗解释,而不是当作一种精确的科学解释时,才可以这样说。"①

四、垄断的价格理论

马歇尔在论述均衡价格时是以资本主义条件下自由竞争作为根本前提的,但由于英国及欧美一些发达国家逐渐过渡到垄断资本主义阶段,垄断组织在社会经济生活中的作用愈来愈重要,马歇尔晚年开始了对垄断经济的研究。他在《经济学原理》再版时,第五篇增加了一个第十四章《垄断理论》。这一理论在均衡价格论的基础上进一步延伸和发挥,任务是说明垄断价格的形成,论证垄断对垄断资本家和整个社会有利,提出垄断者在追逐自身利益时,能够自然而然地导致全社会的福利增长。但总的来说,马歇尔还是颂扬自由竞争的。

他所说的垄断,是指一种产品只有一个供给者。在这种绝对垄断的情况下,垄断者可以自由调节商品供给量,使之与市场需求相适应,以使商品价格不仅能够补偿其生产费用,而且还能能保证垄断者获得最大限度的垄断收入

---

① 马歇尔:《经济学原理》,廉运杰译,华夏出版社2005年版,第288页。

或垄断利润,并保证消费者能够获得更多的消费者剩余①。垄断价格是垄断者依据商品供求关系规定的能够保证获得最大限度垄断收入的商品价格,它仍然是由供求关系决定,只不过体现一个供给者和所有需求者的关系。

马歇尔首先论述了垄断价格的形成。他是从供给价格和需求价格两者的相互关系来说明垄断价格的形成的。他认为,一方面垄断者为了获得最大限度利润,总想提高出售价格,这样可使单位商品内包含的利润量增加;另一方面,如果价格提得过高,市场对该产品的需求就会减少,从而商品销售量减少,这样又会使总利润减少。垄断者在规定价格时必须权衡这两方面的得失,使垄断价格规定的不至太高,也不至太低,正好处在使总利润能达到最高水平的限度上。但他强调通常情况下,对垄断者有利的不是提高价格,而是降低价格,薄利多销。只有在需求弹性很小时,提高价格对垄断者有利。对垄断价格的特点,马歇尔虽然也用供给价格与需求价格的相互关系来说明垄断价格的形成,但认为垄断价格的形成与均衡价格有所不同,它不是需求价格与供给价格相均衡时的价格,而是需求价格大于供给价格,并能保证获得最大限度垄断利润的价格。而需求价格大于供给价格的超过额就是垄断利润的来源。

为什么在垄断情况下需求价格会大于供给价格?他认为有两方面原因。第一,垄断企业规模大,生产效率高,比中小企业有很多优越性;垄断者往往能保持企业的节约,并对采用机器、改进生产方法更热心、更便利,所以垄断企业的产品生产费用低,供给价格也比自由竞争时低。第二,垄断者为了企业的未来发展,或出于对消费者福利的直接关心,会有意识地降低产品的出售价格。所以在垄断条件下,商品需求价格往往大于供给价格。在《经济学原理》中,马歇尔还分析了一个短期"利他主义的企业家"存在的可能性,该企业家也许会把消费者剩余的增加与垄断收益的增加看的同等重要:"下面的

---

① 所谓消费者剩余,就是"他从购买此物当中所得到的满足,通常超过他为此物付价时所放弃的满足。这样,从这种购买中他就得到一种满足剩余。……这部分可称之为消费者剩余。"(马歇尔:《经济学原理》,廉运杰译,华夏出版社 2005 年版,第 393 页。)"欲望满足剩余"是心理感受差额,是个主观的量。"消费者剩余"是个价格差额或货币量,其大小恰好可以测量"欲望满足的剩余"的大小。"消费者剩余"理论对于理解消费者在现存市价下的购买心理和决策行为颇有指导意义。与消费者剩余相对应的是马歇尔提出的生产者剩余的概念。所谓生产者剩余是指商品实际市场价格大于生产者或供给者对商品愿意接受的价格之差额。商品生产者或供给者总是在商品市场价格大于、至少等于他的商品愿意接受的价格时才肯于生产,肯于提供商品。

一般结果可以得到精确的证明;但是略加思考,就可以看到这些结果的真实性表现得很明显,几乎无须加以证明。首先,当垄断者多少有意增进消费者的利益时,会比当他怀着攫取最大垄断收入这个唯一目的时,可能会出售更多的商品量(而出售该数量的价格要低些);其次,垄断者增进消费者利益的愿望越是强烈,即他计算消费者的剩余和他自己的收入所依据的实际价值的百分比越大,那么产量也就越大(销售价格就越低)。"[①]他的结论:应大力支持垄断企业的发展。

马歇尔的垄断理论看到了垄断组织的形成及其在社会经济生活中的巨大作用,并开始对它进行专门深入的研究,表明马歇尔敏锐的现实观察力和作为经济学家的强烈社会责任感,同时也表明他的理论研究与资本主义的经济现实是密切结合的。

五、收入分配理论

马歇尔的分配论是他的均衡价格论的延续,中心思想是要说明分配份额的大小取决于各生产要素的均衡价格。分配论的任务就是要研究各生产要素的均衡价格的形成,说明生产要素的均衡价格就是各个生产要素所有者所取得的收入或报酬。各个生产要素在国民收入中所占的份额大小,取决于它们各自的均衡价格。国民收入的分配,也就是各个生产要素的价格的决定问题。

国民收入既是各生产要素的共同创造物,又是各生产要素本身需求的共同来源。他把生产要素划分为劳动、资本、土地和企业组织四种,认为它们的均衡价格分别构成各自的收入,即工资、利息、地租和利润。他用供求论来分析各生产要素的均衡价格,认为生产要素的均衡价格也是由它们的供求关系决定,由他们各自需求价格和供给价格的相对均衡来形成,生产要素的需求价格和供给价格相均衡时的价格,就是它们的均衡价格或报酬。各生产要素的需求价格是企业家购买或租借它们时愿意支付的价格,它由各生产要素的边际生产力决定,而生产要素的边际生产力就是它们的边际增量所增加的产量。企业家就是根据生产要素的边际产量来决定对它愿付的价格的。各生产要素的供给价格就是它们的提供者愿意接受的价格,它由各生产要素的边

[①] 马歇尔:《经济学原理》,廉运杰译,华夏出版社 2005 年版,第 393 页。

际生产费用决定,即由其供给者的牺牲或边际增量对供给者造成的牺牲决定。

马歇尔对各种收入作了进一步的说明。他认为工资是对劳动的报酬,是劳动的需求价格和供给价格相均衡时的价格。劳动的需求价格由劳动的边际生产力决定。劳动的边际生产力是边际工人提供纯产品数量或边际工人增加的产量,即劳动的边际产量,它是企业家在雇用工人时愿付的价格。他认为劳动的边际生产力只给工人提供收入,并不给企业家提供收入,但也不给企业家带来损失。边际工人是企业家可雇可不雇的劳动者。工人提高了劳动生产力,也就提高劳动的边际生产力,因而也就提高了劳动的需求价格,从而也就可以提高工资。但由于劳动生产力递减规律的作用,在资本数量不变的情况下增加工人劳动的边际生产力递减,劳动的需求价格就要降低,因而工资也将随之降低。边际生产力自身并没有决定工资水平,因为工人数量的变动会产生各种不同可能的边际生产力。对于每一个雇主来说,工资率都固定在市场工资水平上,即企业是工资水平的决定者,他只能通过变动雇员数量来达到最优的雇佣水平。这一水平只有在工资率等于企业出售边际产品而获得的额外收益时才能达到。劳动的供给价格由劳动的生产费或维持费决定。劳动的维持费即劳动者的生活费用包括工人维持体力和脑力的费用,这些费用马歇尔认为可分为三种类型:严格意义上的必需品支出、习惯上的必需品支出以及习惯上的舒适型支出。第一类简单地由恢复体力所需要的那些支出构成,例如在食品、住所和衣服上的支出。习惯上必需品支出指的是对那些虽然对于健康和体力并不是严格必需的但对于社会却是必需的项目的支出。第三类即习惯上的舒适型支出反映了马歇尔如下的思想,即劳动者消费的习惯和嗜好将随着时间而变化。按照马歇尔的这一理论,工资同劳动的边际产品相等,也同工人的生活费用相等。

马歇尔把利息分为纯利息和毛利息。所谓纯利息指纯粹是使用资本的代价或称为"等待"的报酬。所谓毛利息除包括纯利息外,还包括运用资本的手续费、经理费、投资风险费等。这里讲的利息则是指纯利息。马歇尔认为这一纯利息是资本这个生产要素的价格,它是由资本的需求价格和供给价格均衡决定的。资本的需求价格由资本的边际生产力决定。资本的边际生产力就是边际投资所提供的纯产品或边际投资所增加的产量,亦即资本的边际产量。它是企业家借入资本时愿意支付的价格。资本的供给价格由资本家的"等待"和牺牲决定的。所以,利息是资本家"期待"的报酬。但"期待"是个主观的、无法计量的因素,他有时用现行利息率来说明"期待"的报酬。

马歇尔认为利润是企业家管理企业、组织生产的经营能力的报酬。利润包含两个因素的报酬:第一,使用资本的经营能力的供给的报酬;第二,企业的一定组织的报酬。马歇尔认为企业家有两个功能:一是作为生产组织者,他必须具有预测和判断生产和消费趋向、甘冒营业风险、掌握有关行业生产的技能;二是作为领导者,他必须具有知人善用、建立被领导者对他的信任,启发他们的创造能力,全面掌握企业的秩序合作和其他一切的能力。这些能力是专门教育和天赋才能的产物。由于经理人员对企业良好的有效的管理对企业的发展起着重大的作用,所以必须给予报酬。利润就是企业组织和经营能力的需求价格与供给价格相均衡时的价格。企业组织的需求价格取决于它的边际生产力,即企业家最合理地组织和使用各种生产要素进行生产所能获得的全部纯收入(企业总收入扣除了工资、利息、地租等以后的余额,都是由企业组织和经营能力的作用而增加的收入)。这个纯收入大小就是衡量企业组织和经营能力边际生产力的尺度。企业组织的供给价格取决于它的边际生产费用,即企业家生活和专门教育、训练的费用。他认为利润的形成更多地取决于企业组织和经营能力的需求方面,它可以远远地超过企业组织和经营能力的正常供给价格,而囊括工资、利息、地租以外的全部剩余。至于利润的大小,马歇尔认为利润作为商品的正常生产费用的组成部分,由于替代原理的作用,其数额大小大致等于资本的正常供给价格、管理能力的正常供给价格和企业组织的正常供给价格三者的总和。在长时期中,利润同这三项数额的总和相差不会很远。

马歇尔认为地租是土地的收益。他把土地的收益分作两部分:第一,基于自然赋予的特性,而不是由人为的努力取得的收入,这是土地的纯收入,是真正的地租;第二,对土地投资使土地改良获得的收入。他认为土地的供给是固定不变的,没有生产费用,也没有供给价格。因此,地租只受土地需求的影响,它取决于土地的边际生产力。他从"农业上报酬递减趋势"出发,认为耕种者对同一土地连续追加资本和劳动,农产品总产量的增加率是递减的。最后投入土地的劳动和资本叫做土地的边际耕作。它提供的产量仅是偿付边际劳动和边际资本的报酬,不能给地主带来收入。总产量超过这个边际产量的余额就是他的"生产者剩余",也就是地租。

马歇尔还提出了"准地租"的概念。所谓"准地租"是指在短期内,土地本身以及土地以外的各种生产要素,如劳动、资本或企业组织管理能力所得到的超过平均水平的收入,不论其形式是工资、利息还是利润。由于这些收入在性质上与地租相似,所以称为"准地租"。如在高级技术工人的高额工资中,就包括一个超过正常工资的额外收入,它是工人天赋的生产级差能力的结果,类似于地租,是一种生产者剩余。如企业家的利润是特殊才能的租金,特殊才能的供给具有垄断性、固定性,所以它的收入也只受需求影响,这种利润也是准地租。马歇尔的"准地租"概念是地租概念的引申,是把地租以外的其他分配范畴的性质都说成在某一条件下和地租相类似、从而它的份额的大小也多少受和地租相同原则的支配。

六、经济发展观

马歇尔认为,经济发展是渐进的、演化的。因此,他主张渐进式的经济社会改革。他分析论述了影响经济发展的诸多因素。这其中,他十分重视积累和投资对经济发展的作用。他认为,投资增加,生产物超过生活必需品的剩余会增加,这就有了储蓄的能力。较之古典经济学家,马歇尔很重视知识(科学技术)和企业组织形式对生产发展的作用,并把知识和组织列为资本的范畴来加以研究。他说:"资本主要是由知识和组织构成的……知识是我们最有力的生产动力。知识使我们能够征服大自然,并迫使大自然满足我们的需求;组织则有助于知识。"[1]与此相应,马歇尔提出,教育能提高一国的生产力,促进经济的发展。同时,也指出发展改良中等教育,培养熟练有技术的工人,对于财富的增长具有重要作用。

马歇尔还考察了规模经济的问题。他认为大规模生产有利于专门机械的使用与改良,可获得原料的经济,便于采购和推销,能促进专门技术和企业经营管理工作进一步划分。

在研究企业组织时,马歇尔考察了"私人合伙组织""股份公司组织""国营事业""合作社"等经济组织形势,分析了它们各自的优势和弊端。他特别强调企业家和企业管理者的作用,并从这个角度出发认为所有权和使用权相分离的股份公司"对于具有经营管理天才却没有继承到任何物质资本或商业

---

[1] 马歇尔:《经济学原理》,廉运杰译,华夏出版社2005年版,第121页。

关系的人,提供了很大的机会。"①

马歇尔还考察了生产的各个要素之间的关系,认为劳动和资本的增加,一般会导致组织的改进,而组织的改进又增大劳动和资本的使用率。马歇尔相信,随着文明的进步,财富的增长和经济的发展是一定会发生的。马歇尔的经济发展观及其对经济发展因素的分析,对于现代发展经济学产生有重要的影响。

熊彼特评价说:"马歇尔的伟大著作是这个时期古典学派的成就,也就是说,是比任何其他著作更全面地体现了1900年前后出现的古典学派局面的著作。"同时认为马歇尔经济学的特点是"试图调和英国'古典学派'(指李嘉图主义)的分析原理和'边际效用学派'(主要指杰文斯和奥地利学派)的分析原理,并使两者结合起来(或者使两者妥协)"②

第二节 马歇尔理论的发展

马歇尔之后,其学生庇古与罗宾逊以及美国经济学家张伯伦、奈特对他的理论作了重大的发展。这主要表现在庇古提出了福利经济学的基本概念和原则,成为西方"福利经济学之父";张伯伦和罗宾逊提出了不完全竞争的理论,深化了马歇尔的微观经济学理论;奈特从对不完全竞争的分析入手,引入不确定性概念,揭示了新古典经济学所说的利润的来源,凸显了企业和企业家的性质与作用。

一、庇古与福利经济学

阿瑟·塞西尔·庇古(1877—1959)是马歇尔的学生,剑桥学派主要代表人物之一。他对马歇尔经济学的发展在于创立了福利经济学。庇古1908年(时年方31岁)继马歇尔之后担任剑桥大学经济学讲座的教授,一直到1943年退休。庇古对马歇尔推崇备至,宣称"所有的理论均包含在马歇尔中",认为谁要在理论上走入迷途,必然是由于误解了马歇尔,或是忽略了他的"经典著作"中的某些重要部分。庇古对穷人表达了强烈的人道主义关怀,并希望

---

① 马歇尔:《经济学原理》,廉运杰译,华夏出版社2005年版,第252页。
② [美]约瑟夫·熊彼特:《经济分析史》(第三卷),朱泱等译,商务印书馆1995年版,第125、130页。

经济学能够引导社会进步。庇古的主要代表作是1920年出版的《福利经济学》一书,庇古希望为政府实施提高福利的各种措施提供理论基础。《福利经济学》在作者生前共出了四版,最后一版的出版时间是1952年。此书的价值在于开创了西方福利经济学的完整体系,庇古因此被称为"福利经济学之父"。

在庇古的《福利经济学》一书出版前,杰文斯在其出版的《政治经济学理论》一书中已提出政治经济学应当研究边沁的功利主义学说,用它作为判断是非的标准。后来,马歇尔又在均衡价格论的基础上"论证"了资本和劳动利益在劳动生产率增长条件下的协调,提出了国家需要照顾低收入阶层的主张。杰文斯和马歇尔都应看作福利经济学的先驱。庇古继承和发展了他前辈的这些思想,他主张国家应当关心贫穷问题,采取适当措施致力于福利的增加。庇古的福利经济学是以马歇尔的完全竞争的经济理论为前提和基础的,因此,应看成是剑桥学派经济理论在一个特定领域的应用和推进,是马歇尔经济理论的发展。

庇古的福利经济学建立在边际效用学说之上,他依据边沁提出的"最大多数人的最大福利"这一功利原则,把福利规定为个人获得的效用或满足,把一个人的福利规定为这个人所获得的满足的总和,把社会的福利规定为个人福利的总和,并认为要使社会的福利增加,应当使社会上较多的人得到较大程度的满足,而社会福利的最大化也就是社会上最大多数人的最大满足。庇古把"福利"分两类:一是广义的福利,即"社会福利";二是狭义的福利,即"经济福利"。广义的福利包括由于对财物的占有而产生的满足,或由于其他原因(如知识、情感、欲望等)而产生的满足,涉及"自由""家庭幸福""精神愉快""友谊""正义"等,但这些是难以计量的。福利经济学所要研究的应是能以货币计量的那部分社会福利,即经济福利。经济福利对于社会福利具有决定性的影响。在庇古看来,经济福利是由效用构成的,而效用是可以用货币来计量的,这样,经济福利就可以通过对效用的计量而被计算出来。

庇古的福利经济学在理论上主要有以下四个基本论点。第一,一国的经济福利可以用国民收入的多少来表示。他认为一国的国民收入量越大,则其经济福利越大。经济福利的增加表现为国民收入的增加。根据这一论点,庇古认为,福利经济学应考察的主题是国民收入量的增加和均等化的分配。第二,一国的经济福利是国民中每个人的经济福利的总和,而每个人的经济福利由他所得到的物品的效用构成。庇古依据边际效用递减规律,认为货币也和其他商品一样,其边际效用是随数量的增加而递减的。一个人的收入愈多,货币收入的边际效用愈小;收入愈少,货币收入的边际效用就愈大。因此,只要将货币收入从富人那里转移一些给穷人,就可以增加货币的边际效用,而使社会满足的总量增加。庇古提出增大社会福利的途径之一是收入的均等化,即政府通过一些措施把富人的部分收入转移给穷人。但庇古有两点说明:第一,他所说的富人转移出去的收入是指资本家用于消费的收入,不包括用于积累的收入,即收入的转移应仅限于消费的部分。第二,仅就用于消费的收入来说,富人和穷人之间也应有所不同。在转移收入时,应考虑到这种享受能力的不同,即收入的转移只能在不影响资本积累和富人生活方式或习惯的前提下进行。庇古还提出了一些转移收入的具体措施,如"自愿转移"和"强制转移"。前者指富人以其所得的一部分用来举办娱乐、教育、保健等福利事业,或创建一些科学和文化机构。后者指政府通过征收累进的所得税和遗产税来实现收入的转移。他把向穷人转移收入的办法也分为两类:一类是直接的转移,如举办一些社会保险或社会服务设施;另一类是间接的转移,如政府采取对穷人必需品的生产部门进行补贴的办法降低这些商品的售价,使穷人受益;或者补贴垄断性的公用事业以降低服务价格,如公共交通的票价等,使穷人收益。但庇古反对实行无条件的普遍的补贴制度,认为救济有工作能力而不工作的人则会减少国民财富的生产。第三,社会资源最优配置的条件是私人净边际产品的价值和社会净边际产品的价值相等。他认为国民收入总量的增加会促进经济福利,而增加国民收入量的关键又在于资源的配置,即通过资源在生产中的最优配置使得国民收入量达到最大限度。庇古在考察社会资源配置问题时采用了传统的边际分析法,并以存在完全竞争为假定前提。他理论的独特处在于提出了"边际私人净产品"和"边际社会净产品"两个概念,并由此确定了社会资源最优配置和国民收入达到最大量的条件。他的"边际私人净产品"是指厂商每增加一个单位生产要素所增加的产量,"边际社会净产品"则是指社会每增加一个单位生产要素所增加的产品。与此同时,庇古还提出了"私人净边际产品的价值"和"社会净边际产品的价值"两个概念。"私人净边际产品的价值"是指增加一个单位的投资后,投资者收入所增加的值,它等于边际私人净产品乘以价格。而这里的"社会净边际产品的价值"是指在投资者所得到的"私人净边际产品的价值"之外再加上因这种生产而使社会上其他人可能得到的利益或损失。庇古进而分析了"私人净边际产品的价值"和"社会净边际产品的价值"之间的关系。他认为如果在私人净边际产品的价值之外其他人还能得到利益,如建成一条公路使附近土地的价值得到增加,那么社会净边际产品的价值就大于私人净边际产品的价值。反之,如果其他人受到损失,如工厂喷出煤烟而对社会有害,那么社会净边际产品的价值就小于私人净边际产品的价值。庇古把前者叫做"边际社会收益",把后者叫做"边际社会成本"。庇古指出,私人净边际产品的价值和社会净边际产品的价值在一切生产部门都相等时,就表明社会资源得到最优配置,国民收入达到最大量。第四,国家应进行适度的干预。庇古认为,在完全竞争的条件下,虽然有利于实现生产资源的最优配置,但由于种种原因,如某些耐久性生产设备的使用权和所有权不一致会引起私人净边际产品的价值和社会净边际产品的价值的背离。私人净边际产品的价值和社会净边际产品的价值背离,表明仅仅依靠自由竞争是不能导致生产资源的最优配置的。这是因为私人投资者只关心私人净边际产品的价值,当私人净边际产品的价值与社会净边际产品的价值发生差距时,私人投资者不会使各个企业投资的社会净边际产品的价值相等。由此,庇古提出政府应采取适当的经济政策来消除客观上存在着的私人净边际产品的价值和社会净边际产品的价值的背离,具体办法是对私人净边际产品的价值大于社会净边际产品的价值的部门进行征税,对私人净边际产品价值小于社会净边际产品价值的部门实行补贴。通过这种征税和补贴来引导生产资源的转移,就可消除私人净边际产品的价值和社会净边际产品的价值的背离,使得各方面所投入资源的社会净边际产品的价值趋于相等,从而实现生产资源的最优配置,增加社会经济福利。但应说明,庇古所说的国家干预仅限于征税和补贴。庇古认为,实现生产资源最优配置的基本机制仍然是私人经济的自由竞争。

庇古的福利经济学为公共政策开启了范围广阔的机会,并构成了发展公共政策理论的早期尝试。庇古之后,福利经济学在西方有了很大的发展,被称为新福利经济学。它和庇古旧福利经济学之间的主要差别在于,它不再像庇古那样根据马歇尔的效用基数论和局部均衡论,而是根据帕累托的效用序数论和瓦尔拉斯的一般均衡论,并运用数学表述方法,提出"最优条件""福利标准"的"客观检验"等理论;同时把福利经济理论广泛应用于制定价格、产量、收入分配、赋税、对外贸易以及"福利国家"政策,使福利经济学成为适应国家需要的干预国民经济生活的政策理论。

二、张伯伦、罗宾逊对马歇尔市场理论的发展

爱德华·哈斯丁·张伯伦(1899—1967年)是20世纪西方经济思想发展史上有重要影响的人物之一。早在1927年,当他还是美国哈佛大学的博士研究生时,就完成了以《垄断竞争理论》为题的博士学位论文。1933年,他又以这篇论文为基础,几乎与英国的琼·罗宾逊的《不完全竞争经济学》同时,出版了他的《垄断竞争理论》一书。张伯伦与罗宾逊的这两本微观经济理论专著,系统阐述了垄断竞争和不完全竞争理论,完善了马歇尔所开创的新古典经济学的市场理论,奠定了现代微观经济理论中厂商理论的基础。

张伯伦的垄断竞争理论的基础就是他创造的产品差别的概念。张伯伦提出马歇尔所分析的纯粹竞争的市场在现实中是极为少见的,因为纯粹竞争所要求的产品标准化在现实中几乎不存在。现实经济中大多数厂商的生产经营活动不但要面对价格竞争,还要进行非价格竞争。在市场上买主和卖主人数都很多的情况下,由于每一厂商都有自己的独特产品和优势,因而都会因为自己产品的独特性质而对价格具有某种控制能力,从而成为垄断竞争中的垄断因素。每一销售厂商都会因为这种垄断因素而改变其价格。从产品差别的角度出发,张伯伦认为每一产品既呈现出垄断性质,又呈现出竞争性质。他把产品的差异分为两类:一类归之于产品本身的某种特点,如专利权、商标、名称、包装以及品质、设计、颜色、式样等;另一类归之于环绕售卖者周围的各种不同条件。由于这种产品差异的存在,每个卖者将能够改变价格,从而又具有了垄断因素的存在。在马歇尔的价值理论分析中仅把价格当作唯一变量,而在张伯伦看来,在以竞争和垄断两种因素为特征的市场中,价格和产品本身都是厂商控制下的变量。

在这种垄断竞争的市场上,张伯伦分析指出,广告是常用的造成产品差异的主要方法。他把这许多项目称之为"销售成本"。张伯伦声称,广告可以通过操纵欲望来影响需求,其目的是将广告商品的需求曲线移向右侧,"使垄断利润增加"[1],这显然是以同类产品群中的替代品市场的减少为代价的。这些广告不是简单地增加信息,而是为重塑人们的消费欲望而相互竞争。广告

---

[1] 张伯伦:《垄断竞争理论》,郭家麟译,生活·读书·新知三联书店1958年版,第163页。

在建立和维持垄断厂商的产品差别方面起到了至关重要的作用。在产品差别的基础上,张伯伦对垄断竞争市场上厂商均衡状况进行了分析,这与马歇尔以行业为对象的均衡分析有所不同。张伯伦认为,由于垄断竞争厂商的需求曲线是一条倾斜的线,与具有水平需求曲线的完全竞争厂商的均衡相比,其价格要高,但产量要低。因此,有人指责垄断竞争会造成资源的浪费和经济上的无效率。张伯伦不完全同意这种论断。他认为垄断竞争价格虽然比纯粹竞争高,产量比纯粹竞争低,因而一些社会资源和生产能力不能得到充分利用,但产品差别的存在会扩大消费者的选择空间,使消费者得到品种繁多的商品,而这在完全竞争的市场上是不可能的。张伯伦认为,由垄断竞争造成的产品多样化所带来的社会福利将超过使生产能力过剩所造成的损害。他的结论是:垄断竞争将是一种较为理想的市场类型,垄断竞争的结果将使社会的福利增加。

琼·维奥莱特·罗宾逊(1903—1983)生于英格兰坎伯利,1922年入剑桥大学格顿学院学习经济学,1927年获剑桥大学文学硕士学位。1928年以后一直在剑桥大学执教,1971年退休。罗宾逊是一位罕见的颇具影响力的女性经济学家,一生仅著作就有24部之多,对经济学诸多领域都作出了重要贡献。主要代表作是《不完全竞争经济学》(1933)。

在罗宾逊之前,奥古斯汀·古诺在1838年出版的《关于财富理论的数学原理》一书中已提出并分析了双头垄断模型。之后耶罗·斯拉法在1926年发表了一篇题为《竞争条件下的报酬规律》的文章,继续对不完全竞争的市场进行了探讨。罗宾逊早年受马歇尔和庇古的熏陶,也接受斯拉法的影响[①],进一步深化了对不完全市场竞争状况的分析,把古诺最早使用但未命名的边际收入概念引入了厂商理论,同时把庇古提出的价格歧视纳入其理论结构,对

[①] 罗宾逊在"作者前言"中明确表示斯拉法发表在1926年12月《经济季刊》上的论文"应被认为是本书所由来的泉源,因为本书的主要目的就是企图引申他的这样一种富于想象的意见,即应该根据垄断分析来论述整个价值理论。"(罗宾逊:《不完全竞争经济学》,商务印书馆1961年版,第5页。)斯拉法文章的要点是分析了完全竞争与垄断的市场模型之间存在的某种空间,他认为随着成本递增的扩展,企业销售增加的障碍不是成本提高的威胁而是市场不愿吸收更大的数量,既不削减价格也不增加营销支出。并且认为这种情况十分普遍,足够建立适当的分析模型。斯拉法也采纳了马歇尔对特别市场的特殊需求曲线的建议,认为这种需求曲线像面对垄断者的需求曲线一样向下倾斜但又不同于垄断的需求曲线,这是因为在这种不完全竞争的市场上购买者对一家厂商产品的偏好可能会超过另一家,形成这种偏好的原因是多重的,包括商标、名称和产品的不同造型和设计。购买者对一种产品的需求价格所反映的不只是他对这种产品的评价,还反映了可以从其他厂商那里购买的类似产品的价格。

不完全竞争市场进行了新的阐述和分析。

　　罗宾逊认为传统的完全垄断或完全竞争的市场假定是不现实的,现实是处在垄断和竞争之间,是一种介于两者之间的"不完全竞争"。"不完全竞争"市场的一个特点是存在价格歧视。按照罗宾逊的解释,一个垄断厂商把他"生产出来的同种商品按照不同的价格售与不同买主的行为叫作价格歧视"[①]。价格歧视不可能在完全竞争市场上发生。这是因为在完全竞争的市场上,每个厂商的需求是完全有弹性的,需求曲线是水平的。假若有几种不同的市场价格存在,各个厂商都会按最高价格销售他的商品。结果,价格就被降低到竞争水平,使整个市场只存在一种价格。但是,若市场存在有某种程度的垄断,厂商的需求就不是完全有弹性的,需求曲线就向右下方倾斜。这时,价格就可以有某种程度的歧视。罗宾逊进一步分析指出,垄断存在并不必然导致价格歧视的发生,只有当垄断厂商能够把他的市场分割成几个独立的小市场,使得消费者不易把较便宜的市场上买来的商品再转卖到较贵的市场上去时,对不同的顾客收取不同的价格才是可能的。假若垄断厂商不能把他的市场分割成几部分,他就只能按照一种价格销售他的产品,这样价格歧视就不存在了。而在不完全竞争的市场中,每个分割的市场的需求曲线是不同的,价格歧视也就取决于各个市场需求弹性的差别。假如一个垄断厂商可以任意按照最有利于他自己的方式划分市场,他将怎么进行划分呢?罗宾逊认为,这个厂商首先会在整个市场上采取同一的垄断价格,考察在单一价格下各个消费者的需求弹性的差别。若各个购买者的需求弹性都相同,市场就不会被分割,因为价格歧视无利可图。如果购买者的需求弹性不相同,他就可以把产品的购买者分成两类,使一类中的需求弹性小于另一类的需求弹性。对第一类购买者他将提高价格,对第二类购买者他将降低价格。在新价格下,他将进一步观察每一类中各个购买者的需求弹性。若他们的需求弹性还不尽相同,他就会把每类市场再进一步细分,一直持续到每个次级市场只有一个购买者或需求弹性相同的一群购买者为止。一旦市场被分割之后,垄断厂商将按照弹性大小顺序对各个次级市场依次再进行排列。在弹性最小的市场收取最高价格,在弹性最大的市场收取最低价格。这样,他就达到最大利润的均衡状态。

[①] 价格歧视这一概念最初由马歇尔和庇古提出,罗宾逊对之作了新的阐述和发挥。参见罗宾逊:《不完全竞争经济学》,陈良璧译,商务印书馆1961年版,第154页。

在对价格歧视下厂商均衡的分析中,罗宾逊使用的是边际分析法。罗宾逊认为,当一个垄断厂商能把同一商品销售于不同的市场时,只要那些市场的需求弹性不相等,则在不同的市场收取不同的价格显然对该厂商是有利的。因为如果在各个市场收取相同的价格,他将会发现在需求弹性大的市场上销售一个单位产品所获得的边际收益大于在需求弹性小的市场上销售一个单位产品所获得的边际收益。因此,如果他在需求弹性较小和边际收益较低的市场少销售一些,在需求弹性较大和边际收益较高的市场多销售一些,他就可以得到更大的利润。当所有的市场的边际收益都相同且相等于总产量的边际成本时,他的利润也就达到了最大。

在边际分析方法的使用中,罗宾逊强调使用边际曲线和平均曲线。为了强调这种分析方法的一般性特点,她进一步指出:"平均值和边际值这两个概念可以应用在生产成本、效用、收入和生产诸要素的生产力等方面。"[①]罗宾逊认为,用边际成本等于边际收益的方法理解价格与数量决定问题,既适用于竞争和垄断情况的分析,也可用于任何一种市场结构的分析,因而具有普遍性的优点。她还说明了垄断厂商的平均收益与边际收益曲线之间的关系。在纯粹竞争条件下,个别厂商并不因为增加一个单位产品的销售而降低价格,它的需求曲线具有完全弹性,也就是说,不管这个完全竞争的厂商销售多少产品,它的平均收益和边际收益都不会改变,因而是一条水平线。相反,垄断厂商所面临的需求是整个市场上的在一定时期内固定的需求,因此,当垄断厂商增加一个单位的产品销售时,就必须接受比以前低的市场价格,它面临的需求曲线是一条向下倾斜的曲线。由于垄断厂商所面临的需求曲线是向下倾斜的,厂商的平均收益曲线与边际收益曲线的关系是,边际收益曲线总是在平均收益曲线的下面。也就是说,边际收益总是小于销售价格。这是因为,当垄断厂商多销售一个单位的产品时,必须降低价格,但是这多销售一个单位产品引起的降价必然使所有产品的价格一起降低。因此,计算边际收益时,在最后一单位产品的价格中还必须减去前边所有产品降价所带来的损失,所以边际收益曲线总是在平均收益曲线(需求曲线)的下方。罗宾逊对边际曲线和平均曲线关系的分析十分透彻、明晰,并且把这种关系推广到成本、收益、效用、要素生产率的分析中。不完全竞争理论的提出,是罗宾逊对经济

---

① 罗宾逊:《不完全竞争经济学》,陈良璧译,商务印书馆1961年版,第22页。

理论的重要贡献,这一方法后来成为微观经济学中对各种市场结构中厂商均衡分析的标准分析工具。

张伯伦的垄断竞争和罗宾逊的不完全竞争理论在价值理论和产业组织理论方面是一个重要的里程碑。之所以这么说,是因为他(她)们用垄断竞争或不完全竞争发展了马歇尔理论体系中的"纯粹竞争"和"纯粹垄断"的假定,使得现代微观经济学的市场和厂商理论得以确立。同时,这一理论也更接近于市场经济的现实。张伯伦的垄断竞争和罗宾逊的不完全竞争理论的不同在于:前者强调产品的差异性在决定市场垄断竞争性质上的重要意义,后者更多的是论述市场需求曲线、要素供给曲线、产品供给曲线在完全富有弹性的情况价格歧视对造成市场不完全性的影响;在罗宾逊的不完全竞争市场中包含有完全信息的假定,而张伯伦的垄断竞争市场中则不包含完全信息的假定。但张伯伦和罗宾逊的理论都没有跳出马歇尔稳定均衡和局部均衡的窠臼。如张伯伦的垄断竞争理论的中心是扩展马歇尔的经济分析,研究以产品差别为特点的市场结构,仍然停留在局部均衡分析的水平上,其价值论也仍然是以边际效用理论和生产费用理论为基础的。他(她)们都没有摆脱新古典经济理论的体系,而仅是以马歇尔为代表的新古典理论的发展。

三、奈特的风险、不确定性和利润分析

在经济思想史上,奈特是最早系统论述风险、不确定性和利润的经济学家。奈特(1885—1972)美国经济学家,爱尔兰移民后裔,1913年进入康奈尔大学学习哲学,一年后转学经济学。毕业后先后在康奈尔大学、芝加哥等大学任教,讲授课程主要有价值理论、分配理论和经济思想史,主要代表作是《风险、不确定性和利润》(1921),此著被誉为是新古典主义经济学的典范之作。在此著中,奈特从对完全竞争与不完全竞争的分析入手,通过引入不确定概念,揭示了新古典经济学所说的利润的来源,凸显了企业家的作用。

正如《风险、不确定性和利润》书名所显示的,该书是从收入分配理论中的利润问题出发展开全书的分析过程的。奈特认为,传统的新古典经济学立足于完全竞争的假设之上,马歇尔所创建的新古典经济学体系是一个不存在不确定性的世界,这是不符合经济现实的。奈特的贡献是用不确定性说明在

不完全竞争均衡条件下利润存在的合理性及真正的来源。为了说明"利润"的来源,奈特首先区分了风险与不确定性。他认为利润理论之所以得以成立,正是因为存在着不可度量"不确定性"。在不确定性的假设下,所有的生产决策都是在信息有限的情况下做出的,完全竞争是一个使产品价值与其成本趋于一致的过程,但在现实中两者总存在一个差额,这个差额就是利润。利润从何而来?奈特强调,只有在不完全竞争的时候如垄断,厂商才能获得利润,其次是来源于不可预见的变化,只有不确定性能够将利润与变化联系一起。因此,利润的真正来源是不确定性。

在不确定性的假设下,决定生产什么与如何生产就显得十分重要,生产内部组织及对未来的预测就不再是一个可有可无的问题。资本家为了降低不确定性以获得更高的回报,就不得不聘请专业化的、敢于承担风险的企业家来管理企业,企业家也因承担了不确定性而获得了作为回报的利润。企业家的职能就是通过对未来的决策使产出多于社会平均水平,他们的判断决策是企业利润的真正来源。这就凸显了企业家在市场经济中的重要作用。他写道:"我们目前最重要的任务,是研究无法度量也无法消除的不确定性。正是这种真正意义上的不确定性,阻碍着理论上的竞争趋势达臻完成,从而赋予了整个商业组织'企业家职能'这个独一无二的形式,并揭示了企业家的特殊收入。"[1]在企业制度下,管理者通过承担风险获得了剩余,工人通过转嫁风险获得了工资。奈特的分析表明,在现代市场经济中,由于存在不确定性和风险,使得经济活动发生了与完全竞争不同的重大变化,由于不确定性的存在,改变了经济活动赖以进行的条件,并以此来解释企业的利润,这在经济学上是一个重要的理论创新,也是对马歇尔新古典经济学理论的重要发展[2]。

关 键 词

局部均衡分析 垄断竞争 不完全竞争理论 价格歧视

---

[1] 奈特:《风险、不确定性与利润》,郭武军、刘高译,华夏出版社 2011 年版,第 163 页。
[2] 奈特在《风险、不确定性与利润》初版前言中曾写道:"本书基本上没有什么新的内容,只是试图比以往更准确地阐释传统经济学学说的基本原则,并更清楚地揭示其含义。这就是说,本书的目的在于改进而不是重建。"

思 考 题

1. 马歇尔的经济学说有何特点？
2. 马歇尔是怎样把边际效用递减转化为需求规律的？
3. 简述马歇尔的均衡价格论和分配论。
4. 比较克拉克与马歇尔的工资理论的异同。
5. 请思考，你认为马歇尔会对如下问题作何反应：珍珠具有价值是因为人们想得到它们，还是人们都想得到珍珠是因为珍珠有价值？
6. 讨论下面这一段话："马歇尔对于新古典经济学的贡献在于他重新将古典的成本概念引入了经济学。"
7. 简述庇古福利经济学的基本论点。
8. 简述张伯伦和罗宾逊的垄断竞争与不完全竞争理论对新古典经济学的发展。
9. 奈特是怎样论证企业家在市场经济中的重要作用的？发表一下你的看法。

第十二章
维克塞尔与凯恩斯：
新古典经济学范式的修正

本章学习要求：维克塞尔在19世纪末就已认识到货币对经济的积极作用，他倡导的累积过程学说率先打破了古典经济学的二分法传统，通过阐述货币利率与自然利率的关系，把传统的经济理论和货币理论融为一体，开辟了现代货币经济理论的先河。凯恩斯在继承维克塞尔货币理论的基础上，建立了以收入支出理论为中心的现代货币经济理论和宏观经济均衡的理论。本章学习要求掌握维克塞尔的累积过程理论，凯恩斯的有效需求原理、三大心理规律，希克斯-汉森综合以及莱荣霍夫德的"非均衡失业"理论。

古典经济学是建立在实物经济的基础上的，如萨伊、李嘉图和穆勒等人都认为货币不过是覆盖在实物经济上的一块面纱，认为经济的本质就是物物交换的实物经济，货币只是作为经济运行中的润滑油，使商品交换变得更加容易，更加顺畅。货币数量的多寡只影响物价水平，而对经济不发生实质性的影响。依据这一理论，古典经济学历来是分为经济理论与货币理论两个部分：经济理论专门研究商品和要素价格的形成与变动问题，即所谓价值论与分配论；货币理论专门研究货币价格或一般价格水平的决定与变动问题，即所谓货币数量论。这两种理论虽然都研究价格，但彼此分隔，互不联系。现代经济学分析范式则与此相反，强调货币不是覆盖于实物经济上的一块面纱，而是影响经济的一个实质性的因素。

最早认识到古典经济学这一货币和经济二分法错误并建立货币经济一体化理论的是瑞典经济学家维克塞尔。维克塞尔在19世纪末就已认识到货币对经济的积极作用，他倡导的累积过程学说率先打破了古典经济学的二分法传统,通过阐述货币利率与自然利率的关系,把传统的经济理论和货币理论融为一体,开辟了现代货币经济理论的先河,被视为是"凯恩斯革命"的先驱。凯恩斯对货币经济理论有了进一步的发展。如凯恩斯在其1936年出版的《就业、利息和货币通论》中,推翻了古典经济学的二分法传统,把经济理论与货币理论密切融合起来,建立了以收入支出理论为中心的现代货币经济理论和宏观经济均衡的理论。这一理论范式已成为当代西方宏观经济学的主流。

凯恩斯在《就业、利息和货币通论》一书中还提出了有效需求原理,否定了古典经济学分析范式中"萨伊定律"蕴含的"充分就业"的假定。"萨伊定律"假定整个国民经济不会出现产品过剩和危机等问题,经济周期和失业现象仅仅是短期临时调整的问题。凯恩斯则认为在正常情况下,资本主义经济没有自动达到充分就业均衡的趋势,总需求一般小于总供给;要使经济达到充分就业均衡,国家必须担负起刺激总需求的责任。这样,凯恩斯不仅说明了"非均衡失业"的存在,也否定了传统的自由放任的理论基础。这是西方经济思想发展中一次重要的范式转换,被誉为"凯恩斯革命",这个"革命"为建立现代宏观经济均衡体系奠定了理论基础。此后的许多西方经济学家追随凯恩斯,对他的理论进行阐释、修补和发展,形成了凯恩斯学派。

第一节 维克塞尔的货币经济理论

克努特·维克塞尔(1851—1926)是瑞典学派的奠基人,现代宏观经济理论的先驱者之一。他出生在瑞典斯德哥尔摩一个小商人家庭,1869年入乌普萨拉大学学习数学,1885年获数学硕士学位。1885—1890年他遍游英、法、德、奥等国,开始从事经济学研究和其他社会活动。1895年获乌普萨拉大学经济学博士学位,1899年后在大学任教。1916年从隆德大学退休。同年,他访问英国时会见过约翰·梅纳德·凯恩斯。1917年瑞典经济学家协会成立,他被推选为第一任会长。1923年,美国经济学会吸收他为该会名誉会员。维克塞尔在学术上所取得的成就获得了经济学界高度的评价,如美国著名经济学家熊彼特把他与瓦尔拉斯、马歇尔并列为1870—1914年三位最"伟大"的经济学家,认为"作为货币理论家,他死后获得的国际声誉,甚至大于马歇尔或瓦尔拉斯。"[①] 维克

---

① 约瑟夫·熊彼特:《经济分析史》(第三卷),朱泱等译,商务印书馆1995年版,第481页。

塞尔的主要著作有《价值、资本和租金》(1893)、《财政理论研究》(1886)、《利息与价格》(1898)、《国民经济学讲义》(1901—1906)。维克塞尔对经济理论最大的贡献是《利息与价格》一书中提出的累积过程学说,该学说使得处于分离状态的传统经济理论和货币理论融为一体,从而为现代货币经济理论的发展奠定了重要的理论基础。

一、对传统货币数量说的批评

维克塞尔的货币经济理论是在对传统的货币数量说研究的过程中建立起来的。维克塞尔认为货币数量说有缺点,这些缺点包括以下几个方面。第一,货币数量说关于货币流通速度不变的假定是错误的。在信用不发达的简单商品经济中,货币流通速度一般说来变动不是很大,假定它不变是可以的。但在发达的信用经济中,货币流通速度是一个富有弹性的量。"信用的作用恰像一个强有力的滑车,加速了货币的流通。"[1]因此,货币流通速度受各种复杂因素的制约,很难把握。第二,货币数量论认为货币数量与价格水平始终存在正比关系也是不正确的。决定商品价格变动的不仅有货币数量,还有其他因素,比如供求关系对商品价格的影响。即使是货币数量也不是直接对商品价格起决定作用的,而是通过各种间接因素影响商品价格的。货币数量的变化如果不影响利率,就不会影响价格水平。在这些复杂因素面前,货币数量说显得过于简单。第三,货币数量论者从未明确地说明过银行是以什么手段、通过什么途径把新增货币量投入到流通中去,从而影响价格水平的。第四,货币数量论把货币视为覆盖于实物经济之上的一块面纱,这种看法是极其肤浅的。维克塞尔在批评货币面纱观时说了一段经典的话:"经济学家们往往走得太远,他们认为他们在物物交换的假定了所推演出来的经济规律可以不加限制地应用于实际的经济情况。而在实际的经济情况中,则一切交换,投资或资本转移事实上都是通过货币而实现的……货币的使用或滥用实际上可以积极地影响实物交换和资本交易。滥用货币(如政府纸币)——这确是常常发生的——可以破坏大量的实物资本并使社会的整个经济生活陷于绝望的混乱。但另一方面,通过货币的合理使用,在实际上可能积极地促进实物资本的积累和一般生产的增加……从最广泛的含义说来,信用还给资

---

[1] 维克塞尔:《利息与价格》,蔡受百等译,商务印书馆1982年版,第48页。

本提供最大可能的生产力。总之,对于货币与其职能深入的研究,将可揭露在生产与消费两个领域内的或多或少预期不到的关系。"[1]维克塞尔认为,到目前为止,甚至最杰出的经济学家也没有提出一个真正令人信服的货币理论。因此,他试图开辟一条新的道路,从利息的角度来研究货币理论。

维克塞尔在充分认识货币影响经济的基础上,把时间因素引入了静态的货币数量说,从动态的角度加以分析。他认为物价变动单纯从货币数量上来分析是不够的,还要深入到生产过程中去,即把单纯的货币价格理论转变为货币生产理论,以使货币理论与经济理论相融合,从而构成货币的经济理论。他认为物价的变动一般总是和经济活动的扩张和收缩连在一起的,而在影响物价水平的供给因素(包括消费品的生产与资本品的生产)和消费因素(包括消费支出与储蓄)中,最重要的因素是利率。他认为利率的高低,一方面影响收入用于消费支出与储蓄的比例;另一方面,又通过对消费品和资本品价格的影响而从而支配着两种商品之间生产的分配,因此,利率是物价水平的调节者。他认为,一般情况下,利率下降,必使物价上涨;利率上升,必使物价下落。这是因为利率下降,生产者购买原料、劳动力及土地,就能出较高的价格,而原料、劳动力及土地的所有者收入增加,从而对消费品需求增加,引起物价上涨。

二、累积过程理论

在上述分析的基础上,维克塞尔对利率与物价及经济的关系进行了更深层的研究,提出了累积过程理论。

累积过程理论首先是建立在自然利率与货币利率两者关系的基础上的。维克塞尔把利率分为两种,一种是自然利率,一种是货币利率。他对自然利率下了三个定义,即:(1)自然利率是相当于实物资本生产力的利率;(2)自然利率是借贷资本供求(用现代语言表述,即储蓄与投资)相一致时所形成的利率;(3)自然利率是使货币保持中立,商品的一般价格水平保持稳定的利率。这三个定义各有特定含意。第一个定义是用以表示自然利率的本质即来源的,它关系到生产过程;第二个定义是用来说明自然利率的决定或形成的,它关系到资本市场;第三个定义则是用以表现自然利率的作用的,它关系

---

[1] 维克塞尔:《国民经济学讲义》,蔡受百等译,上海译文出版社1983年版,第214—215页。

到商品市场。在维克塞尔看来,这三个定义是一致的,它们相互独立,而又相互依存。货币利率则是货币资本的报酬,也即现时金融市场上存在的市场利率。自然利率是维克塞尔累积过程学说中最重要的概念,维克塞尔正是运用自然利率与货币利率的偏离来描述累积过程的。维克塞尔的累积过程学说的要点是,当货币利率与自然利率在量上相等时,资本供求一致,经济就处于均衡状态。也就是说,货币在这种情况下是中性的,它既不会使价格水平上涨,也不会使价格水平下落。这时的货币不过是一件披在实物资本身上的外衣,对经济不起任何干扰作用。而当货币利率低于自然利率时,价格水平将上涨,而且累积性地上涨;反之,当货币利率高于自然利率时,价格水平将下降,并且,累积性地下降。这是因为假定货币利率低于自然利率,这时企业家将获得一种超额利润,即超过相当于货币利息的利润的利润。于是,原有的企业家将扩大生产,增加投资,从而生产要素的需求将增加;新的企业家也会被诱入。结果,生产要素的需求将会增加更多,生产要素价格和收入也将上升。收入的增加将导致消费品需求的增加,消费品的价格将会上涨。货币利率的低下还抑制了储蓄,刺激了消费,结果,消费品价格又增添了一个上涨的因素。综合上述,在消费品市场上,来自两个方面的需求上升的压力面对着供给缩减的倾向,消费品价格必然上涨。当这种上涨蔓延到所有或绝大多数消费品时,整个经济的一般价格水平上涨就成为不可避免的了。

  上升的价格水平的变动趋势如何?维克塞尔认为如果这时货币利率上升到等于自然利率,超额利润没有了,这就意味着扩张生产的动机和欲望消失了,企业家将不再增加投资,扩大生产。投资将下降到储蓄的同等水平,价格水平将不再上升。但这时的价格不再回到原有的基础上,而是保持在较高的水平上。这是因为虽然生产要素价格提高了,生产成本增加了,但企业家预期的商品价格也会保持在较高水平上,从而利润不会减少。如果货币利率这时仍保持在低于自然利率的水平上,那么,还会使价格水平不断地、累积性地上涨。这是因为企业家的获利动机将驱使他们不断地扩张生产,增加投资,从而,生产要素以及消费品需求将继续保持旺盛的水平,而与此同时,消费品的生产和供给将日益缩减,投资与储蓄和总需求与总供给的缺口将越来越大。结果,价格水平将涨了又涨。乐观的预期对价格的上涨也起着推波助澜的作用,企业家扩张生产的欲望将更加强烈,总需求与总供给的缺口将进一步扩大,价格水平将上涨得更快。同样,也可以按照与以上相反的趋势来描述价格水平下跌的累积过程。

维克塞尔首次把利率区分为货币利率与自然利率,这在西方经济学说史上具有开创性的意义。在传统的古典经济学中,利率就是指的资本实物利率,货币利率被看作实物利率的货币表现形式,两者实为同一个东西。其理由是,人们借入货币不是为了货币本身,而是为了用货币购买物品和劳务。因此,名为借入货币,实为借入实物,货币只是达到这个目的的手段。维克塞尔不同意传统经济学的利率观点。他认为货币利率与资本利润(即自然利率)不是同一个东西,货币利率决定于金融当局,自然利率决定于资本边际生产力。它们的关系是,在均衡时,两者相等;不均衡时,两者不等。自然利率与货币利率的区分是维克塞尔累积过程学说的基石,也是他对西方经济学作出的最重要的理论贡献。其次,维克塞尔还讨论了经济要保持均衡必须满足的三个条件:(1) 货币利率等于自然利率,即资本的边际生产力;(2) 资本的需求等于资本的供给,即投资等于储蓄;(3) 商品价格水平稳定不变。按照维克塞尔的观点,这三个均衡的条件是密切相关的,只有当它们同时得到满足时,经济才能达到均衡。也就是说,只要其中一个条件未得到满足,经济就失去均衡。维克塞尔还暗示,在这三个条件中也存在因果关系,第一个条件制约着第二个条件,而第二个条件又是第三个条件的决定因素。具体地说,如果货币利率偏离了自然利率,投资就不等于储蓄,从而价格水平就要发生变动。之所以存在这种关系,是因为企业家是以追求最大利润为目的的。只要货币利率低于自然利率,超额利润就会产生。这时企业家就会增加对资本的需求,投资就要大于储蓄。这种趋势又导致对生产要素和商品需求的增加,在供给不变条件下,价格水平就必然呈上涨的趋势。反之,当货币利率高于自然利率时,亏损就发生了。这时,企业家被迫缩减生产,减少对资本的需求,从而投资将小于储蓄。这种情况必然使生产要素和商品需求趋于下降,从而加大了价格水平下降的压力。在上述三个条件中,第一个均衡条件即货币利率与自然利率的关系具有决定性的意义。维克塞尔虽然规定了经济均衡的条件,但他认为在现实经济中均衡是暂时的,不均衡才是常态。他所描述的价格水平累积过程就是一个不均衡的运动过程。他的意图是要建立一个经济均衡的标准,通过这个标准,以探寻经济波动的原因、方向和程度。

对于影响自然利率和货币利率的因素,维克塞尔也做了分析。他认为自然利率决定于资本的边际生产率以及工资和租金水平。由于技术条件和社会条件经常发生变动,资本边际生产力不是固定不变的,因而,自然利率也是一个可变的量。其次,在资本生产力为一定时,工资和租金水平的高低也会直接影响自然利率。工资和租金水平越高,则归于资本家的利息就越低,反之则反是。而工资和租金水平取决于固定资本和流动资本的现有存量以及劳动和土地的供求关系,这些因素是可变的,因此,工资和租金水平可变从而自然利率也是可变的。与自然利率不同,货币利率则决定于银行当局,它可以根据经济情况和信贷能力随时对之作出调整。"所以,这两个利率准确的吻合是不会有的。"①它们变动的特点是,"平均自然利率的变动(以大数法为根据)是持续的,不间断的,而货币利率则大都只是在不连续的,突跃的方式下作譬如千分之五或百分之一的提高或降低。"②当货币利率与自然利率不一致时,投资与储蓄就不相等,于是,价格水平的变动就发生了。

需要说明,维克塞尔所描述的累积过程不是关于产量和就业的累积过程,而仅是价格水平的累积过程。这是因为,他是在充分就业假定下进行分析的。在《利息与价格》和《国民经济学讲义》书中,他反复强调了这个假定③。这一方面反映了维克塞尔研究的重点是寻找价格水平变动的原因;另一方面,也反映了他还没有完全摆脱古典经济学的束缚。

三、对凯恩斯的影响

维克塞尔建立累积过程学说,目的是为了给他的政策建议提供理论依据。根据维克塞尔累积过程理论,导致价格水平波动的主要原因是货币利率与自然利率的偏离。因此,要稳定物价,其关键在于采取有效措施,使得两种利率趋于一致。但维克塞尔认为,自然利率的变动是无法人为控制的,它是由客观因素决定的,因此使两种利率一致的唯一办法就是调节货币利率,它是在中央银行的控制范围内的。中央银行可以根据一般物价水平来通过调节市场利率以适应自然利率的变动,使其两者保持一致。这就要求国家要对利率进行干预。这就开启了凯恩斯通过货币政策对经济进行国家干预政策的先河。

---

① 维克塞尔:《利息与价格》,蔡受百等译,商务印书馆1982年版,第86页。
② 同上书,第86—87页。
③ 同上书,第73、116页;维克塞尔:《国民经济学讲义》,刘洁敏译,上海译文出版社1983年版,第376页。

第十二章 维克塞尔与凯恩斯：新古典经济学范式的修正

为了使银行更加灵活地调节利率，保持价格水平稳定，维克塞尔建议在国际范围内取消金本位制，实行纸币本位制。他提出，"银行券或用一个更一般的名称银行货币，实无疑是货币制度应该努力实现的理想。……它既能保持货币价值在空间上的稳定，又能保持货币价值在时间上的稳定。"[①]此外，实行纸币本位制可以避免黄金的浪费："使用像黄金这样贵重的材料作为货币，实是纯然的浪费。世界的铸币估计有四百亿克朗之多，假如供给工业使用，自然能得到更大的利益。"[②]他预言，一旦实行纸币本位制，金本位制将会成为历史的神话[③]。这一主张也为凯恩斯所继承，发展为货币名目论。

维克塞尔的累积过程理论第一次把处于分离状态的传统经济理论和货币理论融为一体，为现代货币经济理论的创立作了成功的尝试。在维克塞尔以后创立和发展的现代货币经济理论都或多或少地受到维克塞尔理论的影响，特别是凯恩斯，不论是他前期的著作《货币论》还是他后期的著作《就业、利息和货币通论》，都不同程度地受到维克塞尔理论的启发和影响。

维克塞尔还是第一个现代宏观经济均衡体系的建立者。传统经济学普遍信奉供给自行创造需求的萨伊定律。根据这一定律，谈论总需求与总供给是毫无意义的，因为储蓄与投资通过利率调节总是会达到一致的，总供给恒等于总需求。这样，建立宏观经济均衡体系的可能性就被排除了。而在维克塞尔理论分析中，由于货币利率与自然利率经常不一致，储蓄就不会始终等于投资，从而，总需求不一定等于总供给。当货币利率低于自然利率时，投资将大于储蓄，总需求大于总供给，经济将处于膨胀阶段；反之，当货币利率高于自然利率时，投资小于储蓄，总需求小于总供给，经济将处于收缩阶段。如果我们把维克塞尔的自然利率看作类似于凯恩斯的资本边际效率，把他的货币利率看作类似凯恩斯的债券利率，那么，就可以说维克塞尔的累积过程学说就类似于凯恩斯的有效需求理论。维克塞尔建立的累积过程学说实际上是一个宏观经济的均衡体系，凯恩斯的理论在时间上则要比维克塞尔晚的多。从这一意义上可以说，维克塞尔是现代宏观经济均衡体系的最早创始人，凯恩斯就是在借鉴、吸取维克塞尔理论和分析方法的基础上，建立了一套宏观经济理论体系的。

---

① 维克塞尔：《国民经济学讲义》，刘洁敏译，上海译文出版社1983年版，第400—401页。
② 同上书，第400页。
③ 维克塞尔：《利息与价格》，蔡受百等译，商务印书馆1982年版，第26页。

第二节 "凯恩斯革命"与凯恩斯经济理论的发展

约翰·梅纳德·凯恩斯(1883—1946),出生于一个学者与文官相结合的家庭。父亲内维尔·凯恩斯曾任剑桥大学大学部注册科主任,并著有《政治经济学的范围与方法》一书。母亲弗洛伦斯·布朗曾任剑桥市参议员和市长。1902—1906年凯恩斯曾在剑桥大学学习数学,为了应付大学毕业后的文官考试,他跟马歇尔学习经济学,并深得马歇尔的赏识。1906年他大学毕业后,通过文官考试,在英国统治印度的印度事务部任职。1908年,应马歇尔邀请回剑桥大学讲授经济学原理、货币理论,并兼任该校皇家学院研究员。1909年因他的最初著作《指数编制方法》而获亚当·斯密奖,1911年担任《经济学杂志》主编,直到去世。除从事学术研究外,还从事过许多政治活动。如1929—1931年任国家财政与工业调查委员会委员,1930年又任内阁经济顾问委员会主席。1940年被任命为财政部顾问,成为英国战时财政体制制度建立者之一。第一次世界大战后,他又充任该部驻巴黎和会的代表,嗣后成为财政大臣顾问团的顾问和英格兰银行的董事。1944年,率领英国代表团参加在布雷顿森林举行的国际货币会议,在创立国际货币基金与世界复兴和开发银行两个机构中作出贡献,并兼任这两个组织的董事。1945年,他以英国代表团团长的身份参加英美贷款会议,获巨额美国贷款。除政治活动外,他还从事一些商业经营活动。凯恩斯的著作很多,重要的有《印度的通货和财政》(1913)、《货币改革论》(1923)、《货币论》(1930)、《自由放任主义的终结》(1926),最重要的是1936年出版的《就业、利息和货币通论》(以下简称《通论》),此书创立了凯恩斯主义的基本原理,成为西方经济学中的经典著作。

一、《通论》的特点

凯恩斯撰写《通论》的目的是要颠覆古典经济学的经济理论,他认为古典经济学是建立在充分就业的均衡状态这一前提下的,因而仅是"特例",即仅在充分就业时适用。凯恩斯自己的"总有效需求"的一般理论则适用于非充分就业和资源未充分利用时期,凯恩斯认为这种情况可能会无限期存在。

强调未来的不确定性是《通论》的一大特点。凯恩斯强调他是在未来不确定假定下建立了自己的理论体系的。他把资本主义的不稳定性归咎于投资者的恶劣行为。《通论》创造的宏观经济学模型基本上是以金融不稳定假说为基础的。他批评新古典经济学的分析方法是在分析经济问题时,假定当时的事实和预期的未来情况都是确切知晓的。各种风险能够计算出它的概率。在这些假定的已知情况下,消费者可以根据确知的情况进行消费选择,以期达到最大的满足;而资本家则冒最小的风险来实现最大的利润。对新古典经济学的这一分析方法,凯恩斯不以为然。他说"当我们进行预期时,把根本不能确定的因素看得过重是愚蠢的。"[1]凯恩斯在《通论》中抱怨在经济危机期间为了获得流动性而抛售股票的投资者的非理性的短期"动物本能的情绪",并分析这种"非理性心理的波动"将严重损害长期预期[2]。由于凯恩斯认为对未来"我们可能知之甚少,或者只有很模糊的认识"[3]而不确定,所以传统的古典经济学的分析方法并不适合于对现实经济的分析。

在上述分析的基础上,凯恩斯提出了有效需求不足原理。有效需求不足原理是对总需求恒等于总供给传统教条的否定。凯恩斯提出储蓄增长能减少收入并减缓经济增长,在激励投资方面,消费比生产更为重要。因此,不是供给决定需求,而是需求创造自己的供给。这一说法被一些西方学者称之为"凯恩斯定律"。凯恩斯认为有效需求一般是指有支付能力的需求,他考察的是社会的总需求,他是用总供给函数和总需求函数的交叉点来加以说明的,其含义是指商品的总供给价格和总需求价格达到均衡状态时的总需求,即总需求和总供给相等时的社会总需求。有效需求决定社会总就业量和产量水平,而有效需求的直接决定因素是消费和投资。消费取决于当前的收入量和消费倾向,消费倾向的强弱又取决于平均消费倾向和边际消费倾向的高低。投资决定于利率和资本边际效率(资本家预期的利润率),利率又取决于灵活偏好(在各种不同环境下的人们愿意以货币形式来保持一部分财富的心理动机)和货币量;灵活偏好取决于交易动机、谨慎动机和投机动机。资本边际效率取决于预期收益和资本资产的供给价格或重置成本。由此可见,在其他条

---

[1] 约翰·梅纳德·凯恩斯:《就业、利息和货币通论》,宋韵声译,华夏出版社 2005 年版,第 115 页。
[2] 同上书,第 125 页。
[3] 同上书,第 115 页。

件既定情况下,有效需求最终取决于边际消费倾向、资本边际效率、货币数量和灵活偏好。在这里,凯恩斯通过对人们主观心理分析,提出了三个基本心理规律,即消费倾向、资本边际效率和灵活偏好心理规律。他断言,有效需求不足主要是这三个基本心理规律的作用造成的。一方面,随着收入的增加,消费也会增加,但消费的增加往往不如收入增加的那么快,这就导致了消费需求不足;另一方面,人们对未来预期的不确定,引起灵活偏好的加强,抑制利率的下降。利率的粘性和预期资本收益的下降交织在一起,就导致了投资需求的不足。

凯恩斯的理论强调国家对经济的干预,结束了传统的经济自由主义。《通论》的目的就在于诊断危机和失业的根源,并提出相应的救治之策。他认为危机和失业主要起因于私人投资和消费不足而造成的有效需求不足,那么政府就应实施一系列旨在提高有效需求的政策,即通过刺激和鼓励消费,来提高消费需求。他又认为,消费倾向是相对稳定的,危机与失业又主要是由于投资需求不足造成的。因此,他呼吁国家在经济衰退期间,应主动负起投资之责,采取高度扩张的财政和货币政策并实行投资社会化,直至繁荣恢复。只要有必要,政府就应干预市场。他强调加强对通货管理,通过降低利率的政策,增加投资需求。为此,凯恩斯提出金本位是有缺陷的,因为它缺乏弹性,没有能力适应不断扩张的经济需求,故主张实行有管理的不兑现纸币制度。

在《通论》中,凯恩斯除否定总需求恒等于总供给的传统教条外,还认为消减工资不能减少失业,反而会降低有效需求,增加失业。新古典经济学认为,在严格意义上说,非自愿失业是不存在的,所有失业人员都可以通过接受一个较低的工资来实现就业。凯恩斯认为,工人的工资是有效需求的重要组成部分,工资降低势必影响到总产量的变动。因此,即使工人愿意接受较低水平的工资,非自愿失业也是不可避免的。

二、短期比较静态的总量分析方法

在经济分析的方法上,《通论》采用的是短期比较静态的总量分析方法。它试图从国民收入均衡的原理出发,对失业的原因进行分析,所采取的方法不是传统的个量分析,而是总量分析。个量分析是对国民经济中个别单位经济行为进行的分析,比如分析一个企业单位所生产的产品的供给、需求和价格之间的关系,探讨一个企业所生产的商品的市场价格,是否能够以最低的成本生产出来,使本企业能够实现可能的最高利润这类问题。它不分析整个社会的生产品是否能够按照有利的价格通通销售出去,因而也就不涉及凯恩斯时代所出现的失业和生产过剩的危机这一尖锐的经济问题。为了说明出现失业和危机这类宏观问题,就必须从个量分析转到总量分析,即分析整个社会的总供给、总需求和总价格的关系,着重探讨整个社会所生产的商品在市场上所实现的总价格,是否能够保证企业家收回他们所花费的生产要素的成本和获得预期的利润问题。《通论》正是出于这种需要而采取总量分析的方法,着重分析国民收入。由于应用了总量分析的方法,凯恩斯指的产量、就业量、收入、需求、价格、消费、投资和储蓄等概念,一般都是指社会的总量而言。凯恩斯认为,国民收入就是社会产品的总价格,它取决于社会对生产品的总需求,具体地说,就是社会对消费资料的需求(消费需求)和对生产资料的需求(投资需求)。他断定,国民收入不能增加的原因,从而出现失业的原因,就在于消费需求和投资需求的不足。

  凯恩斯在考察收入、就业等总量时,仅限于短期分析。所谓"短期",是指当需求增加从而价格提高后增加的供给,不是依靠增加和改良设备(这需要较长时间),而是依靠原有设备、增加人工和原料而取得的。在这种情况下,每增加一单位商品所增加的成本即边际成本,一般比以前高,从而商品价格在扩大了的供给和增加的需求重新达于均衡时,也将比需求未增加前更高。如果是长期分析,商品的价格则一般可能会降低,因为改良的设备会降低生产成本。

  凯恩斯的总量分析采用的是比较静态分析,它既不同于传统的动态分析,也不同于传统的静态分析。例如,商品的价格是由商品的供给与需求决定的,在这里,商品的价格、供给与需求都不是常数而是变量。静态分析是研究这些变量如何达到均衡值,动态分析是研究由一个均衡走向另一个均衡的过程中所有变量的时间轨迹。而比较静态分析则要研究独立于上述三个变量之外的某些基本事实的变动对于三个变量均衡值的影响。如人们对商品的未来价格变迁的预期就属于这种基本事实,它会使今天商品的需求量、供给量和价格向着不同方向变动。如果人们预期明天的商品价格会涨高,就会争相购买,今天商品的需求就要增加,供给就要减少,价格就要上升;反之则相反。其他如人口的变化、技术的改良等,也是属于会影响三个变量的均衡值的基本事实。在《通论》中,他着重研究了这些相关因素对未来商品价格和投资收益的预期及其对经济关系发生的影响。

三、三个心理规律

凯恩斯认为有效需求不足是由消费需求不足和投资需求不足造成的,而消费需求和投资需求的不足又主要是由三个心理规律——消费倾向规律、资本边际效率规律和流动偏好规律所决定的。

凯恩斯认为,个人收入不变时,短期间的利息率的变动,不至于直接影响他的消费量。很少有人因为利息率从五厘下降到四厘,因而改变了生活方式的。凯恩斯否定消费和利息率之间的函数关系,认为收入是决定消费支出的基本因素。他认为,就整个社会来说,消费需求取决于收入水平。即一般而论,总消费量主要是决定于总收入。这里的消费和收入,凯恩斯指的是消除物价变动影响的真实消费和真实收入。在目前的宏观经济中,总收入不但指的是真实收入,而且是纳税后消费者所有的可支配收入。因为它同消费的关系最直接。

他把消费支出与收入水平间的函数关系称为消费倾向。他认为消费倾向是一个比较稳定的函数。"在一般情况下平均说来,当人们收入增加时,他们的消费也会增加,但消费的增加不会像收入增加得那么多。这就是说,如果用 Cw 代表消费量,用 Yw 代表收入(两者皆以工资单位计算)。那么 ΔCw 和 ΔYw 会有相同的正负号,但前者小于后者,即 dCw/dYw 为正值,但比值小于1。"[①]人们在处理收入时,除用于消费外,剩下的便用作储蓄,他把储蓄确定为"未消费的收入"。消费倾向规律的正常值既然是 $0<dCw/dYw<1$,故随着收入的增加,储蓄在其中所占的比重越来越大。在这里,消费量与其相应的国民收入之比(即 Cw/Yw)被称为平均消费倾向。消费量的增量和国民收入的增量之比($\Delta Cw/\Delta Yw$)被称为边际消费倾向。消费函数所表示的事实是:当国民收入增加时,边际消费倾向总是小于1。凯恩斯认为,在长期内,随着国民收入增加的继续,真实收入量愈大时,收入与消费间的差距愈来愈大。因为各个家庭一般是首先满足基本生活需要,然后当收入继续增加时,才开始增加储蓄的。也就是说,当一个社会变得比较富裕起来时,边际消费

---

① 约翰·梅纳德·凯恩斯:《就业、利息和货币通论》,宋韵声译,华夏出版社2005年版,第76页。

倾向是下降的,从而平均消费倾向也是下降的。从这里可以归结出一个基本结论,即投资是就业的重要决定因素。

凯恩斯认为投资的大小取决于投资的诱导,诱导越大,投资越大;反之则反是。投资诱导等于资本边际效率与利息率的差额。什么是资本边际效率?他认为,投资收益是属于未来收益,需要把这些未来收益折成现值,以便与资产的重置成本相比较,而折成现值要求有一个折现率,资本的边际效率便是这样一种折现率:"如果一笔钱被投资于购买新近生产出来的资产,那么资本边际效率即取决于这笔钱的预期的收益率。"①简言之,资本边际效率就是增加一笔投资预期可以取得的利润率,即预期利润率。它的大小取决于两个因素:机器等设备的市场价格和预期收益,也可以把资本边际效率理解为预期利润率。投资的诱导等于预期利润率与利息率之间的差额,只有当预期利润率至少等于利息率时,资本家才肯投资。否则,如果预期利润率小于利息率,资本家就宁可把资本存放在银行里,以便取得较高的利息收入。用同样的方法可得出各类资本资产的边际效率,其中最大者就是一般资本的边际效率。他认为资本边际效率会随着投资的增加而递减。这是因为投资越多,对资本设备的需求越多,资本设备的价格越高,为添置资本设备而付出的成本也就越大,所以投资的预期利润率将下降;其次,投资越多,产品未来的供给越多,产品的未来销路会受到影响,同样会导致预期利润率的下降。假定现在支付出去的设备的价格为100元,而一年以后的预期收益为110元,那么,这意味着用现在的100元可换取明年的110元。这个资本家的预期利润率为10%,也就是资本的边际效率。

凯恩斯所说的"流动性"是指一种资产在不损害其原有价值的条件下,从一种形式转移到另一种形式的难易程度(主要是变成现金的难易程度)。流动性最大的是现金,其次是商业票据、有价证券等,至于机器、厂房等很难一下子不亏本而脱手变成现金,因此流动性很低。凯恩斯认为人们之所以手中愿持有一定的现金,是根源于三个心理上的原因和动机,即:交易动机(人们把现金放在手中是因为购物的方便)、谨慎动机(为了应付意外而在手中存放现金等)和投机动机(即手中存放一定量的现金,以便及时抓住机会来为自己谋取利益,如投机于债券)。凯恩斯把上述人们愿意保留灵活的现金于手中

---

① 约翰·梅纳德·凯恩斯:《就业、利息和货币通论》,宋韵声译,华夏出版社2005年版,第106页。

的心理动机称之为"流动偏好"(或译为"灵活偏好")。他认为每个人或企业都会由于上述三个动机所造成的流动性偏好而在手中存放一笔货币。把社会上一切人和企事业单位所存放的货币加在一起便构成了社会的货币需求。人们心理上的流动偏好越大,货币需求(量)也越大;反之,则越小。利息则是人们在一个特定时期内放弃流动偏好的报酬,即把货币贷给别人,就应当给予报酬,即付给利息,以弥补他对流动偏好的放弃。而利息率是由货币需求和货币供给决定的。流动偏好是货币的需求,货币数量是货币的供给,所以在货币数量不变时,利息率决定于流动偏好。由于人们对于货币的流动性具有偏好,必须取得一定利息才肯贷出,所以,利息率总会保持一定的高度。或者说,流动偏好的作用会使利息率不能降得太低。

四、边际消费倾向与乘数原理

凯恩斯在强调投资对就业量和收入变动的作用时还提出了"乘数原理"。所谓"乘数原理"(或译为"倍数原理")就是指在投资与收入之间、投资与就业之间存在的一种乘数关系。投资与收入之间的比例关系叫做"投资乘数";投资与就业之间的比例关系叫"就业乘数"。乘数的大小,直接取决于边际消费倾向数值的大小(即这种新投资所直接引起的收入究竟以什么比例来增加消费)而定,边际消费倾向愈大,则乘数之值愈大。所以,"乘数原理"是建立在边际消费倾向概念的基础上的。

他还建立了一个以边际消费倾向为基础的投资乘数论。他认为,投资和收入之间存在倍数关系,一定量的新投资通过乘数的作用可以带来多倍的收入,用公式表示就是:$\Delta Y = K \Delta I$(式中:ΔY是收入增量;ΔI是投资增量;K是投资乘数),投资乘数是1减边际消费倾向的倒数($K = 1/1 - \Delta C/\Delta Y$),即边际消费倾向越小,投资乘数越小;反之,投资乘数就越大。因此,他提倡刺激消费,通过国家实行赤字预算以扩大政府支出的办法,来增加收入和就业。

他为了用数字来说明投资数量同就业和收入大小之间的依从关系,还提出了乘数方程式。设Y代表收入,C代表消费,I代表投资,S代表储蓄;ΔY代表收入增量,ΔC代表消费增量,ΔI代表投资增量,则$\Delta C/\Delta Y$表示边际消费倾向。以K代表投资乘数,则K是一定投资增量(ΔI)同由此引起的收入增量(ΔY)之间的比例关系。

收入增量＝投资增量＋消费增量（$\Delta Y = \Delta I + \Delta C$）故：

$$K = \frac{\Delta Y}{\Delta I} = \frac{\Delta Y}{\Delta Y - \Delta C} = \frac{\Delta Y / \Delta Y}{(\Delta Y - \Delta C)/\Delta Y} = \frac{1}{\frac{\Delta Y}{\Delta Y} - \frac{\Delta C}{\Delta Y}} = \frac{1}{1 - \frac{\Delta C}{\Delta Y}}$$

举例来说,假定边际消费倾向为 4/5,则投资乘数就为

$$K = \frac{1}{1 - \frac{\Delta C}{\Delta Y}} = \frac{1}{1 - \frac{4}{5}} = 5$$

这说明投资 100 万美元,那么,这 100 万美元将成为生产这些投资物的人们的收入；这些人将其增加的收入的 4/5,即 80 万美元($100 \times 4/5$)用来购买消费品,于是这部分又成为另一些生产这些消费品的人们的收入；他们又会将其 4/5,即 64 万美元($100 \times 4/5 \times 4/5$),再购买消费品,于是它又成为另一些生产这些消费品的人们的收入……这样继续下去,原始投资虽然只增加了 100 万美元,但把所有这些派生收入加在一起,却可以得到 500 万美元的收入。这可用下面的算式表示出来[①]：

$$100 + (100 \times \frac{4}{5}) + (100 \times \frac{4}{5} \times \frac{4}{5}) + \cdots$$
$$= 100\left[1 + \frac{4}{5} + \left(\frac{4}{5}\right)^2 + \cdots\right] = 100\left[\frac{1}{1 - \frac{4}{5}}\right] = 500$$

在这里,500 万美元是 100 万美元的 5 倍,所以倍数(即乘数)为 5。在凯恩斯看来,增加一笔投资,最终引起的总收入的增加额,不仅包括因增加这笔投资而直接增加的收入,而且也包括间接引起的消费需求的增加而增加的收入。这样得到总收入增量和投资增量之比,称为投资乘数。边际消费倾向的数值越大,乘数数值也越大。

凯恩斯认为以上投资乘数的说明也适用于就业乘数 K_1,如果投资品工业的总供给函数与消费品工业的总供给函数无重大不同,则 $K = K_1$。也就是说,投资乘数与就业乘数是相同的。投资增加使收入增加几倍,就业也增加

[①] 这里运用的是数学中等比无穷极数求和的公式：即 $1 + r + r \cdots + r + \cdots = 1/1 - r$。式中 $r < 1$。应用于目前例子,r 为边际消费倾向,如前所述,其数值大于零但小于 1。

几倍。所以,只要设法增加投资,就可以提供充分就业。但这种投资乘数的作用,只有在具备以下的条件时才会发生:首先,消费函数,即收入与消费之间的关系,在相当长时期内是稳定的,而且边际消费倾向将小于1。因为,如果边际消费倾向为1,投资乘数将是无穷大,这显然是荒谬的。第二,在生产技术条件不变的假定下,投资增加,只有在具有一定数量的劳动力可以被利用时,才能使产量和收入增加;第三,要有一定数量的存货可以利用。如果只是生产设备不足,在一定限度内可以靠多雇佣劳动力来替代。如果是其他重要物资供给不足,乘数作用就会发生障碍。这时,虽然可以通过进口或限制出口来满足由于投资增加所造成的对投资品和消费品的追加的需求,但需要具备以下条件:一国有充足的外汇储蓄,或者有把握从国外取得足够的信贷,而且还要能够对世界市场上的价格施加有力的影响。所以,在物资短缺的情况下,投资的乘数作用是难以发挥的。凯恩斯对他的"乘数原理"予以了很高的评价,他说:"有了乘数原理,我们就可以解释为什么当投资量变动时,即使投资量在国民收入中只占很少的比例,总就业量与总收入的变化幅度也会远远超过投资量本身的变化。"[①]

五、经济政策观点

按照凯恩斯的理论,上述三个心理规律影响总需求的过程如下:首先,按照消费倾向规律,随着社会收入的增加,增加的收入中消费所占的比例越来越小,于是引起对消费需求不足。其次,就投资需求来说,厂商投资是决定于对投资获利性的估计,也就是说决定于资本预期利润率,即资本边际效率和利息率之间的差额,这个差额越大,即利润越大,厂商越愿意投资。但由于流动偏好的作用,利息率不会降得太低,而另一方面又存在资本边际效率递减的趋势,这样,对投资的吸引力减少,引起投资需求的不足。在有效需求不足且充分就业实现以前,不管是消费品还是投资品的生产都不能继续增加,这就造成了"非自愿失业"。

由于消费倾向规律的作用,消费品的有效需求与总供给价格之间存在的缺口增大,同时,由于消费倾向是一个比较稳定的函数,在收入不变时,消费需求也是相对稳定的。因此,凯恩斯特别强调投资的重要作用,认为投资是

[①] 约翰·梅纳德·凯恩斯:《就业、利息和货币通论》,宋韵声译,华夏出版社2005年版,第94页。

填补上述缺口、扩大就业量的主要因素。但如上所述,在资本边际效率递减规律和流动偏好规律的作用下,资本预期利润率和利息率之间的差额不足以诱使厂商继续扩大投资。就是说,在自由竞争的条件下,通过市场调节所实现的总需求和总供给的均衡一般不能达到充分就业的均衡。凯恩斯认为要实现充分就业,扩大国民收入,就必须由国家出面干预经济,如国家通过扩大财政支出,通过举办公共工程等方式,增加投资需求,使总需求和总供给的均衡达到充分就业的均衡。在《通论》中凯恩斯得出了一个对古典经济学具有毁灭性打击的结论:资本主义市场不存在一个能把私人利益转化为社会利益的"看不见的手"。这个结论既是其经济理论的核心,又是其经济纲领的逻辑起点。他认为依靠新古典经济学描述的自发市场力量,资本主义危机和失业不可能消除,只有依靠一只"看得见的手"即通过政府对经济的全面干预,资本主义才能摆脱萧条和失业。"为了调节消费倾向和投资诱导使之互相适应,政府机能必须扩大。"①

  财政政策是凯恩斯国家干预经济政策主张的重心。所谓财政政策是指政府有意识、有目的地通过国家财政岁入(收入)和岁出(支出)活动来影响有效需求(或国民收入)和总就业水平的政策。凯恩斯执行财政政策的手段主要有举债支出,即政府用举债方式进行投资事业和弥补其他预算项目的赤字,它包括一切政府举债的净额。用举债方式兴办资本项目,能增加投资;如果用于弥补其他财政项目的赤字,则为负储蓄,能增加消费倾向。因此,举债支出能够提高有效需求,增加总就业量。他甚至提出:"如果我们的政治家们由于受到古典学派经济学的影响太大,想不出更好的办法,那么建造金字塔、地震甚至战争都可以起着增加财富的作用。"②凯恩斯还主张政府直接举办公共工程,或政府投资于非生产部门甚至是公共浪费开支来刺激有效需求。他说:"如果财政部把用过的旧瓶子装满钞票,然后选择适当的深度,把这些旧瓶子埋在废弃的煤矿中,再用垃圾将煤矿填满,选择自由放任的原则,让私人企业再把这些钞票开采出来(通常的办法是通过招标来取得在填平的钞票区开采的权利),如果这个计划能够实现的话,失业的问题就解决了。如果能够这样的话,一个社会的实际收入和资本

---

① 约翰·梅纳德·凯恩斯:《就业、利息和货币通论》,宋韵声译,华夏出版社2005年版,第292页。

② 同上。

财富,大概要比现在大得多。当然建筑住宅或类似的东西会更切合实际一些。"①为了扩大社会的开支,凯恩斯对于私人性浪费持一种赞同的态度。他捍卫英国医生伯纳德·曼德维尔的讽喻诗《蜜蜂的寓言》一书中提出的"奢侈有利,节俭有害"的观点,主张国家应实行刺激私人消费的政策。凯恩斯主张国家干预经济进行投资,但反对经济国有化,也反对强加价格——工资管制和对供给和需求的微观基础进行干预,他提出的国家调节经济的方针是:"国家必须通过赋税制度,部分通过利息率的涨落,部分通过其他手段来施予引导作用。"②这一国家干预和市场竞争相结合的经济被后来西方经济学家称为"可调节的资本主义"或"混合经济"。他还主张用赋税政策来缩小收入分配差距,可以增加消费需求和提高就业水平。在战后,税收政策成为凯恩斯学派财政政策的重要组成部分,即通过变更税率,调整有效需求,稳定国家的经济。

在货币政策上,凯恩斯主张国家应废除金本位制,认为不兑现纸币有利于增加货币供应量以实施积极的货币政策来调节经济。货币政策的内容是由国家的中央银行有意识地变动货币数量和利息率,以影响经济活动。但货币政策的作用有限,国家干预经济应以实施财政政策为主。

举债支出,赤字财政,扩大货币供应量,会不会引起通货膨胀?这里涉及一个货币数量与物价的关系。凯恩斯认为,货币量的变动对物价的影响,并不像旧货币数量说所说的有着直接的关系,而是首先通过流动偏好影响利息率,然后对物价水平的变动发生间接的影响。具体来说,货币量的增加首先是降低利息率,随着利息率的降低,厂商预期纯利润率(资本边际效率)相对提高,投资品的需求增加。投资需求增加,乘数作用将国民收入按照一定的倍数增加。随着国民收入的增加,消费品的需求增加,在非自愿失业存在的条件下,如果社会还存在未被充分利用的资源,供给会增加。需求增加使价格上涨,供给扩大则会使价格下降。当总产量和就业量增加时,物价是否随货币量的增加而上涨,要看有无多余的生产设备、失业人员和未被充分利用的其他生产资源而定。这可能发生三种不同情况:(1)当有未被充分利用的生产设备、资源和失业存在时,因货币量增加而增加的有效需求只会使就业

---

① 约翰·梅纳德·凯恩斯:《就业、利息和货币通论》,宋韵声译,华夏出版社 2005 年版,第 100 页。
② 同上书,第 290 页。

量作同比例的增加,并不影响物价;(2)当未被利用的生产设备、资源逐渐减少和就业量逐渐增加时,物价会随有效需求的增加而逐渐上涨,但物价上涨速度会小于货币量的增长率;(3)当充分就业一经达到,则物价会随货币量的增加而作同比例上涨。因此,大量失业存在时,实行扩大政府投资,增加货币数量,降低利息率,刺激消费等措施,即使造成财政赤字,也能提高有效需求,扩大生产,减少失业,而不必担心通货膨胀。

凯恩斯革命在经济学理论的主要突破是否定了古典经济理论的理论前提——萨伊定律及其结论,否认了市场机制作用下的均衡是资本主义经济的理想常态,把经济学从微观领域引入宏观领域,使宏观理论和微观理论有了明确的分野,在政策上强调国家干预经济作用。战后,凯恩斯的理论又进一步发展为一门新的经济学科——宏观经济学,并形成了一套较为完整的宏观经济调控的政策措施。

第三节　凯恩斯经济理论的发展

一、希克斯-汉森综合

约翰·希克斯(1904—1989)作为牛津大学教授,1972年分享了诺贝尔经济学奖。在《通论》出版一年后,希克斯发表了一篇重要的论文《凯恩斯先生和古典学派:一个暗含的解释》。希克斯指出凯恩斯的利息理论以及其均衡国民收入理论是不确定的。在凯恩斯看来,利率是由流动性偏好(对货币的需求)和货币供给决定的。那么投资水平就是已知的。投资支出和消费支出一起决定了总支出,并从而决定了国民收入水平和国内产出。希克斯认为凯恩斯的流动性偏好本身又取决于国民收入的水平。在较高的收入水平上,人们希望持有更多的货币来购买可以得到的更大数量的产品和服务。他们对货币拥有一个较大的交易需求。因此,收入水平取决于利率(通过投资),利率又取决于收入水平(通过流动性偏好)。希克斯提出了解决这一不确定性的一种方式,发展了一个统一的经济模型,将凯恩斯和古典学派的观点综合到了一起,成为新古典综合派的代表性人物。

1949年美国经济学家阿尔文·汉森(1887—1975)出版了他的《货币理论与财政政策》和《凯恩斯入门》,在这两部书中,汉森在希克斯模型的基础上提出了IS—LM曲线模型,对凯恩斯的经济学进行了创造性的解说,并对现代宏观经济学的传播与发展产生了深远的影响。他认为利率的决定主要受制于四个因素：(1)投资需求函数；(2)储蓄函数；(3)流动性偏好函数；(4)货币供给量。所以,利率决定理论应包括对这些要素的分析。他首先把收入水平作为一个变量引入了资金供给函数,进一步建立了资金供给与收入的函数关系,于是得到了一组在不同收入水平下的资金供给曲线。接着又把这组资金供给曲线与投资函数曲线相结合,导出了希克斯的投资储蓄曲线IS。IS曲线表示的就是I=S(即投资等于储蓄)的均衡状态下利率与收入之间的关系。汉森又把收入水平作为一个变量引入了凯恩斯利率理论中的流动性偏好函数,建立了流动性偏好的收入函数,并由此给出了一组在不同收入水平下的流动性偏好曲线。汉森把这一组流动性偏好曲线同由金融当局控制的货币供给量结合起来,从而得到了希克斯的所谓LL曲线,因为它导源于流动性偏好与货币供给这两者间均衡关系,故更名为LM曲线,以表示货币供给与货币需求相均衡状态下的利率与收入之间的关系。

汉森认为,IS曲线和LM曲线都是关于收入和利率的变量。因此,收入和利率同时决定两条曲线的交点。在这个交点(即均衡点)上,不仅投资与储蓄处于均衡状态,而且货币供给与货币需求也处于均衡状态。也就是说,利率不仅决定于投资与储蓄的均衡状态,而且也决定于货币供给与货币需求的均衡状态。IS—LM模型表明,利率是由投资、储蓄,货币需求、货币供给共同决定的,与国民收入紧密相关。因此,利率的变动是商品市场和货币市场状况的综合表现,当前的经济形势和对未来的预期都可以通过利率及时、灵敏、全面地反映出来。这样,中央银行就可以把利率作为货币政策的中介目标,在实施货币的政策时,盯住利率来进行操作。例如,当利率升高时,表明经济处于紧缩状态,中央银行就该放松银根,扩大货币供应量以降低利率,刺激经济增长。IS—LM曲线模型特点是从商品市场和货币市场(即整个经济)的全面均衡状态去阐述利率和国民收入的决定,加入了国民收入因素,把国民收入放在货币市场和实物市场上,通过模型分析,论证了财政政策和货币政策在曲线模型中不同区域间的政策效果和两种政策配合的必要性。

二、"双重决策"假说和非均衡失业理论

新凯恩斯主义者对凯恩斯的货币与就业的理论有进一步的发挥,其中有

代表性的是克劳沃的"双重决策"假说和莱荣霍夫德的非均衡失业理论。他们的理论分别产生于60年代的中后期。

克劳沃(1926—?)是美国经济学家,1965年发表《凯恩斯学派的反革命：一种理论评价》一文,1967年又发表《货币理论之微观基础的再考虑》一文,提出了"双重决策"假说。

克劳沃批评了瓦尔拉斯的一般均衡体系与瓦尔拉斯定律。根据瓦尔拉斯定律,整个经济的各个市场必将在一个统一的价格水平上达于一般均衡。如果某一市场存在超额供给,其他市场必然存在相应的超额需求,并通过迅速的价格调整消除这种暂时的不均衡。他认为利用瓦尔拉斯定律无法解释凯恩斯经济学的核心问题,即非自愿失业的存在和持续。他认为,只有存在非自愿失业,劳动市场的超额供给(失业)与商品市场的超额供给(商品滞销,即非自愿的消费不足)将同时并存。在任何市场都不存在超额需求的条件下,商品市场与劳动市场同时存在超额供给,而不是如瓦尔拉斯定律所说的那样,一个市场的超额供给适为其他市场的超额需求所抵消。

克劳沃将需求区分为两种：一种是观念需求；另一种是有效需求。所谓观念需求,是以计划销售能够全部实现为假定前提的需求,假定企业家能够销售他们希望销售的货物,工人能够得到他们希望得到的就业机会,即在市场出清的条件下人们所愿意购买的商品或劳务的数量。所谓有效需求,是以实际销售为基础的需求,即有现实支付能力的需求。也就是说在市场未出清的条件下,一些企业家未能如愿以偿地出售其产品,一些工人又未能如愿以偿的获得就业机会时,有效需求必然小于观念需求。克劳沃指出,正是这种有效需求的相对不足造成了非自愿失业的存在和持续。如果所有的观念需求都能转换为有效需求,非自愿失业将不复存在。但在货币经济中,有效需求往往小于观念需求,这又是由于货币经济的特殊性决定的。

克劳沃分析指出,在货币经济中人们通常要经过"双重决策"的过程,即消费者的消费决策与企业家的生产决策都要经过两次决策。在效用最大化或利润最大化的原则下,第一次决策以计划的收入作为预算限制条件,第二次决策则以实际取得的收入作为预算限制的条件。例如工人如果不能获得他们希望获得的就业机会,他们的实际收入必然少于他们的计划收入,于是就不得不修正其原来的消费决策,使之满足新的预算限制条件——实际取得的收入。在这种情况下,工人所能购买的商品的数量就少于其原计划购买的数量。同样,企业家如果不能销售他们希望销售的产品,也就必须修正其原来的生产决策,使实际雇佣工人数量少于其原来计划雇佣工人的数量。

克劳沃认为,这种观念需求与有效需求不一致的情况在物物交换经济中是不存在的。他指出,假如所有的企业家都能够以其产品作为工资支付给工人,借以扩大就业,工人再以自己所取得的产品同别人交换所需的其他产品,则非自愿失业就可避免。相反,在货币经济中,由于货币起着交易媒介的作用,因而即使人们对商品或劳务存在着潜在的变化或观念上的需求,也无法将此信息传递给供给者,因为供给者只是根据有效需求来制定或调整其供给政策的。一方面,企业家因其产品销路不畅而无钱支付工资,不能为工人提供就业的机会;另一方面,工人虽需要这些产品却因找不到工作而没有支付能力。两者交互影响,又会形成累积性的恶性循环。他得出结论说:在货币经济中,失业比物物交换经济多。但他并不主张因此取消货币,而是主张政府应对货币经济实施有效的干预,通过适当的货币政策来减少或避免非自愿失业。

莱荣霍夫德(1933—?)是瑞典经济学家,克劳沃的嫡传弟子。1968年他出版了《论凯恩斯学派经济学与凯恩斯经济学》一书。在这本书中,他充分发挥了克劳沃的"双重决策"理论,对凯恩斯的经济学重新作了解释,并针对某些重大的经济理论问题,提出了一些新的见解。

为什么会造成失业?"古典"学派假设工资、物价和利率可以自由伸缩,因而经济可以自动地调节到充分就业的均衡状态。新古典综合派认为,凯恩斯对"古典"学派的"革命"就在于抛弃了工资、物价和利率都可以自由伸缩的假设,而代之于工资、物价和利率的完全刚性。由于工资、物价和利率的刚性,使得经济的自动调节功能失灵,造成了非自愿失业持续存在。莱荣霍夫德认为新古典综合派对凯恩斯理论的这种解释是错误的。他认为失业不是产生于货币工资率或利率的完全的刚性,而是产生于货币工资率、利率或其他价格不能迅速调整到它们的均衡水平这一事实。因此,失业是一种非均衡现象。他还指出,凯恩斯并没有作出过价格刚性的假设,要说明非自愿失业的存在和持续性,也没有必要作出这种假设。他认为凯恩斯与马歇尔等"古典"经济学家的不同之处,在于凯恩斯颠倒了价格调整和数量调整快慢的顺序。也就是说,在"古典"学派的理论中,当某种干扰因素出现并导致经济失衡时,价格(包括货币工资和利率)将及时作出调整,以恢复经济的均衡。因此如果存在非自愿失业,货币工资必然立即下降到充分就业所必需的水平。但在凯恩斯的经济理论中,当干扰因素出现以致经济失衡时,价格在短期内维持不变,经济主体则通过数量调整对此失衡作出反应。在这种情况下,由于交易按非均衡价格进行,有效需求将与观念需求相脱节。同时,由于收入限制及市场之间的相互影响,由最初干扰因素所引起的与充分就业的均衡状态的偏离将逐步扩大,而不是逐渐缩小。例如,因需求减少,厂商的实际销售量小于充分就业的供给量,此时价格虽有下降的趋向,但并不会立即下降到其均衡水平。在一般情况下,厂商将根据过去的经营估计一个保留价格,并不愿意以低于这一保留价格的价格出售其产品。在经过一段时间后,厂商因产品积压而减少产量,于是失业增加,有效需求更加不足,商品销售更为困难。也就是说,当经济出现失衡时,价格调整是缓慢的,数量调整(如就业量、产出量等调整)是迅速的和主要的。换言之,价格调整的速度慢于数量调整的速度,价格也就不能迅速地被调整到其均衡水平,由此形成莱荣霍夫德所说的非均衡状态。他认为这才是造成失业的真正原因。

　　为什么价格不能迅速地调整到其均衡水平呢？莱荣霍夫德继承了克劳沃的思想,论证说明在非均衡情况下未来的不确定性和信息缺乏,导致价格调整速度极为迟缓,在短期内几乎可以视为不变。莱荣霍夫德解释说,由于经济中存在着许多不确定的因素,人们不能及时地且无成本地获取所需的信息,价格在短期内也就难以向处于非均衡市场中的分散交易者提供充分的市场信息。他们难以作出准确的预期,并据以作出合理的决策。因为在存在不确定因素的情况下,当需求减少时,人们不知道这种减少是暂时的还是持久的,也不知道价格下降到哪一水平才是最合适的。所以,他们对需求减少的反应往往不是立即降低价格,而是减少产量。这种产量的减少又会波及其他市场,引起连锁反应,从而使得失业增加,需求减少,以致形成一种累积性的紧缩过程,使失业持续存在且越发严重。

关　键　词

自然利率　凯恩斯定律　"双重决策"　IS—LM 曲线模型

思 考 题

1. 简述维克塞尔对货币数量说的批评。
2. 简述维克塞尔的累积过程理论对凯恩斯的影响。
3. 如何理解"凯恩斯革命"的特点?
4. 解释凯恩斯的"基本心理法则"对于其均衡收入与就业理论的重要性。
5. 简评"双重决策"的假说和非均衡失业理论。
6. 对凯恩斯下面的这一段话进行评论:"我知道汉森在美国被认为是美国的凯恩斯;我可能应该被认为是英国的汉森。"同时请说明是什么促使希克斯和汉森提出了 IS—LM 曲线模型分析?

第五篇

现代经济学范式的常规发展时期

凯恩斯之后西方经济学进入了现代经济学范式的常规发展时期，特点是各学派立足于对已有分析范式的细化和完善，但也出现了一些新的变革趋势。

二次世界大战后经过凯恩斯的追随者们补充和发展起来的凯恩斯主义，特别是以萨缪尔森为代表的一些美国经济学家，将马歇尔的微观经济学与凯恩斯的宏观经济学综合起来，创立了一个"新古典综合"的经济理论体系，即"后凯恩斯主流经济学"。"后凯恩斯主流经济学"对战后主要资本主义国家曾产生过很大的影响，并在这个时期居于西方经济学的主流地位，但由于忽视了社会、政治、文化等"制度"问题的分析，不能对西方世界所存在的诸如生产过剩的经济危机、特别是20世纪60年代中期出现的经济"滞胀"作出令人信服的解释，更提不出有效的解决办法，以凡伯伦和加尔布雷思为代表的制度学派、以弗里德曼为代表的货币学派、以拉弗为代表的供给学派、以科斯为代表的新制度学派应运而生。

制度学派在研究范式上继承历史学派的历史分析，从制度结构方面分析资本主义经济的变化及其存在的问题。他们强调资本主义弊病在于制度结构的不协调，并试图从制度结构变化方面提出挽救资本主义的种种政策建议。货币学派进一步完善了古典经济学派的"货币数量说"，强调货币分析，主张采取控制货币数量的政策以消除通货膨胀，提倡经济自由选择，并自称是凯恩斯革命的反革命。供给学派在分析范式上复兴"萨伊定律"，政策主张上强调供给、重视生产、通过减税刺激储蓄和投资。以科斯为代表的新制度经济学相对于以凡勃伦和加尔布雷思为代表的制度学派，其"新"的具体表现在于它完全承袭了新古典经济学的核心假定、方法和工具来分析经济现象，是在新古典的分析范式的框架里重新研究和估价资源配置所依赖的制度条件，将新古典分析设定为已知不变的参数——交易费用、产权制度、经济组织视为亟待解释的关键性变量，深化了人们对上述变量对经济发展重要作用的认知。

经济实践的广泛性、复杂性以及经济学理论的开放性、创新性使得经济学范式在20世纪中后期出现了一种多元化变革的新趋势，具体体现在分析范式上呈现学科交叉、引入新的研究方法、旧范式的推陈出新等几种形式。新兴起的行为经济学反映了经济学研究中的学科交叉,实验经济学反映了经济学研究中新方法的引入,演化经济学反映了旧范式的推陈出新。在这一经济学范式变革的新趋向中,行为经济学和实验经济学显示出现代经济学有向工具化和技术化(实验)发展的趋向;演化经济学则代表与这一工具化和技术化相反的趋势,强调经济学要更加回归现实,重视经济历史和制度文化的共同演化以及分工、法律和区域地理对经济发展的影响。这种多元化的新趋向反映了经济学理论发展的历史性和开放性,也蕴含了经济学即范式发展变革的必然性。

马克思政治经济学的建立标志着经济学范式的一次重要革命,马克思在批判继承古典经济学研究范式的基础上开创了一种全新的研究范式,即以生产实践为基础,用物质生产活动中形成的"社会人"取代了西方经济学的"经济人",强调运用辩证法分析经济现象,替代新古典经济学的个体边际分析,强调用"逻辑——历史方法"揭示经济现象的本质和规律,超越西方经济学的均衡——静态分析,成为与西方主流经济学迥然不同的一套研究范式和理论体系,至今仍然具有很强的生命力和理论分析上的优越性。

第十三章
现代经济学范式的补充：凡勃伦与加尔布雷思的制度分析

本章学习要求：制度学派的特点体现在"制度"分析中，就是强调制度因素在社会经济演进过程中的重要作用，反对抽象的"纯经济"的数量分析，主张从制度方面来分析资本主义社会。制度分析的内容主要包括对权力和权力分配的分析，对集团利益和不同集团之间利益冲突的分析，对经济不同组织结构的分析等。本章学习要求掌握凡勃伦制度分析的特点，凡勃伦之后制度学派的发展，加尔布雷思经济思想的主要内容。

制度学派分早期制度学派和新制度学派。早期制度学派是从历史学派演变而来的。新制度学派是早期制度学派在战后新的历史条件下的发展。新制度学派既反对凯恩斯主义，也反对货币主义和其他自由主义学派，并以现代资本主义"批判者"的面目出现。新制度经济学尽管被正统经济学者看作离经叛道的"异端"，但在当代西方经济学诸流派中它是独树一帜的，其影响不断扩大，是现代经济学研究范式的补充。

第一节 凡勃伦与早期制度学派

早期制度学派是19世纪末20世纪初美国经济学界出现的一个新流派，在研究范式上他们采取历史分析和制度分析来分析社会经济现象和发展趋势，可视作是德国历史学派在美国的延续。19世纪末20世纪初正是马歇尔的新古典经济学作为主流经济学流行的时期，也是资本主义世界发生巨大变化的时期。但1929—1933年爆发的有史以来最严重的一次世界经济危机，使新古典经济学遇到了挑战。当时的美国原是一个后进国家,但到19世纪90年代它的工业产量已跃居世界第一位。随着资本主义的迅速发展,美国社会的各种矛盾也空前激化起来,当时正在流行的新古典经济学已不能完全适应这种正在变化的情况。在这一历史背景下,以凡勃伦为首的注重制度分析,并以批判资本主义制度和主流经济学为特点的早期制度学派应运而生,并在20世纪20年代末和30年代初的美国相当盛行。

一、凡勃伦与早期制度学派的特点

早期制度学派的创始人是托尔斯坦·本德·凡勃伦(1857—1929),他是约·贝·克拉克的学生。1884年毕业于耶鲁大学研究院,1890—1922年先后任教于康奈尔、芝加哥、密苏里各大学和纽约社会研究新学院。他对哲学、心理学、生物学、自然史和考古学等都有浓厚兴趣,这对他的经济思想和方法论的形成都有重大影响。主要著作有:《有闲阶级论》(1899)、《企业论》(1904)、《科学在现代文明中的地位》(1919)、《工程师和价格制度》(1921)、《不在所有权与近代企业》(1923)等。在这些著作中,他批判资本主义,指出有闲阶级、既得利益者的寄生性,资本主义的种种浪费,资本主义企业制度对社会生产发展的阻碍,是导致不断发生经济危机的原因,并为资本主义的未来发展设计了改革蓝图。

早期制度学派的特点体现在"制度"分析中。在这种"制度"的分析中,他们否定了古典学派认为资本主义经济制度是符合"自然秩序"的,因而是稳定不变的观点。如凡勃伦指出,一切生命和生活都在不断地变更和发展,社会经济发展和生物的发展一样,也是一个历史的发展过程。发展既然是一个"过程",也就排除了适合于社会一切发展阶段的、不变的自然的规律的可能。所以,他们主张用"历史起源方法"来研究各种经济制度的产生、发展及其作用,以说明这些制度的作用同与其相适应的社会经济之间的关系,考察当前社会经济及其发展趋势。他们认为社会经济发展的根源在于和经济有关的各种制度,同时又为制度的发展所制约。在这种制度分析中,凡勃伦否定了当时流行的以奥地利学派为代表的个人主义的分析方法论,强调"集体行为"的重要性,认为制度是社会经济发展的决定性因素。在凡勃伦看来,历史是进化的、演进的,不是静止的。社会的发展就是制度的发展,经济制度只是它所存在的文化体系的一部分,它的变化受许多非经济文化的因素所制约,不是独立发展的。经济学应是一门进化的科学,应以研究制度的演变为目标。由于他把经济制度和社会经济发展看作一个由不同阶段组成的历史过程,因此否定了适合于一切发展阶段的规律的存在,认为以往经济学家致力于寻求永恒不变的规律所做的努力是徒劳无益的。为了与以往的这种经济学分析方法相对立,凡勃伦提出了"进化论的经济学"这一概念,主张经济学要研究制度的演变。

  凡勃伦提出经济学研究的对象主要是人类经济生活借以实现的各种制度,其中最主要的是满足社会物质生活的生产技术制度和私有财产制度。在他看来,制度是由人们的心理动机和生理本能所决定的思想和习惯形成的,因而制度是一种"思想习惯"或"精神态度":"制度实质上就是个人或社会对有关的某些关系或某些作用的一般思想习惯;而生活方式所由构成的是,在某一时期或社会发展的某一阶段通行的制度的综合,因此从心理学方面来说,可以概括地把它说成是一种流行的精神状态或一种流行的生活理论。如果就其一般特征来说,则这种精神态度或生活理论,说到底,可以归纳为性格上的一种流行的类型。"①形成"经济制度"的"思想习惯"包括私有财产、价格、市场、货币、竞争、企业、政治机构、法律、谋利行为等,其中既有经济因素,也有政治、法律、风俗习惯和思维方式等因素。由于思想习惯及各种制度是逐渐形成、发展和演变的,是有继承性和连续性的,因此要了解现存制度,必须系统考察以往各种制度的历史演化过程。按照凡勃伦的看法,制度既然是思想和习惯长期积累的产物,它的演进过程也就是人类的思想和习惯的自然淘汰过程,或人类应付外界环境的心理变化过程。人类的进步和制度演变的过程,同生物的生存竞争过程具有一样的性质。如当人口有了增加,人们支配自然力量的知识和技巧有了扩大和提高后,社会结构也就会适应这种形势而变化。人们在新制度下要提高自己在分配中的便利程度,即获得物质利益,也必须改变自己的生活习惯和原有的观念,以与新制度相适应。凡勃伦指出,制度演变的速度和顺利程度,取决于新的制度对社会各个成员物质利益的影响程度。并断言制度的发展并不是一帆风顺的,它会受到旧制度中的既得利益者的阻挠。他把社会经济理解为一种历史发展过程,并指出这一过程中包含着新与旧的矛盾。凡勃伦的学说也被称为制度研究中的"社会心理

---

① 凡勃伦:《有闲阶级论》,蔡受百译,商务印书馆1983年版,第139页。

学派"。

在制度分析的基础上,早期制度学派的代表性人物一方面承认资本主义制度存在着矛盾和缺点;另一方面,又主张依靠国家力量从制度或结构上改革资本主义社会。凡勃伦认为,在人类经济生活中起重要作用的生产技术制度和私有财产制度,在资本主义中就表现为"现代工业体系"和"企业经营",资本主义社会的弊病正在于这两种制度之间的矛盾。"现代工业体系"和"企业经营"这两个制度是生产技术制度和私有财产制度演进到当代的具体表现形式,它们都以人类的本能为基础。前者建立在"改进技艺"本能的基础上,后者建立在"追求利益"本能的基础上。凡勃伦经济理论分析的主题,就是考察"现代工业体系"和"企业经营"之间的矛盾。凡勃伦认为,资本主义社会的实际就是"企业经营"支配下的"现代工业体系"。"现代工业体系"的目的是无限地扩大商品生产,"企业经营"的目的是使企业主获得最大的利润。这两种制度之间存在的矛盾具体表现为以"现代工业体系"为特征的现代工业制度本来是能够无限制地扩大商品生产的,但"企业经营"却不顾及社会生产系统所要求的均衡,阻碍着生产力的进一步发展。这一矛盾的根源在于,协调工业平衡的权限掌握在企业家手中,而企业家从事"企业经营"的目的是依靠运用价格制度来获得优厚的利润,而不是无限的商品生产。凡勃伦对"企业经营"的作用还进行了历史的考察。他认为在手工业时期,由于市场的不断扩大,企业追逐利润和扩大生产是一致的,不存在矛盾。但在"现代工业体系"时期,由于"现代工业体系"极大地推进了生产力的发展,而市场却不能随生产的增加而按比例地扩大。在这种情况下,为了争夺有限的市场,企业之间势必进行激烈的竞争,其结果是生产和市场之间的矛盾日益加剧。所以,从19世纪70年代以来,经济运行不再处于周期性的变动中,而是陷入商品过剩、利润下降的慢性的萧条中,表明了"企业经营"已在阻碍着生产力的发展。"现代工业体系"和"企业经营"的矛盾,是资本主义一切矛盾、缺陷的根源和基础。

凡勃伦提出了解决这一矛盾的改良主义方案,是建立由工程师、科学家和技术人员组成的"技术人员委员会",代替企业经营的统治。凡勃伦认为,现代资本主义制度的矛盾不仅表现为"现代工业体系"与企业经营的矛盾,还表现为技术人员和企业家之间的矛盾。他所说的技术人员包括工程师、化学家、矿物学家以及其他技术工人,企业家包括老板、厂长、经理和商业推销员等。他认为,企业家从事企业经营,他们以追逐利润为目的;技术人员利用机器工作,以扩大生产和促进技术进步为目的,但他们受控于企业家。由于现实的工业体系是在相互联系中发挥作用的,因此每一个企业家都限制着技术人员的发展,并且造成了现代资本主义的种种矛盾和缺陷。解决这一矛盾的方案,是组织"技术人员苏维埃",把经济的控制权转移到"技术人员苏维埃"手中,来代替企业经营。这样,以追求利润为目的的企业经营将被抛弃,由此产生的一切矛盾也就自然会消失。同时,由国家对私有经济进行干预,运用法律和经济政策来调节经济生活,调解和仲裁劳资争端,并提出各种社会改良方案,就可以从制度或结构方面来克服资本主义社会的"缺陷"。

早期制度学派关于应建立新的思想习惯、理论观念和法律规范以适应新制度的观点,关于制度变化应考虑大多数人物质利益的观点,关于制度演变会受到旧观念和既得利益者阻碍的观点,对于考察经济制度的变革,特别是对于在一个特定的社会经济形态下进行制度和体系的改革,无疑是有价值的思想。早期制度学派的这些特点,为以后的制度经济学家所继承。

二、凡勃伦之后制度学派的发展

制度经济学在康芒斯、米契尔等人的著作中得到进一步的发挥,增添了某些新的内容。约翰·洛克斯·康芒斯(1862—1945)是凡勃伦的前辈,威斯利·克勒尔·米契尔(1874—1948)是凡勃伦的学生。他们追随凡勃伦,力求通过一些更具体的经济事实和经济问题来研究和阐述制度经济学的理论观点。

康芒斯不仅是制度学派的理论家,更是一位制度主义的实践家,他的制度经济学说对 20 世纪二三十年代的美国社会发生过重大的影响。康芒斯出生于美国俄亥俄州的一个中产阶级家庭,早年就学于奥伯林学院,学习经济学。毕业后,先后在威斯瑞安、印第安纳、锡拉丘兹等大学任教。从 1904 年起,康芒斯进入威斯康星大学担任经济学教授,在此执教达 30 多年。康芒斯还是一个积极的社会活动家,主要从事劳工运动和社会立法活动,曾先后参加了威斯康星州产业关系委员会和美国总统产业关系委员会。这些社会活动为他的制度经济学研究提供了取得丰富的第一手材料的机会。康芒斯偏重于研究法律对经济发展的作用,尤其重视劳工问题的研究,一生写下了大量有关劳工问题和制度经济学理论的论著,其中包括:《美国工业社会的历史记述》(共10卷,1910)、《美国劳工史》(与安德鲁合著,1918)、《劳动立法》(1918)、《资本主义的法律基础》(1924)、《制度经济学》(1934)和遗著《集体行动经济学》(1950)等。在后三部著作中,康芒斯从不同的方面系统地阐述了他的制度经济理论。

同凡勃伦一样,康芒斯也强调制度对经济生活的重要性,认为制度是经济发展的动力。不过,他对于制度的解释有自己的特点。他写道:"如果我们要找出一种普遍的原则,适用于一切所属于制度的行为,我们可以把制度解释为'集体行动控制个体行动'。"①在他看来,所谓制度,就是指控制个体行动的集体行动,集体行动的种类和范围甚广,从无组织的习俗到有组织的机构,如家庭、公司、行会、法院、工会、银行等,都可归于集体行动之列,它们共同的原则就是个体行动受集体行动的控制。在众多的集体行动中,他特别关注的是垄断大公司、工会和政党,这些具有强大力量的利益集团控制了一切个人的活动,支配了整个社会生活。他还认为,由于集体行动控制个体行动,使之遵循一定的规范,这样就能使个体免受强迫、威胁、歧视或者不公平的竞争,因此,通过集体的控制又能使个体的行动得到解放和扩张。康芒斯认为20世纪是集体行动的时代,社会生活的普遍现象是集体行动而非个人行动,制度经济学就是要以集体行动为研究对象,以期对现代资本主义作出新的解释。

康芒斯把现代资本主义的社会关系解释为一种交易关系,认为资本主义社会存在着众多的利益集团,在众多的社会集团之间广泛地存在着利益的冲突,冲突的各方又都是相互依存的,这种相互冲突和相互依存要得到协调,需要秩序,即需要通过集体行动为冲突各方建立一个"行动规则",使交易各方处于协调中。他提出,在现代社会中有效的协调方式主要有三种,即经济的、法律的和伦理的,其中他特别强调法律的调节作用。康芒斯与凡勃伦的不同之处,在于他把资本主义的产生归功于法律制度,法律制度还推动了资本主义的发展。他认为,现代资本主义制度本质上是一种法律制度,因为它完全以所有权为基础。既然资本主义是法律制度所促成的经济制度进化的结果,那么它的缺陷和弊病,也可以通过法律的调节而加以克服。他提出了要用"法院的看得见的手"来代替亚当·斯密的"看不见的手",

---

① 康芒斯:《制度经济学》上册,于树生译,商务印书馆1962年版,第87页。

以对现代资本主义经济进行调节。因而,康芒斯的制度学说又被称为"社会法律学派"。

米契尔出生于美国伊利诺伊的那希维尔。在芝加哥大学学习时曾师从凡勃伦,1899年获博士学位,后留校任教。1903—1912年,先后执教于加利福尼亚大学、哈佛大学等,也曾在纽约社会研究新学院任职。1922—1944年在哥伦比亚大学担任经济学教授。1920年,他倡议成立"全国经济研究局",并担任研究主任。米契尔也把制度看作一种"社会习惯",特别重视依据经验统计的分析来说明制度因素对经济现象或经济过程的重要作用。但他研究更多的是货币、物价和危机问题,并在经济周期及经验统计研究方面发表了不少有价值的论著。如《美国货币史》(1903)、《商业循环及其原因》(1913)、《商业循环问题及其调整》(1927)、《落后的花钱艺术》(1937)以及《如何测量经济循环》(与本兹合著,1946)等。除了对美国史和经济理论的研究外,米契尔在美国国民收入统计方面也进行了大量的整理、分析和研究工作,并主持了有关生产指数和物价指数的统计和研究工作。

米契尔制度经济学的特点在于把制度研究同经济周期的分析结合在一起,以说明现实的资本主义经济。他把资本主义经济制度的基本特征看作货币经济,以此为基础来解释资本主义的商业循环。他认为商业循环起因于货币经济。在货币经济中,货币不仅用来作为交换媒介,而且一切的经济活动都以挣取和花费货币的形式出现。当货币经济发展到大部分居民都依靠赚取和花费货币收入来生活的时候,商业循环也就成为经济生活的一个显著特征。他写道:"商业循环不是突然发生的……当社会的大部分人开始使用赚钱和花钱的方法进行大部分的活动后,社会便慢慢地越来越容易受到商业循环的侵扰。"[1]由于资本主义是一个金钱社会,因此,以赚取利润为目的的企业组织、价格制度就成为社会经济生活的主体。经济的运行要受到利润、成本、价格等因素的影响,这些因素的相互作用及其调整过程,就造成了经济的周期波动,即商业循环。米契尔还对商业循环进行了大量的实证研究,搜集了许多经验材料,然后运用数学和统计方法,建立经济统计模型,用以解释经济波动。米契尔的制度学说又被称为制度的"经验统计学派"。他还对影响商业循环的具体因素进行了考察,主要分析了货币因素、气候的周期变动、储蓄

---

[1] 康蒙斯:《制度经济学》上册,于树生译,商务印书馆1962年版,第73页。

过度、消费不足、投资不足或投资过度等因素对商业周期的影响。米契尔所说的商业循环,实际上就是经济周期问题。他的研究在一定程度上肯定了资本主义经济存在波动,并认为这种波动不是偶然的,而是资本主义经济制度固有的特点。米契尔的制度学说又被称为是制度的"经验统计学派"。

制度学派的理论在美国产生了一定影响,并在"罗斯福新政"时期的经济决策中起过一定作用,但在美国经济学界始终没有占据主流地位。不过,即使在凯恩斯经济学统治时期,它也并未销声匿迹。20世纪60年代末、70年代初,随着资本主义经济"滞胀"等问题日益严重和凯恩斯主义的衰落,美国经济学家加尔布雷思等人继承和发展了凡勃伦的传统,把制度经济学推进到一个新的阶段,建立了新制度学派,对资本主义经济进行深入的"结构分析",并提出相应的政策建议,成为当代凯恩斯主义的劲敌之一。

第二节 加尔布雷思与新制度学派

新制度学派是旧制度学派在战后新的历史条件下的发展。第二次世界大战后,经过凯恩斯的追随者们补充和发展起来的凯恩斯主义,特别是以萨缪尔森为代表的一些美国经济学家,将马歇尔的微观经济学与凯恩斯的宏观经济学相综合,创立了一个"新古典综合"的经济理论体系,即"后凯恩斯主流经济学"。以"后凯恩斯主流经济学"为主要代表的凯恩斯主义,对战后主要资本主义国家曾产生过很大的影响,一些西方经济学者把战后凯恩斯主义全盛时期的20年(从1940年代后期至1960年代中期)称作"凯恩斯时代"。尽管凯恩斯主义在这个时期的西方世界居于"正统派"的地位,但由于科学技术的日新月异,经济发展比较迅速,同时生产过剩的经济危机也更加频繁,各种社会问题愈来愈尖锐,要求改革制度的呼声也愈益强烈。而"后凯恩斯主流经济学"却无视经济、社会、政治、文化等"制度"问题的分析,不考虑技术进步对制度演化的作用,不能对西方世界所存在的种种严重社会问题,作出令人信服的解释和提出有效的解决办法。特别是对60年代中期以后出现的经济"滞胀"问题一筹莫展。在这种情况下,以加尔布雷思为主要代表的新制度学派应运而起。

加尔布雷思是美国著名经济学家,1908年出生于加拿大的一个农场主家庭,早年在加拿大就学,1931年毕业于加拿大安大略农学院,获学士学位。大学毕业后,他到美国伯克莱的加利福尼亚大学继续研究农业经济,1933年获硕士学位,次年获博士学位。在伯克莱,加尔布雷思研读了马歇尔的《经济学原理》,学习了凡勃伦的著作。凯恩斯的思想曾对青年加尔布雷思有一定的影响。1934年,加尔布雷思到哈佛大学任讲师,讲授农业经济学。在那里,他结识了约瑟夫·肯尼迪及其弟弟约翰·肯尼迪(1961年当选为美国总统)。同肯尼迪兄弟的交往,对加尔布雷思60年代的政治活动有一定的影响。他历任美国物价管理局副局长、《财富》杂志编辑、美国战略轰炸调查团团长、美国国务院经济安全政策室主任、美国驻印度大使。1972年被选为美国经济学会会长。从1949年起,他一直任哈佛大学教授。加尔布雷思是当代最著名的制度经济学家之一,同时也是一位新古典主义"传统智慧"的批判者。他之所以著名,主要是由于他在《丰裕社会》(1958)、《新工业国》(1967)、《经济学和公共目标》(1973)等著作中,对主流经济学提出了挑战,从理论上探讨了前人未曾注意到或很少涉及的"工业化以后社会"的问题。

　　加尔布雷思所创立的新制度学派以1952年他出版了《美国资本主义:抗衡力量的概念》一书为标志。新制度学派的主要代表性人物,除加尔布雷思外,还有瑞典经济学家缪尔达尔等人。他们都继承了凡勃伦的传统,注重从制度或结构方面来分析资本主义社会的变化及其存在的问题。他们几乎一致的看法是,资本主义弊病在于制度结构的不协调。他们还着重从结构变化方面推测资本主义发展的趋势,提出挽救资本主义的政策建议。他们所说的制度既包括各类有形的机构或组织,如国家、公司、工会、家庭等,也包括无形的制度,如所有权、集团行为、社会习俗、生活方式、社会意识等。他们认为,经济学家在研究上述问题时,不能只考虑它们与经济生活有关的方面,而应把它们看作社会文化关系的组成部分来考察。经济学的研究对象不只局限于经济问题,还应该研究正在变化着的经济制度以及与经济有关的其他一切事物,如政治、社会和心理方面的各种问题。其中最有代表性的著作除加尔布雷思的上述著作外,还有缪尔达尔的《美国的两难处境:黑人问题和现代民主》(1944)、《亚洲的戏剧:对一些国家贫困的研究》(1968)、《反潮流:经济学评论集》(1973)等。新制度学派的经济学家于1958年成立了自己的学术团体"演进经济学协会",并创办了理论刊物《经济问题杂志》。近年来,这一个流派的影响又有所发展,连萨缪尔森也把它称为"对主流经济学的第三种挑战"。

一、新制度学派的基本特征

新制度学派和以凡勃伦为代表的旧制度学派是一脉相承的。这主要表现在他们都对正统的新古典经济学研究范式提出了批评,如凡勃伦否定了当时流行的以奥地利学派为代表的个人主义的分析方法论,反对将人看作效用最大化的追求者,强调"集体行为"的重要性。米契尔批判了新古典的抽象演绎方法,认为经济学的分析不应先有理论概念,然后再用它们来整理事实材料,而应先对事实进行经验统计的分析,然后归纳出原理。加尔布雷思则更加明确指出:"新古典经济学和新凯恩斯主义经济学,虽然为苛刻的精益求精提供了无限的机会,但却存在着一个致命的弱点:没有为解释目前困扰现代社会的经济问题提供任何有效的方法。"①他同时批评新古典经济学的研究范围过于狭窄,使得经济学成了关于稀缺资源如何配置的"抉择科学",并将经济因素和非经济因素截然分开,从而成为一种"封闭式"的经济学。加尔布雷思认为,现实经济中所发生的问题不是宏观经济分析或微观经济分析等方法所能说明的。宏观经济学只注意总需求水平的调节,微观经济学只注意成本和价格的形成,两者都只关心数量的变动,社会的制度结构中的最基本问题即权力和分配问题恰恰被遗漏了。他们也都重视制度的分析,以经济制度的产生、发展及其作用为主要研究对象。如凡勃伦明确主张从"制度"的分析出发,建立经济学体系。加尔布雷思更是把制度分析作为经济分析的重点,强调制度与结构因素在社会经济演进过程中的重要作用。还有,他们都试图从文化、心理、历史、法律等多学科的角度来寻找制度产生的原因和存在的基础。如凡勃伦把在人们主观心理的基础上产生的以思想习惯为标志的经济制度作为经济学研究的主要对象。新制度学派也把自己的经济理论称为"开放式"的经济学,强调在这种经济理论中,"所有'非经济'因素——政治的、社会的以及经济的结构、制度和态度,确实地,即所有人与人的关系——必须包括在分析中"②。

由于新制度学派是在战后凯恩斯主义遇到挑战的情况下,发挥旧制度学派的基本观点,这就必然使制度经济理论具有某些新的特点。这一特点总的来说就表现为在新的历史条件下,继承和发展了凡勃伦的传统,用制度-结构

---

① 加尔布雷思:《加尔布雷思文集》,沈国华译,上海财经大学出版社 2006 年版,第 116 页。
② 商务印书馆编辑部编:《现代国外经济学论文选》第 1 辑,商务印书馆 1979 年版,第 486 页。

分析的方法,来揭露当今资本主义社会的"病症"和批判主流经济理论与政策主张。

首先,新制度学派强调制度与结构因素在社会经济演进过程中的重要作用,反对主流经济学抽象的"纯经济"分析。如加尔布雷思指出:"新古典经济学和新凯恩斯主义经济学,虽然为苛刻的精益求精提供了无限的机会,但却存在着一个致命的弱点:没有为解释目前困扰现代社会的经济问题提供任何有效的方法。"[①]他们主张从制度和结构方面来分析资本主义社会。他们所说的制度既包括各类有形的机构或组织,如国家、公司、工会、家庭等,也包括无形的制度,如所有权、集团行为、社会习俗、生活方式、社会意识等。他们认为,经济学家在研究上述问题时,不能只考虑它们与经济生活有关的方面,而应把它们看作社会文化关系的组成部分来考察。经济学的研究对象不只局限于经济问题,还应该研究正在变化着的经济制度以及与经济有关的其他一切事物,如政治、社会和心理方面的各种问题。加尔布雷思宣称他研究的重点是"结构改革",而不是"量的增减",主张把经济学的研究重心转到制度和结构的分析上来。缪尔达尔也曾明确谈到这一点,他说:"在这个意义上,经济学方向改变为制度方向,这显然包含着跨学科的研究。"[②]

其次,新制度学派在方法论上强调演进的、整体的研究方法。新制度经济学家认为,传统经济学所使用的是静止的和机械的均衡分析方法,其实质是把经济现实看作静止的和凝固不变的,它只研究资本主义社会关系的表面现象,放弃了揭示资本主义社会中各个经济利益集团之间的矛盾和冲突。根据他们的观点,资本主义经济制度和社会结构并非静止不变的,而总是处在由于技术的不断变革所引起的持续的演变过程中,资本主义制度是一种"因果动态过程"。所以,经济学要研究变化、研究过程,这就是经济研究中的演进的方法。运用这一方法就可以研究制度的演变以及制度演变过程中各种因素的摩擦和冲突。也正是在这一意义上,新制度学派学者将自己的学术团体命名为"演进经济学协会"。因此,新制度学派反对把个人从社会和历史中抽象出来,以孤立的个人的经济行为来说明社会经济现象的抽象演绎法,而强调与演进方法相联系的整体的方法。他们认为,在经济学的研究中,应该把注意力的焦点从传统经济学作为选择者个人(家庭)和企业,转移到作为演

---

① 加尔布雷思:《加尔布雷思文集》,沈国华译,上海财经大学出版社2006年版,第116页。
② 商务印书馆编辑部编:《现代国外经济学论文选》第1辑,商务印书馆1979年版,第491页。

进过程的整个社会总体。在新制度经济学家看来,经济学所讲的整体要大于经济的各个组成部分的总和,研究必须首先把握住整体。从整体到作为各个组成部分的个体,而不能遵循相反的研究程序。新制度学派这里所说的整体方法不同于凯恩斯主义的总量分析方法。整体不是一个类似于总量的经济概念,不能用数量来加以表达。如"大公司的权力"就是一个整体概念,它既包括政治权力,也包括经济权力,而不能用数字来计量。因此,新制度学派不仅反对微观经济学的个量分析方法,也反对宏观经济学的总量分析方法。认为前者只注意成本和价格的形成,后者只注意总需求的调节,所关心的都只是经济中数量的变动,忽视了社会制度和结构的影响。所以人们也将新制度学派强调制度因素的分析方法,叫做制度-结构分析方法。

最后,新制度学派强调经济理论要有价值判断的标准。在近代经济学中,最早明确提出经济学应有伦理学标准的是西斯蒙第。历史学派在分析经济关系时,也强调道德的作用。而在当代西方经济学的诸流派中,新制度学派特别注重研究判断与经济活动利弊得失有关的价值标准。加尔布雷思就强调:"评价生活质量必然会涉及价值判断问题,而价值判断反过来又是科学主张解决传统问题的方法之一。"[①]他们认为,经济学如果缺乏价值的伦理标准,便无从判别现实社会经济的利弊得失。

二、加尔布雷思经济思想的主要内容

公共目标论、权力转移论、生产者主权论、二元体系论和新社会主义论,被认为是加尔布雷思新制度经济学理论的核心。

在加尔布雷思的许多著作中,最集中、最全面地反映了他的制度经济理论的要点和特征的,是1973年出版的《经济学和公共目标》一书。这本书被看作加尔布雷思最主要的理论代表作。加尔布雷思这一著作的主导思想,是强调要关心"公共目标"。在加尔布雷思看来,为什么现代资本主义社会会发生这样多的问题?为什么会遇到失业、通货膨胀、贫富不均、经济畸形化、环境污染、城市腐败、道德败坏、生活质量下降等一系列麻烦?关键在于"公共目标"被忽视。如果不重视这个问题,不突出"公共目标",那么任何旨在缓和社会矛盾的政策措施都将无济于事。

[①] 加尔布雷思:《加尔布雷思文集》,沈国华译,上海财经大学出版社2006年版,第84页。

加尔布雷思认为,在居于主流地位的西方经济学家的著作中,以及在受主流经济理论影响的官员和一般公民的思想中,"经济增长"似乎成了不可动摇、不可否定的信念。既然"经济增长"给社会和家庭带来这些不利的影响,那么"经济增长"是否一定像主流经济学家所认为的那样是一个不可动摇的信念呢?主流经济学家总是信奉"经济增长"就是"善",妨碍"经济增长"就是"恶"这一信条,结果在这种判断标准下,人们往往只注重经济量的增长,把"经济增长"看成是"公共目标",而忽视了对人生活的关心。加尔布雷思认为以"经济增长"作为目标必然导致为生产而生产,而不问产品的实际效用如何。他提出"要最大限度地满足公众需要,考虑公众的利益"这样一个"公共目标",要实现这个目标就应把注意力集中到"质的分析"上去,把人们从主流经济学所造成的"错误"信念中解放出来。加尔布雷思对凯恩斯主义者所认为的商品生产得越多,就越能给人们带来幸福的经济增长论不以为然。在他看来,商品生产并非越多越好,香烟生产得越多,得癌症的人也越多;酒类生产得越多,动脉硬化的人也越多;汽车生产得越多,交通事故越多,空气和环境污染也越厉害。加尔布雷思写道:"从商品的生产和消费两个方面都会发生对环境的损害——发电厂对空气的影响,由此产生的氖对视力的影响,制钢厂对邻近湖泊的影响,跟在汽车后面对肺部的影响……造纸厂不能推卸它的责任,而汽车主对于汽车的使用所产生的一般后果尽可以表示遗憾,却不存在个人责任感,因为他个人在总的损害中所增入的一份是微不足道的。"[1]"经济增长"使环境不断遭到污染,使公众利益受到侵害,个人消费品的增加也同样带来了新的问题。"商品的拥有和消费超过某一限度时,除非把由此而来的辛劳委托给别人,否则就会变得累赘。例如,食品分类越来越细,或者越来越富有异国风味,但是,要有人代为备办,消费才会是一种真正的享受。否则,除了别的偏好者外,单是由此所花费的时间,就会使食用的乐趣澌灭无余。"[2]加尔布雷思的这一观点被称为"增长价值怀疑论"。他认为,当前资本主义社会所存在的这种问题和严重危机都是由于长期推行凯恩斯主义的结果。从这一是非标准出发,加尔布雷思提倡"信念的解放",要人摆脱当前西方经济学教科书上对政策目标的解释以及公司高级经理们和政府官员们对"经济增长"的宣传影响,使人们从一切错误的信念下"解放"出来,重新树立

---

[1] 加尔布雷思:《经济学和公共目标》,蔡受百译,商务印书馆1980年版,第282页。
[2] 同上书,第35页。

对"人生"的看法,选择"生活的道路",确定应当值得争取的"目标"。加尔布雷思把"信念的解放"看作他整个社会改革计划的最重要的起点。他说:"进行改革时首先要争取的是,从已有的信念中解放出来。不做到这一点,就不能动员公众,为了他们自己的目标而反对专家组合和计划系统的目标。"①整个改革工作的"一切其他方面都取决于这一点"②。

权力转移论。新古典经济学的企业理论认为,公司行为和表现可以通过假设企业试图最大化利润而得到最好的理解。加尔布雷思否定了这一理论。根据加尔布雷思的权力转移论,人类社会的"最重要的生产要素"在经济中重要性会不断发生变化。在不同的社会和同一社会的不同时期,谁掌握了最重要的生产要素,谁就掌握了权力。以资本主义社会为例,工业化时期的最重要的生产要素是资本,权力就掌握在资本家手中;而到了后工业化时代,资本已经不再是最重要的生产要素,资本的地位被技术取而代之,权力就从资本家手中转移到了新的"技术结构阶层"即"专家组合"手中。加尔布雷思解释说,随着经济的发展、技术的进步,专门知识已成为最重要的生产要素,在当今资本主义社会里,经理、科学家、工程师、会计师、律师等是掌握专门知识的,故权力也就掌握在了这些"专家组合"的手中。"一般情况是,随着公司规模的扩大,需要作出的决定,为数既越来越多,性质也越来越复杂。结果是,专家组合对作出决定时所需要的知识越来越富于垄断性,其权力也越来越大。"③将权力转移给专家组合的另一个因素是随着公司的发展和时间的推移,由于继承关系、遗产税、慈善行为等的发生,会使股份的持有者越来越分散,导致股权越来越小。至于原来在企业中掌权的资本家,成了正在消失的形象。尽管他们有钱,有股票,甚至担任了公司的董事,但他们没有为企业生产所必需的专门知识,已经无权过问公司的经营管理活动。他们对公司的关心也不再专一不变,哪家公司更有前途,他们就购买哪家的股票。这样,"虽然公司的章程把权力置于资本所有者手中,但技术和计划要求把它移归技术结构阶层"④。技术专家成了公司的实际主宰,他们与公司的利益休戚相关,已经与公司结为命运共同体。加尔布雷思把由技术专家掌管的大公司称为

---

① 加尔布雷思:《经济学和公共目标》,蔡受百译,商务印书馆1980年版,第217页。
② 同上书,第219页。
③ 同上书,第85页。
④ 同上书,第98页。

"成熟公司",而把"成熟公司"构成的新经济体称为"新工业国"。加尔布雷思断言,"技术结构阶层"掌权后,现代企业不再以最大利润为首要目标了,而是寻求他们权力的最大化。他写道:"出于对自身利益的最基本考虑,技术结构阶层不得不把防止亏本放在获取最大利润之先。亏本会搞垮技术结构阶层;赚钱多,受益的却是别人。"①大企业变得更大更集中,许多重要的市场由少数几个巨型企业掌控。大企业的技术专家体制试图通过计划控制市场以降低风险,价格与产量已不再是传统主流经济学所认为的那样由供给和需求决定了。权力转移的结果还导致了阶级界限的模糊:"通过从所有者那里夺得权力,然后把权力授予技术专家,并且接受甚至促成了劳动者有组织的反应,现代公司不仅分散了权力,而且即便不是朝着无阶级社会,至少也是向着阶级界限模糊的社会迈进了一大步。"②依照这一理论,加尔布雷思认为传统的反托拉斯的努力是徒劳的。他认为大企业的不断成长是因为技术上的势在必行。他们的规模主要归因于规模经济、巨额的研究和发展预算以及吸收新技术的能力。

生产者主权论。加尔布雷思从现代公司以实现"稳定"为首要目标这一点出发,提出了"生产者主权"论。"生产者主权"是一个与"消费者主权"相对立的概念。消费者主权是指在商品市场上消费者占据主导和支配地位的状况,消费者的购买和消费决策决定着生产者生产什么。加尔布雷思对这一主流经济学的观点提出了质疑:"在公认的经济学信条中,没有什么比经济生活最终由享有主权的消费者来引导这一观念更加重要。是消费者的选择规定着生产什么和技术变革,而且在某种程度上来说,技术变革是作为满足消费者需求和提高消费者满意度的手段而发生的。也就是说,生产方面的一个决定因素,或许生产方面的决定因素,其实并不是消费者选择,而在很大程度上是生产者操纵消费者的反应。推销术、产品设计和创新都被用来引诱和捕获消费者。"③他提出的生产者主权是指生产者决定生产什么产品并控制价格,生产者决定应该生产什么并因此而塑造了消费者的偏好,致使消费者会购买这些产品。他认为,现代资本主义已为大公司所主导,大公司生产者设计和生产产品,并控制着产品销售价格,然后通过庞大的广告、媒体网络和推销机构对消费者进行"劝说";现代大公司还对政府进行游说,以左右政府的采购

---

① 加尔布雷思:《经济学和公共目标》,蔡受百译,商务印书馆1980年版,第98页。
② 加尔布雷思:《加尔布雷思文集》,沈国华译,上海财经大学出版社2006年版,第112页。
③ 同上书,第27页。

决策。因此,在现代工业体系中消费者并不是至高无上的,相反生产与销售产品和服务的巨型企业才是至高无上的:"消费者主权作为经济体系的一个支配因素被弃之不理","消费者主权不再扮演居于经济体系核心地位的传统角色。"① 加尔布雷思提出的生产者主权论有其重要的政策含义,即公共产品将存在资源配置不足。加尔布雷思将这种情形称之为"社会不平衡"。他论证说大公司通过广告创造人为的欲望和竞争的倾向,会将资源从具有更大内在价值的公共产品转向私人产品。例如人们会认为新汽车比新公路更加重要,酒和漱口液等比学校、法庭和市立游泳馆表现出更大的重要性。校正这种"社会不平衡"的最好办法是对消费品和服务课征销售税,利用这种收益来增加可以得到的公共产品和服务。

二元体系论。加尔布雷思以美国为例进一步分析整个社会的经济结构。他认为,就整个资本主义社会经济来看,存在着二元体系即计划体系和市场体系。所谓计划体系,就是指有组织的、由若干家大公司组成的经济,这些大公司所实行的是计划经济。大公司有权控制价格,支配消费者,从而生产者主权代替了消费者主权。所谓市场体系就是指在大公司存在的同时还存在着的大量、分散的小企业和个体生产者,即受市场力量支配的市场体系,他们无法操纵价格和支配消费者。他估计"美国的计划系统最多由 2000 家大公司构成。这些大公司不只是被动地接受市场指令,而且对价格,并且还对消费者行为具有广泛的影响力"②。在这种二元体系结构中,计划体系力量强大,市场体系力量弱小;前者处于有利地位,后者处于不利的地位。两者并存,便产生了经济发展上一种非常偏颇的形态:一方面市场体系所使用的动力、燃料、机器等是计划体系供给的,计划体系是市场体系产品的重要买主,就这一点来看两者是相互依赖的;但另一方面,这两个体系又存在着冲突和矛盾,它们的权力是不平等的。例如这两个体系之间的交换是不平等的,当计划系统向市场系统购买产品和劳务时,可以以压低的价格向其购买。相反,当计划系统出售自己的产品时,可以抬高的价格出售,大企业对小企业通过不等价交换进行的剥削就如发达国家对第三世界发展中国家的剥削一样。这两个系统的得利也是不均等的,大公司富裕,小公司贫困。另外,大企业还会"运用自己掌握的力量直接作用于国家机构——行政系统和立法系统。大

---

① 加尔布雷思:《加尔布雷思文集》,沈国华译,上海财经大学出版社 2006 年版,第 27—28 页。
② 同上书,第 120 页。

公司的需要,由于由技术专家——人群中那部分有影响力、善于表达观点的人提出,因此有办法成为公共政策。近几年来,飞机制造公司在左右外国政治家和政府方面比美国中央情报局取得了更大的成就。没有人会怀疑石油公司在中东推行的政策有时候取代了美国国务院的政策。很多人认为,通用汽车公司在最近制定的大众交通政策方面所做的事比美国政府还多"[①]。资本主义政府只关心大公司的利益,采取的一系列政策都有利于计划系统,这就给市场系统及资本主义经济带来了严重的危害。

二元体系论是加尔布雷思剖析现代资本主义的主要理论。他认为二元体系的存在,是现代资本主义的"丰裕社会"仍然存在贫穷、罪恶等各种矛盾和冲突的根源。这就有必要对现代资本主义社会的这种二元体系结构进行改革。改革资本主义社会二元体系主要有两方面的内容。一是扩大市场体系的权力,其基本途径是运用政府的立法和经济措施,提高市场体系中企业的组织化程度,改善其保护能力。如使市场体系中的小企业主一般地不受反托拉斯法的限制,使他们联合起来,加强同计划体系的议价能力,稳定自己产品的价格。二是减弱计划体系的权力。如通过政府立法和经济措施,限制计划体系中的大公司的过度发展,管制计划体系的价格,限制大公司通过哄抬物价的方式来损害小企业和消费者的利益。

新社会主义论。加尔布雷思认为资本主义社会与社会主义社会两种制度最终会走向趋同,只要实现社会改革就能够实现"新社会主义"。在加尔布雷思看来,这两种社会制度之间的趋同是现代经济和技术发展的必然结果,计划终究要取代市场。其具体表现就是管理需求、控制物价;技术阶层终将取代资本家掌管计划体系的权力;国家必将行使调节总需求、物价和工资的职能,并且致力于兴办教育和发展科技。他认为,通过限制资本主义社会计划体系的权力,提高市场体系的地位,就能够在这两个部门实现权力和收入的均等化,从而实现"新社会主义"。他所谓的权力均等化,就是限制大公司的权力,提高小企业的地位,而权力均等化又被认为是收入均等化的前提。他说:"首先需要积极提高市场系统的权力和能力,提高它与计划系统相对下的发展程度,从而从这一方开始,缩减这两个系统之间在发展方面一贯存在的不均衡状态。这里应采取的步骤是,从事缩减两个系统收益的不均等,提

[①] 加尔布雷思:《加尔布雷思文集》,沈国华译,上海财经大学出版社 2006 年版,第 113 页。

高市场系统的谈判力量,减少计划系统对它的剥削。我们把这叫作'新社会主义'。"①在这种"新社会主义"下,大公司的权力受到限制,政府不再被大公司所掌握,小企业地位得到改善,同时,"公共目标"也被重新重视起来,个人的生活福利得到保障,医疗保障事业有很大发展,环境卫生和住宅条件得到改善,文教艺术事业也不断取得进步。在加尔布雷思看来,在资本主义范围内,通过提高市场系统的地位和增加它的权力,抑制计划体系的权力和消除它对市场系统的剥削,可以使两个系统的权力和收入均等化。

加尔布雷思认为,二元体系的改革涉及两个关键问题,一是上面提到的"信念的解放";二是谁来承担改革的重任。他认为,实行改革的责任落在了科学教育界肩上。因为今天的科学教育界向企业界提供技术人员和科学研究成果,又在政策和立法等方面发挥着极其重要的作用。这样,科学教育界就成为一支"保持独立精神的"政治力量和社会革新力量。他认为他的改革不是通过任何革命行动,而是通过"结构改革"来实现的。这种主张使得他把改革的希望寄托于议会制度上。

三、循环积累因果联系理论

"循环积累因果联系"理论是缪尔达尔提出来的。缪尔达尔是新制度学派的另一位重要代表人物,1898年生于瑞典南部的古斯塔夫。1923年在斯德哥尔摩大学毕业后从事律师业务,同时继续读书,1927年获经济学博士学位,并任该大学政治经济学讲师。1933年任斯德哥尔摩大学政治经济学和财政学的讲座教授。在二三十年代,缪尔达尔主要从事纯粹经济理论研究,属于新古典主义的传统。当时他作为瑞典学派的重要成员之一,继承维克塞尔的传统,在发展一般动态均衡理论方面作出了重要贡献,这主要体现在他于1931年出版的《货币均衡论》这部名著中。但从30年代后期开始,缪尔达尔由于看到了当时社会的严重不平等状况而转向制度经济学的研究。1929—1933年的世界经济危机也严重地影响了瑞典的经济,生产下降,物价下跌,失业增加,人民生活贫困。可是,社会上另一部分人的收入和财富却在不断增加。缪尔达尔看到了这种不平等的状况,促使他开始研究社会平等问题。由于他研究社会平等问题,也就逐渐远离了主流经济学的研究范式。缪尔达尔认

---

① 加尔布雷思:《经济学和公共目标》,蔡受百译,商务印书馆1980年版,第217—218页。

为,研究社会平等问题要涉及各种社会关系,包括经济的、政治的、社会的和心理的,要涉及社会制度和社会结构等问题。缪尔达尔的一生中,曾获得过30多个荣誉称号和多项奖励。最重要的奖励是1974年和哈耶克一起因"在货币和经济波动理论方面的开创性著作,同时由于他们对经济的、社会的和制度现象的内在依赖性的精辟分析"[①]获得诺贝尔经济学奖。说他"在货币和经济波动理论"方面的贡献,是指他在二三十年代从事纯粹经济理论研究的结果;说他"对经济的、社会的和制度现象的内在依赖性的精辟分析",是指他在30年代后期以来从事制度经济学研究的成果。

缪尔达尔"对经济的、社会的和制度现象的内在依赖性的精辟分析",就是指他的"循环积累因果联系"理论。这个理论是缪尔达尔运用"整体性"方法,对经济、社会和制度现象进行综合分析及批判传统经济学均衡论与和谐论时提出来的。缪尔达尔认为,主流经济学家只重视静态均衡分析,而在一个动态的社会过程中,社会各种因素之间存在着因果关系,某一社会经济因素的变化,会引起另一种社会因素的变化,后者反过来又加强了第一个因素的变化。所以,社会经济诸因素之间的关系不是趋于均衡,而是以循环的方式运动,但也不是简单的循环流转,而是具有积累效果的运动,是"循环积累因果联系"。事物之间的"循环积累因果联系"不仅存在着上升的循环积累运动,也存在着下降的循环积累运动。前者指"扩展效果",即某一地区兴办了若干工业以后,逐渐形成了一个经济中心,它的发展促进了周围地区的发展,使它附近地区的消费品生产不断发展。后者指"回荡效果",即某一地区的发展,由于种种原因会引起别的地区衰落。例如,低收入阶层的劳动者的健康状况恶化,会降低劳动生产率,减少工资收入,降低其生产水平,这种状况反过来又进一步使他们的健康状况恶化。正由于存在着"扩展效果"和"回荡效果",国际贸易会加剧发达国家和发展中国家发展的不平衡,而不像主流经济学家所认为的那样国际贸易的扩大,必然对贸易国双方带来的利益是和谐的。因为发达国家采用新技术,产品成本低,比较廉价,所以在自由贸易的情况下,廉价的外来商品充斥了发展中国家的市场,从而导致了该国的经济遭受严重的打击,使社会衰落,国际贸易对发展中国家产生的是"回荡效果"。所以,国际贸易并不总是对贸易国双方都是有利的。在他看来,只有在贸易

---

① 瑞典皇家科学院:"1974年诺贝尔经济学奖文告",载《斯堪的纳维亚经济学杂志》1975年第1期。

国双方工业化水平差不多的情况下,国际贸易才是互利的。缪尔达尔认为这是一条具有普遍意义的原理。缪尔达尔的"循环积累因果联系"理论的贡献在它强调了对社会经济关系的研究,强调了考察社会经济演进过程中诸因素之间的相互依赖关系,从而有力地说明了为什么经济学的研究不能局限于纯粹的经济因素,而是要把同经济因素有关的其他因素尤其是制度因素同时进行研究。这一理论对制度学派的"整体性"方法论也是一个很好的运用和发挥,它强调要对社会经济过程的各种因素进行综合分析,探求其因果联系。因此,在经济学的研究中,他反对把社会现象区分为"经济的"和"非经济的",而认为只能区分为同经济因素"有关的"和"无关的"。缪尔达尔这一理论对于制度经济学的价值判断标准,也作了进一步的论证。如它强调了社会的平等、大众消费的增加、健康的增进、文化的提高等因素对于社会经济发展的意义。美国经济学家威廉·卡普对缪尔达尔高度评价说,正是由于缪尔达尔的这个理论,"我们终于到达了制度经济学的核心","它是新的社会经济分析方法的新的规范"①。

在缪尔达尔看来,要解决当前资本主义社会所存在的种种问题,必须从制度和结构的角度进行分析,考察权力和收入的均等问题。因此,经济学的未来是属于新制度经济学家的,只有他们的新制度学派的经济理论才能解决当前资本主义社会所存在的问题:"我相信,在今后十年或十五年将看到我们的研究朝着制度经济学而努力的激烈转变。其中一个根本原因是,如整个世界一样,在美国均等问题的政治重要性的增加,这个问题不能在狭义'经济'名词上来处理。"②缪尔达尔还认为,未来的制度经济学有两个特点:一是"新的方法将是制度的,它的中心仍是均等问题"③;二是"经济学方向改变为制度的方向,这显然包含着跨学科的研究"④。在这里,缪尔达尔不仅预示了新制度学派经济理论发展的前途,而且概括了它的内容与方法的特点。

关 键 词

进化论的经济学　经理革命　增长价值怀疑论　循环积累因果联系

---

① 威廉·卡普:"制度经济学的性质与意义",载《凯克洛斯》杂志1976年,第217、231页。
② 商务印书馆编辑部编:《现代国外经济学论文选》第1辑,商务印书馆1979年版,第487页。
③ 同上书,第488页。
④ 同上书,第491页。

理论

思 考 题

1. 制度学派的主要特点有哪些？
2. 凡勃伦是怎样说明资本主义社会的矛盾的。
3. 康芒斯和米契尔米对资本主义经济制度的分析各有什么特点？
4. 加尔布雷思的制度经济学理论主要有哪些内容？
5. 凡勃伦和加尔布雷思都被认为是反传统主义者。解释为什么"反传统"这个词汇用在他们身上是合适的。

第十四章
货币学派与供给学派：
古典经济学范式的复归

本章学习要求：在20世纪60年代后期和70年代初期西方资本主义经济出现"滞胀"历史背景下，货币学派和供给学派异军突起。货币学派主张采取控制货币数量的金融政策以消除通货膨胀，鼓吹经济自由主义，保证经济的正常发展，以此与凯恩斯学派相抗衡，并自称是凯恩斯革命的反革命。供给学派的特点是回归萨伊定律，以重视供给的分析为标榜。本章学习要求掌握货币学派的思想渊源、现代货币数量说、货币分析的基本观点、供给学派的理论和政策主张。

现实经济实践中所面临的问题是复杂多变的，因而解释经济现实的经济学理论的发展也是曲折的。在现代经济学范式的发展时期，出现了向古典经济学范式复归的趋势，这以货币学派和供给学派为代表。

在西方主流经济学范式的发展历程中，在20世纪50年代以后，出现了以货币学派与供给学派为代表反对凯恩斯国家干预学说的新经济自由主义思潮。他们认为资本主义市场经济在动态上是稳定的、均衡的，市场体系本身并不具有产生扰乱的趋势，这种体系所经历的破坏稳定性的震动大都是由政府的妄加干预如关于税收、支出和货币政策而引起的，经济波动之所以发生也是由于政府采用了干涉市场经济的错误政策所导致的。他们要求回归古典经济学的研究范式，来应对凯恩斯经济学所无法解释和解决的现实经济出现的"滞胀"问题。

第一节 货币学派

货币学派也称货币主义,是20世纪60年代后期首先在美国出现的一个重要经济学流派。货币学派的领袖人物是美国芝加哥大学经济学教授米尔顿·弗里德曼(1912—2006)。弗里德曼出生于美国纽约,1932年毕业于拉哲斯大学,1933年获芝加哥大学硕士学位,1946年获哥伦比亚大学博士学位,1948年任芝加哥大学教授,1967年担任美国经济学会会长。1976年由于他在"消费的分析和货币的历史与理论方面的成就,以及他论证了稳定经济政策的复杂性"[①]而被授予诺贝尔经济学奖。弗里德曼的主要著作有:《实证经济学论文选》(1953)、《消费函数理论》(1957)、《货币稳定方案》(1959)、《1867—1960年美国货币史》(与A.斯瓦茨合者,1963)、《货币最优数量论文集》(1969)和《自由选择》(1979)等。其他代表性人物有美国经济学家布伦纳和安德森,英国经济学家沃尔特斯、莱德勒和帕金等人。

货币主义的兴起与第二次世界大战后资本主义各国的经济形势变化有着极为密切的关系。二战后,凯恩斯主义扩张性的财政政策和货币政策虽然对于刺激资本主义的发展、缓和经济危机起了很大的作用,但同时也导致了长期持续的通货膨胀。到了20世纪60年代后期,美国的通货膨胀急剧发展,以至到70年代初,出现了经济停滞和通货膨胀并发的"滞胀"局面。正是在这一背景下,货币学派在英美等国异军突起。它们打着现代货币数量说的旗号,主张采取控制货币数量的金融政策以消除通货膨胀,提倡经济自由竞争,以此与凯恩斯学派相抗衡,并自称是凯恩斯革命的反革命。

一、思想渊源

货币学派的思想渊源是古典经济学中的货币数量说。这一货币数量说的核心论点是:物价水平的高低和货币价值的大小是由一国的货币数量决定的,物价水平与货币数量成正比变化,货币价值与货币数量成反比变化。"货币数量说"是古典经济学中很有代表性的理论,如休谟、李嘉图和约翰·穆勒都是典型的"货币数量论"者。20世纪初期,英美经济学家又将数学方法引进

---

① 世界经济编辑部编:《荣获诺贝尔奖经济学家》,四川人民出版社1985年版,第245页。

了货币分析,提出了"交易方程式"和"剑桥方程式",使传统的货币数量说获得了进一步的发展。

"交易方程式"是由美国经济学家欧文·费雪(1867—1947)提出的。费雪在1911年出版的《货币的购买力》一书中提出了如下的交易方程式:

$$MV = PT$$

式中:M代表货币数量;V代表每单位货币的流通速度;P代表物价的一般水平;T代表交易量。按照费雪的意见,T是已知的,而V则被看成是具有一个不变的均衡值(在任何冲击或扰动之后,V将回复到这个不变数值)。物价水平决定于其他三个变量的相互作用。即:$P = MV/T$。假定T和V均衡值都是常数,则均衡物价水平就决定于货币数量,这就产生了货币数量论的核心观点:$P = M$。

剑桥方程式是由英国经济学家庇古(1877—1959)根据他的老师马歇尔的学说,在1917年发表的《货币的价值》一文中[①]提出的,其公式如下:

$$M = kPy$$

式中:M代表货币数量;k代表人们的总财富中愿意用货币的形式持有的比例;P代表一般物价水平;y代表社会总产品量或总财富量。可以看出,剑桥方程式中的k等于交易方程式中V的倒数($1/V$)。两个方程式所反映的基本观点——物价水平与货币数量成正比变化——是一致的,所不同的只是,交易方程式强调货币在支付过程中的作用(货币供应量的作用),而剑桥方程式则强调人们手持现金的作用(货币需求量的作用)。

交易方程式和剑桥方程式,20世纪30年代以前曾盛行于资本主义世界。30年代资本主义世界经济大危机期间,因为货币当局未能止住经济大萧条,使货币数量论名声扫地。30年代以后,随着凯恩斯的《就业、利息和货币通论》出版,货币数量说已不被人们所重视,代之而起的是凯恩斯倡导的流动性偏好理论。而弗里德曼的新货币数量说就是起因于对凯恩斯理论的否定和在新形势下对传统货币数量说的继承和发展。在货币学派的理论中,尤其是在弗里德曼的货币需求理论中,可以明显地看出剑桥学派特别重视货币需求分析这一理论传统的影响。

---

① 载[美]《经济学季刊》1917年11月号。

除了传统的货币数量说外,20世纪30年代前后形成的早期芝加哥学派的经济理论也是货币学派的另一个直接的理论渊源。据弗里德曼自述,在30年代的经济大危机后,凯恩斯革命性的著作使得传统的货币理论黯然无光,许多货币学者纷纷背弃了传统的货币数量说。在这种形式下芝加哥大学是当时少数依然讲授货币理论和政策的大学之一,并在这一基础上形成了芝加哥学派的传统。芝加哥学派的主要特点是:(1)继承传统的货币数量说的传统,重视货币理论的研究;(2)主张经济自由主义,强调市场机制的调节作用。他们虽然不像传统的货币数量说那样单纯用货币数量来解释物价的波动,但都坚持"货币至关重要"这一理论研究方法,承认物价水平与货币数量之间存在着重要的联系。芝加哥学派坚持自由放任的传统,强调市场机制的自发调节可以使资本主义经济趋向均衡。60年代后,当凯恩斯经济学日益陷入困境时,芝加哥学派的传统又得以恢复和发扬。货币学派就是这一芝加哥学派传统的延续和发展。如弗里德曼早在1956年就提出,与当时流行的凯恩斯主义相对立的芝加哥传统"就是坚持货币至关重要"这一理论研究分析方法知名的。到了70年代,弗里德曼更明确强调说,"过去经常叫作货币数量论的观点,现在就称为货币主义"。货币主义的"理论基础"就是经过修改的传统的"货币数量论",也叫"现代货币数量论"。[①]

二、现代货币数量论

弗里德曼经济理论的基础是现代货币数量论。弗里德曼是在50年代后期沿着"剑桥方程式"来表述他对"货币数量论"的见解的。弗里德曼认为货币数量论首先是货币需求的理论。他认为,可以把剑桥方程式 $M = kPy$ 看作货币需求函数:P、y 是货币需求所依存的许多变量中的两个;k 是代表所有其他变量,因此 k 不应被当作数值上的常量,而其本身应被当作还存在的其他变量的函数。在弗里德曼看来,决定货币供应量(从人们对货币的需求的角度来看,也是人们所保有的名义货币数量)的因素基本上取决于货币制度,即由法律和货币当局决定货币量。至于决定货币需求(社会需要保有的实际货币数量)的因素,弗里德曼列出了个人财富持有者的货币需求函数如下:

[①] 布莱恩·摩根:《货币学派与凯恩斯学派——它们对货币理论的贡献》,商务印书馆1984年版,第75页。

$$M/P = f(Y, W; rm, rb, re, 1\mathrm{d}p/p\mathrm{d}t; u)$$

式中：M 为个人财富持有者手中保存的货币量（名义货币量）；P 为一般物价水平；M/P 为个人财富持有者手中的货币所能支配的实物量（实际货币余额需求量）；f 为函数符号；Y 为真实收入（按不变价格计算）；W 为非人力财富所占总财富的比率；rm 为预期的货币名义报酬率（即货币利率）；rb 为预期的固定债券名义报酬率（包括债券价格的预期变动）；re 为预期的股票名义报酬率（包括股票价格的预期变动）；$1\mathrm{d}p/p\mathrm{d}t$ 表示预期的商品价格变动率，因而也是预期的实物资产名义报酬率（t 表示时间）；u 表示货币的效用及影响此效用的因素。弗里德曼认为，如果略去 Y 和 W 在个人间分配的影响，把 M 和 Y 分别看作按人口平均的货币持有量和实际收入，W 是非人力财富在总财富中的一部分，这个函数就能适用于整个社会。

从弗里德曼所列出的货币需求函数关系不难看出，现代货币数量论公式不过是旧的货币数量论的改头换面。前面提到，旧的货币数量论公式是 $M/P = ky$，或 $M = kPy$，或 $MV = Py$。式中 $V = 1/k$。如果把 k 或 V 看作 rm、rb、re、$1\mathrm{d}p/p\mathrm{d}t$ 以及 W 等因素共同作用的结果，则弗里德曼的货币需求函数就与剑桥方程极其相似了。

但弗里德曼的现代货币数量说与旧的货币数量说有着如下的重要区别：(1) 旧的货币数量论是把 V 当作制度上已决定了的一个常量，而现代货币数量说则把货币速度看作为数有限的可观察到的各个量值（各种金融资产的收益率，预期的物价上涨率等）的稳定函数；(2) 旧的货币数量说方程中的 Y 是当作现期收入（交易）水平的代表，而现代货币数量论方程中的 Y 则是代表恒久性收入，它是作为包括非人力财富和人力财富的总财富水平的代表而包括在方程内；(3) 旧的货币数量论由于假定货币速度（V 或 k）是已知常数、产量或国民收入（y）是处于充分就业均衡下的固定不变的常数，便认为货币供应量的增加会直接使物价同比例地上涨。但现代货币数量论则断定货币供应量的变动将直接影响名义国民收入水平的变化，而这种变化在短时期内（5—10 年）既可表现在价格水平变化上，也可表现在产量水平变化上；只在长时期内（10 年以上），货币供应量的变动才全部表现在物价水平上。

由于短期内货币的效用及影响此效用的因素如人们的嗜好、偏爱等不会发生无规则的剧烈变动，因此 u 可以作为一个常量从式中略去。由于财富的构成比例在一定时期也是相当稳定的，它对收入进而对货币需求不会产生大起大落的影响,故 W 也可作为常量来考虑。物价变动率只有在变化很大、延期很长时,才直接影响货币需求,而这种情况很少发生,所以 $1\, dp/pdt$ 也可以从式中略去。由于货币的名义报酬率(rm)通常为零,可以不考虑。至于 $rb、re$,因它们直接受市场利率的影响和制约,因此可以归结为市场利率(r)的作用,用 r 来包括 $rb、re$ 对货币需求的影响。这样,货币需求函数就可简化为

$$M/P = f(Y,r)$$

这就又与凯恩斯的一般货币需求函数 $M/P = f(r,y)$ 非常相似了,但两者之间有重要的区别,这些区别是:

(1) 凯恩斯的货币需求函数中的 r 只限于债券利息率,而现代货币数量论的货币需求函数中的 r 则包括各种形式的财富(货币债券、股票、实物资产等)的报酬率。

(2) 凯恩斯的货币需求函数中的 y 是指现期实际收入水平,而现代货币数量论的货币需求函数中的 y 则是具有特定含义的、作为财富代表的"恒久性实际收入"。

(3) 凯恩斯虽然也把货币视为财富持有人手中的资产之一,但他所看重的是利息率及其在货币与债券之间替代方面所起的作用,即利息率的变动将影响人们在货币与债券之间进行抉择以作为其财富保存的形式,从而确定人们对货币的需求:利率高,人会少保留一些货币在手边,把货币换成有利息收入的债券;利率低则相反,人们宁愿保留更多一点货币,而少买进一点债券。现代货币数量论则更加强调财富,从而把资本理论的概念应用于货币需求。现代货币数量论认为,人们保存其所有财富的形式包括"金融资产"和"实物资产",前者包括货币、债券、股票等,后者包括资本品、耐用消费品、房屋等。因此,按照现代货币数量论的推断,人们对货币的需求,不仅因利率变动要在货币与债券之间进行抉择,而且还受到人们预期的股票的市价和收益以及预期的资本品、耐用消费品和房屋的可能有的价格变化的影响。总之,凯恩斯的货币需求论是以利率的流动偏好理论为基础的,而弗里德曼的货币需求论除了断定利息率的影响极小以外(他计算出,美国 1867—1960 年这段时期,利息率每增加或减少 1%,人们对真实货币的需求只减少或增加 0.15%),还认为人们对真实货币的需求也取决于实际收入量和其他资产与物品的价格变化,并且随着真实国民收入的增长,人们对真实货币的需求在其收入中所

占的比例会加大,即货币流通速度将减小。他计算出,美国1869—1957年这段时期,真实国民收入每增长1%,人们的真实货币需求将相应增加1.8%,货币流通速度降低0.8%。

(4) 凯恩斯主义者认为,国民生产总值(GNP)或国民收入是由有效需求(投资需求,消费需求,或政府支出)决定的,而不是由货币供应量(M)决定的,M对国民生产总值或国民收入的影响只是间接的。M只对V变化发生影响(实际对货币需求变化发生影响)。M变动首先影响利息率(r),通过r而影响投资(I),然后经过乘数作用引起总需求和国民生产总值的变动。其序列是:$M-r-I-\text{GNP}$。货币主义则认为,M对GNP有着直接影响,其序列是:

$$M-MV-\text{GNP}$$

这即是说,M的增加,除非被所导致的V的变动(货币流通速度减小)完全抵消,将会使GNP增长。但货币主义者认为,因为V是稳定函数,所以GNP的重大变化几乎都是M变动的结果,而不是V变化的结果,即M的变动是直接影响GNP的主要因素。而GNP的变动将意味着产量和价格的变动,即产量和价格的变化都直接决定于货币供给量M的变动,因此,"唯有货币要紧"。

综上所述,可见对货币数量论重新表述的现代货币数量论的公式不过是增加几个自变量来表示货币、其他资产的预期报酬率和货币流动性本身同货币需求之间的关系,强调恒久性收入(财富的代表)对货币需求的主导作用,以此代替旧的货币数量论的公式中的收入概念。实质上,现代货币数量论一方面是在维护旧的货币数量论(如货币流通速度不是迅速变动的,货币存量取决于名义的国民收入或国民生产总值),另一方面又在吸收凯恩斯的"流动性偏好理论"并加以"发展"(货币需求不仅取决于利息率,而且也取决于其他资产的收益率),因而它不过是旧的货币数量论和凯恩斯的流动偏好理论的混合物。对此,弗里德曼自己也承认:"货币理论的一个更为根本的和更为基本的发展曾经是以深受凯恩斯的流动偏好分析影响的方式而重新描述的货币数量说。"[1]

虽然弗里德曼认为,在统计技术上要把货币供应量变动截然分割成影响

---

[1] 弗里德曼:"货币理论和政策在战后的趋势",载《全国银行评论》1964年9月号,第4页。

物价增量和影响产量增量这两个不同的数值是有困难的,但他仍然坚持把货币变动与一般物价水平、总产量或总收入等彼此间的关系紧密联系起来是必要的,他断言:"货币量是以控制价格水平或名义收入水平为目标的政策的一个关键变量。"①

三、货币分析

货币学派在研究方法上的最大特点是强调货币分析。货币分析的中心命题是:(1)货币最要紧,货币的推力是说明产量、就业和物价的变化的最主要因素;(2)货币存量(或货币供应量)的变动是货币推力的最可靠测量标准;(3)货币当局的行为支配着经济周期中货币存量的变动,因而通货膨胀、经济萧条或经济增长都可以而且应当唯一地通过货币当局对货币供应的管理来加以调节。

弗里德曼也曾说过:"从长期来看,货币主义几乎全盘接受早期货币数量论。它对早期货币数量论的主要贡献,就是它对短期后果作了更详细、更深入的分析,并对这些后果作了更详细的整理概括。"②依据弗里德曼的看法,货币分析的基本观点可以概括为:(1)货币量的增长率同名义收入的增长率有着保持一致的关系,如果货币量增长很快,名义收入也会增长很快,反之则反是;流通速度虽然不是固定不变的,但却完全可以预测。(2)货币增长的变化对收入发生影响需要一段时间,即存在时间滞后过程。(3)货币变化只在短期内影响产量,在长期中,货币的增长率只影响价格,产量则是由一系列实际因素(如产业结构、节俭程度等)决定的。(4)通货膨胀随时随地都是一种货币现象,亦即是说,如果货币量的增长快于产量的增加,就会发生通货膨胀;如果政府开支是通过印发货币或银行信贷取得的,并且导致货币增长率超过了产量增长率,那么,政府的财政政策就是通货膨胀政策。(5)货币量的变化并不直接影响收入,它最初影响的是人们的资产选择行为。这种行为使得现有资产(债券、股票、房产、其他实物资本)的价格上升(货币数量增加时),利息率下降,鼓励了人们扩大开支,导致产量和收入增加。(6)货币增长加速

---

① 米尔顿·弗里德曼著:《弗里德曼文萃》(上册),胡雪峰等译,首都经济贸易大学出版社2001年版,第437页。
② 弗里德曼:"论货币"(1980年版《大英百科全书》的"货币"条),载《世界经济译丛》1981年第5期,第29页。

时,起初会降低利率,但是,由于它使人们增加开支,刺激了价格的上涨,引起了借贷需求的增加,又会促使利率上升。货币量和利率之间这种步调不一致的变化关系表明,利率不是制定货币政策的好导向。(7)货币政策是十分重要的,但在制定货币政策时,最重要的是控制货币数量,并应该避免货币量的变化率大幅度地摇摆,明智的政策是让货币量在一定时期内按某种规则稳定地增加。

四、"单一规则"的货币政策理论

第二次世界大战后,各主要资本主义国家积极推行了凯恩斯主义所倡导的以赤字财政扩大政府支出为重心,以通货膨胀为特点,并辅之以低利息率,放松银根的财政金融政策来刺激经济增长,提高就业水平,对付周期性经济危机。但实际情况表明,凯恩斯主义的这套办法到了60年代以后反而给西方资本主义国家带来了严重的滞胀局面。因此,坚持要"对抗凯恩斯革命"的弗里德曼便针锋相对地提出恢复古典经济学经济自由主义为核心的经济政策理论。

货币学派经济政策理论的核心是反对国家过多地干预经济,主张经济自由竞争。货币学派认为,市场自发力量有使资本主义经济自然而然地趋向均衡的作用,战后资本主义社会经济的大的波动都是由于政府采取了旨在干预市场经济的错误财政金融政策造成的。针对凯恩斯的国家干预政策所造成的严重后果,弗里德曼强调资本主义社会要依靠自身的经济力量,充分发挥市场机制的作用,让经济自由运行,来达到均衡和经济增长的目标。他特别推崇斯密的"看不见的手",即市场的价格机制和价值规律的作用。认为这一市场机制既能实现个人经济自由,又能促进社会经济的发展。他认为市场价格机制具有这样几个作用:(1)它向人们传递各种经济信息情报;(2)它向人们提供刺激,促使人们千方百计地节省成本,使可得到的各种资源用于最有价值的用途;(3)它在实际上决定着从事经济活动的人们的收入。弗里德曼在1979年出版的《自由选择》一书中说:"自愿交易占支配地位的经济内部就具有促进繁荣和人类自由的潜力。它也许在这两方面不能完全发挥其潜力,但就我们所知,凡达到过繁荣和自由的社会,其主要组织形式都必然是自愿交易。……自愿交易却是繁荣和自由的必要条件。"[①]为此,货币学派强调

---

① 弗里德曼等:《自由选择》,胡骑等译,商务印书馆1982年版,第16页。

应以实行"单一规则"的货币政策来处理和解决资本主义经济所面临的问题。

所谓"单一规则"的货币政策,据弗里德曼的意见,就是排除利息率、信贷流量、自由准备金等因素,而以一定的货币存量作为唯一因素支配的货币政策。这种政策的提出是以弗里德曼的"现代货币数量论"为其理论依据的。"历史已经证明,货币增长率相对稳定的时期一直也是经济活动相对稳定的时期,而货币增长率大幅摆动的时期一直也是经济活动大幅摆动的时期。"①所以,弗里德曼始终强调一个不变的、既定的货币数量增长率比之变化的增长率要更为重要。

弗里德曼反对传统的诸如贴现率调整,公开市场买卖政府债券,银行法定准备金比率变动,以及对股票市场、分期付款销售、不动产、贮存的货币和信贷供给等加以管制的货币政策。他认为,凯恩斯的"相机抉择"的货币政策只能在很有限的时期内限定利息率和失业率,而实际上这种政策是弊大于利,很难收到预期效果。例如,由于货币政策生效时间往往要经过一年或一年以上,这就会引起政策执行者在扩大或收缩货币信贷流量时,难免做过了头,从而导致与愿望相反的结果,更加促成经济的不稳定性。又如,为了压低利息率,刺激投资和其他支出而运用公开市场政策买进政府债券来过度地扩大货币供应量,虽可奏效于一时,但经过一年半载,至多两年,随着公私开支的扩大,人们的收入也相应增加,同时还可能使物价上涨,结果就会使原来下降的利息率重新上升。特别是人们预料物价将继续上涨时,贷款人会要求而借款人也愿意付给较高利息率,于是利息率将回升,甚至超过原先的水平。这样,通货膨胀愈发展,利息率上升趋势就愈加强。

弗里德曼对货币需求研究的结论认为,货币需求是相对稳定的,要保证货币需求与供给的平衡就必须保证货币供给的稳定性。因此,他反对凯恩斯提出的需求管理,认为应当把管理的重点放在货币供给上,认为货币供给量是至关重要的经济变量。在货币供给政策应选择哪一个目标上,弗里德曼认为,货币政策的长期目标应是物价的稳定。在管理的近期目标和手段的选择上,弗里德曼选择货币量,手段是基础货币。而控制货币供应量的最佳选择是实行"单一规则"——即公开宣布并长期采用一个固定不变的货币供应增长率。他认为公开宣布的目的是减轻人们心理上的不安定感,避免预期效应

---

① 米尔顿·弗里德曼著:《弗里德曼文萃》(下册),胡雪峰等译,首都经济贸易大学出版社2001年版,第471页。

引起的紊乱,同时也便于将货币当局的行为置于公众的监督之下。他还认为,长期采用一个固定不变的货币供应增长率可以消除频繁的相机调整而引起的经济波动,以其自身的稳定性抵御来自其他方面的干扰,保证币值的稳定,实现物价、经济长期稳定的目标。

实行"单一规则"需要解决三个问题:(1)如何界定货币数量的范围;(2)如何确定货币数量的增长率;(3)货币数量增长率在年内与季节内是否允许有所波动。弗里德曼认为,货币数量的范围应该确定为流通中的通货加上所有商业银行的存款,也即 M_2;货币增长率的确定应与经济增长率大体相应。若经济增长而货币供应量不增加,工资水平按就业的增长率计算就会下降,物价也将下跌,从而造成投资紧张,消费减少;但若货币过多就会带来物价上涨,导致通货膨胀和经济混乱。若货币供应量增长保持稳定,就能保持物价水平的稳定,避免经济波动。拿美国来说,他认为货币供应量增长率应在 4%—5%。这是他根据对美国 100 多年来的历史资料进行实证研究后所得出的结论。美国每年平均人口和劳动力的增加大约是 1%—2%,每年平均产量的增长速度大约是 3%。为了适应人口、劳动力的增长,要增加货币供应量 1%—2%,为了适应产量的增加,要增加货币供应量 3%,两项合在一起,美国每年货币供应量大约需要增加 4%—5%。这样既可以保证经济的稳定增长,又不会引起通货膨胀。他认为美国的货币供应量无论如何不能超过 6%,如果超过了这个极限,就会助长通货膨胀。弗里德曼认为,货币供应增长率一经确定是不能任意变动的。若遇特殊情况必须更改时,应该事先宣布并尽量缩小变动的幅度。

弗里德曼在反对凯恩斯货币政策的同时,也反对凯恩斯强调运用财政政策(如增加政府开支,增减税收,特别是举债支出)来调节国民经济的观点。他指出,在现实中,财政政策总是与货币政策共同发生作用的。因此,在进行理论分析时,应对它们的作用分别加以考察。弗里德曼对货币政策和财政政策作用的评价可归结为以下四点。第一,如无货币政策配合,财政政策本身是无效的。弗里德曼认为,财政政策是否生效,取决于货币供给是否发生变化。例如,当政府支出增加而无货币供给量的相应增加时,增加的支出就只能由增税或向公众借款来弥补,在这种情况下,只会发生政府支出对私人支出的"排挤",而谈不上什么"乘数"效应。第二,财政政策措施,由于政治上的阻力和实践上的困难,往往不能有效运用。例如,税收方案需要旷日持久才能在议会通过。而且因为减税容易增税难,政府支出的扩大轻而易举,而节省开支却受到各种阻碍,所以用财政政策措施来调节经济,在实践过程中只会加大财政赤字,促进通货膨胀,从而加深经济不稳定。但要缩减赤字财政,抑制通货膨胀,则又是困难重重。第三,当货币政策与财政政策共同发挥作用时,货币政策的效果是占主导地位、起支配作用的。弗里德曼是通过实证研究来说明他的这一观点的。他以1966—1967年以及1968—1970年美国经济的现实为例,指出紧的货币与松的财政政策共同实施时,必然引起经济增长率的下降;反之,松的货币政策与紧的财政政策共同实施时,则会产生膨胀性繁荣。可见,货币政策是支配财政政策的,货币政策的效果要比财政政策更为重要。第四,由于存在着"自然失业率",即使有货币政策的配合,财政政策在刺激经济增长方面也只具有短期效果,在长期中不但无效,反而会引起恶性通货膨胀。弗里德曼认为,以需求管理为宗旨的财政政策最终都是通过货币量的扩张和收缩来实现其经济调节作用的,而扩张性财政政策对经济的"过头反应"必然导致通货膨胀。由于"自然失业率"[①]的存在,这种通货膨胀仅仅是借助于人们暂时的预期失误而产生增加就业的短期效果的,而在长期内,失业率将滞留在不能确知的"自然失业率"水平上。因而,以实现和维护"充分就业"为目标的财政政策,不但对减少失业无所裨益,反而会使通货膨胀越来越高。

通过以上的分析,弗里德曼否定了财政政策在影响宏观经济方面的长期有效性。在他看来,除了以"单一规则"为核心的货币政策之外,宏观财政政策对经济活动的干预是有害无益的,因而是不可取的。

货币学派的自由主义的政策主张对现代西方经济学产生了重要的影响。如美国凯恩斯主义的经济学家托宾就认为,现在几乎没有人会主张:"货币不要紧,货币政策同名义国民生产总值的形成过程没关系。"[②]他认为货币主义

[①] 所谓自然失业率是指让劳工市场和商品市场的自发供求力量发挥作用,从而使经济中的总需求和总供给处于均衡状态的失业率。即自然失业率水平是由劳工市场的结构所决定的,是与通货膨胀率无关的。弗里德曼断言:"自然失业率水平","不是用数字表示的常量,而是取决于与货币因素相对立的'实际'因素",即"取决于劳工市场和商品市场的现实的结构特征,包括市场的不完全性(竞争或垄断的程度),供求机制的随机变动性(劳工市场可利用的人员变动),获得有关工作空位和可利用的劳动力的情报费用(如教育程度,业务考核标准等),劳工流动的费用(加入各种职业的障碍或鼓励,如工会限制、建筑补贴等),等等。"(见弗里德曼:《失业还是通货膨胀?》,张丹丹、胡学璋译,商务印书馆1982年版,第23页。)

[②] 托宾:《十年来的新经济学》,1974年英文版,第59—60页。

者强调"唯有货币要紧",而凯恩斯主义者强调"货币也要紧",两者之间不过一字之差而已。

第二节 供给学派

供给学派是20世纪70年代后期起在美国兴起的又一个与凯恩斯主义相对立的经济学流派。由于供给学派重视供给的分析(所谓供给指商品和劳务的供给,也就是指生产),供给学派又称生产学流派。供给学派产生的历史条件,是第二次世界大战以后,随着国家垄断资本主义的发展,凯恩斯主义经济学取代了"古典经济学",成为西方的主流经济学。在凯恩斯看来,投资需求和消费需求的不足,是造成失业的根本原因。并且,由于资本主义的经济机制不能自动调节总供给与总需求趋向于充分就业的均衡,那么,只有依靠国家对经济的干预来刺激总需求。由此凯恩斯主义者制定了一整套政府调节经济活动的政策,即"需求管理政策"。第二次世界大战后,特别是在20世纪70年代以前,凯恩斯主义的政策、措施曾经在推迟经济危机的爆发、减轻危机的破坏力和推动西方经济的增长等方面,起了一定的作用。但进入70年代以后,凯恩斯的经济理论和政策导致了西方资本主义经济形成了政府赤字庞大,通货膨胀加剧,居民税收负担加重,实际收入水平下降,经济停滞不前的"停滞膨胀"局面。如20世纪70年代,美国通胀率高达13.5%、失业率达7.2%,而经济增长率仅-0.2%,深陷"滞胀"泥淖。1973年后,美国经济的产出、就业、储蓄、投资等经济指标增长率放慢了,1965—1975年,美国劳动生产率年均增长率是4.9%,而1975—1980年下跌为3.0%。同时,美国经济也存在税率过高、限制进入、价格管制等诸多结构性问题。凯恩斯主义"神药"失效,复苏亟待新"药方"。供给学派正是在凯恩斯经济学出现危机的历史条件下,与货币学派一样应运而生了。

供给学派的主要代表人物在美国有加利福尼亚大学阿瑟·拉弗教授,曾任里根政府经济顾问,以提出拉弗曲线而著名;裘德·万尼斯基,曾任《华尔街日报》副主编,大力宣传供给学派的主张,著有《世界活动方式》(1977);保罗·罗伯茨,曾任《华尔街日报》副主编和专栏作家,在里根政府供过职,著有《供给学派革命》;乔治·吉尔德,著有《财富与贫困》(1985),为供给学派的经典之作;马丁·费尔德斯坦,1982年起任里根政府经济顾问,哈佛大学教授,著有《转变中的美国经济》(1990)、《供给经济学:老原理和新论断》(1986)。

供给学派的特点是否定凯恩斯定律(需求创造其自己的供给),肯定萨伊定律(供给创造其自己的需求)。供给学派经济学不过是穿上现代服装的古典经济学。古典经济学认为,经济的正常情形是充分就业的稳定均衡。如果这种均衡发生经常性的偏差,就归咎于政府的干预或私人垄断妨碍了市场机制的自由活动。他们认为,只有自由放任这个政策才能保证正常的充分就业。古典经济学把充分就业看作经济交换的正常情形,它的理论根据在于"供给会自行创造自己的需求"的萨伊定律。在政策主张方面,供给学派直接吸收了古典经济学强调供给、生产,刺激储蓄、投资,提高生产率方面的基本经济思想。在基本理论方面,供给学派则利用"萨伊定律"来直接否定凯恩斯主义。如乔治·吉尔德就认为:"萨伊定律,它的各种变化,是供应学派理论的基本规则。……萨伊定律之所以重要是因为它把注意力集中在供应、集中在刺激的能力或资本的投资方面。它使经济学家们首先关心各个生产者的动机和刺激,使他们从专心于分配和需求转过来,并再次集中于生产手段。"[①]他竭力呼吁应该抛弃凯恩斯主义,重新回到"古典经济学"去。在英国、德国也有一些供给学派的追随者。1981年里根总统把供给学派理论作为美国官方经济学,供给学派在当时的美国颇为得势,对西方经济学产生重要影响。

一、供给学派的理论和政策

供给学派的理论和政策体系,集中在以下看法上:(1)否定凯恩斯定律,肯定萨伊定律。他们依据萨伊定律,断定供给是实际需求得以维持的唯一源泉,因而极力主张政府不应当刺激需求,而应当刺激供给,增加供给的途径是增加投资和劳动;(2)强调国民产量增长率无论是在短期还是长期,都是经济中的劳动和资本的配置的有效利用起主要决定作用;(3)增加刺激的主要手段是减税,大幅度地和持续地削减个人所得税和企业税,以鼓励人们的工作积极性,增强储蓄和投资的引诱力;(4)采取相对紧缩的货币政策,使货币供给量的增长和长期的经济增长潜力相适应,为了保证无通胀的经济增长,必

[①] 乔治·吉尔德:《财富与贫困》,储玉坤等译,上海译文出版社1985年版,第61页。

须恢复金本位制,只有金本位制才能稳定货币价值;(5)认为经济发展的主要障碍是政府干预过多,主张减少国家对经济生活的干预,特别是要改变国家干预的方向和内容,更多地依靠市场的力量自动调节经济,因此反对过多的规章法令;(6)主张减少失业津贴,以刺激人们更多地去需求工作而不愿长期赋闲,主张削减对劳动就业征收的工薪税,或者削减对增加就业的企业支付补助金,减少社会福利开支,以鼓励增加劳动需求。总之,供给学派积极主张政府应放宽管理经济过多的不必要的法律条例,以增强市场机制的作用。缩小政府开支,大规模削减福利开支,提高私人的投资能力。还建议积极采取各种措施以改进或增强劳工的地区和职业的流动性,特别是竭力主张减少所得税和降低边际税率(对收入增加部分所征收的税率),以鼓励人们努力工作,或增加储蓄和投资,从而提高就业和产出量水平,促进经济增长,并使通货膨胀得到抑制。在供给学派的这些政策主张中,最主要的是减税。

供给学派认为,过去凯恩斯是通过调节货币的供给量,降低利率,以增强投资需求的引诱力来刺激投资促进经济增长的。但是,到70年代末期,经过通货膨胀和税收调整后的利率一直是负数,如果降低利息的目的是为了提高投资的需求,那么现在适当的经济政策就不能再是降低利率来刺激需求了,而是要减税,刺激供给方面。供给学派从"供给自行创造需求"的萨伊定律出发,把减税看成是使美国摆脱当前经济增长停滞困境的基本手段。吉尔德综合概括了供给学派的这一基本思想,他指出:"税收政策要能有效地影响实际收入,其唯一办法在于改变对供应者的刺激。用改变报酬的方式来使人们喜欢工作胜过闲暇,乐意投资胜于消费,使生产源泉胜过财富的洼坑,并使纳税活动胜过不纳税的活动,这样政府就能直接而有力地促进真正的需求和收入的扩大。这就是供应学派的使命。"[①]在供给学派看来,正是美国日益增加的税收和政府开支这根"楔子",严重挫伤了储蓄和投资以及工作的积极性,从而导致供给不足引起通货膨胀和经济停滞增长。

供给学派学者认为,高税率,特别是高的边际税率是美国工作积极性和劳动生产率下降的重要原因之一。高税率对就业结构也产生有不利的影响,从而导致美国生产率下降。高税收和通货膨胀还会使人们的收入提到更高的纳税等级,而实际的购买力却没有增加,其结果等于提高了税率的累进程

---

① 乔治·吉尔德:《财富与贫困》,储玉坤等译,上海译文出版社1985年版,第70页。

度。据供给学派推测,进入80年代以后,美国人的边际税率已接近50%,这样高的边际税率使单靠一个人的收入维持生活的家庭受到惩罚,从而把庞大的家庭妇女赶入劳动大军之中,去寻找工作,"而已婚男子则恰恰相反。鉴于在美国赚取高薪的已婚男子是劳动生产率增长的主要源泉,不难看出我们的、因受通货膨胀的影响而提高的高度累进的税率,在劳动大军不断壮大的同时,只会使劳动生产率不断下降"[1]。很高的边际税率还会导致美国工人作出偏好于休闲、消遣、享受等方面的选择,这是致使美国企业劳动生产率下降的又一重要原因。当边际税率很高时,则多劳动所得的收入需要按照更高的税率纳税,到手的收入会很少,休闲则变得相对有利,休闲的价格降低了。因此,进入70年代以来一般美国的工人,特别是男性工人宁愿少做工、多休息,也不愿意加班加点努力工作、积极学习和提高技术以多挣工资收入。这导致美国工厂出勤率下降,劳动纪律松弛和劳动生产率下降。

供给学派认为,过高的边际税率还是导致美国储蓄和投资供给不足,经济增长停滞不前的根本原因。过高的边际税率,使得用于消费的价格便宜,用于投资和储蓄的价格相对提高,从而鼓励人们多消费,少储蓄和投资,这就是美国近年来储蓄率和投资率下降的重要原因之一。过高的边际税率不仅阻碍了个人和企业的财富积累,它还使个人投资者的革新、发明、创造的精神丧失殆尽,这也是美国经济增长和社会进步的最大危害。过高的边际税率是出于社会福利开支的需要。为此,供给学派的学者抨击了福利主义的经济政策,他们认为由于大规模的福利支出,阻碍了贫困的改善,导致整个美国社会的生产率和生活水平的下降。吉尔德指出,这主要是由于"竭力从富人那里拿走他们的收入,就会减少他们的投资;而把资金给予穷人,就会减少他们的工作刺激,就肯定会降低美国的劳动生产率并限制就业机会,从而使贫穷永远存在下去"[2]。所以,只有通过大幅度减税,刺激储蓄,提高投资率,增加产量,才能摆脱这种贫困,因为这不仅可以增加就业机会,而且将使劳动者的工作热情增加,愿意加班兼职,从而增加劳动供给,这样穷人的生活水平才能提高。此外,高税率还导致地下经济的规模不断扩大,避税和逃税更加盛行,家庭分裂、离婚增多和道德败坏等社会问题更加突出。

---

[1] 乔治·吉尔德:《财富与贫困》,储玉坤等译,上海译文出版社1985年版,第23页。
[2] 同上书,第103页。

二、"拉弗曲线"

为了分析税率与税收的关系,拉弗还描绘出了以他命名的拉弗曲线,试图用以表示存在最适宜税率,它使政府税收总额达到最大限度,如在最适宜税率以上征税,则阻碍生产,因而导致减低税收总额。

"拉弗曲线"如图所示①是在平面坐标图中,用一条函数曲线表示税率同政府收益之间的关系,纵轴表示税率,横轴表示政府税收收益。当税率为零时,政府的税收亦为零。当税率上升到100%时,这意味着人们的全部收入都要作为税收上交给政府,这时将无人愿意工作或投资,由于生产中断,就没有什么可供征100%的税源,因此,政府的收益也

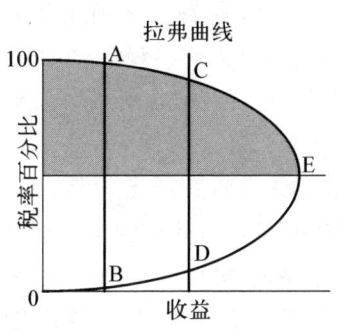

就为零。"拉弗曲线"就存在于上述两种情况之间。当税率从100%下降到A点,生产开始恢复,政府略有所得,由于税率的下降,政府的收益还可以增加。在A点代表一个很高的税率和很低的产量,而在B点代表一个很低的税率和很高的产量,两者均可以为政府提供同样多的收益。从"拉弗曲线"可知,政府可以通过进一步降低税率,例如从A点降到C点,随着产量的进一步扩张,政府税收益也可以增加;而政府也可以通过提高税率,如从B点提到D点,政府的税收也会增加得一样多。收益和产量在E点为最大。在E点,如果政府还要降低税率,产量将增加,但收益会下降;如果提高税率,产量和收益都会下降。对于政府来说,图中的阴影区域是禁区,在这个区域内,只有降低税率,产量和收益才能增加。而对于政府和政治家来说,主要的任务就在于要找到税率的最佳点E。

"拉弗曲线"已经成为供给学派解释他们政策主张有力的分析工具。他们认为美国在第一次世界大战以前,都是成功地停留在"拉弗曲线"禁区之外的。但此后美国的大多税率都一直处在"禁区"之中。供给学派相信,美国当前首要的经济政策就是减税,降低边际税率,以提高投资的相对收益,来刺激

---

① 这里对拉弗曲线的介绍,主要引用了万尼斯基对"拉弗曲线"的解释。参阅裘德·万尼斯基:"赋税、收益和'拉弗曲线'",载外国经济学说研究会编:《现代国外经济学论文选》第5辑,商务印书馆1984年版,第28页。

工作、储蓄和投资的积极性。

供给学派的经济理论对美国里根政府制定国家经济政策起了较大的影响,里根提出的"经济复兴计划"主要就是根据供给学派的论点和主张。所以,西方经济学界有时把供给学派思想称为"里根经济学"。1981 年,里根上任不久,就向国会提出了具体的"经济复兴计划",这些计划包括四个方面的内容:(1) 削减个人所得税率和企业税率,以刺激工作、储蓄和投资的积极性,其中个人所得税率自 1981 年 10 月 1 日起削减 5%,1982 年 7 月 1 日起再削减 10%,三年共削减个人所得税 25%。(2) 削减联邦开支(主要是社会福利开支),减少预算赤字,逐年平衡预算。供给学派认为帮助穷人的最好办法,不是由政府给予救济,而是实现经济的稳定增长,从而增大财富分配的"馅饼"。(3) 减少国家对经济的干预,放宽和取消政府对企业的一些限制性规章条例,鼓励企业自由竞争,让市场机制更多地自动发挥调节作用。(4) 控制货币信贷,推行有节制的稳健的紧缩性的货币供给政策。联邦储备委员会从 1980 年开始大力降低货币供应量的增长率,1980 年 12 月至 1981 年 11 月以 M_1 指标计算的货币实际增长率为 4.1%,远远低于原计划的 6%—8.5% 的增长率。里根的"供给侧改革"获得了成功。从 1982 年起,美国经济逐渐走出衰退,经济复苏势头比战后历次经济复苏度强劲有力。至 1988 年 5 月,美国经济持续增长 65 个月,成为战后和平时期经济增长持续时间最长的一次。通胀率也由上任之初的 13.5% 下降为不到 5%,美国 GDP 占世界的比重由 1980 年的 23% 上升到 1986 年的 25.2%。里根经济学大获成功,美国经济迎来"大稳健"时代,也成为 20 世纪 90 年代以硅谷为代表的"新经济"技术革命的孕育期。但也提高了美国的赤字率,增加了政府债务。但总体看,里根经济学为美国长期经济增长打下了坚实基础。

关　键　词

交易方程式　剑桥方程式　单一规则　拉弗曲线

思　考　题

1. 货币学派的货币需求理论与凯恩斯的货币需求理论有何区别?

2. 货币分析的中心命题和基本观点是什么?

3. 简述弗里德曼"单一规则"货币政策的主要内容。

4. 供给学派的核心观点有哪些?他们是怎样论述税率和税收总额之间的关系的?

5. 整理供给学派和凯恩斯学派的主要分歧。

第十五章
新古典与制度研究范式的交汇：新制度经济学

本章学习要求：新制度经济学研究范式的特点在于它是在新古典的核心假定、方法和工具里重新研究和估价资源配置所依赖的制度条件，将传统理论设定为已知不变的参数——产权制度、交易费用、经济组织视为亟待解释的关键性变量。本章学习要求掌握交易费用理论、产权理论、科斯定理和制度变迁理论。

罗纳德·哈里·科斯(1910—2013)所创立的经济学被称为新制度经济学，它是当代西方经济学中的一个颇有影响的流派。新制度经济学之所以被称其为"新"，主要是因为它相对于以凡勃伦和加尔布雷思为代表的制度学派而言，完全沿用和承袭了新古典经济学的核心假定、方法和工具，如理性人假定、稳定偏好、均衡和最大化分析，同时又吸取了制度学派强调制度重要的研究传统，将两种研究范式融汇。也就是说，它是在新古典的范式框架里重新研究资源配置所依赖的制度条件，将产权制度、交易费用、经济组织纳入理论分析，形成了独树一帜的经济学流派。诺贝尔经济学奖评奖委员会认为，科斯"为我们了解经济运行方式做出了突破性的贡献"，这一贡献具体就表现在"他发现和澄清了交易费用和产权对经济体制的生产制度结构及其运作的作用和意义"[①]。新制度经济学的重要代表性人物先后获得诺贝尔经济学奖，已成为主流经济学的重要组成部分。

[①] 易宪容：《科斯评传·附录一：瑞典皇家科学院公告》，山西经济出版社1998年版，第223页。

第一节 新制度经济学派对制度研究传统的继承与发展

新制度经济学派可以看作将新古典的边际分析与制度学派的制度分析范式相融汇的一种理论产物。新制度经济学的代表性人物科斯明确提出,新制度经济学派是"利用正统经济理论去分析制度的构成和运行"的一种学说体系,其目的在于"发现这些制度在经济体系中的地位和作用"[①]。诺思也指出:"新制度经济学的目标是研究制度演进背景下,人们如何在现实世界中作出决定以及这些决定又如何改变世界。"[②]新制度经济学以更强有力的证据向人们表明:制度至关重要,土地、劳动和资本这些生产要素,有了制度才能得以发挥功能,制度对经济行为影响的分析应居于经济学的核心地位。

一、制度的内涵与作用

在新制度经济学的范式框架里,制度作为研究的对象有着丰富的内涵。从深层次看,历史上的任何制度,都是当事人的利益及其选择的结果。人们的任何社会经济活动都离不开制度,什么事能做,什么事不能做,实际上就是一个制度(即规则)问题。人理性地追求效用最大化是在一定的制约条件下进行的,这些制约条件就是人们"发明"或"创造"的一系列规则、规范等。制度是一种"公共品",它和组织不同:制度是社会游戏的规则,是人们创造的、用以约束人相互交流行为的框架;组织则是社会游戏的角色,是由一定目标、用以解决一定问题的人群所组成。

新制度经济学家继承和发展了制度学派关于制度构成的理论,将制度构成的基本要素分为非正式约束、正式约束和实施机制三个部分。非正式约束可称之为内在制度,其内容包括习惯、伦理规范、良好礼貌和商业习俗,是人们在长期交往中无意识形成的,具有持久的生命力,并构成代代相传的文化的一部分。在非正式约束中意识形态处于核心地位,因为它不仅可以灌输价值观念、伦理规范、道德观念和风俗习性,而且还可以在形式上构成某种正式制度安排的"先验"模式,它是减少提供其他制度安排的服务费用的最重要的

---

① 科斯:《企业、市场与法律》,盛洪等译,上海三联书店1990年版,第252页。
② 诺思:《经济史中的结构与变迁》,陈郁等译,上海三联书店1991年版,第2页。

制度安排。显然,有关制度中非正式约束的内容来自对制度学派制度理论的继承。正式约束又称正式规则或外在制度,它是由国家设计出来并强加于组织或个人的,具有政治意志和实施强制的权力。外在制度的层级结构主要由三个不同层次的规则构成,即宪法、中层成文法和政府条例。依其作用的不同正式规则又可细分为界定人们在分工中"责任"的规则(界定每个人可以干什么、不可以干什么的规则)以及关于惩罚的规则。制度还包括实施机制。离开了实施机制,任何制度尤其是正式规则就形同虚设。历史上以"人治"为主的国家,不是没有制定法律,而是没有建立起与法律制度配套的实施机制。强制性的实施机制是任何契约能够实施的基本前提。新制度经济学家认为,检验一个国家的制度实施机制是否有效主要看违约成本的高低。强有力的实施机制将使违约成本极高,从而使任何违约行为都变得不划算,即违约成本大于违约收益。

新制度经济学探讨了制度在经济发展中的重要作用。在新制度经济学家看来,制度的功能在于它决定了社会和经济的激励结构,能有效协调或信任,保护个人自主领域,防止和化解冲突等。有效的制度能降低市场中的不确定性、抑制人的机会主义行为倾向,从而降低交易成本。制度能为实现合作者创造条件,规范人们之间的相互关系,减少信息成本和不确定性,为人们在广泛的社会分工中的合作提供了一个基本的框架,保证合作的顺利进行。制度的创新还有利于外部利益内部化①。在科斯看来,许多负外部性的产生都与产权界定不清有关,产权制度的主要功能是引导人们将外部收益内在化的过程提供一种激励机制。建立排他性的产权制度是人类社会经济发展史上的一个伟大转变。诺思在分析西方世界兴起的原因时曾指出:"有效率的经济组织是增长的关键因素;西方世界兴起的原因就在于发展一种有效率的经济组织。有效率的组织需要建立制度化的设施,并确定财产所有权,把个人的经济努力不断引向一种社会性的活动,使个人的收益率不断接近社会的收益率。"②诺思在分析17世纪时为什么首先实现现代化意义上增长的是荷

---

① 诺思关于外部性的定义是:当某个人的行动所引起的个人成本不等于社会成本,个人收益不等于社会收益时,就存在外部性。

② 诺思:《西方世界的兴起》,张炳九译,学苑出版社1988年版,第1页。所谓个人收益是经济单位(个人或企业)从其所从事的活动中获得的纯收入量;社会收益则是社会从同一种活动中获得的纯收益总量(正的或负的),它是个人收益率加上这种活动对社会其他成员所造成的最终的影响。个人收益率与社会收益率可能趋向一致,也可能不一致。

兰和英国,而不是法国和西班牙时说道:"因为荷兰(前西班牙省份)和英国是当时在确定制度和所有权体系——可以有效地发挥个人积极性,保证把资本和精力都用于对社会最有益的活动——方面走在最前面的两个欧洲国家。"①

二、制度的变迁

新制度经济学派虽然继承了制度学派的制度分析传统,但在制度变迁的基本假定和范围、制度变迁的主体以及制度变迁的动力等方面与制度学派有所不同。

在新制度经济学派那里,制度变迁的基本假设是,制度变迁的诱致因素在于经济主体期望获取最大的潜在利润。"潜在利润"就是"外部利润",是一种在已有的制度安排结构中主体无法获取的利润。只要有外部利润存在,就表明社会资源配置还没有达到帕累托有效状态,从而可以进行帕累托改进。要实现帕累托的改进,要获取外部利润,就必须进行制度的再安排,即制度创新,以使得新的制度安排的目的可以使显露在现存制度安排结构外面的利润内部化。外部利润的存在从另一个角度解释了制度起源及其功能,大大拓展了人们对市场的边界、市场的限度、市场的潜力以及制度问题的纵深研究。新制度经济学派还具体揭示了"外部利润"主要是来自由规模经济、外部经济内部化、克服对风险的厌恶和交易费用转移与降低所带来的利润这四个方面。在制度变迁的范围上,与旧制度学派主要把制度理解成是风俗、社会惯例乃至人们的思想习惯和精神状态不同,新制度经济学派则把制度明确界定为是一种规则,细分为正式制度和非正式制度。但与旧制度学派相比较,更加强调了正式制度的约束。它包括政治制度、经济制度和契约合同等。

制度变迁的主体在新制度经济学那里是十分明确的,主要包括政府、团体、个人,三者的本质是一样的,都是为了从创新中获取自身利益的经济人。在新制度经济学派中的强制性制度变迁模型就充分体现了政府在制度变迁中的主导作用。在新制度经济学派看来,国家的基本功能就是提供法律和秩序,并保护产权以换取税收。由于制度安排是一种公共品,国家在制度供给的生产上就具有规模经济的优势。国家作为垄断者,可以比竞争性组织以低得多的费用提供一定的制度性服务。国家在制度供给上除了规模经济这一

---

① [法]亨利·勒帕日:《美国新自由主义经济学》,李燕生译,北京大学出版社1985年版,第100页。

优势外,在制度的实施及其组织成本方面也具有降低组织成本和实施成本的优势。在诱致性制度的变迁模型中,则充分体现了团体和个人的主导作用。诱致性制度变迁是指现行制度安排的变更或替代是由个人或团体在响应获利机会时自发倡导、组织和实行的制度变迁,它是由某种获利机会在原有制度安排下无法得到的获利机会引起。在新制度经济学家看来,诱致性制度变迁是强制性制度变迁的补充,这是因为制度作为一种"公共品"是有层次性、差异性和特殊性的,有些制度供给及其变迁只能由国家来实施,如法律秩序等,另外一些制度及其变迁由于适用的范围是特定的,就只能由相关的团体或群体来完成。诺思借鉴熊彼特的企业家创新理论论述诱致性制度变迁的特点,认为企业家是诱致性制度变迁的主体。在稀缺经济下竞争导致企业家加紧学习以求生存,并在学习过程中发现潜在利润,从而进行制度创新。

在制度变迁的动力方面,新制度经济学家们既继承了西方主流理论的某些传统(如成本-收益分析等),又超越了主流经济理论,这种超越主要表现在:他们坚持的新古典主流经济学的成本-收益的边际分析,又强调制度变迁是经济增长的根本动力,制度变迁能减少交易成本、增大产出;把主流经济理论中视为既定不变的制度修正为会被创新的、进而影响经济发展的内在变量;纠正了主流经济理论"信息费用、不确定性、交易费用都不存在"的非现实的假定,使理论分析更接近于经济客观存在的现实。

三、制度变迁的模型与路径依赖

新制度经济学讨论了制度变迁的模型,包括诱致性制度变迁和强制性制度变迁。

诱致性制度变迁是指一群(个)人在相应制度不均衡引致的获利机会所进行的自发性的变迁。诱致性制度变迁的发生必须要有某些来自制度不均衡的获利机会。从初始制度均衡,到制度不均衡,再到制度均衡,周而复始,这个过程就是人类制度变迁的过程。引起制度不均衡的原因很多,主要有四个因素:(1)制度选择集合的改变;(2)技术改变和社会生产力的发展;(3)要素和产品相对价格的长期变动;(4)其他制度安排改变。诱致性制度变迁的许多特征都与制度变迁的主体有关。诱致性制度变迁的主体是一群人或一个团体。由于人的有限理性,而且,在不同经验和结构中具有不同作用的个人对制度不均衡的程度和原因的认知也不同。此外,他还会寻求分割变迁收益的不同方式。在这种情况下,要使一套新的行为规则(或规范)被接受和采用,个人之间就需要经过讨价还价的谈判并达成一致意见(或一致同意)。在诱致性制度变迁的过程中,谈判成本是至关重要的一个制约因素。谈判成本过高往往使一些诱致性制度变迁无法实现。诱致性制度变迁是否发生,主要取决于个别创新者的预期收益和预期成本的比较。诱致性制度变迁的特点可概括为盈利性、自发性和渐进性。盈利性是说只有当制度变迁的预期收益大于预期成本时,有关群体才会推进制度变迁。自发性是说诱致性制度变迁是有关群体(初级行动团体①)对制度不均衡的一种自发性反应,自发性反应的诱因就是外在利润的存在。渐进性是说诱致性制度变迁是一种自上而下、从局部到整体的制度变迁过程。制度的转换、替代、扩散都需要时间。从外在利润的发现到外在利润的内在化,其间都经过许多复杂的环节。如行动团体内就某一制度方案达成一致同意就是一个旷日持久的过程。非正式制度创新还要缓慢一些。

强制性制度变迁是指由政府法令引起的变迁,变迁的主体是国家。国家的基本功能是提供法律和秩序,并保护产权以换取税收。由于使用强制力有很大的规模经济,所以国家属于自然垄断的范畴。作为垄断者,国家可以比竞争性组织(如初级行动团体)以低得多的费用提供一定的制度性服务。国家在制度供给上除了规模经济这一优势外,在制度实施及其组织成本方面也有优势。例如,凭借强制力,国家可以在制度变迁中降低组织成本和实施成本。国家推进强制性制度变迁的理由有以下几点。第一,制度供给是国家的基本功能之一。国家要维持一套规则来减少统治国家的交易费用,需要提供一套旨在促进生产和贸易的产权和一套执行合约的执行程序。第二,制度安排是公共品,而公共品一般是由国家"生产"的,按照经济学的分析,政府生产公共品比私人生产公共品更有效。第三,弥补制度供给的不足。在社会经济发展过程中,尽管出现了制度不均衡、外部利润以及制度变迁的预期收益大于预期成本等诸多有利于制度变迁的条件,但此时"搭便车"的现象相当严重,初级行动团体可能并不会进行诱致性制度变迁。在这种情况下,强制性

---

① 初级行为团体是一个决策单位,他们的决策支配了制度安排创新的进程,这一单位可能是单个人或由个人组成的团体。在新制度经济学看来,任何一个初级行动团结的成员至少是一个熊彼特意义上的企业家的集合体,一旦他们发现制度变迁的预期收益大于制度变迁的成本,他们就会竭力地推动制度变迁。

的制度变迁就会代替诱致性的制度变迁。因为政府可以凭借其强制力、意识形态等优势减少或遏制"搭便车"的现象,从而降低制度变迁的成本。当然,就强制性制度变迁而言,只有在统治者的预期收益高于他强制推行制度变迁的预期成本时,他才会采取行动和措施来消除制度不均衡。如果制度变迁会降低统治者可获得的效用或威胁到统治者的生存,那么国家可能仍会维持某种无效率的不均衡。维持一种无效率的制度安排和国家不能采取行动来消除制度不均衡,这些都属于政策失败,失败的原因在于统治者的偏好和有限理性、意识形态刚性、官僚政治、集团利益冲突和社会科学知识的局限性等。诺思提出国家既可以弥补市场的缺陷,成为强制性变迁的主体,又可以与旧制度中的既得利益集团结合在一起,形成对资源的垄断,从而使任何创新都变得毫无意义。诺思的这一观点被称为"诺思悖论"。

新制度经济学还探讨了制度变迁中的路径依赖问题。他们认为,路径依赖是对长期经济变化作分析性理解的关键。在制度变迁中,同样存在着报酬递增和自我强化的机制。这种机制使制度变迁一旦走上了某一条路径,它的既定方向会在以后的发展中得到自我强化。路径依赖类似于物理学中的"惯性"。一旦进行某一路径(无论是"好"的还是"坏"的)就可能对这种路径产生依赖。路径依赖主要有两种情况:第一,一旦一种独特的发展轨迹建立以后,一系列的外在性、组织学习过程、主观模型都会加强这一轨迹。一种具有适应性的有效制度演变轨迹将允许组织在环境的不确定下选择最大化的目标,允许组织进行各种试验,允许组织建立有效的反馈机制,去识别和消除相对无效的选择,并保护组织的产权,从而引致长期的增长。第二,一旦在起始阶段带来报酬递增的制度,在市场不完全、组织无效的情况下,阻碍了生产活动的发展,并会产生一些与现有制度共存共荣的组织和利益集团,那么这些组织和利益集团就不会进一步进行投资,而只会加强现有制度,由此产生维持现有制度的政治组织,从而使这种无效制度变迁的轨迹持续下去。这种制度只能鼓励进行简单的财富再分配,却给生产活动带来了较少的报酬,也不鼓励增加和扩散有关生产活动的特殊知识。结果不仅会出现不佳的增长实绩,而且会使其保持下去。沿着既定的路径,经济和政治制度的变迁可能进入良性循环的轨道,也可能顺着原来的错误路径往下滑,还可能会被锁定在某种无效率的状态之下。一旦进入了锁定状态,要脱身而出就会变得十分困难。在这种情况下,要扭转方向,往往要借助于外部效益,引入外生变量或依靠政权的变化。路径依赖形成的深层次原因就是利益因素。一种制度形成以后,会形成某种在现存体制中有既得利益的利益集团。或者说,他们对这种制度(或路径)有着强烈的需求。他们力求巩固现有的制度,阻碍进一步的改革,哪怕新的体制较之现存体制更有效率。如果制度变迁中的路径依赖形成以后,制度变迁就可能变成"修修补补"的游戏。路径依赖理论能较好地解释历史上不同地区、不同国家发展的差异。所以,新旧体制转轨的国家要不断解决"路径依赖"问题。

第二节 交易费用概念对新古典经济学研究范式的拓展

旧制度学派的康芒斯曾从产权角度对市场交易进行过深刻的分析与论述,这其中的有些观点和批判的视角被新制度经济学家们所继承。康芒斯反对传统主流经济学"完全丢掉所有权"的研究方法,主张建立以"所有权"为"基础"的"制度经济学",以取代以"物质的东西"为"基础"的"正统派经济学"(边际学派)[①]。康芒斯还将"交易"视作"制度"的基本单位和经济学的基本分析单位,"制度"的运作就是无数次"交易"的完成。康芒斯在经济学上贡献在于把"交易"作为基本单位来分析"制度",使交易问题一般化,使制度结构构成了经济人活动的基本结构,建立了制度经济学的研究框架。经济学家的作用,就在于对这种制度环境中的人的行为作出解释和预见,并研究制度设计与制度变迁的过程。康芒斯已经认识到财产权利的"交易"要受到财产制度本身的制约和影响,但他对于以交易为单位的制度的分析所采用的方法主要是哲学、法学、社会学和心理学的方法,科斯则将交易成本明确地引入了经济分析,用新古典的边际分析将"交易费用"(交易成本)作为新制度经济学的核心范畴,使之成为现代产权经济学的一个核心概念。

一、正交易费用

科斯以前,新古典经济学假定交易费用为零。在新古典经济学中,企业被简化为一个生产函数,企业的职能仅仅是根据这个生产函数把投入品转换

---

① [美]康芒斯:《制度经济学》(上),于树生译,商务印书馆1962年版,第11页。

成产品或服务。在新古典经济学的理论框架下,对于企业为什么会存在,由什么来决定企业的结构和规模边界等问题,无法作出回答。科斯思考:既然市场是人们在生产活动中进行合作的最有效率的形式,为什么还会有企业存在?在企业中进行分工合作的人为什么不能通过市场交易来实现这样的合作?1937年,科斯发表了一篇经典论文《企业的性质》,引入交易成本概念,解决了这一问题。

科斯认为,企业和市场是两种不同但又可以相互替代的交易制度。市场的交易是由价格机制来协调的,而企业的存在将许多原属于市场的交易"内化"了。在企业内部,行政命令取代了价格机制成为生产活动的协调机制。亚当·斯密曾经描述过一个生产别针的工厂,在这个工厂中有十八道工序,每道工序都有一个工人来作业。问题是,如果市场非常有效,每道工序的工人也可以独立生产,然后再到市场上将半成品卖给生产下一道的工人。但是,为什么这些工人非要结合成一个企业呢?科斯设想,如果将一个产品从上一道工序转化到一道工序视为一次交易,在企业内部转移和通过市场转移只不过是交易形式的不同。对于追求利益最大化的人来说,究竟采取哪种方式,取决于哪种费用较低。科斯发现,市场中的交易其实要耗费大量成本。从搜寻交易对象、讨价还价、订立契约、监督契约的执行、维护交易秩序、解决交易纠纷以及对违约加以惩罚,等等。在一定范围内,企业内交易要简单得多:工人之间的固定分工节约了寻找交易对象的费用,经理对工人的指挥代替了讨价还价,工人和其他生产要素所有者与企业之间的长期合同减少了在市场中多次反复地订立契约的麻烦,因而人们很自然地选择了企业的形式。也就是说,企业可以通过"内化"市场交易节省交易成本。在科斯看来,交易成本的节省是企业产生、存在以及替代市场机制的唯一动力。

如果企业"内化"市场交易就能带来交易成本的节省,那么,企业规模就会无限扩张,直至完全取代市场,使整个经济成为一个大企业,但事实上这是不可能的。这是因为,企业组织和协调生产活动也会产生管理费用。随着企业规模扩张,这一费用也会越来越高。当企业规模扩张到某一边际点,即企业再多"内化"一项市场交易所引起管理成本等于别的企业组织这项交易的成本,也等于由市场组织这项交易的成本时,静态的均衡就实现了。这时,企业与市场之间的规模边界也就确定下来,全部交易在企业与市场之间以及各企业之间的分布处于成本最小的状态。从零交易费用的世界走向正交易费用的世界,使经济学获得了对现实问题的新的解释力。科斯通过分析交易费用不仅解决了企业为什么会存在这个问题以及企业如何确定自己的边界问题,而且把交易(人与人关系)和制度纳入新古典经济学的分析框架。提出交易费用这一概念的革命意义还表现在,自20世纪30年代以来,特别是60年代以来,新制度经济学家们将交易费用的概念应用于广泛的领域,研究了诸如代理关系、寻租活动、企业内部考核、外部性问题、纯粹市场与科层组织之间的各种类型的经济组织形态和各种制度问题,相应地形成了各种流派。如科斯运用交易成本分析方法研究外部性问题,开创了现代产权经济学;威廉姆森运用交易成本分析方法研究垂直一体化问题,开创了交易费用经济学和新产业组织理论;诺斯把产权和交易成本概念引入经济史研究,开创了新经济史学;布坎南借鉴新制度经济学的逻辑方法研究政法制度问题,创立了公共选择理论等。

二、科斯定律

科斯定律讨论的是交易费用、产权安排与资源配置的效率问题,实质是从产权安排角度对资源配置进行制度结构的分析,研究的重点是在交易费用为正的前提下制度将怎样影响到资源配置的效率。

科斯所研究的"产权"不是我们通常所讲的法律意义上的"所有权",而是指对私产进行占有、使用、处置和收益分配的权利。关于产权的结构,科斯认为一个完整的产权包括有三部分:使用权——在法律允许的范围内自由地使用资源的权力;收益权——在不损害他人的条件下可以享受从占有资源中获得的各种收益;让渡权——即可以将占有权出售或转让给别人的权利。其中每一种权利又可得到进一步的细分。例如一个房屋所有者既可以把它用作居住屋,也可以把它用作厂房,这样,房屋的使用权就分成两种不同的权利。这些使用权既可以由房屋所有者本人行使,也可以全部转让(如出售)或部分转让(如出租)给别人。这样,转让权又分解成两种不同的权利。当使用权全部归所有者本人时,房屋产生的收益由他独享。而当使用权非永久性让渡时,收益则在所有者和使用权购买者之间分享。这里又体现了收益权的分解。科斯之后的产权学派深入分析了可转让条件下产权的全部权利在空间和时间上的分布形态,以及产权内部各种权利之间的边界和相互制约的关系。

关于产权的功能,科斯认为人类所面临的是一个资源稀缺的世界,每个人的自利行为都要受到资源的约束。如果不对人们获得资源的竞争条件和方式作出具体的规定,也即没有设定产权安排,就会发生争夺稀缺资源的利益冲突,以产权界定为前提的交易活动也就无法进行。因此,通过建立产权制度,能够让人们知道应该如何获得资源,以及在什么样的权利范围内可以选择资源和使用。也就是说,产权制度能够帮助人们了解他与其他人发生交易关系时,可以做什么,不可以做什么,在交易过程中如何收益,如何受损以及他们相互之间如何进行补偿,从而对自己行为可能给自己带来的收益或损失形成一个合理的预期。在产权规则能够得到有效实施的前提下,每个当事人都将得到他应得的权益(也即内部化),同时也都将支付应由他承担的成本。一种有效的产权制度,还能够抑制人们通过分配性努力实现利益最大化的行为倾向,激励人们通过生产性努力来增加收益。科斯认为,一个社会的经济效率如何,最终取决于产权安排对个人行为所提供的激励功能。

在上述讨论的基础上,科斯研究了在交易费用为正的前提下制度将怎样影响资源配置的效率。

先看一个案例分析。走失的牛损坏邻近土地的谷物生长。科斯设想了两种情况:第一种情况是养牛者没有权利让牛群损害谷物。在这种情况下,对养牛者来说,只要赔偿费不高于修建隔离牛群的篱笆所需的费用,就愿意支付赔偿费,否则他将选择修建篱笆。对农夫来说,只要从养牛者那里获得的赔偿费高于在不受损害的耕种土地的纯收益,他就同意放弃耕种土地的纯收益。第二种情况是养牛者有权利让牛群损害谷物。在这种情况下,农夫为了避免谷物受损,就要为养牛者支付赔偿费,所支付赔偿费等于受损谷物的价值。他假设,如果农夫和放牛者之间的交易费用为零,无论在法律上放牛者应该赔偿,还是无须赔偿农夫的损失,他们之间都会通过自愿交易实现资源的最优配置。这个观点后来被称为"科斯定理"。

科斯定理所包含的一个基本内容是,在交易成本为零的状态下,不管产权是如何界定的,市场交易都将导致资源配置处于帕累托最优状态。但在交易成本为正的前提下,资源配置的帕累托最优状态是不可能实现的,不同的产权安排不仅影响产权转让和重组的市场交易,还将直接影响资源配置的效率。这一定理告诉人们,制度安排的不同会直接影响到经济效率。在解决一个经济问题时,采取哪种制度安排取决于哪种形式的交易费用最低。人们可以在不同的可互相替代的制度安排之间进行选择。科斯把产权视为一种经济体制中激励个人或集团行为的最基本的制度安排。一种有效率的产权,不仅有助于发挥各经济主体的积极性,保证把资本和精力用于社会最有用的活动,从而使个人收益(成本)与社会收益(成本)趋向一致,而且还有助于减少未来的不确定因素,降低产生机会主义行为的可能性,节省交易成本。历史地看,经济制度的进步就体现为费用更低、更有效率的制度不断地替代费用较高、效率较低的制度,而制度的变革则又会进一步导致人们的生产活动方式的变革。

第三节 用"文化人"对新古典"经济人"行为的修正

新古典经济学体系是建立在"经济人"行为的两大基本假定基础上的。第一个基本假定是经济人追求自身利益最大化。它假定每一个经济人都具有完全的制度知识,完全了解在资源稀缺性和未来不确定性约束下相互竞争的自利行为所必须遵守的规则,并严格按照这些规则展开竞争。第二个基本假定是经济人行为的完全理性。它假定经济人在决策求解过程中,总是能够充分地利用所得到的关于所处环境的信息,并具有足够的认知能力,从各种备选方案中选择最佳方案。在这一完全理性的假定下,经济人成了全知全能的具有完善的理性的人,制度也就不重要了。

新制度经济学否定了这一经济人假说。他们认为,新古典经济学所研究的人是一种脱离现实的理念中的人。在许多情况下,人类行为远比传统经济理论中的财富最大化的行为假定更为复杂,非财富最大化动机也常常约束着人们的行为。他们把诸如利他主义、意识形态和自愿负担约束等其他非财富最大化行为引入个人预期效用函数,从而建立了更加复杂、更接近于现实的人类行为模型。非财富最大化动机往往具有集体行为偏好,人们往往要在财富与非财富价值之间进行权衡,这种权衡过程实质上就是在这两者之间寻找均衡点的过程。制度作为一个重要变量能够改变财富与非财富价值之间的权衡,进而使理想、意识形态等非财富价值在个人选择中占有重要地位。人类历史上制度创新的过程,实际上就是人类这种双重动机均衡的结果。制度在塑造人类这双重动机方面起着至关重要的作用。

新制度经济学关于人行为的第二个修正是提出了有限理性假说。有限理性假说首先由赫伯特·西蒙提出，经由威廉姆森引入新制度经济学文献，并成为经济组织分析的基本假定之一。该假定表明，人是想把事情做得最好，但人的智力是一种有限的稀缺性资源。决策者通常不可能想象出其决策所面临的全部备选方案，也不具备关于未来各种可能性及其后果的完备知识和预见。在诺思看来，人的有限理性包括两个方面的含义：一是环境是复杂的，在非个人交换形式中，由于参加者很多，同一项交易很少重复进行，所以人们面临的是一个复杂的、不确定的世界，而且交易越多，不确定性就越大，信息也就越不完全；二是人对环境的计算能力和认识能力是有限的，人们不可能无所不知。所以，在有限理性的假定下，制度分析不仅是必要的，而且是至关重要的。因为制度通过设定一系列规则能减少环境的不确定性，提高人们认识环境的能力。同时，通过设立制度或进行制度创新来降低交易过程中的不确定性，提高人们认识环境的能力，协调不完全契约引起的利益冲突是非常重要的。由于环境的不确定性，信息的不完全性，以及人的认识能力的有限性，使得每个人对环境反应所建立的主观模型也就大不一样，从而导致了人们选择上的差别和制度规则上的差别。这就说明了有限理性假定在制度设立中的作用。外部环境的不确定性与人的智力也是一种有限的稀缺性资源的结合，是制度设立的一个重要原因。在现实世界中，信息不仅具有不完全的特征，而且还具有不对称的特征。所谓不对称，是指交易双方对交易品所拥有的信息数量不对等，例如在汽车交易中，卖方可能要比买方对汽车有价值的特征知道得更多。实际上，不仅存在信息不对称，而且人们还可以通过欺骗、偷窃、说谎等隐瞒信息手段获利。也正是理性的有限性，人们不可能判断一个人的自利行为是不是损人利己行为，并对此做出迅速的反应。所以，人们需要设立多种制度安排来规范人的行为，建立良好的秩序。新制度经济学正是在人的有限理性这一前提下分析制度的功能、构成及其运行。

新制度经济学关于人行为的第三个修正是提出机会主义行为倾向假定，即人具有随机应变、投机取巧，为自己谋取更大利益的行为倾向。这一概念是威廉姆森首创的。按照威廉姆森的定义，机会主义是指人们一种狡诈的自私自利的行为倾向，例如说谎、欺骗、偷窃和毁约等。只要周围的环境和条件允许，这些倾向就会转化为具体行动。契约一方利用不对称信息或私人信息以损害另一方的利益为代价获取私利，这在现实中是屡见不鲜的事情。威廉姆森之所以引入机会主义假定,是因为他不满意于一般意义上的"经济人"把人们设想成"遵纪守法"的假定,认为这一假定回避了现实交易中的种种"犯规"和"越轨"之类的举动。由这一假设就可以做出一个基本推论:如果交易——协约双方仅仅建立在承诺的基础上,那么未来的凶险是很大的。或者说,协约双方虽然都作了承诺,签署了协议,但此后的实践却未可预知。人的机会主义行为倾向也是人类社会各种制度产生的一个重要来源。制度可以在一定程度上约束人的机会主义行为倾向。

关　键　词

科斯定律　诱致性制度变迁　路径依赖

思　考　题

1. 什么是交易费用？交易费用的发现对新制度经济学的产生有什么重要作用？
2. 什么是产权？产权在经济生活中作用主要表现在哪些方面？
3. 借鉴新制度经济学家关于正式约束与非正式约束关系的观点,谈谈你对中国制度改革的看法。
4. 新制度经济学家关于制度变迁的动力主要有哪些重要观点？
5. 如何看待新制度经济学家对"经济人"人性的修正？

第十六章
多元化：现代经济学范式发展的新趋向

本章学习要求：经济学的范式发展中出现了一种多元化的新趋向。学科交叉、引入新的研究方法、旧范式的推陈出新等是这种新趋势的主要表现形态。本章介绍的行为经济学、实验经济学和演化经济学就代表了这种趋向。本章学习要求掌握行为经济学研究范式的特点与理论贡献，实验经济学的范式特点与主要成果，演化经济学演化范式的特点与成就。

经济实践的广泛性、复杂性以及经济学理论的开放性、创新性使得经济学的范式出现了一种多元化的新趋向。学科交叉、引入新的研究方法、旧范式的推陈出新等是这种新趋势的主要表现形态。新兴起的行为经济学、新经济地理学和法律经济学反映了经济学研究中的学科交叉，实验经济学反映了经济学研究中新方法的引入，演化经济学和新兴古典经济学反映了旧范式的推陈出新。在这一经济学范式变化的新趋向中，一方面，行为经济学和实验经济学显示出现代经济学有向工具化和技术化（实验）发展的趋向；另一方面，演化经济学、新兴古典经济学、法律经济学和新经济地理学则代表与这一工具化和技术化相反的趋势，强调经济学要回归现实，重视经济历史和制度文化的共同演化以及分工、法律和区域地理对经济发展的影响。这种多元化的新趋向不仅反映了经济学理论发展的历史性和开放性，也蕴含着某种历史发展的必然性，对于现代经济学的进一步发展和创新无疑是有益的。本章仅以行为经济学、实验经济学和演化经济学为例对经济学范式发展的这一多元化趋势做些介绍。

第一节 学科交叉：行为经济学对传统
主流经济学修正与拓展

行为经济学出现于 20 世纪 70 年代，但近年来随着美国经济学会在 2001 年将该学会的最高奖——每两年一次的克拉克奖授予加州大学伯克利分校的研究行为经济学的马修·拉宾（Matthew Rabin），以及近年来诺贝尔经济学奖四次授予行为经济学家[贝克尔（Gary S. Becker）、阿克劳夫（George A. Akerlof）、卡尼曼（Daniel Kahneman）、塞勒（Richard H Thaler）〔1992、2001、2002、2017〕]，说明行为经济学已逐渐从"边缘"走向了主流，获得了主流经济学界的认可。

行为经济学又称"心理学的经济学"或"心理学和经济学"，是在心理学的基础上研究经济行为和经济现象的经济学分支。它始于 20 世纪 70 年代心理学家卡尼曼吸收认知心理学的最新研究成果，以效用函数的构造为核心，通过把心理学和经济学有机结合起来，发表了一系列的研究成果，改造了西方主流经济学中的个体选择模型，通过心理学打造了一个现实的行为基础。此后，先后有一系列的"行为经济学"的文献问世，标志着"行为经济学"的诞生。

一、行为经济学研究范式的特点与纲领

传统经济学一直以"理性人"为理论假设，通过一个个精密数学模型构筑起完美的理论体系。行为经济学则与此不同，它强调对人经济行为的研究必须建立在人类行为心理分析的基础上，而不能如主流经济学那样把经济行为的研究建立在抽象的行为假设上。具体地说，在研究范式上，它试图在心理学关于人的行为的研究基础上讨论经济活动当事人的各种心理活动特征对其经济行为选择的影响，以及不同的心理活动影响到相应的经济决策而表现出来相应的行为特征，这些行为特征又通过决策后果反映到具体的经济变量之中。行为经济学的宗旨就是要让经济学更具有现实性和解释力。行为经济学研究范式可以其对证券市场解释为例。行为经济学家发现证券价格的波动很大程度上取决于投资者心理的变化，比如投资者过度乐观或过度悲观都会导致证券价格的剧烈波动，纳斯达克网络股价狂飙时代的产生就是源于

投资者对网络企业前景的过度乐观,因此,被行为经济学家席勒(Shiller,1979)称为"非理性繁荣"。塞勒也发现,在证券市场上过去表现好的股票在接下来的3~5年会成为输家,反之表现差的则会成为赢家。这一现象塞勒将其归因于心理学的"过度自信"。在他的代表作《赢者的诅咒》中曾有专门一章节对股市进行阐述,塞勒认为"证券市场是一个寻找反常现象的好地方"。

比较行为经济学与新古典经济学研究范式,可以发现两者在理论硬核、保护带和方法论上都有着很大的不同。在理论硬核上,新古典经济学主张理性经济人,假定偏好和禀赋分布外生,强调交易关系为中心;行为经济学则彻底改变了新古典经济学中的理性经济人假定,代之以演化的有限理性的现实当事人假定①,主张当事人在经济活动中不仅仅自利,也会考虑利他,也可能冲动出现非理性行为,同时强调偏好的内生和演化带来了异常行为及其相伴的学习过程。在保护带上,新古典经济学提出均衡假定,主张边际效用或产量递减,强调要素和产品自由流动,要素和产品同质,个体是价格的接受者等;行为经济学则认为有限理性的现实当事人面临复杂环境不可能实现完美套利,不可能获得一种线性效用函数关系,因此主张非均衡假设,强调非线性效用函数,要素和产品异质,随机性选择和路径依赖,重视现实市场和组织,认为存在有限套利等。在研究方法上,新古典主张个体主义,边际分析方法,静态和比较静态分析为主,强调线性规划和动态规划;行为经济学在方法论则主张通过观察法或在实验室中测量实验对象的动机、环境特征和行为之间的相互关系,看重演化分析,主张借助于微观计量经济学技术的发展以及随后各种计算机模拟和计算技术的运用,来研究金融市场上当事人的行为。实验方法和微观计量方法的广泛应用使得行为经济学放弃了新古典的边际分析方法,开始寻找各种非线性的和动态的求解方式以及经验实证方式来分析当事人经济行为。在行为经济学家看来,这种分析是更符合现实的,对现实也更有解释力。

行为经济学的研究纲领是经济学家对当事人选择行为的讨论必须建立在心理学的基础之上,而不能建立在抽象的行为假设基础上;经济现象来自

---

① 在对2017年诺奖获得者塞勒的颁奖词中,诺奖评审委员会重点指出塞勒对行为经济学的建树主要体现在有限理性、社会偏好和缺乏自制三大理论方面。这其中,尤以有限理性可以看作塞勒全部理论的总阀门,是对传统经济学最为直接和大胆的质疑和挑战。

当事人的行为,是当事人的理性决策,当事人在行为决策的过程中,决策程序、决策情景都将和当事人的心理产生互动,影响到决策的结果。当事人在决策时偏好不是外生给定的,而是内生于当事人的决策过程中,不仅可能出现偏好逆转,而且会出现时间不一致等。因此,研究人的经济行为,必须将决策的心理特征、行为模式和决策结果相互结合起来加以研究。这就决定了行为经济学的基本理论实际上就是关于决策的理论。基于这样的观点,行为经济学家强调对经济现象的研究应该从经济行为的发生、发展、演变的内在心理机制以及从人主体心理活动的特点和规律入手,探索一种经济现象与其他经济现象之间的必然联系,寻找经济过程中由此及彼的运动轨迹,揭示经济现象和本质。考虑到现实世界的复杂性,同时假定当事人的有限理性,行为经济学在基本理论上的研究工作就体现在当事人在不确定下的决策建模,当事人的这些决策模式和行为特征通过经济变量反映出来,必然会导致市场有效性不再成立,因此各种经济政策也需要重新考虑。理解行为经济学的关键就在于解释行为经济学者们所拓展的不确定条件下的决策理论。行为经济学的研究逻辑也与新古典经济学相反。新古典经济学是首先假设理想状态然后放松假定逐步靠近现实状态;行为经济学则是关注社会经济的现实状态,即"实际发生了什么",然后寻找出现实状态的深层原因。

行为经济学研究范式是对主流经济学研究范式的重要拓展。它不满于主流经济学的抽象的行为假设,力图揭示行为的心理学基础,提出了更为现实的个人决策模型来有效解释各种经济现象。他们提出,人的行为不仅仅受到利益的驱使,也受到多种心理因素如本能、偏见、歧视和嫉妒等的影响,但这些因素在新古典经济学的理论中被"抽象"掉了,这也就导致了新古典经济学无法去解释许多"反常"现象,使得经济的预测也常常出现较大误差。他们也继承了新古典经济学的个体主义方法论和主观主义价值论的传统。行为经济学的研究范式大大提高了现代经济学的解释能力。

二、行为经济学的决策理论

行为经济学家的决策理论是卡尼曼和特沃斯基在1979年发表于《计量经济学》上的开创性论文《预期理论:风险下的决策分析》一文中提出的。在主流经济学中,评价个体的效用水平通常采用预期理论。在传统的预期理论中,通过把当事人对不确定的环境的主观判断等价为客观的概率分布,偏好和禀赋的稳定性就被保持,确定条件下的效用最优化问题也就被转换为不确定条件下的预期效用最优化问题。由于传统的预期效用理论很少涉及不确定情况下的真实行为,因而在实际运用上具有简便的优势,但在一定程度上误导了人们对人类行为的认知。卡尼曼指出,新古典经济学的选择理论有两个致命弱点:一是它假定程序不变,即不同期望的偏好独立于判断和评价偏好的方法和程序;二是假定描述不变,即不同期望的偏好纯粹是相应期望后果的概率分布的函数,不依赖对这些给定分布的描述。但实际情况是,如果选择程序变化,就可能出现偏好逆转。也就是说,偏好的传递性公理实际上依赖于选择程序。选择的描述不同也会影响到人们的选择,即"框架效应"选择依赖所给的方案的描述本身。总之,新古典经济学的预期效用理论的构造是建立在偏好的完备性公理和偏好的传递性公理这两大公理的基础上的,但这两大公理是不成立的。例如人们在选择彩票时,就经常违反这一理论。卡尼曼的实验显示,当被问及是选择25%的机会赢得3 000元,还是选择20%的机会赢4 000元时,65%的人选择后者。这一结果与传统的预期效用理论推导的结果是不矛盾的。但当这些试验人群被问及是选择100%的机会赢得3 000元,还是选择80%机会赢4 000元,则80%的人会选择前者。这一结果显然与传统的预期理论的推导相矛盾。按照传统的预期效用理论的定义,在第二个试验中,前一个选择的预期效用为3 000元,而后一选择的预期效用为3 200元,理性行为人应该选择后一个机会。塞勒的研究也印证了这一点。塞勒做过一次问卷调查,问卷中给受访者提供了两个情境:第一个是假设爆发了某种疾病,导致每个人的死亡率增加了千分之一,现在有种解药可以降低死亡率,你愿意花多少钱买药?第二个假设是你好端端活在一个没有疾病感染的地方,但是老板要派你冒千分之一的死亡风险进入疫区工作,你觉得老板需要额外付你多少钱才能接受这份工作?按照主流经济学的"理性人"假设,两种情境其实都是要对"千分之一的死亡率值多少钱"来作答,因此同一个人应该对两种情况答案相同。然而,结果却完全不同:第一种情况下,大多数受访者不愿付超过2 000美元的代价,而第二种情境则很多人认为至少要补偿50万美元才够。塞勒分析说,人们在进行决策的时候,还往往会选择一个决策参考点来判断预期的损益,而非着眼于最终的财富状况:在心理预期的过程中,人们会把决策分成不同的心理账户来考虑,例如,你打算去看一场票价200元的音乐会,出发前却把价值200元的电话卡丢了,你还会不会去看这场音乐会？大部分仍会选择去听这场音乐会；可如果出发前你把音乐会门票弄丢了，需要再花 200 元买门票，大部分会选择不去了。实际上，在这两种情况下损失都是价值 200 元的东西，单纯从金钱上看并无区别，造成不同结果的原因，就是因为大多数人把电话卡和音乐会门票归到了不同心理账户的缘故。此外，人们常常拥有自信情节，高估已经拥有的商品或服务，并且倾向于增加这类物品或服务的使用次数。行为还表现出从众心理、框架效应等一些心理现象。这些都不是一种理性的行为方式，但却是在客观经济行为当中被证实经常发生的。

行为经济学家还研究了"偏好逆转"的现象：当人们遇到一对期望值大约相等的赌博组合时，他们会经常选择其中之一，然而另一个的标价却更高。特沃斯基和泰勒(Tversky & Thaler, 1990)列举了这样一个事例：H 赌注有 8/9 的机会赢得 4 美元和 1/9 的机会分文不得，L 赌注有 1/9 的机会赢得 40 美元和 8/9 的机会分文不得。大部分测试者选择了 H 赌注。但是，当要求他们给出自己愿意出售赌金的最低价钱时，大多测试者对 L 赌注订的价格更高。总之，人们会选择更有机会赢得的选项，但对于赢大钱的机会很小的赌金却会以高价出售；而传统经济学理论却预言这两种不同的诱因程序应该得出偏好相同的结论。无意的观察，自省及心理学研究都证明时间一致性假设是极端错误的。当我们今天觉得明天最好不要暴饮暴食时，明天我们可能会倾向于暴饮暴食，当我们今天认为明天必须写一份仲裁报告时，明天我们却可能拖延。这说明我们追求短期的及时行乐与长期偏好在现实中可能会并不一致。

通过一系列的心理学实验，卡尼曼等人在对实验结果科学处理的基础上，提出了自己的选择理论来取代新古典经济学的预期效用理论。在卡尼曼看来，任何选择和决策的作出都依赖一定的程序，现实的当事人常常采用的决策程序就是所谓的"启发式"程序，这种程序不需要当事人完全理性，也不需要当事人完全计算后决策，启发式决策仅仅需要当事人按照经验规则进行决策，并存在一个决策的学习过程。在启发式决策下，当事人的决策后果不仅依赖其计算能力和经验，而且依赖决策情景描述和个人的心理状态。在这些约束下，当事人很难找到最优解，但能获得一个学习过程。因此，当事人在不确定下决策时，不可能显示出偏好稳定。如果考虑到时间因素，当事人还会出现了偏好的时间不一致现象。因此，他们认为新古典经济学中的预期效用理论无论在静态还时动态上都是不成立的。

行为经济学的上述研究成果证实，人们对未来的事件，不可能像新古典主流经济学假定的那样能计算出一个确定的风险概率，预期具有主观性，而且影响人的行为，使人的行为带有浓厚的非理性色彩。同时，现实中的人们即使明确知道最佳选择方案，也可能无法做出这种选择。而且人们往往是基于短期利益而非长期利益做出选择的。这些行为都与主流经济学的理性经济人假设不符。传统经济学假设人类行为都是自利的，这一自利的行为还会导致个人和社会整体福利水平的最大化。但行为经济学的研究发现，纯粹的自利无法解释自愿捐献、干旱时的自愿节水、储蓄能源以解决能源危机以及牺牲金钱从而对不公平的待遇进行报复等社会现象，无法解释人类生活中许许多多的"非物质动机"和"非经济动机"。因为人类经济行为的动机不仅仅只是"自利"，也有情感、观念导引和"社会目标"引致的成分。所以，很有必要将社会动机的一种形式——利他或是人们对他人福利的关心纳入经济分析中。行为经济学家在实验中发现，由于人们偏离了狭义的自利，他们会选择那些不会最大化自身收入的行为，当这些行为影响他人收入时，人们会在交易中牺牲金钱以惩罚那些对他们不利的人，或是与那些没有要求分配的人分享金钱，以及自愿为公共物品做贡献。对此，从已经建立了的"社会偏好"模型来看，它们都是假设人不仅有一种自利的愿望以得到高收入，而且也会关心他人的收入。

三、行为经济学的理论贡献

行为经济学家的理论贡献，是他们强调现代经济与古典经济的最大区别在于经济活动的立足点发生了根本性的变化，物的经济被人的经济所替代，是"人"通过自己的行为创造了经济，因此，经济分析所要做的不仅仅是研究产品的数量和价格之间、储蓄和流通之间抽象的关系，还要发现"人"的经济行为的特点和规律。行为经济学家通过观察和实验的方法，把几十年来一直在数学公式里兜圈子的经济学领回到了它应该研究的实际生活中来，使枯燥乏味的经济学研究有了"人本主义"精神和"人文主义"的气息。

行为经济学的理论贡献还表现在强调了人类的决策问题十分复杂，须考虑心理因素对行为的影响，并通过将心理学与经济学相融合的分析方法，将不确定条件下的个人决策行为的研究方向向前推进了一大步。具体而言，行为经济学阐释的不确定条件下的个人选择规则有助于说明人类非理性决策的存在。例如，人们以熟悉事件 A 的相关信息来预估事件 B 的相似性效应规则，受记忆和知识水平牵制而产生的以部分信息为依据进行决策的可利用效应规则，倾向于选择一个起始点或参考点来进行风险决策的锚定效应规则，追随主流行为的从众心理规则，以偏概全和以小见大行为决策的小数规则，均是传统经济学理论难以解释的。行为经济学强调人们经常性的思考方式往往会偏离传统经济学的理性决策模型，不确定条件下的个人选择规则以及非理性决策的论证，对于解释金融市场中的"错误定价"问题也很有启发性。行为金融学大师罗伯特·希勒在其《非理性繁荣》一书中，曾以 1929 年和 1987 年世界两次巨大的股市震荡为背景，提出股市中存在着诸如催化因素、反馈环、放大机制、连锁反应等作用，投资者的心理依托会受到来自社会压力、媒体、权威等的过度信任的强烈拉动。他们会受到从众行为、信息层叠、信息口头传播、新闻报道、社会注意力等因素影响[1]，证明了存在着行为经济学所描述的相似性效应、可利用效应、锚定效应、从众心理等行为选择规则。

行为经济学所揭示的决策理论事实上在具体的经济领域均有相应的表现，并且这些表现决定了经济变量的变化。行为经济学家在宏观经济、劳动市场和金融领域开展了大量的经验实证研究，为经济政策的制定产生了巨大的影响。通过回归现实的假定，行为经济学获得了巨大的成功，其中的重要人物相继获得诺贝尔和克拉克奖，本身就说明社会对该研究领域的认可和期待。1992 年获得诺贝尔经济学奖的贝克尔认为，现代经济学的研究已经进入了第三阶段：在第一阶段，经济学仅限于研究物质资料的生产和消费结构，即传统市场学；第二个阶段，经济理论扩大到全面研究商品现象，研究货币交换；现在是第三个阶段，经济学研究的领域已囊括了人类的全部行为以及与之有关的全部决策[2]。行为经济学就是第三阶段的理论代表。

第二节 引入自然科学的方法：实验经济学的研究范式

1999 年著名经济学家宾莫在《经济学为什么需要实验》一文中指出："目

---

[1] 罗伯特·希勒：《非理性繁荣》，廖理、施红敏译，中国人民大学出版社 2000 年版，第 15—32、36—58、69—78、115—125、126—139 页。

[2] Becker. Gary. S：《人类行为的经济分析》，王业宇、陈琪译，上海三联书店 1995 年版。

前经济学的思想和方法已经如此地普遍,以至于可以毫无疑问地说,把诺贝尔经济学奖授予实验经济学先行者的时刻就要到了!"①果然,时间仅仅过了三年,被称为"实验经济之父"的维农·史密斯(Vernon L. Smith)就获得了2002年诺贝尔经济学奖,标志着实验方法已开始为主流经济学所接受。

实验经济学发展迅速,目前已成为一个独立的经济学分支。诸如《经济评论》《计量经济学》《政治经济学》杂志等越来越多的主流经济学杂志不断刊发实验经济学的论文,实验经济学专刊、专著和论文也陆续出版,研究团体和实验室也如雨后春笋般地涌现,实验经济学从美国已传播到世界各地。实验经济学是研究人类行为的经济学,它的发展有待于演进博弈论、社会经济学、经济心理学等学科的共同发展。

一、实验经济学的兴起与范式特点

实验经济学的起源可以追溯到20世纪30—60年代。1931年萨斯通(Thurstone)对效用函数的实验揭开了实验经济学的帷幕②。对实验经济学产生直接影响的是1942年哈佛大学的爱德华·张伯伦在课堂上建立了一个实验性市场以检验竞争性市场均衡的条件,正是这一实验启发了当时的实验参与者维农·史密斯,他到珀杜大学教学的第二年就开始在课堂上以他的学生为对象进行竞争性均衡实验。1962年,史密斯将多次实验的结果组织成论文发表于权威杂志《政治经济学》,如今这篇论文被认为是实验经济学诞生的标志。史密斯教授首次把实验经济学引入教学中并具体提出了经济学实验设计的原则,改变了经济学是非实验科学的固有观念。1990年,史密斯出版了《实验经济学》一书,1993年普林斯顿大学出版了由两位实验经济学家戴维斯和霍特编著的第一部实验经济学的教科书,标志着实验经济学的成熟。

实验经济学研究范式的特点,是将自然科学中最有效的"实验"方法引入经济学的研究中。为什么经济学家需要实验?史密斯认为每一实验应有

---

① BINMORE, KEN, Why Experiment in Economics, *The Economic Journal* 1999, Vol.109.
② 萨斯通设计了一个实验,要求每个个体在包括帽子与鞋、帽子与衣服的商品束中作大量的假定选择,他报道了每一个主体的详细选择数据并发现,在假定无差异是双曲线的情况下,在评价主体准备在帽子与鞋、鞋与衣服之间作出交易选择的数据之后,评价一个曲线是可能的。他得出的结论是:这类选择数据是可以用无差异曲线来代表,而且以这种方式评价无差异曲线是可行的,萨斯通通过实验方法确定了个体的无差异曲线。

三大元素组成：环境、体系和行为。环境给定了每位被试的偏好，初始的货品禀赋和现有的技术水平体系则界定了实验术语和游戏规则，而实验的结果能够检验一个理论区别其他理论间的差异，能够探讨理论失败的原因，或建构实证的规则作为新理论的基础，能够评估政策的效果，等等。实验工具至少具有两个优点：可重复性和可控制性。可重复性是指实验者在一定条件下进行独立实验并提出结论后，他人可依据他的条件重新进行实验，从而能独立地证实或舍弃前人的结论，也就是可以对前人的结论进行证伪。可控制性是指操纵实验室条件的能力，在实际市场中不同程度地缺乏可控制性，有时数据无法得到或者不大精确，以至于不能在相互矛盾的理论间进行取舍，有时甚至找不到与理论假定相匹配的经济现实。实验经济学的研究则使我们在可控的实验条件下，针对某一现象，通过控制某些条件，观察决策者行为和分析实验结果，以检验、比较和完善经济理论，并提供相应的政策依据。

实验经济学的研究范式的核心是强调经济学的"实验"要素，认为经济理论完全具备实验检验的条件，实验经济学就是要再造理论的环境和机制基础，得到所需的观察结果来检验理论解释，看理论解释的预言与所观察到的事实是否一致。实验经济学的实验要素包括选取一个有趣和重要的课题，进行实验设计，确定被实验者，选择实验室设备，确定实验步骤，分析数据和报告结果等。史密斯教授强调，一项未经实验过的经济学理论仅是一种假设，其被接受或拒绝的基础仅是权威、习惯或对于假设的看法，而不是依据一个可以重演的严格证明。实验经济学的目的是寻求在大多数时间里可重复出现的经济规律和原理，把可论证的知识引入经济学领域，使人了解真实的市场运行模式。实验的观察结果符合"理论预测"的频率越高，理论预测的可信度就越高。反之，经过多次实验排除其他因素的影响之后，仍多次出现与理论预期的背离，就有理由怀疑原有理论模型的正确性。由于实验的对象是社会中的人，需要验证的是行为命题，经济理论的实验就需要有别于自然科学的实验方法，主要有模拟和仿真、比较和评估、行为分析和心理研究。

实验经济学家认为，引入自然科学的实验方法可以弥补主流经济学的不足。经济学是用来揭示现实市场运行的，经济学家运用逻辑（数理）演绎和计量统计的方法虽然构造了大量深奥、技术复杂的经济模型，这些模型与现实市场的相符合的程度到底如何？依靠传统的统计检验得到的市场数据又都存在着"不可重复性"和"整体性"的缺陷[1]，这就失去了对理论的检验能力。实验经济学的实验工具则可以弥补这些缺陷。实验经济学家可以通过再造实验以克服自然经验数据不可复制的缺陷，同时，实验室条件的可操纵性又防止了各种与之相伴的不可观察因素的变化。实验的这些特性可以使参与人面对只与理论相关的环境因素，而不必面对理论问题以外的其他的影响因素，这样就能得到有关理论验证更纯粹的经验数据。

二、实验经济学的主要实验成果

史密斯不仅是最早提出实验经济学研究范式的学者，还最早主持并参与了实验经济学的试验，并且在研究市场运行机制领域有着许多重要的发现。例如，1956年春季他进行的第一次经济学实验，测定了市场价格在供求双方的作用下是如何起作用的，并测试了外界条件改变后价格的反应机制。史密斯教授又在之后进行的数百次相关实验的基础上，于1962年发表了他的第一篇实验经济学的论文《竞争市场行为的实验研究》，成为实验经济学的奠基之作。在这篇论文中，史密斯不仅就如何具体设计实验并改进以前实验方法的不足提出了改进性的意见，还使用实验经济学的方法对已有的经济理论进行了检验。在这篇论文中，史密斯首次提出经济学应该"设计一系列实验博弈去研究新古典竞争市场理论"，同时从实验经济学的角度解释了双向拍卖的交易机制是如何运行的。

在人的行为方面，实验经济学家通过实验研究，发现主流经济学有关的人的行为是符合主观期望效用最大化的这一假定是不符合实际情况的：即使在决策环境中只引进少量的复杂因素，就会导致人的实际行为达不到效用最大化。拉宾对这类风险规避函数的实验情况进行了全面的回顾，实验的结果证明真实的个体行为往往表现为系统地违反了期望效用最大化理论。他们的试验结果是：在一些情况下，人们重视先前的知识，差不多完全根据新的事实作出决策，而在另一些情况下，新的证据对人们的成见没有多少影响。主

---

[1] "历史不能重复"是指对理论预测的证实或证伪都需要大量检验，但现有的数据却难以达到相同的环境和机制下大量重复的要求；"整体性"缺陷是指传统经验数据是一种整体的数据，无法成为区分理论的分类数据，而且这种经验数据中既包含特定理论假说的环境特性，又包括众多干扰变量导致的结论特征。

观期望效用理论没有能对真实行为作出好的预见。史密斯教授在1985年的实验工作中讨论了实验者参与重复性交易与参与一次性交易对价格的影响是否不同,发现两者形成的价格差别较大,一次性交易偏离均衡价格更远,说明人们在每一次决策时并不总是能够做到最优的。实验经济学将参与人的行为作实证化的处理,从而所提出的人性假设也更具有现实性和实证性。实验经济学家们认为,在实验工具的辅助下,操作者可根据实际需要对理性人等假设条件进行必要的调整和检验,以使建立在理性经济人假设之上的经济学理论更具有可检验性。

实验经济学更多的成就体现在产业组织理论方面的应用。产业组织理论是实验经济学的诞生之地,也是现在实验经济学最活跃的领域之一。实验经济学的先驱张伯伦早在20世纪三四十年代就在课堂上组织学生进行了模拟市场的实验。他把学生分成两组,分别是买者和卖者,每个人知道自己的真实信息,完全按照市场方法交易。他做了许多次实验后,结果发现多数实验最后成功的交易数量都是超过市场出清水平的。史密斯在1953年继续了张伯伦的实验,他设计了一个通过买卖者的连续喊价达成交易合同,并重复进行交易过程的"双边拍卖"的市场。在这项实验中,学生分为两组,一组是出售同样的商品的零售商,一组是消费者。零售商在不停降价,消费者则自由地提高价格,所有人的价格都公开写在黑板上。当零售商与消费者的报价一致时交易成功。实验的结果显示理论预期的市场均衡是可以获得的,而均衡收敛和稳定并不要求市场信息的完全性,但均衡的获取需要参与人一定的学习和试错的过程。

实验经济学家对拍卖机制的实验也有代表性。他们把拍卖机制分成英式拍卖(竞标者不断提高价格,直到没有人出更高价格为止,出价最高者获得该商品)、荷式拍卖(出售者在确定的时间从某个高价开始逐渐向下降价,直到有人喊出"购买"为止)、第一价格密封拍卖(众多买方以书面投标方式竞买拍卖品,出价最高者将以其出价水平获取拍卖品)和第二价格密封拍卖(这一方式同第一价格密封拍卖相似,出价最高者获取商品,但其支付价格并非自身出价,而是所有出价中仅次于该出价水平的第二价格)四种类型,并得出了一些有意义的结论,即与传统的"收益等价定理"不符。传统的"收益等价定理"认为在竞争者风险中性假设下,以上四类拍卖机制产生标的物的预期价格相等,得到的分配方式也具有相同的效率(被实际的最高估价者得到),但实验经济学家的拍卖实验的结果却显示：英式拍卖和二价拍卖之间有等价性，但不支持四类拍卖都等价，也否定了风险中性的假设。荷式拍卖难以达到其他三种拍卖形式的市场效率，但速度较快；密封拍卖机制比公开叫价机制更无效率，但售价会高，而且密封价格的做法能使价格更集中，避免谈判（交易费用）等。

三、实验经济学研究范式的意义与局限

经过近五十年的发展，实验经济学的影响日益深入和广泛。实验经济学的研究弥补了计量经济学所依赖的自然市场数据存在的"不可重复"和"整体性"的两大缺陷。实验方法通过反复设计的实验，不仅验证了现有理论的合理性，也尝试寻求更有效的经济机制。实验经济学还提供了一种经济理论和证据之间共生关系的可能性：当存在多种理论时，通过实验可以比较和评估各种相互竞争的理论；在仅存一种理论时，通过试验可以找出该理论解释实验数据的条件；当不存在任何理论时，通过实验可以发现某些实际的规律。实验还提供了不同经济政策提议的经济可行的办法，如实验可以帮助排除那些在实验室无效的建议，使得现实中只需考察那些在实验室有预测价值的政策。实验经济学所提倡的实验方法不仅有助于检验和提高现有经济理论的预测能力，还有助于现实经济政策和制度的完善。实验经济学的发展也加速了经济学研究与行为（认知心理学）理论的融合。

实验经济学的兴起还标志着经济学方法论上的重大变革。长期以来，西方主流经济学模仿自然科学的信念十分坚定，典型表现是实证方法始终是主流经济学的方法论，其研究范式是提出理论假设并力图避免和消除人类行为或经济关系中的不确定因素，然后在理论假设上建立数学模型并推导出主要结论，最后对理论实证的结果进行经验实证，并由此开展深入的理论分析。但这样的研究范式的最大缺陷是排斥了人类行为或经济关系中的非理性和不确定性，并且其经验检验又具有被动性和不可重复性。实验经济学的意义在于试图通过对实验中经济人行为过程的观察和分析，有效地克服了这一缺陷，构造了微观经济学理论的真实动态基础。实验经济学以可犯错误、有学习能力的行为人取代了以往的"理性经济人"假设，用数理统计的方法取代了单纯的数学推导，解决了主流经济学实证研究的高度抽象、简单化与现实世界不一致的问题。实验经济学家还可以再造实验和反复验证，用现实数据代

替历史数据,克服了以往经验检验的不可重复性。

　　实验经济学的研究范式也面临着的一些难以克服的困难。例如,实验经济学研究的是人的行为,是人的行为的实验经济学。但人的行为是复杂的,试验的结果同参与人的文化程度之间有着密切的联系。价值观念和文化水准的不同,都有可能会影响到实验的结果。现实的经济现象和经济行为十分复杂,而实验是人为的,这就要求实验者必须对实验对象的环境作较大的简化才能在实验室里实现。实验的设计过程中,舍去了很多真实的环境,与现实世界毕竟有距离,有时会导致实验参与者在实验中所做的反应与真实场景中所做的不一致,而被试的不同质也会使实验结果大相径庭,因此实验很难完全模拟现实生活和经济行为。从理论上看,越是与现实接近,需要引入的变量就越多,实验也就越难以控制,最后的数据也就越难以处理,结论自然也就越有问题。随着实验问题的专业性、复杂性程度增加,对实验参与者的要求也越来越高,除激励动机设定问题外,实验参与者是否有足够的学习或者战略推理能力,从而对变化的实验环境作出正确的应对是实验经济学面临的新问题。许多的产业组织问题的实验研究表明,大部分的实验参与者都不具备内部的有效性,即存在有对专业范围内的博弈问题的推理能力的缺陷。如史密斯的参与者是他的学生,这些学生参加为期两天的训练后被安排进行四个阶段共56天的实验,他们对电力系统运行知识的缺乏使人很难相信这些学生能够像实际电力企业经营者那样有动力并且有能力进行正确的报价竞争。另外,史密斯与实验参与者的师生关系也很难避免不会影响实验的结果,实验者很有可能仅仅为了达成教师或研究者的实验期望而工作。另外,相同的实验由不同的研究者设计,或者由不同的实验参与者执行,都有可能得出不同的研究结论。这就对实验经济学研究的可复制性提出了挑战。

第三节　旧范式的推陈出新:
　　　　演化经济学

　　20世纪80年代以来,演化经济学逐渐受到人们的关注。演化经济学之所以能够大行其道,是因为能弥补主流经济学的缺陷,这构成了演化经济学兴盛的现实基础。以新古典为代表的主流经济学在研究范式上静态的、均衡分析,无法解释经济的变化过程,研究范围也过于封闭狭窄,只研究价格制度,而非价格制度则往往被排除在研究的范围之外。演化经济学的研究范式和研究范围要更贴近于现实的经济世界,因而日益受到学界的重视。

演化经济学形成的标志是理查德·R·纳尔逊(Richard R. Nelson)和悉尼·G·温特(Sidney G. Winter)在1982年哈佛大学出版了他们的合著《经济变迁的演化理论》。他们提出,经济中企业之间的竞争也存在"优胜劣汰,适者生存"的自然选择,盈利的企业会不断增长,衰败的企业会不断萎缩。经济均衡是暂时的而不可能是长期的,经济主体的人是有限理性而不是完全理性,经济的发展是一个不断演化的过程,演化经济学的主要议题就在于研究并解释经济变迁的演化过程。他们借用现代生物学的进化隐喻,对主流经济学的"硬核"进行了革命性的改造,把正统理论中处于背景状态的演化力量和机制放在了核心地位,形成了一种解释经济现实的全新范式。纳尔逊和温特的工作被认为是对主流经济学理论一次"充满希望、极有希望的挑战"[①]。

一、演化经济学的思想渊源

演化经济学的演化理论明显地受到生物学中进化论的影响。达尔文的进化论是以三项观察为基础的:所有的生物都在改变;它们的特征可以遗传;它们都参与竞争。在这种竞争中,有些生物比其他生物优越,更能适应环境,因此幸存下来并产生很多后代。经过多代之后,自然淘汰就会造成物种和器官的变化,这就是"进化"。

马克思、凡勃伦、熊彼特、哈耶克等的经济理论中都接受有达尔文进化论思想的影响[②],具有丰富的演化经济思想,都构成了演化经济学的思想渊源。例如马克思的《资本论》在对资本主义社会基本矛盾的分析中就使用了演化的方法,认为随着生产力的发展,生产关系和上层建筑也将发生变革,人类社会制度的演化就是一个自然历史的过程。马克思批评那种主张把经济学建立在普适性和非历史的范畴中的企图是错误的,认为人类社会的演化就是一

---

① 杰弗里·霍奇逊:《演化与制度》,任荣华等译,中国人民大学出版社2007年版,第15页。
② 马克思在给恩格斯的信中就曾写道:"进化论为我们的观点提供了自然史的基础"。〔《马克思恩格斯全集》(第30卷),人民出版社1974年版,第130—131页。〕哈耶克也认为:"文化演化的思想无疑远于生物概念的演化,查尔斯·达尔文是通过其祖父伊拉斯莫将贝尔拉德、曼德维尔和休谟的文化演化概念运用到生物学的。"Hayek, F. (1982): *Law, Legislation and Liberty*, Vol. 3. Combined ed. London; Routledge and Kegan Paul. p.154.

个从低级向高级演化的过程,资本、利润、利息和地租以及剩余价值的转化形式,也都是一个历史发展的范畴。凡勃伦是第一个将"演化经济学"作为专业术语使用的经济学家。他曾设想建立后达尔文主义经济学,运用生物进化论的概念和隐喻来构建经济理论。他于1898年在《经济学季刊》上向经济学界提出了"经济学为什么不是一门演化的科学"的宣言,提出研究经济发展应该借鉴达尔文进化论的分析方法来进行解释。凡勃伦随后出版的《有闲阶级论》(1898年)代表了经济思想的一场革命。这场革命就表现在凡勃伦倡导用达尔文的进化论方法替代主流经济学的机械类比方法对经济学进行彻底的重构。凡勃伦认为,由于制度和惯例具有相对稳定性和惰性,在社会的演进过程中具有类似于生物学基因的作用,社会结构的演进是制度上一个自然淘汰的过程,"制度的自然选择"和"思维习惯的自然选择"就类似于达尔文的物种自然选择的过程。人类的进步和制度演变的过程,同生物的生存竞争过程具有一样的性质。凡勃伦还提出经济学的分析方法应该是生物学的而非是机械力学。熊彼特是绝大多数现代演化经济学家所公认的主张运用演化方法来研究资本主义长期发展的倡导者。熊彼特质疑新古典经济学的静态观,认为资本主义在本质上是一种动态演进过程,企业家的创新是经济增长的源泉和推动经济系统演进的直接动因。熊彼特提出人类社会的演化是根植于过去的经验、传统和习惯模式,通过企业家对有效技术的选择带动了人类的新价值体系和理念的形成,进而推动社会的向前演化。这种技术的演化过程又是内生于人类的演化发展过程之中的。演化经济学的主要代表性人物理查德·纳尔逊就强调演化经济学的经济增长演化理论,都从约瑟夫·熊彼特的著作中获得过灵感,这种灵感就表现在"熊彼特在该书中发展了一种内生的技术进步理论,认为技术进步来源于企业为打败或追赶竞争对手而进行的投资。"[1]哈耶克也强调生物类比的演化方法,如他对社会经济秩序的分析中提出了富有创见的社会秩序自发演化的思想体系。他认为,社会制度并不是有意识的理性设计的产物,理性不可能创造出一种社会传统,它自身就是这些传统演化的产物。演化经济学家对哈耶克的这一制度演化思想十分推崇,理查德·纳尔逊曾论述和赞誉哈耶克的制度演化思想说,"弗里德里希·哈耶克(1988)早就一直强调现代经济制度发展方式的演变特征,他的论断如

---

[1] 理查德·纳尔逊:"经济增长的演化观",收入库尔特·多普菲编:《演化经济学纲领与范围》,贾根良译,高等教育出版社2004年版,第155—156页。

下：流行的制度结构极其复杂,以至于人类无法完全理解它们。因而,人们绝不可能对制度进行设计。无论是认为我们可以进行制度设计,还是认为我们可以废弃流行的制度,进而用一种人为计划的更好的制度替代它们,都是一种'致命的自负'。哈耶克是一位如此深刻的学者,……他的中心论点是,我们现存的制度结构,必须基本上被解释成包括一些盲目的变异和社会选择在内的演化过程的结果。"①

除此之外,新古典经济学家马歇尔的经济学思想也深受进化论的影响,他宣称"经济学家的麦加应该在于经济生物学"。只是鉴于"生物学概念比力学概念更复杂"②,他才退守其次,使用力学类比的"均衡"和"静态"的方法来研究分析经济现象。就像托马斯惋惜总结的那样,马歇尔只是让生物学"留在了期望里,而不是使他深入到(经济学的)本质"③。但马歇尔并没有忘记借鉴使用生物学的演化方法分析经济现象,例如从第五版开始,马歇尔在《经济学原理》的每一版前言中都重复了"经济学家的麦加"这句名言,同时将经济学与大自然、生物学及演化作了许多富有趣味的联系,如将公司的成长与发展喻为"林中树",将一维的、不可逆的时间纳入他的需求与供给的分析中,这对后来演化经济学理论产生都有影响。

二、演化经济学的研究范式

演化经济学不同于新古典经济学以静态的、原子论的和机械的宇宙观作为其哲学的基础,主张以动态的、系统的和有机的世界观作为其哲学基础,强调历史性和"变迁过程的无止境性"④,主张用具有历史时间概念的演化模式替代新古典经济学的均衡模式,用非最优理论代替最优理论,用有限理性代替完全理性,同时将主流经济学所忽略的诸如制度、文化、习惯等因素也纳入经济学的分析,试图为经济学的发展提供另一种框架,以全新的范式诠释一个不同于新古典的经济学世界。

演化经济学的研究范式简要概括,包括有变异-选择理论和共同演化

---

① 理查德·纳尔逊:"经济增长的演化观",收入库尔特·多普菲编:《演化经济学纲领与范围》,贾根良译,高等教育出版社2004年版,第173页。
② 马歇尔:《经济学原理》,朱志泰、陈良璧译,商务印书馆1964年版,第18页。
③ 转引自杰弗里·霍奇逊著:《演化与制度》,任荣华等译,中国人民大学出版社2007年版,第93页。
④ 乌尔里克·威特:"演化经济学:一个阐释性评述",收入库尔特·多普菲编:《演化经济学纲领与范围》,贾根良译,高等教育出版社2004年版,第43页。

第十六章　多元化：现代经济学范式发展的新趋向

理论。

演化经济学家认为在自然界是物种竞争，优胜劣汰，适者生存，在工商界也存在着"自然选择"，企业在市场上也是相互竞争，赢者生存，输者退出。企业要在竞争中立于不败之地，就需要不断地创新，扩大自己的优势，因此创新才是经济发展的根本动力。变异-选择在本质上是一种非均衡的和动态的，由三种机制所构成：遗传、变异和选择。正如生物基因一样，制度、习惯、惯例和组织结构等是历史的载体，也可称为"企业基因"或企业惯例。它具有相对稳定的特性和惰性，可以通过模仿而传递，对于一个行业或群体而言具有重要意义。纳尔逊和温特在其名著《经济变迁的演化理论》一书中讨论了类似基因的企业惯例的作用，认为它是企业的组织记忆，执行着传递技能和信息的功能。但企业惯例又不同于达尔文意义上的基因，其突变是有目的的而非随机的，获得的新惯例是可以遗传的。变异机制也称"新奇"的创生，是经济系统演化的核心，有目的地创造新奇是人类社会演化的重要特征。"新奇"的创生是对现有要素的重新组合，当企业处于不利竞争地位时，就会在已有技术和惯例中(路径依赖)搜寻并创生出新技术和新惯例。新奇的创造取决于个体认知模式的不同和社会制度是否鼓励创新，这两个方面都需要一种知识理论。但创新改变原有惯例获得较多利润的情况只是暂时的，后来者可以通过模仿或创新追赶先进者。选择机制是经济系统在演化过程中如何寻找和确定演化路径的机制，重点研究的是变异或新奇的创造在经济系统中会扩散的原因、时间和方式。新奇或变异产生以后，也会导致社会群体思维和行为模式发生变化，从而逐渐成为社会流行的状态。

演化经济学借鉴生物学上的"共同演化"分析范式来研究经济活动和经济行为。他们认为在人类的经济活动中也存在类似的机理，例如在经济结构上可分为微观领域、中观领域和宏观领域。微观领域关注企业组织和企业行为；中观领域关注产业集聚现象和技术创新与产业发展的协同演化，其动力是企业间的相互竞争，企业通过适应型学习、搜寻正利润和选择市场的协同作用会和产业一起发生新的改变，强调产业集聚就是企业自组织的综合体，通过长期的技术扩散、知识溢出及合作竞争等方面的协同演化机制而形成[1]；宏观领域关注经济的增长，它与主流经济学通过生产函数来分析经济增长不

---

[1] Dosi, G. 1997. Opportunities, Incentives, and the Collective Patterns of Technological Change. *The Economic Journal*, 107(444): pp.1530-1547.

同,强调企业的异质性、竞争、选择、模仿以及新企业的进入所导致的创新(变异)决定了经济的长期增长的演化过程。演化经济学还把微观、中观和宏观看作一个系统,认为系统内部又可划分不同层级,每一层级包含有各自的微观个体和宏观群体,如最小的微观个体是个人,个人组成微观的社会组织如家庭和企业,微观组织构成产业和市场的中观组织,由中观组织构成经济系统,经济系统之上有文化系统、生态系统。系统内的微观个体交互影响,不同层级之间互动。演化经济学引入"共同演化"这一分析范式不仅为演化经济学增加了新的研究内容,更重要的是提供了强有力的分析工具。

共同演化的分析范式强调经济系统具有明显的复杂系统特征,如在描述系统演化时,认为可以根据变量的变化分出变量层级(市场交易、劳动分工、知识分工、技术、制度、文化和生态演化等),强调技术和制度的内生变化会影响企业的长期发展,而文化和生态变化也会间接影响经济系统的演化变迁。层级互动者之间存在有互动的反馈机制,具有双向或多向的因果关系,往往呈现出非线性或自组织的形态,一个变量的变化对于另一个变量的变化的作用往往不同于简单的因果关系。经济系统演化的动力也是交织在一起的,一个互动者的适应性变化会通过改变另一个互动者的适应而改变其演化轨迹,后者的变化又会进一步制约或促进前者的变化。例如,当某一企业开发出新技术被其他企业模仿和学习从而超出企业边界会影响到整个宏观群体时,就变成了系统发生,也就是一个个体群思维根据不同的层级结构和变量层级可以引发系统表层结构(资源或要素的连接)和深层结构(技术和知识的连接)的演变,因此,经济演化不仅意味着经济组织和经济现象的变化,还会引致技术、知识、文化、生态的变迁。在共同演化的过程中,系统的演化轨迹也存在明显的路径依赖:"今天的'制度'几乎总是表现出昨天的、常常是一个世纪以前的或更早的制度强烈的联系。"[1]在经济演化的过程中,时间(历史)、知识(认知)和演化轨迹(路径)交织在一起共同决定系统演化的路径(方向和速度)。共同演化的分析范式强调经济系统演化的制度性差异特征,认为不同种类的制度具有不同的演化方式。正是基于这一看法,纳尔逊赞同诺斯的看法:"第一,不同国家在经济表现上的差异主要源于它们的制度差异及其不同的演化方式。没有什么制度可以在任何地方都称为最优,一些制度在有些国

---

[1] 理查德·纳尔逊:"经济增长的演化观",收入库尔特·多普菲编:《演化经济学纲领与范围》,贾根良译,高等教育出版社2004年版,第172页。

家沿着有益于经济进步的路径演化,但在其他国家则不然。第二,先进的工业国在制度方面极其幸运;我们不能把它们的优异表现归功于任何特殊的美德和智慧,而应是文化及政治的偶然性的结果。"①他的结论是:"在现代先进的工业国,存在着一种促使技术、产业组织和广义上的制度共演的机制,其运动方向是引发持续的经济进步。"②这种制度性差异的共演研究为演化经济学家理解微观行为动机与宏观秩序演化的互动关系提供了新的视角。

三、演化经济学的理论成就

演化经济学强调动态化、多元化,坚持将个体的行为嵌入在更为广阔的文化、历史、政治和意识形态等社会制度环境之中进行研究,逐渐形成了自身较为完备的理论体系。

从演化经济学的嵌入性的理论看,嵌入性不仅具有时间维度的含义,也具有空间纬度上的含义。演化经济学家认为,任何社会经济现象都不能仅由原子式的独立个体来解释,还必须包括个体间的互动关系(即社会制度的环境)。个体和社会制度的环境是共生的,经济学不能抛开个体谈社会制度环境,也不能抛开社会制度环境谈个体,两者间不是一种谁决定谁的单向关系,而是社会制度环境构成了个体的内在和外在约束、个体又能推动社会制度环境演化的双向关系。社会制度环境以一种累积性的方式演变,个体的认知(诸如目标、偏好和价值观等)也随着社会制度环境的演变而发生变化。两者间存在着某种程度上的交互作用,个体与社会制度环境处于共同演化之中。因此,真实的经济活动必定是在特定时空制约前提下发生和演化的,也是嵌入在更为广阔的历史文化、制度背景和地理环境中的,同时本地产业不仅与本地产业技术和制度环境发生互动,还与区域外的国家层面和全球层面的产业技术和制度环境发生一定的联系,尽管这些互动联系在不同的产业和区域上表现的程度不同,但正说明了跨地界多层嵌入演化机制比单一的同一组织和地理层面共同演化更有利于人们认识共同演化的规律。纳尔逊(Nelson,1993)对"国民创新体系"进行了开创性的分析,提出创新和技术变革不仅仅是单个企业家的事情,而且涉及国家层次上的文化和制度特征。纳尔逊"在

---

① 理查德·纳尔逊:"经济增长的演化观",收入库尔特·多普菲编:《演化经济学纲领与范围》,贾根良译,高等教育出版社2004年版,第173页。
② 同上书,第174—175页。

这一领域内的工作是目前政策导向的经济研究中最富有成果的工作之一。"①

演化经济学运用共同演化这一范式分析在产业与产业之间的共同演化、制度和组织之间的共同演化、产业与环境之间的共同演化、企业和产业的共同演化、技术与制度的共同演化等相关问题,都取得了可观的成果。国际熊彼特协会将2004年度的熊彼特奖授予Johann Peter Murmann,就是为了奖励他在企业、技术和国家制度的共同演化研究中的贡献。Murmann尝试性地将产业、技术和制度动态地连接起来进行分析,认为技术和制度的共同演化主要是通过企业群体和国家大学群体的互动来推动的。在他获奖的著作《知识和竞争优势:企业、技术和国家制度的共同演化》中检验了1850—1914年英国、德国、法国、瑞典和美国合成染料业在国家制度、技术和企业之间的共同演化过程,阐述了不同国家背景下产业演化模式的差异,揭示了德国合成染料能取得领先地位的重要原因是德国的国家、产业和市场等制度对技术创新具有很强的推动力,同时技术的进步又进一步推动了制度的创新,认为这些因素无疑是德国合成染料业能居于领先地位的重要原因。又如在技术与制度的共同演化上,纳尔逊发现技术进步的速度和特征都要受到支撑它的制度结构的影响,制度创新也是强烈地以新技术在经济体系中是否和怎样被接受为条件的。制度可以被理解为社会群体所掌握的标准化的社会技术,是一种协调联合操作的知识。在技术创新和扩散的过程中,物质技术和社会技术是相互交织在一起共同发挥作用的:物质技术的复杂结构需要一个团队来运用,团队中成员之间的行动协调需要社会技术的支撑;新的物质技术的发展会带来新的理解、认知和规范等社会技术,社会技术的发展也会给物质技术的发展提供新的机会和线索②。Pelikan进一步分析了技术和制度共同演化的机制。他分析技术变迁对制度的影响:一是通过有效利用新的生产方法或新的技术产品需要一个新制度来协调和提高成员间的新技能;二是新技术可能会降低制度的实施成本使得原先无法实施或者实施成本过大的制度得以实施这两个途径发挥作用的。他进一步分析制度变迁对技术的影响主要表现为四个方面:一是组织的自由程度将影响各种可能的技术创新;二是制度

---

① 杰弗里·霍奇逊:《演化与制度》,任荣华等译,中国人民大学出版社2007年版,第265页。
② 理查德·纳尔逊:"作为经济增长趋动力的技术与制度的协同演化",收入John Foster, J. Stanley Metcalfe:《演化经济学前沿:竞争自组织与创新政策》,贾根良译,高等教育出版社2005年版,第3页;Nelson, R. R. On the uneven evolution of human know-how. *Research Policy*, 2003. p.909.

会对技术创新产生激励;三是制度会对旧技术的黏性程度或消亡速度产生影响,影响技术的创新或扩散速度;四是制度会影响技术选择的正确性①。

演化经济学在演化博弈论和演化经济地理学方面也都取得了可观的成就。演化博弈论的研究主要是从20世纪六七十年代开始的,它将偏好、技术、制度等的演化从个体选择扩充到群体选择,很好地解释了偏好与制度之间的协同演化,强调了历史时间和路径依赖的重要性。20世纪90年代以来,国际经济地理学界开始掀起研究演化经济地理学的热潮,他们重点关注了产业集群的形成机制及其空间演化的特征,深化了集聚外部性的本质特征和空间演化的解释力,以新的视角阐释了企业制度、技术创新和市场结构在不同空间的协同演化对区域经济发展的作用。在企业(组织)层面,研究了有限理性状态下的企业区位选择与决策制定以及企业间和企业环境之间的相互作用对区域发展的影响机制;在产业(区域)层面,引用"区位机会窗口"概念研究了产业的新兴空间、空间扩张及衰退,以及企业、技术与制度的相互作用;在空间(系统)层面,用"路径"概念分析了空间集聚与扩散;在制度层面,涉及企业(组织)、产业(区域)、系统、环境等之间互动与演化的制度分析。演化经济学将区域地理带进了经济学的殿堂,很好地解释了区位中心的内生性,说明了为什么在有的地区或者地点会出现厂商或者消费者的集聚,而在有的情况下却会出现完全不同的相反过程,并通过关注人力资本在地区间的转移或者技术进步的跨地区转移,更好地分析了地区经济的内生增长。演化经济地理学为我们理解区域差异的本质提供了平台,可以更好地帮助我们制定区域发展的政策。

行为经济学、实验经济学以及演化经济学等对现代经济学发展的影响不在于它能否替代新古典的研究范式(这需要假以时日的观察才能作结论),而在于它昭示着经济学研究范式多元化时代的到来。经济学研究应该提倡多元化的研究方法,多样性是进化的动力源泉,失去了多样化研究范式的竞争,经济理论的进化就会停滞。可以断言,21世纪经济学发展的趋势,必将打破人为设置的学科壁垒,加强经济学与其他学科之间交流,摒弃传统理性主义封闭的局部性思维,确立开放的综合性的思维方式,顺应复杂科学发展观的新趋势,通过与整个社会文化的复合来开放自己,以适应人类社会的整体发

---

① Pelikan, P. Bringing institutions into evolutionary economics: Another view with links to changes in physical and social techoo; ogies. *Journal of Evolutionary Economics*, 2003, p.237.

展。经济学研究范式多元化时代的到来,必然要求经济学研究应"复活"长期被压制的心理、文化、制度、法律、地理等因素应有的理论地位,将理性分析和制度分析、数理分析和文化分析、历史分析和心理分析结合起来。人类的社会经济活动是一个十分复杂多样的综合系统,社会经济问题应纳入人类实践的宏大背景中加以考察,科学的经济学体系也应是一个开放的学科体系,这应是21世纪经济学发展的趋势。

关 键 词

行为经济学　实验经济学　演化经济学　变异-选择　共同演化

思 考 题

1. 有人说行为经济学的出现是对新古典的背叛,你同意吗?谈谈你的观点。
2. 评述行为经济学的理论贡献。
3. 评述实验经济学的主要实验成果与局限。
4. 演化经济学的范式有什么特点?有哪些主要成就?
5. 概括演化经济学和新古典经济学研究范式上的主要差异。

第十七章
马克思政治经济学的
创立、完善与超越

本章学习要求：马克思政治经济学是在批判继承古典政治经济学的基础上创立起来的。马克思逝世后，恩格斯进一步完善了马克思主义的政治经济学理论。马克思政治经济学在研究范式上与西方经济学不同，它以"社会人"超越的"经济人"、以辩证法分析超越个体边际分析、以"逻辑——历史分析"超越静态——均衡分析，马克思政治经济学研究范式具有巨大的优越性。本章学习要求掌握马克思政治经济学的基本内容，恩格斯对马克思政治经济学的重要发展，马克思政治经济学研究范式的特点及优越性。

马克思政治经济学创立于19世纪中叶，这时资本主义经济已发展到机器大工业时期。工业革命在英国已经完成，在基本工业部门中，机器大生产的工厂制度已占据明显的优势。不仅纺织工业，而且采煤、采矿、炼铁、铁路、机器制造等工业部门也都有了很大的发展。不仅英国已成为资本主义世界中心的强国，在法国、德国等西欧先进国家，资本主义的生产方式都已占据了统治地位。随着资本主义的发展，从1825年开始，其后在1835—1837年，都连续发生了严重的经济危机。经济危机的结果，是造成生产急剧下降，大量工人失业，大批的机器设备和厂房不能被利用，使已经发展起来的生产力遭到了巨大的破坏，同时，随着资本积累的扩大，大工业的发展，工业无产阶级的人数也日益增多，队伍日益扩大。但工人的生活状况却日益恶化，主要表现在劳动时间一般都长达十几个小时，劳动强度因机器运转的加速而空前提高，但劳动条件却极为恶劣，劳动工资又极其低微，而且还有大量工人失业，同时又出现大量女工和童工,整个工人阶级都陷入极度的贫困之中。由此造成了工人阶级与资本家的矛盾已开始尖锐,工人运动开始高涨起来,工人阶级已经成为一支独立的力量登上了历史舞台。同时,也提出了需要自己的经济理论作为思想武器的迫切要求。马克思政治经济学就是在这一时代背景下,为适应无产阶级斗争的理论需要诞生的。

第一节 马克思政治经济学的创立

马克思政治经济学的建立标志着经济科学的一次重要变革,其创始人马克思(1818—1883)在政治经济学史上的重要贡献是完成了巨著《资本论》,创立了劳动价值理论、剩余价值理论、资本积累理论、社会资本再生产理论和经济危机理论。这些理论都是来自对古典经济学的批判继承与创新。马克思继承了英国古典经济学的研究成果。亚当·斯密和大卫·李嘉图的劳动价值论思想,他们对资本主义生产的内在联系的分析和对剩余价值的各个具体形态的考察,都为马克思继承和发展。

一、《资本论》的基本内容

马克思政治经济学的最主要代表作是《资本论》。马克思为创作《资本论》几乎花费了毕生的精力。从1843年马克思开始研究政治经济学,到1867年《资本论》第一卷出版,前后共经过了20多年的时间。在马克思撰写《资本论》的二十多年时间里,他搜集了大量的经济资料,撰写了大量的笔记和专论形式的手稿(如马克思先后写了《巴黎笔记》《1844年经济学哲学手稿》《布鲁塞尔笔记》《哲学的贫困》《雇佣劳动与资本》《伦敦笔记》等),阅读了各种有关的著作。马克思逝世后,恩格斯在马克思遗稿的基础上完成的《资本论》第2卷和第3卷的编辑整理出版工作,嘱托考茨基完成了《资本论》第4卷的整理出版工作。

《资本论》全书分四卷。前三卷是理论部分,研究资本的运动,即资本的生产过程、资本的流通过程和资本的总过程、总形态,实质上也就是探讨剩余价值的生产、流通和分配的过程。这三卷构成了一个以资本和剩余价值为核心的理论体系。第四卷是历史的批判的部分,即《剩余价值理论》。前三卷虽然是阐明马克思在经济理论方面的研究成果的,但在其中也相应地对古典经济学说作了批判。最后一卷在历史地批判古典政治经济学的同时,也相应地发展了马克思经济理论的许多观点。所以说,理论部分和学说史部分是紧密地联系和相互补充的。四卷《资本论》是具有内在联系的科学整体。四卷中的第一卷《资本的生产过程》分七篇二十五章,中心是研究资本主义的生产过程,也即剩余价值的生产过程。第二卷《资本的流通过程》分三篇二十一章,它是第一卷在逻辑上的继续,讨论的中心问题是剩余价值的流通和实现过程,它以资本形态变化过程为直接研究对象。第三卷《资本主义生产的总过程》分七篇五十二章,它揭示和说明了资本运动过程作为总体考察时所产生的各种具体形式,如资本一般形式转化为产业资本、商业资本、借贷资本等具体形式,价值转化为生产价格;剩余价值转化为利润、平均利润,并且进一步转化为产业利润、商业利润、利息以及地租等。第四卷即《剩余价值理论》历史地考察了马克思以前有关剩余价值的学说,实际上是把前三卷对资本主义制度所做的理论研究的成果,用学说史的形式加以说明,可以看作前三卷在逻辑上的延续。总之,一部《资本论》,以劳动价值论为基础,以剩余价值为核心,论证了资本主义发展的历史规律性。

二、劳动价值理论的创立

马克思的劳动价值论是他和恩格斯在1845年2月合作出版的第一个成果《神圣家族》一书中提出的,他认为物品的价值"本质上取决于生产该物品所需要的劳动时间"[1]。在《哲学的贫困》一书里,马克思第一次确认劳动价值的规律正是资本主义剥削的基础:"由劳动时间衡量的相对价值注定是工人遭受现代奴役的公式。"[2]马克思在《雇佣劳动与资本》中还在劳动价值论的基础上进一步阐述了价值规律及其作用问题。他说,由于供求的波动,每次都把商品价格引导到生产费用的水平;虽然商品的实际价格始终是高于或低于生产费用,但是上涨和下降是相互抵消的,因此总的说来它们的价格是由生产费用决定的,"价格由生产费用决定,就等于说价格由生产商品所必需的劳动时间决定。"[3]马克思在批判继承古典政治经济学价值论的基础上,还明确提出了价值和交换价值间存在着对立统一关系,指出

---

[1] 马克思、恩格斯:"神秘家族",《马克思恩格斯全集》第2卷,人民出版社1957年版,第62页。
[2] 马克思:"哲学的贫困",《马克思恩格斯全集》第4卷,人民出版社1965年版,第95页。
[3] 马克思:"雇佣劳动与资本",《马克思恩格斯全集》第6卷,人民出版社1961年版,第484页。

使用价值是交换价值的物质承担者,并且在考察交换价值时第一次把价值从交换价值中抽象出来,认为价值是交换价值的基础,交换价值是价值的表现形态。劳动是价值的实体,价值是人类劳动的物化。价格则是价值的货币表现形态。

马克思还首创劳动二重性理论,认为具体劳动创造使用价值,抽象劳动创造价值;抽象劳动创造新价值,具体劳动则实现包含在生产资料中和原材料中原有价值到新产品的转移,从而揭示了价值的本质和实体。马克思在《资本论》中说:"商品中包含的劳动的这种二重性,是首先由我批判地证明的。"①劳动的二重性是指:"一切劳动,从一方面看,是人类劳动力在生理学意义上的耗费;作为相同的或抽象的人类劳动,它形成商品价值。一切劳动,从另一方面看,是人类劳动力在特殊的有一定目的形式上的耗费;作为具体的有用的劳动,它生产使用价值。"②马克思的劳动二重性学说的建立是对古典经济学价值论的"研究得出的批判性的最后成果"③。

马克思还阐述了简单劳动和复杂劳动、私人劳动和社会劳动之间的关系。简单劳动指没有任何专长的、普通人的机体平均具有的简单劳动力的耗费;复杂劳动指经过一定时期专门的训练和教育,具有一定科学文化知识和技术专长的人的质量较高的劳动力的耗费。复杂劳动是多倍的简单劳动。在商品价值形成过程中,复杂劳动总要化为简单劳动。这个换算由各种劳动的产品都确立为价值来完成,至于换算的倍数,在私有制下则是商品在交换中通过商品生产者背后的社会过程自发地形成的。马克思还阐述了在私有制条件下生产商品的劳动具有私人性,是私人劳动;另一方面,商品经济建立在社会分工的基础上,商品生产者只生产某一种产品,以至某一种产品的一部分,他们的劳动是互相联系的、互相依赖的。私人劳动的总和形成社会总劳动。每个商品生产者的私人劳动都构成社会总劳动的一部分,因此,私人劳动又具有社会性,是社会劳动。马克思认为,抽象劳动的确立,又引导出必要劳动的决定性作用的问题。具体劳动归结为抽象劳动,先表现为私人劳动归结为社会劳动,再表现为私人劳动归结为社会必要劳动。他批判了李嘉图以最劣条件下所必需的劳动作为工农业的必要劳动的观点,认为决定工业产

---

① 马克思:《资本论》第 1 卷,《马克思恩格斯全集》第 23 卷,人民出版社 1972 年版,第 55 页。
② 同上书,第 60 页。
③ 马克思:"政治经济学批判",《马克思恩格斯全集》第 13 卷,人民出版社 1962 年版,第 18 页。

品价值的社会必要劳动是在现有社会生产技术条件下,以社会平均的劳动熟练程度生产出来的商品所需要的劳动。

马克思政治经济学的理论贡献还在于发现了劳动力的范畴。不同于古典学派,马克思认为工人出卖的不是劳动而是劳动力。劳动力指工人生产某种使用价值时运用的体力与智力的总和。劳动力既然是商品,它就有价值,它的价值决定于劳动力再生产所必需的劳动量。在劳动市场里劳动力的价值转化为工资,货币关系就掩盖了雇佣工人的无酬劳动,这种转化形态导致古典经济学家误认为工资为劳动本身的价值。马克思的这一理论论证了剩余价值是如何在资本和劳动等价交换的条件下产生的,解决了剩余价值存在和价值规律的矛盾。剩余价值存在和价值规律的矛盾是造成李嘉图体系崩溃的主要矛盾之一:李嘉图断言劳动者出卖的是劳动,工资是劳动的价值。若如此,在资本和劳动交换时,两者必居其一:如果劳动者出让活劳动等于物化于工资中的劳动,则交换是按规律进行的,但利润便无从产生;如果活劳动大于物化于工资中的劳动,则利润产生的事实是顾全了,但价值规律却被破坏了。马克思"劳动力"范畴的发现解决了这一矛盾。

三、剩余价值论的创立

剩余价值理论构成马克思政治经济学的核心和基石。恩格斯认为,剩余价值理论的提出,是马克思的"划时代的功绩"[①]。马克思对剩余价值的研究,是从考察雇佣劳动与资本的对立关系开始的。在他最早的经济学著作里,在揭露私有制下劳动与资本的对立关系时,就开始考察到有关资本和剩余价值的许多重要问题。如马克思在他早期的著作《雇佣劳动与资本》里,已揭露了资本增值的秘密:"工人拿自己的劳动换到生活资料,而资本家拿归他所有的生活资料换到劳动,即工人的生产活动,亦即创造力量。这种力量不仅能补偿工人所消费的东西,并且还使积累起来的劳动具有比以前更大的价值。"[②]建立科学的剩余价值论必须解决两个关键问题:把劳动和劳动力区分开;把剩余价值从它的各种具体形态里抽象出来。只有解决了前者才能说明剩余价值的来源;只有解决了后者才能说明剩余价值的本质。马克思在19世纪50年代末就科学地解答了这两个关键问题,明确地提出了剩余价值这一范

---

① 《马克思恩格斯文集》第9卷,人民出版社2009年版,第212页。
② 马克思:"雇佣劳动与资本",《马克思恩格斯全集》第6卷,人民出版社1961年版,第489页。

畴,系统地论述了剩余价值论的基本要点。到写作《资本论》的时候,对剩余价值论作了更加明确的论述。

马克思认为,剩余价值就是雇佣工人的剩余劳动所创造的被资本家无偿占有的那部分价值,它体现了资本家对雇佣工人的剥削关系,是资本主义生产关系的本质表现。剩余价值的源泉来源于剩余劳动。剩余价值不能从商品流通中产生,但又不能离开流通过程而产生,因为剩余价值的产生是以一定数量的货币投入流通为条件的。资本家把货币投入流通过程,买到一种特殊的商品劳动力,它的使用具有创造价值的能力,并且能够创造出比它自身的价值更大的价值,这样才能产生出剩余价值。劳动力这一特殊商品的消费过程也就是剩余价值的生产过程。商品的生产过程,也就是劳动过程和价值形成过程的统一。从价值形成过程来看,生产商品的劳动作为抽象劳动,创造了新价值,也就是劳动力的价值和劳动力在劳动过程中创造出来的价值是两个不同的量。劳动所创造的价值大于劳动力本身的价值就是剩余价值的源泉,即工人的劳动为资本家提供了一个超过劳动力价值的剩余价值。雇佣工人的劳动分为创造可变资本部分的必要劳动和创造剩余价值部分的剩余劳动,剩余劳动是剩余价值的实质。这里的不变资本是指资本家用来购买生产资料的那部分资本。在生产过程中具体劳动把它的价值转移到新产品中去,并不改变其价值量。可变资本指用来购买劳动力的那部分资本。在生产过程中,价值增值了,价值量改变了。

剩余价值率是指剩余价值(m)对可变资本(v)的比率,也称剥削率。通常以m_1表示,其公式为$m_1 = m/v$,即剩余价值率=剩余价值/可变资本,它是资本家对雇佣工人的剥削程度的准确表现。剩余价值率越高,剥削程度也就越高。剩余价值率也可以用下列公式来表示:剩余价值率$m_1 = m/v =$剩余劳动/必要劳动=剩余劳动时间/必要劳动时间。剩余价值率的变动取决于三个因素,即工作日的长度、劳动的标准强度和劳动生产力。在这三个因素中,如果一个不变,另外两个发生变化,或者其中两个不变,一个发生变化,或者三个因素同时发生变化,可以产生种种不同的组合。并且,三个因素变化的大小和方向可以不同,这些组合就更加多种多样。

马克思还讨论了绝对剩余价值的生产和相对剩余价值的生产。绝对剩余价值是靠延长工作日来增加剩余劳动时间来生产的。相对剩余价值是靠缩短必要劳动时间来增加剩余劳动时间来生产的。相对剩余价值的生产是以整个社会劳动生产率的提高为条件的。剩余价值规律是指剩余价值产生、资本增值的规律,反映了资本主义生产的实质,是资本主义的基本经济规律。增加剩余价值的生产是资本家的一切活动的出发点和归宿:"资本主义生产的直接目的不是生产商品,而是生产剩余价值或利润。"剩余价值生产"是资本主义生产的直接目的和决定性动机。"①在资本主义条件下,许多经济规律(如价值规律、竞争规律等)都同时并存发挥作用,但只是在某个方面或某些过程中起着一定程度的决定作用。剩余价值规律则不同,它决定着资本主义生产的实质,决定着资本主义生产发展的一切主要方面和一切主要过程,也即支配着资本主义的生产、流通、分配和消费诸方面及其运动过程。资本的唯一生命冲动就是价值增值。资本主义的流通过程,就是剩余价值生产的准备和实现过程。资本主义的分配过程,是各个集团占有并瓜分剩余价值的过程,也就是剩余价值转化为产业利润、商业利润、利息、地租等具体形式的过程。所以,剩余价值规律是资本主义的基本经济规律。

四、资本积累理论的创立

马克思把资本看作劳动产品在私有制下的异化的积累,认为资本是对别人的劳动产品的私有权,是对劳动和劳动产品的统治的强力。资本竞争促进资本积累,这是资本主义私有制发展的必然结果。资本积累在本质上是资本主义生产关系的扩大再生产。马克思从个别产业资本的运动形式出发,把资本区分为货币资本、生产资本和商品资本三种资本形式。从社会总资本的角度,按照资本在各个不同领域中发挥不同职能的特点及其运动规律,相应地把资本区分为产业资本、商业资本和借贷资本三大类。

马克思的资本积累理论与他的资本的有机构成学说是联系在一起的。资本的构成可以从物质形式和价值形式两个方面进行考察。从物质形式看,资本构成表现为生产过程中的生产资料数量和使用这些生产资料的劳动力数量的比例关系,叫作资本技术构成。从价值形式看,资本构成表现为生产资料价值和劳动力的价值,即不变资本和可变资本数量的比例关系,叫作资本的价值构成。资本技术构成和资本价值构成有着密切的联系,后者是由前者决定的。资本价值构成的变化,一般地都是资本技术构成变化的反映。马

---

① 马克思:"剩余价值理论",《马克思恩格斯全集》第26卷Ⅰ,人民出版社1973年版,第624页。

克思把这种由资本技术构成所决定并反映技术构成变化的资本价值构成,称为资本的有机构成,用公式 $C:V$ 来表示。马克思认为一个国家或一个生产部门的资本有机构成呈现不断提高的趋势,这是因为资本家为了追逐尽可能多的利润和在激烈的竞争中保存自己,击败对手,总是竭力改进生产技术,采用新的生产设备,提高劳动生产率。而劳动生产率的提高,就意味着每个工人在一定时间内所推动的生产资料数量相应增多,意味着资本技术构成的提高。而资本技术构成的提高反映在资本价值构成上,就是不变资本部分所占比重相对增多,可变资本部分所占比重相对减少,从而导致社会的或部门的资本平均有机构成逐步提高。资本积累、资本积聚和资本集中的发展,为采用先进技术、使用新型的生产设备创造了条件,这又对资本有机构成的提高起着促进作用。资本有机构成的逐步提高,并不排斥随着资本的增长,可变资本绝对量继续有所增加,但是,在资本中可变资本所占比重会相对逐步减少,从而对劳动力的需求也相对减少,从而又形成了相对人口的过剩。

马克思认为只有揭示了资本主义积累的一般规律,才能科学地说明资本积累和无产阶级贫困化之间的内在联系,才能彻底剖析资本主义积累的本质和历史趋势,揭示出无产阶级革命的客观必然性。具体地说,由于资本主义积累的发展,资本积聚和资本集中,大大地促进了资本主义生产的进一步社会化。这主要表现在:首先,劳动过程的协作规模不断扩大,协作形式日益发展。其次,劳动资料日益社会化,日益转化为只能由许多人共同使用的生产资料。最后,社会分工已越出国界,日益具有国际的性质。世界市场已把各个资本主义国家的生产紧密地联系在一起。资本主义积累使生产日益社会化,同时,生产资料又日益集中在少数人手里,形成了社会化大生产与资本主义私人占有形式之间的矛盾,并达到不能兼容的地步,这就造成了消灭资本主义私有制的客观必然性。马克思用十分生动形象的语言预言道:"生产资料的集中和劳动的社会化,达到了同它们的资本主义外壳不能相容的地步。这个外壳就要被炸毁了。资本主义私有制的丧钟就要响了。剥夺者就要被剥夺了。"①

五、社会资本再生产学说的创立

马克思认为资本主义条件下,社会产品的生产是为了剥削雇佣工人,生

---

① 马克思:《资本论》第1卷,《马克思恩格斯全集》第23卷,人民出版社1972年版,第708页。

产剩余价值。在社会资本再生产过程中,一方面通过剩余价值资本化而增大,保证不断再生产出资本,表现为资本的再生产;另一方面,雇佣工人在再生产过程中不断再生产出维持自己及家庭基本生活所必需的生产资料的价值,而表现为劳动力的再生产。其核心问题包含两方面的内容:一是价值补偿,即社会产品的各个部分怎样卖出、卖给谁,以收回垫支出去的货币资本;二是实物补偿,或叫实物替换,即资本家从哪里买进生产资料,资本家和工人又从哪里买到消费资料。如果产品的实现有了问题,社会资本的再生产就要被迫中断,价值补偿和实物补充的要求能否实现,关键在于社会生产能否按比例发展。

马克思提出社会产品的结构可从两个方面进行考察。第一,社会产品的实物构成可分为两大部类:第一部类(Ⅰ)是生产资料的生产,即用于生产消费的各种产品的生产;第二部类(Ⅱ)是消费资料的生产,即用于个人消费的各种产品的生产。每个部类内部,又包括许多不同的生产部门。第二,从社会产品的价值构成来考察,两大部类的产品可按价值形式划分为三个组成部分:(1)不变资本价值 C,是转移到产品中的原有价值,用来补偿不变资本的耗费;(2)可变资本的价值 V,代表所使用的社会劳动力的价值,等于为购买劳动力所支付的工资总额,用来补偿可变资本的支出;(3)剩余价值 m。社会产品的价值构成等于 $C+V+m$。社会总产品在价值上分为三个部分和社会生产分为两大部类,是马克思再生产理论的两个基本原理。生产资料优先增长的原理,是马克思从资本有机构成提高的规律中引申出来的一个必然结论。

马克思还论述了简单再生产和扩大再生产问题。简单再生产是以没有资本积累,全部剩余价值用于资本家个人消费为假定条件的。扩大再生产是生产过程在扩大的规模上的重复和更新,一般以有资本积累为前提,包括有外延的和内涵的扩大再生产两种。前者指资本有机构成不变,不是依靠技术进步,而是单纯依靠扩大生产场所和增加劳动力和设备等的投入来实现的扩大再生产;后者主要依靠改进技术、提高劳动生产力和生产资料的使用效率来实现的扩大再生产。在资本主义简单再生产条件下,两大部类之间必须保持一定的比例关系,即第Ⅰ部类的可变资本加剩余价值和第Ⅱ部类的不变资本在价值量上必须相等,即 $Ⅰ(V+M)=ⅡC$,如果 $Ⅰ(V+M)<ⅡC$,则第Ⅱ部类上一年度所消耗掉的不变资本就有一部分不能得到补偿;同时,该部类

所生产的消费资料也就有一部分不能实现。反之,如果 $I(V+M) > IIC$,则第I部类生产的生产资料就会有一部分不能实现;同时,该部类的工人和资本家对消费资料的需求也就不能得到充分的满足。而在扩大再生产中,生产资料的追加处于主导地位。第I部类的可变资本与剩余价值之和,就必须大于第II部类的不变资本,用公式表达就是 $I(V+M) > IIC$,这也就是资本主义扩大再生产的资本条件。

六、经济危机学说的创立

马克思认为由于在资本主义社会存在着生产资料和产品的资本家私有制,存在着竞争和生产无政府状态,社会生产两大部类之间,以及同一部类内部各部门之间所必须具备的均衡比例关系经常遭到破坏,而这种均衡的破坏达到一定程度,就有可能成为经济危机爆发的一个重要条件。

资本主义再生产是在它的矛盾不断爆发为周期性经济危机的进程中实现的。资本主义经济危机爆发的原因在于资本主义制度本身,在于资本主义的基本矛盾,其基本矛盾的表现之一就是单个企业生产的有组织性同整个生产的无政府状态之间的矛盾。社会再生产过程中比例关系的失调,特别是生产与需求之间的比例关系的失调,是引起经济危机的重要原因之一。其基本矛盾的另一重要表现,是资本主义生产能力的巨大增长同劳动群众支付能力的需求相对缩小之间的矛盾,即生产与市场需求之间的矛盾或生产与消费之间的矛盾。在物质交换的形式下,买和卖是同一的,买者就是卖者,卖者就是买者,因此不存在生产危机的因素。在货币经济中,货币的中介便造成了危机可能性的两种形式。第一种形式是商品形态变化本身,即在货币只执行流通的职能时,买和卖的分离由于商品必须转化为货币而货币却不立即必须转化为商品,买和卖的分离便造成商品转化为货币即出卖商品的困难的可能性。第二种形式是货币作为支付手段,在两个不同的、彼此分开的时刻所执行的职能,货币在两个不同时刻分别起着价值尺度和价值实现的作用。如果商品价格在这两个时刻之间有了变动,如果商品在它出卖时刻的价格低于它以前在货币执行价值尺度的职能时的价格,那么,出卖商品的进款就不能清偿债务因而再往上推,以这笔债务为转移的一系列交易都不能结算。资本主义危机还表现为生产过剩,这里所涉及的不是绝对的生产过剩,而只是和有支付能力的需求有关的过剩。生产过剩所带来的破坏是危机的基本内容,是它的本质。商品的滞销就意味着资本主义生产和再生产的破坏,于是随之而来的就是价格的下跌和生产的急剧下降等。危机开始于流通领域,但生产下降却是危机的基本表现。

资本主义的再生产经历周期性的运动,即生产一定要经过繁荣、衰退、危机、停滞、新的繁荣等周而复始的更替。在《资本论》里,马克思还阐明了大工业固定资本的平均生命周期"为周期性危机造成了物质基础"[1],即机器更新的平均年数是决定资本主义工业再生产的周期性的一个重要因素。马克思认为危机的实质在于它不仅意味着在生产过程的矛盾的暴力爆发,而且还意味着这些矛盾的暴力的、暂时的、局部的解决。作为矛盾的暴力的爆发,它表现为经济比例的严重失衡和社会生产力发展的急剧停滞。但作为暴力的解决,它又表现为使资本主义生产暂时恢复平衡,为生产力发展扫清道路的手段。生产的下降,在一定阶段上超过需求的下降,减少了商品的库存;价格的下降为商品的需求的扩大打下了基础;破坏导致了资本进一步集中;新市场的开发扩大了商品的销路;利润回升了,劳动就业量增多了,资本家又争取技术革新,更新固定资本,以创造超额利润,资本主义经济又复苏趋向繁荣;周期以螺旋上升的形式进入了新的循环。

第二节 恩格斯对马克思政治经济学的发展

1883年马克思逝世,为了完成马克思的未竟事业,恩格斯承担了整理、出版《资本论》第2卷《资本的流通过程》和第3卷《资本主义生产的总过程》的工作。《资本论》第4卷《剩余价值理论》,恩格斯在世时已做了一些整理工作,但由于年事已高、工作繁重且眼疾加重已无法完成,便嘱托考茨基完成这一工作。考茨基完成了这一工作,并于1905—1910年分三册出版了《资本论》第4卷。至此,体现马克思宏伟的科学理论大厦的《资本论》四卷本完整地呈现在世人的面前。列宁在评价恩格斯编辑出版《资本论》第2卷和第3卷的功绩时指出:"恩格斯出版了《资本论》第2卷和第3卷,就是替他的天才的朋友建立了一座庄严宏伟的纪念碑,在这座纪念碑上,

---

[1] 《马克思致恩格斯》(1858年3月5日),《马克思恩格斯全集》第29卷,人民出版社1972年版,第284页。

他无意中也把自己的名字不可磨灭地铭刻上去了。的确,这两卷《资本论》是马克思和恩格斯两人的著作。"①恩格斯在从事这一整理工作中,对政治经济学进行了深入的研究,取得了丰硕的理论成果,进一步完善了马克思主义的政治经济学体系。

一、对政治经济学基本原理的完善

对于政治经济学的研究对象,马克思在《资本论》第1卷德文版序言中写道:"我要在本书研究的是,资本主义生产方式以及和它相适应的生产关系和交换关系……本书的最终目的就是揭示现代社会的经济运动规律。"②恩格斯在此基础上进一步明确:"政治经济学,从最广泛的意义上说,是研究人类社会中支配物质生活资料的生产和交换的规律的科学。"③并提出,政治经济学可分广义政治经济学和狭义政治经济学。广义政治经济学是"一门研究人类各种社会进行生产和交换并相应地进行产品分配的条件和形式的科学"④,但迄今为止,政治经济学仅只限于对资本主义生产方式发生和发展的研究,还是一种"狭义政治经济学"。广义政治经济学的建立还尚待创造,"要使这种对资产阶级经济的批判做到全面,只知道资本主义的生产、交换和分配的形式是不够的。对于发生在这些形式之前的或者在不发达的国家内和这些形式同时并存的那些形式,同样必须加以研究和比较,至少是概括地加以研究和比较。"⑤这就进一步明确了创立和研究广义政治经济学的任务。他赞扬马克思不仅在狭义政治经济学研究作出了重要贡献,在广义政治经济学的创立和研究上也作出了重要贡献,"到现在为止,总的说来,只有马克思进行过这种研究和比较"⑥。同马克思一样,恩格斯也对广义政治经济学进行了有益的探索,如对前资本主义的经济形态和阶级的产生、私有制的起源等作了许多探索论述,对资本主义之后未来社会的经济形态也进行了科学预测。

对于政治经济学的本质,恩格斯在《反杜林论》中批驳了杜林把经济学归结为寻求"一切经济的最一般的自然规律""各种最后的终极真理、永恒的自

---

① 《列宁选集》第1卷,第92页。
② 《马克思恩格斯文集》第5卷,人民出版社2009年版,第8页。
③ 《马克思恩格斯文集》第9卷,人民出版社2009年版,第156页。
④ 同上书,第156页。
⑤ 同上书,第157页。
⑥ 同上。

然规律"作为研究的任务,明确提出由于人们在生产、交换产品时所处的条件在不同国家和不同时代都各不相同,政治经济学不可能对一切国家和不同时代都是一样的,"政治经济学本质上是一门历史的科学。它所涉及的都是历史性的即经常变化的材料"①,它所研究的经济规律除少数几个例外,不可能都适用于一切社会形态。因此,政治经济学的研究一定要从各个国家的历史实际出发,不能随意做出任何不切实际的假定,不能不加区别地把社会经济规律归结为自然规律,反对非历史主义的方法。从这种"政治经济学本质上是一门历史的科学"的定性出发,恩格斯提出因为人们在生产和交换时所处的条件各个国家各不相同,而在每一个国家里,生产和交换的方式在各个时代和各个国家也是不同的:"随着历史上一定的生产和交换的方式和方法的产生,随着这一社会的历史前提的产生,同时也产生了产品分配的方式方法。"②在谈到分配的特点时,恩格斯强调:"分配就其决定性的特点而言,总是某一个社会的生产关系和交换关系以及这个社会的历史前提的必然结果,只要知道了这些关系和前提,我们就可以确切地推断出这个社会中占支配地位的分配方式。"③在《社会主义从空想到科学的发展》中,他进一步阐明:"生产以及随生产而来的产品交换是一切社会制度的基础;在每个历史地出现的社会中,产品分配以及和它相伴随的社会划分为阶级或等级,是由生产什么、怎样生产以及怎样交换产品来决定的。"④在这里,恩格斯阐明了资本主义生产方式的内在矛盾运动,既是造成资本主义分配制度的决定性因素,也是必将引发社会变革的根本原因。

二、恩格斯晚年一个重要观点

马克思逝世后,资本主义经济形态发生了很大的变化。例如,由于电灯、电话、电车和无线电的先后发明以及开始远距离输电试验的成功,奠定了资本主义进入电气化时代的基础。1883年,恩格斯分析指出了电的广泛利用将对社会经济变革带来重大影响:"蒸汽机教我们把热变成机械运动,而电的利用将为我们开辟一条道路,使一切形式的能——热、机械运动、电、磁、光——

---

① 《马克思恩格斯文集》第9卷,人民出版社2009年版,第153—154页。
② 同上书,第154页。
③ 同上书,第160页。
④ 《马克思恩格斯文集》第3卷,人民出版社2009年版,第547页。

互相转化,并在工业中加以利用。循环完成了。德普勒的最新发现,在于能够把高压电流在能量损失较少的情况下通过普通电线输送到迄今连想也不敢想的远距离,并在那一端加以利用——这件事还只是处于萌芽状态,这一发现使工业几乎彻底摆脱地方条件所规定的一切界限,并且使极遥远的水力的利用成为可能,如果在最初它只是对城市有利,那么到最后它终将成为消除城乡对立的最强有力的杠杆。但是非常明显的是,生产力将因此得到很大的发展,以至于资产阶级对生产力的管理愈来愈不能胜任。"①资本主义生产力的飞速发展,使资本主义的生产关系和管理模式发生了巨大的变化,变化之一是资本主义的生产方式出现了进一步社会化的要求。为适应这一生产力发展进一步社会化的要求,资本主义生产的社会形式发展到了股份公司乃至托拉斯的阶段。股份公司和托拉斯的特点是所有权与经营权分离,以有利于通过资本主义所有权的社会化途径实现巨额资本的集中,实现对资本的更有效的配置,同时也有利于对人和物的更有效管理。恩格斯敏锐地觉察到了资本主义生产方式的这一新变化。他在"1891年社会民主党纲领批判"一文中针对股份制和托拉斯的出现给资本主义生产方式带来的重大变化分析指出:"由股份公司经营的资本主义生产,已不再是私人生产,而是为许多人结合在一起的人谋利的生产。如果我们从股份公司进而来看那支配着和垄断着整个工业部门的托拉斯,那么,不仅私人生产停止了,而且无计划性也没有了。"恩格斯提出要重新认识和评价资本主义,他接着提出要求对德国《1891年社会民主党纲领草案》第四段中的一行文字"根源于资本主义私人生产的本质的无计划性""需要大加修改。据我所知,资本主义生产是一种社会形式,是一个经济阶段,而资本主义私人生产则是在这个阶段内这样或那样表现出来的现象。但是究竟什么是资本主义私人生产呢?那是由单个企业家所经营的生产;可是这种生产已经愈来愈成为一种例外了。"②恩格斯明确提出,资本主义已经发生了很大的变化,开始由"私人生产"发展到"联合生产"了,资本主义生产资料占有的私人性和生产的社会性的这一基本矛盾也已经"成为一种例外了",资产阶级也"不得不部分地承认生产力的社会性"了③。恩格斯认为这是资本主义生产方式的"自我扬弃"。

---

① 《马克思恩格斯全集》第35卷,人民出版社1971年版,第445—446页。
② 《马克思恩格斯全集》第22卷,人民出版社1965年版,第270页。
③ 《马克思恩格斯选集》第3卷,人民出版社1995年版,第759页。

在《共产党宣言》中,马克思和恩格斯曾设想无产阶级革命成功之后,"将利用自己的政治统治,一步一步地夺取资产阶级的全部资本,把一切生产工具集中在国家即组织成为统治阶级的无产阶级手里",而"要做到这一点,当然首先必须对所有权和资产阶级生产关系实行强制性的干涉"[1]。恩格斯晚年,通过对资本主义社会"大规模的生产机构和交通机构起初由股份公司占有,后来由托拉斯占有,然后又由国家占有"[2]这一现象的考察,又提出了新的思考。恩格斯认为,国有化并非都意味着经济上的进步,"因为只有在生产资料或交通手段真正发展到了不适于由股份公司管理,因而国有化在经济上已成为不可避免的情况下,国有化——即使是由目前的国家实行的——才意味着经济上的进步,才意味着达到了一个新的为社会本身占有一切生产力做准备的阶段。"[3]恩格斯在此明确提出,国有化并不都意味着社会的进步,其进步与否是由是否符合生产力的发展需要来确定的,其条件之一是"联合生产"已不能适应生产力发展的时候。恩格斯晚年还提出,随着国家社会地位的强化,国家机关获得了对所代表的阶级的相对独立性,会形成自己的特殊利益集团。恩格斯在1891年为马克思的《法兰西内战》单行本所写的导言中强调指出:"随着时间的推移,这些机关——为首的是国家政权——为了追求自己的特殊利益,从社会的公仆变成了社会的主人。这样的例子不但在世袭君主国内可以看到,而且在民主共和国内也可以看到。"[4]恩格斯特别强调即使在无产阶级夺取政权以后这一状况还会存在:"为了防止国家和国家机关由社会公仆变为社会主人——这种现象在至今所有的国家中都是不可避免的",公社就必须实施社会主义的民主:"第一,它把行政、司法和国民教育的一切职位交给由普选选出的人担任,而且规定选举者可以随时撤换被选举者。第二,它对所有公务员,不论职位高低,都只付给跟其他工人同样的工资。"[5]因为"国家再好也不过是在争取阶级统治的斗争中获胜的无产阶级所继承下来的一个祸害;胜利了的无产阶级也将同公社一样,不得不立即尽量除去这个祸害的最坏方面"[6]。

---

[1] 《马克思恩格斯选集》第1卷,人民出版社1995年版,第293页。
[2] 《马克思恩格斯选集》第3卷,人民出版社1995年版,第759页。
[3] 同上书,第752页。
[4] 同上书,第12页。
[5] 同上书,第13页。
[6] 同上。

恩格斯晚年对资本主义的重新认识和评价,以及他对国家所有制的重新思考,应视作是对马克思政治经济学的重要发展。他的这些理论成果,对于我们更好地认识和评价现代资本主义,以及社会主义市场经济体制的改革中政府职能的定位和国有企业发展混合所有制的改革,无疑都具有重要的理论指导意义。

第三节 马克思政治经济学对西方经济学范式的超越

马克思政治经济学的建立标志着经济科学的一次重要变革,在经济学范式上,马克思在批判继承古典经济学研究范式的基础上开创了一种全新的研究范式,即强调以生产实践为基础,用物质生产活动中形成的"社会人"取代了西方经济学的"经济人",强调运用辩证法分析经济现象替代新古典经济学的个体边际分析,强调用"逻辑-历史方法"揭示经济现象的本质和规律,超越西方经济学的均衡-静态分析。马克思的这一研究范式一直延续至今,成为与西方主流经济学迥然不同的一套研究范式和理论体系,仍然具有优越性和生命力。

一、"社会人"对"经济人"的超越

经济学是一门研究人的经济行为的理论学说,关于经济活动中"人"的行为的假说,构成了经济学范式结构中的硬核(观念范式)。古典经济学提出的"经济人"是以个体利益为中心的理论,抽象人性论假设是其理论原点,由此衍生出效用价值论,把人的自利发展为对于利益的"边际分析",行为者每一时刻都在计算其下一步所要付出的"边际成本"和其所获得的"边际收益"以决定其经济行为。马克思反对古典经济学的"经济人"假说,认为这一假说把人看成是脱离历史进程、彼此孤立的个体,把抽象的利己主义当作是人永恒不变的人性,其分析范式与方法论的缺陷也就不言而喻。马克思主义经济学研究范式的创新是以主客体之间的物质活动——物质生活的生产实践为基础论点,提出在这一物质生产劳动中形成社会关系的总和"社会人"才是一切经济分析的基础,用"社会人"范式硬核取代了西方经济学的"经济人"范式硬核。马克思认为人的存在具有双重意义,他既是自然的存在,又是社会的存

在。当社会的分工发生以后,出现了人们之间相互服务的劳动,由此产生了人与人之间通过劳动结成的社会关系。马克思提出他的经济学分析的前提就是这一历史中的"社会人",社会性才是人的最主要、最根本的属性。马克思的"社会人"假说强调了人类物质生产活动是整个人类社会存在的基础,离开了人的物质生产活动,人类社会就不可能存在和发展。所以,个体也就不能脱离社会生产关系而成为鲁滨逊世界中的孤立个体。马克思强调经济学要分析的人的本质应是"社会联系的主体",任何"经济人"的动机和行为都离不开他所处的社会条件:"人的本质并不是单个人所固有的抽象物,实际上,它是一切社会关系的总和"[1]。

"社会人"构成了人类历史活动的主体,它包括社会生产力与生产关系。马克思强调研究经济现象和经济问题,一定要从社会生产关系或生产方式中去探索。经济学要关注古典经济学讨论的价格机制发挥作用后面的那些"历史性的制度力量"。这就与西方经济学有了很大的不同,西方经济学的根本缺陷在于不了解社会物质的双重结构,只看到了表层的物质结构,看不到物质所负载的深层的社会关系结构。马克思强调在考察历史现象和社会现象及一切组织演进和制度变迁的经验事实时,一定要对不同性质或经济地位的阶层进行认真的分析,同时还要进一步考察阶级利益和集团利益所形成的利害关系,以及这种利害关系对雇佣制度、劳动合约以及政治制度的性质所造成的影响。这种历史唯物主义的分析范式的核心是它的分析角度上的"历史视野",是把古典经济学的"经济人"定义还原到一个真实的现实世界。这也就是马克思所概括指出的:"人们在自己生活的社会中发生一定的、必然的、不以他们意志为转移的关系,即同他们的物质生产力的一定发展阶段相适应的生产关系。这些生产关系的总和构成社会的经济结构,即有法律的和政治的上层建筑竖立其上并有一定的社会意识形态与之相适应的现实基础。物质生活的生产方式制约着整个社会生活、政治生活和精神生活的过程。不是人们的意识形态决定人们的存在,相反,是人们的社会存在决定人们的意识。"[2]这段话可以看作马克思"社会人"唯物史观分析范式的典型表述。

马克思的"社会人"经济学范式与西方经济学的"经济人"范式相比要更

---

[1] 《马克思恩格斯全集》第3卷,人民出版社1960年版,第5页。
[2] 《马克思恩格斯选集》第2卷,人民出版社1995年版,第32页。

符合实际和科学,它强调现存的社会经济关系结构对个人形成制约,人们希望达到自己的目的就必须基于这种关系结构来调整自己的行为以适应现实或改变现实,这就把西方经济学中的"经济人"的定义还原到了一个真实的经济世界里。马克思认为人类所面临的物质世界绝不是那种离开了人类的实践活动,从而离开了人类社会关系的世界,因此,"整个所谓世界历史不外是人通过人的劳动而诞生的过程,是自然界对人来说的生成过程。"[①]而实践活动的主体绝非是孤立的个人,或者是具有共同人性的抽象人类总体,而是由社会关系结成的"社会人"[②],个人主体都处在一定的社会关系中。当社会分工发生以后,出现了人们之间相互服务的劳动,由此产生了人与人之间通过劳动结成的社会关系。所以,经济分析一定要把人放在一定的社会制度下进行考察。特定的社会秩序决定了客观的社会经济过程,以其独特的形式培养和选择它所需要的经济主体,并以同样独特的方法造就它所需要的行为规则。因此,"经济人"也是市场经济条件下的历史产物,不存在永恒不变的"经济人"。经济学的研究一定要从人的社会属性出发,否则无法对社会经济现象作出科学全面的说明。

二、以辩证法分析超越个体边际分析

西方经济学在边际分析的研究框架下,经济人的经济选择是纯粹自利的行为,理性也被演绎成一种数学计算。在这一分析框架体系内,新古典经济学对各种经济行为的分析完全以一组公理性假说为前提进行推理,其首要任务是对生产、失业、价格和类似的经济现象加以描述、分析和解释,由此形成了新古典经济学的个体边际分析的范式。马克思政治经济学强调运用辩证法来分析经济现象。虽然马克思主义经济学也研究经济的运行,但它对经济运行分析的重点是各种生产关系在经济运行中的作用。马克思认为要研究资本主义的各种生产关系,由黑格尔创立的辩证法是一种很好的研究方法,对分析经济活动有很大的优势。辩证法强调发展,把经济社会的发展看成是历史的、发展的;强调经济世界在本质上是相互联系、互相作用和内在统一的整体,因此,用辩证法分析经济活动能更好地揭示经济世界的本质。

---

① 马克思:"1844年经济学哲学手稿",《马克思恩格斯文集》第 1 卷,人民出版社 2009 年版,第 196 页。

② 马克思:《资本论》第 1 卷,《马克思恩格斯文集》第 5 卷,人民出版社 2009 年版,第 429 页。

《资本论》是马克思运用辩证法研究经济活动的一部理论经典。在《资本论》第一卷德文第二版跋中马克思揭示了唯物辩证法的革命本质:"辩证法在对现存事物的肯定的理解中包含对现存事物的否定的理解,即对现存事物的必然灭亡的理解;辩证法对每一种既成的形式都是从不断运动中,因而也是从它的暂时性方面去理解;辩证法不崇拜任何东西,按其本质来说,它是批评的和革命的。"①在《资本论》里,马克思就运用这一辩证法的分析范式把资本主义生产方式看作不以人的意志为转移的客观的"自然史过程",提出资本权力在形成强大的动力机制的同时,也形成了对自身发展的否定力量,这就是资本扩张的悖论。马克思把历史上各种社会形态当作过渡的形态,当作运动变化的方式,阐明了古典资本主义生产方式的运动规律以及必然灭亡、被更高级的社会形态所取代的历史趋势。同时,在描述社会主义的种种前景的同时,又强调社会主义本身也是一个不断变化的过程。

对立统一规律是辩证法的根本规律,它揭示出自然界、社会和思想领域中都包含着内在的矛盾性,事物内部矛盾统一又斗争推动了事物的发展。马克思在进行经济分析中就充分运用了这一矛盾分析法解析资本主义生产力和生产关系的矛盾。《资本论》第1卷的序言中明确写道:"我要在本书研究的,是资本主义生产方式以及和它相适应的生产关系和交换关系。"②从这一矛盾分析的研究范式出发,马克思把资本主义的基本经济矛盾规定为社会化大生产与资本主义私人占有制之间的矛盾,这也是生产力与生产关系的矛盾在资本主义这一特定历史条件下存在的形式。正是由于生产力与生产关系的矛盾,才促成了封建生产方式向资本主义生产方式的过渡,才有了资本主义的经济运动。在以剩余价值生产为中心的《资本论》第1卷中,马克思分析了剩余价值生产过程中资本和劳动的矛盾;在以剩余价值实现为中心的《资本论》第2卷中,马克思分析了剩余价值生产与剩余价值实现的矛盾;在以剩余价值分配为中心的《资本论》第3卷中,马克思分析了整个工人阶级与以资产阶级为核心的剥削集团之间瓜分剩余价值之间的矛盾。

辩证法强调事物总是处于不断发展运动的过程之中,这就是否定之否定规律。马克思在《资本论》中就运用了辩证法的这一观点分析资本的生命就在于运动,认为资本只有在运动中才能生产和实现剩余价值,资本一旦停止

---

① 马克思:《资本论》第1卷,人民出版社1975年版,第24页。
② 马克思:《资本论》第1卷,人民出版社1975年版,第8页。

了运动就会失去其生命力:"资本作为自行增殖的价值……是一个经过各个不同阶段的循环过程……它只能理解为运动,而不能理解为静止物。"①《资本论》一书还为我们生动地揭示了资本主义生产方式是一个否定之否定的过程。马克思写道:"从资本主义生产方式生出的资本主义占有方式,从而资本主义私有制,是对个人的、以自己劳动为基础的私有制的第一个否定。但资本主义生产由于自然过程的必然性,造成了对自身的否定。这是否定的否定。"②劳动者的生命通过作为对立面的资本来表现自身,资本就是劳动的否定性表现形态;资本在对劳动者的生命进行榨取,通过支配劳动者的劳动而表现自身力量和实现资本扩张的同时也在否定自身,因为他在否定着自身的产生根源——劳动,这又必然导致资本的自我否定从而造成经济危机;劳动者则通过这种资本的自我否定的危机重建自身,实现对资本的支配进而实现自身的发展。在《资本论》中,马克思用否定之否定规律来观察研究资本主义经济的运动过程,资本主义生产方式的否定之否定过程,不但体现在总的历史过程中,而且体现在它的各个方面、各个部门之中。

质量互变规律是辩证法的第三大规律,它揭示了事物的性质不是静态的,而是在运动中表现的,从而呈现出在一定的运动范围内保持不变,即通过某一范围内的非确定运动保持其确定的性质,即确定性与不确定的统一,也即是稳定性与不稳定的统一:事物通过量上的不稳定性保持质上的稳定性。它们在一定范围内保持不变,从而使事物处于具有该性质的确定状态中,而这种确定状态又是通过一定范围内的运动(也即不确定性)来实现的。这种与确定的质相适应的不确定运动范围即是"量",凡在此范围内的变化即是量变而非质变。但一旦突破了旧量的范围,事物的运动就进入了一个新的领域,从而产生出新质,量变就产生了质变,变化的量生成了新质,它表现了事物的不稳定性。新质出现后,又依靠一定范围内的不确定的运动来生成和保持,于是质又转化为量,从新导致新的量变领域的发生。马克思在《资本论》中就运用了这一规律对资本主义的生产关系进行分析。他认为资本主义在资本运动中生成和保持的一种社会性质,它是靠资本在全社会的不断流动而使再生产不断持续下去来保持的,只要再生产能够持续下去,资本主义正常状态就不会改变。但资本循环过程一旦因过度加速或者停滞,就会产生出新

---

① 《马克思恩格斯全集》第24卷,人民出版社1958年版,第122页。
② 马克思:《资本论》第1卷,人民出版社1975年版,第832页。

质,发生经济危机,从而使社会经济状态在某些性质上发生变化。

三、"逻辑-历史分析"超越静态-均衡分析

在分析方法上,西方经济学的哲学基础是把世界理解为一个个界限分明的既成事物的集合体,每个既成事物都有其"本性",这些"本性"构成了事物之间的共性,并形成分类体系,每一类事物的共性决定了该事物的运动规律——从一个静止状态到另一个静止状态的运动轨迹。西方经济学就是建立在这样的哲学基础上的,倡导的是一种孤立、静态的方法,他们认为世界上的每个事物都是一个个孤立的存在物,在每一时刻都处于某一确定状态,运动也就是从一个确定状态过渡到另一个确定状态,因而是无数静止状态的总和,本质上是静止的。西方经济学家就是使用这种形而上学的分析方法分析经济现象的,这使得他们只能看到人类历史活动的产物与结果,而看不到产生这些历史产物与结果的深层过程,即人类社会劳动实践活动过程及其创造的社会关系,才是掩藏在"物"背后的真正决定社会历史发展的深层力量。形而上学的分析方法使西方经济学家往往将世界理解为各个孤立事物的集合体,社会整体利益等于个人利益的总和,认为通过自由的市场交换就可实现每个人利益最大化的均衡以及全社会利益的最大化(即所谓的"帕累托均衡")。

马克思经济学不同于西方经济学的静态-均衡分析,它强调要从整体动态和非均衡来分析经济的发展过程。马克思说过:"每一个社会中的生产关系都形成一个统一的整体"[①],这就是逻辑与历史相统一的分析方法。所谓逻辑的方法,就是在研究经济现象时要按照经济范畴的逻辑联系,从比较简单的经济关系和经济范畴,逐步上升到比较复杂的具体的经济关系和经济范畴,阐明社会经济现象和经济过程的发展进程。逻辑的方法的特点就是抽象力,马克思在《资本论》第1卷德文第1版的"序言"中强调:"分析经济形式,既不能用显微镜,也不能用化学试剂。两者都必须用抽象力来代替。"[②]马克思在《资本论》中就运用了具体到抽象的逻辑方法对政治经济学史进行概括。所谓历史的方法,就是遵循历史发展的进程来探求事物发展的规律,在研究经济现象时,按照它的历史发展的实际进程来研究经济现象和经济发展过

---

① 马克思:"哲学的贫困",《马克思恩格斯文集》第1卷,人民出版社2009年版,第603页。
② 《马克思恩格斯全集》第23卷,人民出版社1972年版,第8页。

程。逻辑的方法与历史的方法之所以能够统一,是因为历史的发展是有规律的,而反映历史发展规律的逻辑思维,必然和历史发展的进程是大体一致的。马克思在出版于1859年的《政治经济学批判》第1分册中就试图把理论阐述和历史阐述结合起来论述他的经济学体系。《政治经济学批判》第1分册出版后不久,恩格斯就对这一著作的方法论评论指出:"逻辑的研究方式是唯一适用的方式。但是,实际上这种方式无非是历史的研究方式,不过摆脱了历史的形式以及起扰乱作用的偶然性而已。历史从哪里开始,思想进程也应当从哪里开始,而思想进程的进一步发展不过是历史过程在抽象的、理论上前后一贯的形式上的反应;这种反应是经过修正的,然而是按照现实的历史过程本身的规律修正的,这时,每一个要素可以在它完全成熟而具有典型性的发展点上加以考察。"①"整体说来,经济范畴出现的顺序同它们在逻辑发展中的顺序也是一样的",②恩格斯指出,采用这一研究方法,需要联系实际并占有大量例证的资料,"逻辑的发展完全不必限于纯抽象的领域。相反,它需要历史的例证,需要不断接触现实。"③恩格斯的这一概括,很好地表述了马克思政治经济学逻辑与历史相统一的这一研究范式的特点。

《资本论》就是一部逻辑与历史相结合的艺术整体。在《资本论》四卷结构中,马克思坚持了从理论阐述上升到历史阐述的序列结构。如马克思在《资本论》中不仅关于"价值理论的一章中"成功地运用了这一方法,在《资本论》第3卷阐释利润率向平均利润率转化的规律时也成功地运用了这一方法:"在对资本主义生产进行一般研究的时候,可以把这些阻力看作偶然的和非本质的东西而搁在一边。在进行这种一般研究的时候,我们总是假定,各种现实关系是同它们的概念相符合的,或者说,所描述的各种现实关系只是表现它们自身的一般类型。"④《资本论》在研究资本主义生产方式的各种经济范畴和经济问题时遵循的是从简单到复杂、从低级到高级的辩证逻辑的思维过程,这与资本主义社会的客观经济关系发展的历史进程大体是一致的。如从《资本论》的整个体系来看,它以商品为起点,首先分析商品,进而分析货币,然后分析资本和剩余价值,再分析资本的积累,等等。这个逻辑分析的顺

---

① 《马克思恩格斯全集》第13卷,人民出版社1962年版,第532页。
② 同上。
③ 同上书,第535页。
④ 《马克思恩格斯全集》第25卷,人民出版社1974年版,第160页。

序和历史的发展进程是一致的：在历史上，原始社会末期出现了商品；商品交换有相当发展以后，才出现了货币；到了封建社会末期，货币转化为资本。又如《资本论》第1卷三大组成部分的逻辑顺序是：出发点、中心、总结，这和资本主义历史发展的顺序：产生、发展、灭亡，总体上也是一致的。从全书的结构看，《资本论》第1卷研究了立足于劳动价值论的资本逻辑，第2卷和第3卷研究了剩余价值的各种特殊形态的表现，研究的是资本流通过程的各种资本形态及其循环过程，第3卷则从资本运行的总过程中研究了各种资本形态对剩余价值的分割，"阐明马克思对资本主义基础上的社会再生产过程的研究的最终结论。"①

总之，逻辑与历史相统一的研究方法要求在从具体上升到抽象的逻辑过程中，概念和范畴之间的逻辑联系要再现具体整体的发生、发展过程和内在的历史秩序；方法上先要从所研究的对象的结构入手，对个体整体中的各个并存要素逐个地分析、分解，弄清它们之间的相互和从属关系，再把结构上形成的序列和在时间上出现的顺序相对应。这种分析范式的优点在于擅长对规模宏大的社会经济形态及其演变规律的分析及对"生产力-经济制度关系-经济运行关系"框架的分析和设计，强调事物和系统的可知性、历史性、整体性和社会性。

四、马克思政治经济学范式的优越性

马克思经济学研究范式具有很大的优越性，这里仅列两点。

在西方经济学的理论体系中，微观经济学与宏观经济学的研究往往处于一种分离的状态。从经济学说史的发展历程来看，微观经济学的核心理论基本是以马歇尔为代表的新古典经济学，宏观经济学的核心理论基本上是凯恩斯经济学，虽然萨缪尔森试图对这两种学派加以综合，提出当市场接近于充分就业时适用于新古典的微观经济学理论，当失业率较严重时则适用于凯恩斯的宏观经济学理论，但综合的结果仍然是两张皮，实质内容上这两种经济学说在许多方面是对立的，缺乏内在的本质联系和统一的机理。马克思政治经济学则不存在这问题。在《资本论》中属于微观经济学和属于宏观经济学的理论是相互融合、互相渗透的。马克思认为，人们的一切经济活动都是一

---

① 《资本论》第2卷序言，《马克思恩格斯文集》第6卷，人民出版社2009年版，第25页。

种社会行为或社会过程,研究任何一种微观经济的活动时都要把它置于社会之中,用社会的观点、宏观整体的观点来分析和处理。同时,研究任何一种宏观的经济问题时都不能脱离微观经济的基础。《资本论》在论述研究关于价值的决定、价值的实现、相对剩余价值的生产、资本有机构成的提高、平均利润率的形成与变动、社会总产品的实现及固定资本更新等问题时都是把微观和宏观的讨论融合、渗透在一起进行的。这是西方经济学至今仍无法比拟的。

2007年的美国次贷危机的爆发引发了一场世界性的经济危机,对导致这场经济危机的原因,西方经济学家提不出令人信服的解释,但如运用马克思政治经济学理论,就可以做出十分有说服力的解释。用马克思政治经济学分析这场危机爆发的原因,根源就来自资本积累导致的贫困积累。马克思揭示说:"生产剩余价值或赚钱,是这个生产方式的绝对规律。"① 一方面,资本为了实现自身增值要竭尽全力的扩张,最大限度地将剩余价值投入到扩大再生产的资本循环中去,这就形成了资本迅速的大规模积累,它需要日益庞大的市场空间来将其转化为货币资本,从而实现资本的循环再生产;另一方面,资本积累必然导致对其自身的否定,促使"资本积累"的各种动力同时也是造成另一种积累——"贫困积累"的动力。这是因为由社会劳动所生产的社会总价值是有限的,因此资本在尽可能生产出最大剩余价值的同时,必然同时导致资本家尽可能地压低工人工资和生产资料价格以增加剩余价值,又导致贫困的不断积累。激烈的市场经济压力,也驱使各个企业之间进行竞争以获得生存权利,这种竞争的压力也转变为压低工人工资的社会力量。在这双重压力下,必然导致全社会的劳动者的"贫困积累",必然造成市场空间增长速度日益减少,小于资本扩张要求的市场扩张速度,使全社会的购买力日益萎缩,造成可扩张的市场空间日益萎缩。由于劳动者的贫困化和市场竞争的加剧,必然导致大量的"产品过剩",即产品资本无法转化为货币资本,于是导致资本循环链中的资本断裂,结果是许多依靠该资金链运转的资本不得不闲置形成"资本过剩"。资本过剩的结果是本来就处于贫困积累中的工人拿不到工资甚至失业,从而造成"劳动力过剩"。在业工人的实际工资也会被压低到更低的水平,导致社会购买力进一步下降,产生生活资料产品的过剩。通过全社

---

① 《资本论》第1卷,《马克思恩格斯文集》第1卷,人民出版社2009年版,第714页。

会的资本过剩——全社会以产品形态、生产资料形态以及货币形态存在的资本发生过剩和闲置，失业人口增加，又进一步降低了社会购买力，使产品进一步过剩。过剩产品再引起资本过剩，资本过剩进一步加剧劳动力过剩，如此形成"产品过剩—资本过剩—劳动力过剩—产品过剩"的循环怪圈。于是，市场空间不断萎缩，过剩产品、过剩资本、过剩劳动力通过这个循环越积越多，终于在资本主义经济体系内形成了一个内在的巨大的过剩赘疣。资本积累和贫困积累的矛盾就是导致这一资本主义危机的根源。马克思分析说："在资本主义生产方式内发展着的、与人口相比惊人巨大的生产力，以及虽然不是与此按同一比例的、比人口增加快得多的资本价值（不仅是它的物质实体）的增加，同这个惊人巨大的生产力为之服务的、与财富的增长相比变得越来越狭小的基础相矛盾，同这个不断膨胀的资本的价值增值的条件相矛盾。危机就是这样发生的。"[①]

关　键　词

社会人　辩证法　逻辑—历史分析

思　考　题

1. 如何理解剩余价值理论的创立是由马克思完成的？
2. 为什么说资本主义积累的一般规律是马克思资本积累理论的核心？
3. 恩格斯对马克思政治经济学的完善与发展表现在哪些方面？
4. 马克思政治经济学的研究范式与西方经济学相比有哪些特点和优越性？

[①] 《资本论》第3卷，《马克思恩格斯文集》第7卷，人民出版社2009年版，第296页。

参 考 文 献

1. 托马斯·库恩著：《必要的张力》，范岱年、纪树立等译，北京大学出版社版 2004 年版。
2. T.S.库恩著：《科学革命的结构》，李宝恒、纪树立译，上海科学技术出版社 1980 年版。
3. [美] 斯坦利·L.布鲁著：《经济思想史》（第 6 版），焦国华等译，机械工业出版社 2003 年版。
4. [美] 亨利·威廉·斯皮格尔著：《经济思想的成长》，晏智杰等译，中国社会科学出版社 1999 年版。
5. [美] A.E.门罗主编：《早期经济思想——亚当·斯密以前的经济文献选集》，蔡受百等译，商务印书馆 1985 年版。
6. 《配第经济著作选集》，陈冬野等译，商务印书馆 1981 年版。
7. 《魁奈经济著作选集》，吴斐丹、张草纫译，商务印书馆 1983 年版。
8. [美] 小罗伯特·B.埃克伦德、罗伯特·F.赫伯特著：《经济理论和方法论史》，中国人民大学出版社 2001 年版。
9. 约瑟夫·熊彼特著：《经济分析史》（第 1 卷、第 3 卷），朱泱等译，商务印书馆 1996 年版。
10. 杜尔哥著：《关于财富的形成和分配的考察》，南开大学经济系译，商务印书馆 1978 年版。
11. 亚当·斯密著：《国富论》，唐日松等译，华夏出版社 2005 年版。
12. 西斯蒙第著：《政治经济学新原理》，何钦译，商务印书馆 1977 年版。
13. 西斯蒙第著：《政治经济学研究》（第一卷），胡尧步等译，商务印书馆 1989 年版。
14. 杰文斯著：《政治经济学理论》，郭大力译，商务印书馆 1984 年版。

15. 门格尔著：《国民经济学原理》，刘絜敖译，上海人民出版社 2005 年版。

16. 庞巴维克著：《资本实证论》，陈端译，商务印书馆 1964 年版。

17. 克拉克著：《财富的分配》，陈福生、陈振骅译，商务印书馆 1983 年版。

18. [英] 阿弗里德·马歇尔著：《经济学原理》，康运杰译，华夏出版社 2005 年版。

19. 庇古著：《福利经济学》，朱泱等译，商务印书馆 2006 年版。

20. 罗宾逊著：《不完全竞争经济学》，陈良璧译，商务印书馆 1964 年版。

21. 维克塞尔著：《利息与价格》，蔡受百等译，商务印书馆 1982 年版。

22. 维克塞尔著：《国民经济学讲义》，蔡受百等译，上海译文出版社 1983 年版。

23. 约翰·梅纳德·凯恩斯著：《就业、利息和货币通论》，宋韵声译，华夏出版社 2005 年版。

24. 劳伦斯·哈里斯著：《货币理论》，梁小民译，中国金融出版社 1989 年版。

25. 詹姆斯·A.格雷梯著：《经济思想》，朗顿豪斯出版公司 1965 年版。

26. 加尔布雷思著：《经济学和公共目标》，蔡受百译，商务印书馆 1980 年版。

27. 瓦尔拉斯著：《纯粹经济学要义》，蔡受百译，商务印书馆 1989 年版。

28. 马克·斯考森著：《现代经济学的历程》第七章、第八章、第九章，马春文等译，长春出版社 2006 年版。

29. 加尔布雷思著：《加尔布雷思文集》，沈国华译，上海财经大学出版社 2006 年版。

30. 鲁明学、纪明山编著：《西方经济学说史概要》，南开大学出版社 1990 年版。

31. 陈孟熙主编：《经济学说史教程》，中国人民大学出版社 1992 年版。

32. 汤在新等主编：《近代西方经济学史》第十六章，上海人民出版社 1990 年版。

33. 罗志如等著：《当代西方经济学说》上册、下册，北京大学出版社 1989 年版。

34. 盛松成等著：《现代货币经济学》，中国金融出版社 1992 年版。

35. 吴易风主编：《当代西方经济学流派与思潮》，首都贸易大学出版社 2005 年版。

36. 谈敏著：《法国重农学派学说的中国渊源》，上海人民出版社 1992 年版。

37. 晏智杰著:《亚当·斯密以前的经济学》,北京大学出版社1996年版。
38. 晏智杰著:《古典经济学》,北京大学出版社1998年版。
39. 鲁品越著:《鲜活的资本论》,上海世纪出版集团2015年版。
40. 姚开建、杨玉生主编:《新编经济思想史》第2卷"古典政治经济学的产生",经济科学出版社2016年版。
41. 马涛著:《经济学范式的演变》,高等教育出版社2017年版。
42. 汪太贤:"古罗马法学家在法治思想上的贡献",《法学》2001年第8期。
43. 仲伟民:"亚当·斯密的《国富论》与中国",《河北学刊》2003年第23卷第2期。
44. 李永霖:"经济学者杜尔克Turgot与中国两青年学者之关系",北京大学《社会科学季刊》第1卷,第1号。
45. 于斌斌:"演化经济学理论体系的建构与发展:一个文献综述",《经济评论》2013年第5期。
46. 刘志高、尹贻梅:"演化经济地理学评价",《经济学动态》2005年第12期。
47. 黄凯南:"共同演化理论评述",《中国地质大学学报》(社会科学版)2008年第4期。
48. 洪远朋:"活的辩证法——关于《资本论》的方法",《唯实》1983年第5期。

图书在版编目(CIP)数据

经济思想史教程/马涛编著.—2版.—上海：复旦大学出版社,2018.3 (2024.11重印)
(复旦博学·经济学系列)
ISBN 978-7-309-13495-7

Ⅰ.经… Ⅱ.马… Ⅲ.经济思想史-世界-高等学校-教材 Ⅳ.F091

中国版本图书馆 CIP 数据核字(2018)第 022230 号

经济思想史教程(第二版)
马　涛　编著
责任编辑/戚雅斯

复旦大学出版社有限公司出版发行
上海市国权路 579 号　邮编：200433
网址：fupnet@ fudanpress.com　　http://www.fudanpress.com
门市零售：86-21-65102580　　团体订购：86-21-65104505
出版部电话：86-21-65642845
杭州长命印刷有限公司

开本 787 毫米×960 毫米　1/16　印张 26.25　字数 392 千字
2024 年 11 月第 2 版第 4 次印刷

ISBN 978-7-309-13495-7/F·2445
定价：56.00 元

如有印装质量问题,请向复旦大学出版社有限公司出版部调换。
版权所有　　侵权必究